SAP从入门到精通

● 文洋 尹凤霞 编著

人民邮电出版社

北京

图书在版编目（CIP）数据

SAP从入门到精通 / 文洋，尹凤霞编著. -- 北京：
人民邮电出版社，2010.7
ISBN 978-7-115-22895-6

Ⅰ. ①S… Ⅱ. ①文… ②尹… Ⅲ. ①企业管理－应用
软件，SAP Ⅳ. ①F270.7

中国版本图书馆CIP数据核字（2010）第077789号

内 容 提 要

ERP (Enterprise Resource Planning)，即企业资源计划系统，是一种系统化的管理凤想，以信息技术为基础，为企业决策层及员工提供决策运行手段的管理平台。ERP系统作为21世纪著名的标准化软件，已经逐渐影响着现代企业的运行模式。同时，它的存在也反映了市场对企业合理调配资源，最大化地创造社会财富的要求，己成为企业在信息时代生存、发展的基础。

SAP系统作为全球第一大ERP系统软件，已在全球范围数百家跨国企业中成功实施，得到了各行业、各领域的普遍认可.它不仅能够有效地为用户提供所需要的服务，同时还将ERP系统先进的管理理念带给了各个企业，使得各个企业通过实施的过程，不断地优化整合自己的管理流程，使企业的管理更加符合国际标准的要求，进一步提高了企业的管理水平。

本书较为详细地介绍了SAP R/3系统的基本概念、功能模块、整体架构、各模块的配置操作、开发技术、维护管理以及具体的实施案例。

本书叙述清楚，语言通俗易懂，可供SAP软件初学者、SAP软件维护人员、SAP软件内部顾问、大专院校计算机专业的师生和企业管理人员阅读参考。

◆ 编　著　文　洋　尹凤霞
　　责任编辑　张　涛

◆ 人民邮电出版社出版发行　北京市丰台区成寿寺路11号
　　邮编　100164　电子邮件　315@ptpress.com.cn
　　网址　http://www.ptpress.com.cn
　　北京九州迅驰传媒文化有限公司印刷

◆ 开本：787×1092　1/16
　　印张：26.75　　　　　　　　　　2010年7月第1版
　　字数：703千字　　　　　　　　2025年1月北京第53次印刷

ISBN 978-7-115-22895-6
定价：69.00元（附光盘）
读者服务热线：(010)81055410　印装质量热线：(010)81055316
反盗版热线：(010)81055315

前 言

随着企业管理模式和网络化技术的迅速发展，ERP 已经成为一个新的企业信息化管理系统，其功能覆盖了企业的财务管理、采购管理、人力资源管理、设备管理、销售管理、项目管理、资产管理等各个业务领域。而 SAP 软件作为 ERP 系统软件中杰出的代表，获得了全球经济 500 强企业中大部分企业的应用和支持。本书围绕 SAP 软件的基本概念、功能模块、实施方法、配置操作、开发维护等内容，进行详细的讲解。同时结合实际的实施案例，将理论与实践操作紧密结合起来，使读者对 SAP 系统的功能能够有正确、全面的了解并掌握。本书共 15 章，分为基础篇、操作篇、配置篇、开发篇、维护篇。具体内容如下：

1. 基础篇（第 1 章～第 2 章）

第 1 章主要介绍 SAP 系统的基本概念。内容包括 SAP 系统软件产品、SAP 软件的实施思想以及 SAP 系统的工作原理。

第 2 章主要介绍 SAP 基本模块组成。内容包括 SAP 的总体架构，以及财务管理、人力资源管理、物料管理、销售与分销管理、项目管理、资产/设备管理等模块的基本概念。

2. 操作篇（第 3 章～第 4 章）

第 3 章主要介绍业务分析与蓝图设计。内容包括 SAP 项目的准备工作，业务的需求分析、系统设计的出发点以及蓝图设计要点。

第 4 章主要介绍 SAP 系统常用命令。内容包括系统配置、后台维护、程序编辑、表间维护、用户及权限控制、系统监控等命令的使用。

3. 配置篇（第 5 章～第 10 章）

第 5 章主要介绍财务管理（FI/CO）模块。内容包括财会系统基本概念、财务模块的体系结构、财务模块的主数据、财务模块的配置操作。

第 6 章主要介绍人力资源（HR）模块。内容包括人力资源系统基本概念、人力资源模块的体系结构、人力资源模块的主数据、人力资源模块的配置操作。

第 7 章主要介绍采购管理（MM）模块。内容包括采购管理系统基本概念、采购管理模块的体系结构、采购管理模块的主数据、采购管理模块的配置操作。

第 8 章主要介绍销售与分销管理（SD）模块。内容包括销售与分销系统基本概念、销售与分销模块的体系结构、销售与分销模块的主数据、销售与分销模块的配置操作。

第 9 章主要介绍项目管理（PS）模块。内容包括项目管理系统基本概念、项目管理模块的体系结构、项目管理模块的主数据、项目管理模块的配置操作。

第 10 章主要介绍资产/设备管理模块。内容包括资产/设备管理系统基本概念、资产/设备管理模块的体系结构、资产/设备管理模块的主数据、资产/设备管理模块的配置操作。

4. 开发篇（第 11 章～第 12 章）

第 11 章主要介绍 SAP 系统开发语言（ABAP）。内容包括 ABAP 语言基础、数据定义、开发基础、结构控制、内表的使用。

第 12 章主要介绍 ABAP 报表设计。内容包括 Quick Viewer 的配置、Query 的创建和生成、报表屏幕开发、ALV 列表开发、打印配置。

5. 维护篇（第 13 章～第 15 章）

第 13 章主要介绍 SAP 系统日常维护。内容包括 SAP 系统日常监控、SAP 系统日志管理、SAP 系统数据备份、系统管理和组件的性能管理、SAP 系统变更检查。

第 14 章主要介绍 SAP 系统权限管理及参数设置。内容包括事务代码、权限对象以及权限、SAP 系统权限管理结构，事务代码、权限对象的创建及生成，SAP 系统权限的审查。

第 15 章主要介绍常见的 SAP 系统问题及解答。

本书由文洋主编，参与编写和资料整理的还有尹凤霞、石玮、鲁研、尹连强、郝艳丽、隗亚利、唐兴璐、戴莉、吴佑莲、赵淼、乔静、张娜、马昕、李思齐。

本书可作为高等院校的管理类专业（工业工程、信息管理与信息系统、工程管理、工商管理）、计算机专业研究生的参考书，也可作为企业管理人员的培训用书。联系邮箱为 zhangtao@ptpress.com.cn。

编　者

目 录

基 础 篇

第1章　SAP系统基本概念 ── 2
- 1.1　SAP公司及其产品介绍 ── 2
  - 1.1.1　公司概览 ── 2
  - 1.1.2　SAP中国 ── 2
  - 1.1.3　SAP软件产品 ── 3
  - 1.1.4　SAP R/3系统 ── 4
- 1.2　SAP系统实施思想 ── 5
- 1.3　SAPR/3系统工作原理 ── 5

第2章　SAP R/3系统基本模块组成 ── 7
- 2.1　SAP GUI基础知识 ── 7
- 2.2　SAP R/3系统的总体架构 ── 7
- 2.3　财务管理（FI/CO）模块概述 ── 8
  - 2.3.1　财务管理模块的主要特征 ── 9
  - 2.3.2　财务管理模块的主要功能 ── 9
- 2.4　人力资源（HR）模块概述 ── 11
  - 2.4.1　人力资源模块的主要特征 ── 11
  - 2.4.2　人力资源模块的主要功能 ── 12
- 2.5　物料管理（MM）模块概述 ── 13
  - 2.5.1　物料管理模块的主要特征 ── 13
  - 2.5.2　物料管理模块的主要功能 ── 13
- 2.6　销售与分销（SD）模块概述 ── 14
  - 2.6.1　销售与分销模块的主要特征 ── 15
  - 2.6.2　销售与分销模块的主要功能 ── 17
- 2.7　项目管理（PS）模块概述 ── 20
  - 2.7.1　项目管理模块的主要特征 ── 20
  - 2.7.2　项目管理模块的主要功能 ── 21
- 2.8　资产/设备管理（AM/PM）模块概述 ── 22
  - 2.8.1　资产/设备管理模块的主要特征 ── 22
  - 2.8.2　资产/设备管理模块的主要功能 ── 24

操 作 篇

第3章　业务分析与蓝图设计 ── 28
- 3.1　SAP项目的准备工作 ── 28
  - 3.1.1　项目规划 ── 29
  - 3.1.2　项目标准规范 ── 30
- 3.2　SAP系统如何与业务相结合 ── 31
- 3.3　业务的需求分析及系统设计的出发点 ── 32
  - 3.3.1　业务现状调研 ── 32
  - 3.3.2　业务需求的分析 ── 33
  - 3.3.3　系统设计分析 ── 34
- 3.4　蓝图设计要点 ── 35
  - 3.4.1　明确业务影响及风险 ── 35
  - 3.4.2　定义企业流程结构 ── 36

3.4.3 明确业务主数据 ---------36
3.4.4 定义业务流程 -----------37

第4章　SAP系统常用命令介绍 – 38

4.1 系统配置常用命令 ---------39
  4.1.1 系统传输配置命令 -----39
  4.1.2 系统后台参数
    配置命令 ------------41
  4.1.3 系统消息发布命令 -----42
  4.1.4 目标集团参数
    配置命令 ------------43
4.2 后台维护常用命令 ---------44
  4.2.1 批处理命令 -----------44
  4.2.2 定义后台作业命令 -----48
  4.2.3 查看后台作业命令 -----49
4.3 程序编辑常用命令 ---------50
  4.3.1 程序编辑器命令 -------50
  4.3.2 函数编辑器命令 -------52
  4.3.3 对象浏览器命令 -------52
4.4 表间维护常用命令 ---------53
  4.4.1 ABAP数据字典命令 ----54
  4.4.2 维护表视图命令 -------55
4.5 用户及权限控制
  常用命令 -----------------56
  4.5.1 权限创建及修改命令 ---56
  4.5.2 用户创建及配置命令 ---59
  4.5.3 用户批量处理命令 -----61
  4.5.4 用户组创建维护命令 ---61
4.6 系统监控常用命令 ---------62
  4.6.1 系统日志分析命令 -----62
  4.6.2 系统进程监控命令 -----64
  4.6.3 用户状态监控命令 -----64

配　置　篇

第5章　财务管理（FI/CO）模块的配置 --------------- 66

5.1 财务管理模块基本概念 ---66

  5.1.1 财务会计基本概念 ------67
  5.1.2 管理会计基本概念 ------68
5.2 财务管理模块结构体系 ------69
5.3 财务管理模块主数据 ---------70
  5.3.1 财务会计主数据管理 ---70
  5.3.2 管理会计主数据管理 ---78
5.4 财务管理FI模块配置 ---------79
  5.4.1 FI模块一般设置 ---------79
  5.4.2 FI模块全局设置 ---------80
  5.4.3 FI模块总账设置 ---------87
  5.4.4 FI模块应收账款及
    应付账款设置 ---------93
  5.4.5 FI模块银行会计设置 ----94
  5.4.6 FI模块特别功能
    分类账设置 ------------98
  5.4.7 FI模块实际记账设置---100
5.5 财务管理CO模块配置 -------102
  5.5.1 CO模块企业结构设置 -102
  5.5.2 CO模块一般控制设置 -104
  5.5.3 CO模块成本要素
    会计设置 -------------106
  5.5.4 CO模块成本中心会计
    设置 -------------------109
  5.5.5 CO模块内部订单会计
    设置 -------------------110
5.6 财务管理FM模块配置 ------117
  5.6.1 FM模块基本设置 -------117
  5.6.2 FM模块主数据设置 ----119
  5.6.3 FM模块控制预算
    系统设置 -------------125
  5.6.4 FM模块预算和有效
    性控制设置 -----------128
  5.6.5 FM模块基金特殊
    管理设置 -------------132
  5.6.6 FM模块实际/承诺
    管理设置 -------------134
5.7 典型案例：某跨国PC
  厂商财务模型分析-----------137

5.7.1	案例背景 -------------	137
5.7.2	整体设计原则 ---------	137
5.7.3	财务核算架构 ---------	137
5.7.4	主数据 ---------------	139
5.7.5	业务处理流程 ---------	141

第6章 人力资源（HR）模块的配置 ------------- 144

6.1	人力资源管理模块基本概念 ------------------	144
6.2	人力资源管理模块结构体系 ------------------	147
6.3	人力资源管理模块主数据 --------------------	149
6.4	人力资源管理模块配置 ----------------------	152
6.4.1	企业结构和人事结构 --------	153
6.4.2	信息类型及人事事件 --------	154
6.4.3	时间管理 -----------	157
6.4.4	薪酬管理 -----------	161
6.5	典型案例：中小型企业员工管理模型分析 -------	166
6.5.1	需求背景 -----------	166
6.5.2	需求分析 -----------	167
6.5.3	实施方案 -----------	168

第7章 采购管理（MM）模块的配置 ------------- 171

7.1	采购管理模块基本概念 ----------------	171
7.2	采购管理模块结构体系 ----------------	172
7.3	采购管理模块主数据 ----	173
7.4	采购管理模块配置 -------	176
7.4.1	一般设置——检查计量单位 -------------	176
7.4.2	企业结构 ------------	177
7.4.3	后勤-常规—物料类型 -------------	179
7.4.4	物料管理-采购 ---------	184
7.4.5	物料管理—外部服务 -	190
7.4.6	物料管理—库存管理和实际库存 -------	191
7.4.7	物料管理—评估和科目设置 ----------	196
7.4.8	物料管理—发票校验 -------------	198
7.5	典型案例：中小型企业订单处理模型分析 -------	199
7.5.1	整体设计方案 ---------	199
7.5.2	系统实现架构 ---------	200
7.5.3	业务处理流程清单 ----	201

第8章 销售与分销管理（SD）模块的配置 --------- 204

8.1	销售与分销管理模块基本概念 --------------------	204
8.2	销售与分销管理模块结构体系 --------------------	206
8.2.1	销售组织的结构 -------	206
8.2.2	商业发展和销售中的内部组织结构 ---------	208
8.2.3	发货中的组织结构 -----	209
8.2.4	集成组织结构 ----------	210
8.3	销售与分销管理模块主数据 ---------------------	211
8.4	销售与分销管理模块配置 -----------------------	214
8.5	典型案例：医药企业分销管理模型分析 -------	228
8.5.1	项目背景 -------------	228
8.5.2	项目需求分析 ---------	230
8.5.3	系统功能结构 ---------	235
8.5.4	系统实施方案 ---------	236

第9章 项目管理（PS）模块的配置 —————— 239

- 9.1 项目管理模块基本概念 - 239
- 9.2 项目管理模块结构体系 - 240
  - 9.2.1 组织结构 —————— 240
  - 9.2.2 项目定义和WBS元素结构 —————— 241
  - 9.2.3 网络和网络活动 —————— 242
  - 9.2.4 WBS和网络结构 —————— 242
- 9.3 项目管理模块主数据 —— 244
- 9.4 项目管理模块配置 —————— 246
  - 9.4.1 投资管理配置 —————— 246
  - 9.4.2 项目管理配置 —————— 250
- 9.5 典型案例：电信企业项目管理模型分析 —————— 266
  - 9.5.1 整体设计方案 —————— 266
  - 9.5.2 系统实现架构 —————— 268
  - 9.5.3 主数据 —————— 268
  - 9.5.4 业务流程清单 —————— 270

第10章 资产/设备管理（AM/PM）模块的配置 —————— 274

- 10.1 资产/设备管理模块基本概念 —————— 274
- 10.2 资产/设备管理模块结构体系 —————— 278
- 10.3 资产/设备管理模块主数据 —————— 279
  - 10.3.1 资产管理模块主数据 —————— 279
  - 10.3.2 设备管理模块主数据 —————— 283
- 10.4 资产管理模块配置 ——— 285
  - 10.4.1 全局设置 —————— 285
  - 10.4.2 组织结构设置 —————— 287
  - 10.4.3 总账集成设置 —————— 291
  - 10.4.4 评估设置 —————— 295
  - 10.4.5 折旧设置 —————— 297
- 10.5 设备管理模块配置 —————— 299
  - 10.5.1 基本设置 —————— 300
  - 10.5.2 常规数据设置 —————— 301
  - 10.5.3 功能位置设置 —————— 302
  - 10.5.4 设备设置 —————— 304
  - 10.5.5 分类系统设置 —————— 307
- 10.6 典型案例：某大型国企资产管理模型分析 —————— 309
  - 10.6.1 整体模型功能 —————— 309
  - 10.6.2 整体设计方案 —————— 312
  - 10.6.3 业务流程 —————— 314

开 发 篇

第11章 ABAP语言基础 —————— 318

- 11.1 ABAP语言概述 —————— 318
  - 11.1.1 ABAP程序结构 —————— 318
  - 11.1.2 ABAP程序类型 —————— 319
  - 11.1.3 ABAP语言特性 —————— 320
- 11.2 数据定义 —————— 321
  - 11.2.1 数据类型和数据对象基础 —————— 321
  - 11.2.2 创建数据类型和数据对象 —————— 323
- 11.3 ABAP开发基础 —————— 325
  - 11.3.1 创建新程序及其属性 —————— 325
  - 11.3.2 编写程序及检查 —————— 327
  - 11.3.3 分配事务代码给程序 —————— 327
  - 11.3.4 程序测试及运行 —————— 328
  - 11.3.5 程序语法元素 —————— 328
- 11.4 结构控制 —————— 329
- 11.5 使用内表 —————— 330
  - 11.5.1 访问内表 —————— 330
  - 11.5.2 创建内表 —————— 331
  - 11.5.3 使用内表 —————— 332

11.6 简单报表开发实例 ----- 335
 11.6.1 程序测试及运行 ------ 336
 11.6.2 事件处理次序 --------- 336
 11.6.3 报表格式 ---------------- 336
 11.6.4 报表选择屏幕 ---------- 337
 11.6.5 报表屏幕文本 ---------- 337
 11.6.6 报表实例 --------------- 337

第12章 ABAP报表设计 ------ 342
12.1 ABAP报表简介 ---------- 342
12.2 Quick Viewer ------------ 344
12.3 Query的创建和生成 ---- 347
12.4 报表屏幕开发 ------------ 352
 12.4.1 创建简单屏幕程序 --- 352
 12.4.2 在程序中调用屏幕 --- 354
 12.4.3 使用屏幕 -------------- 355
12.5 ALV列表开发 ------------ 360
 12.5.1 简单的ALV控件实例 -------------------- 360
 12.5.2 自定义输出字段的ALV控件实例 ----- 361
12.6 打印配置 ------------------ 362

维 护 篇

第13章 SAP系统日常维护 -- 366
13.1 SAP系统日常监控 ------ 366
 13.1.1 系统进程监控 --------- 366
 13.1.2 服务器监控 ----------- 367
 13.1.3 性能监控 -------------- 368
 13.1.4 出错分析 -------------- 370
 13.1.5 数据库 ---------------- 372
 13.1.6 操作系统 -------------- 375
13.2 SAP系统日志管理 ----- 376
 13.2.1 系统日志管理 --------- 376
 13.2.2 数据库日志管理 ----- 377
13.3 SAP系统数据备份 ----- 377
13.4 系统管理和组件的性能管理 -------------- 379
 13.4.1 应用服务器用户管理 -------------- 379
 13.4.2 系统性能负载均衡管理 -------------- 380
 13.4.3 升级、锁定和磁盘子系统性能 --------------- 381
13.5 SAP系统变更检查 --------- 382
 13.5.1 数据库参数修改记录 --------------- 382
 13.5.2 应用系统参数修改记录 --------------- 383
 13.5.3 操作系统参数变更 --- 384

第14章 SAP系统权限管理及参数设置 ----------- 386
14.1 事务代码、权限对象及权限 -------------- 386
14.2 SAP系统权限管理结构 ------------------- 387
14.3 事务代码、权限对象的创建及生成 ----------- 388
 14.3.1 权限对象的创建及生成 ------------------- 388
 14.3.2 事务代码的创建及生成 ------------------- 391
14.4 权限设计实例 ------------ 393
14.5 SAP系统权限的审查 ---394

第15章 SAP系统常见问题解答 ----------- 399
问题1 如何修改主界面图片？ ------------------- 399
问题2 如何在SAP系统中设置打印设备？ ------- 400
问题3 如何创建逻辑系统？ ------------------- 401
问题4 如何在菜单栏中显示技术名称？ ------- 401

问题5	在财务管理模块中如何删除成本要素组的成本要素？——401		问题20	如何定义采购订单的默认类型？——409
问题6	如何修改固定资产的成本中心？——402		问题21	如何批量检查销售订单的不完整性？——409
问题7	如何删除销售订单（前提：交货单、发票等相关单据都已经删除）？——402		问题22	采购组织可以被分配给多个公司代码吗？——409
			问题23	如何实现会计期间的打开和关闭？——409
问题8	什么是SAP系统中的统驭科目？——402		问题24	创建总账科目时，为什么总提示"损益报表科目类型在科目表LXGJ中未定义"？——410
问题9	SAP系统中记账凭证的冲销方法是什么？——403			
问题10	如何根据用户的ID查出该用户具备使用权限的所有Tcode？——406		问题25	如何配置自动过账？——410
			问题26	如何查询某权限中包含的权限对象名称？——410
问题11	如何更改SAP系统中已有库存的描述？——406			
问题12	对已经释放的生产订单能否再重读BOM？——407		问题27	Client复制时，系统提示源集团是生产性而且是保护性的，如何解决？——410
问题13	如何删除MM模块中多余的物料仓位？——407			
问题14	创建供应商主数据XK01时是否必须输入统驭科目和现金管理组？——407		问题28	采购模块的组织结构是怎么定义的？——411
			问题29	设置用户权限时，权限中的Tcode有重复，如何让用户在菜单中不显示重复的Tcode？——411
问题15	MB1A发货时能否自动带出物料的出库仓库？——408			
问题16	如何进入销售订单里的分配特性值界面？——408		问题30	在采购模块中进行库存盘点操作时，如果SAP系统提示对某仓储类型不允许永续盘点应如何设置？——411
问题17	采购模块中服务条目表的作用是什么？——408			
问题18	采购模块中MIRO/MIR7命令的区别是什么？——408		问题31	SAP系统中通过LI04命令打印库存清单时，提示"不支持该仓储类型缺省值"应如何设置？——412
问题19	如何将同一工厂内的物料从A库位移至B库位？——408			

- 问题32 销售订单中的净值与VF04开票中的净价值有什么区别，如果要一样，能否修改？ ---------------- 412
- 问题33 在SAP系统中如何维护会计科目表？ -- 412
- 问题34 利润中心是否可以出具资产负债表，如果可以应如何出具？ ---------------- 412
- 问题35 请概括SAP系统中成本核算的主要步骤。 ---------------- 413
- 问题36 SAP系统提供的移动平均价格和标准价格有什么区别？ -- 413
- 问题37 SAP系统中对于存货是如何实现账务处理的？ -------- 413
- 问题38 如何完成应收（应付）账款的自动清账？ ---------- 413
- 问题39 如何查找事务代码所在程序的用户出口？ ---------------- 414
- 问题40 SAP系统中在输入发票时提示货币代码不允许ALE通信？ ---------- 414
- 问题41 SAP系统中换算率与汇率有什么区别？ ---------------- 414
- 问题42 创建采购订单时，费用是按内部订单号，而不是按成本中心来归集，那么应如何选择科目分配类别？ ---------------- 414
- 问题43 如何查看一个会计科目被哪些公司代码调用？ ---------- 414
- 问题44 SAP系统财务模块期初数据导入的顺序是什么？ -------- 414
- 问题45 SAP系统提示存货数据的导入步骤是什么？ -------------- 415
- 问题46 SAP系统中使用VK11命令（物料定价）时没有维护存取顺序，如何维护？ ---------- 415
- 问题47 财务模块中F.13和F13E命令的区别是什么？ -------------- 415
- 问题48 外币评估如何自动记账？ ------------------ 415
- 问题49 在使用As02命令修改资产数据时，在与时间相关页面中发现业务范围字段是灰色的不能修改，如何配置才可修改？ ------------------ 416
- 问题50 如何查看用户的密码修改记录？ -----416

基 础 篇

▶ 第 1 章　SAP 系统基本概念
▶ 第 2 章　SAP R/3 系统基本模块组成

第 1 章

SAP系统基本概念

SAP 公司是国际上著名的标准应用软件公司,它的全称为"Systems Applications And Products In Data Processing",即数据处理的系统、应用和产品。其软件公司总部设在德国南部的沃尔道夫市,公司成立于 1972 年,并在 1988 年成为德国的一家上市公司。

1.1 SAP 公司及其产品介绍

1.1.1 公司概览

SAP 公司有 3 个主要的业务部门:商业运用软件开发部、信息技术咨询部和培训部。

SAP 公司主要的市场:从 1997 年开始,SAP 公司就将市场营销重点从加工制造业扩大到零售、银行、电信和公共部门。通过授权小供应商出售其软件并提供有关服务,公司开始更加关注中等规模之上的客户。SAP 公司在开发产品时主要是考虑两个因素:产品的业务功能性(包括计划、采购、销售、财务、工厂运营和管理)和特殊的产业需求(包括银行、电信、零售及公共事业),并通过已有的客户进行产品的不断推广和使用。

SAP 公司在美国、法国、日本、印度、以色列和中国均设立了全球研发中心,每年投入巨资进行产品的研发。为了加强在中国的研发力度,SAP 公司招募了大批高学历、高技术的本地研发人员,同时也实现了中国研发中心与全球研发团队的融合。2002 年,随着中小型业务管理方案的推出,上海的研发人员直接参与了该产品的开发。SAP 中国研发中心也参与其他产品的开发,包括企业战略管理、人力资产管理和教育管理等。除了标准产品外,SAP 公司还有一个专门的业务团队支持客户化开发。该团队是全球客户化开发团队的一部分,主要服务中国和亚太地区的特殊用户。

1.1.2 SAP 中国

SAP 公司早在 1988 年就同中国的国营企业合作,并取得了成功的经验。

- 1994年SAP在北京建立代表机构
- 1995年SAP正式成立SAP中国公司
- 1996年SAP设立上海分公司
- 1997年SAP设立广州分公司

作为中国ERP市场的绝对领导者，SAP公司的市场份额已经达到30%，年度业绩以50%以上的速度递增。另外，SAP公司在中国还有众多的合作伙伴，包括IBM、HP、Sun、埃森哲、普华永道、德勤、安永咨询、欧雅联盟、汉思、东软、高维信诚、联想汉普、神州数码等。SAP公司在众多的项目中与这些伙伴密切合作，将先进的管理理念变为现实。当前SAP公司在中国的主要组织机构如下。

（1）SAP中国咨询服务部

SAP咨询顾问部于1995年年底在中国正式设立，其主要职责为配合SAP公司所针对的几大业务重点市场，为客户实施各项解决方案，从23个行业解决方案概念中为不同的企业选择最佳业务实践方案。ASAP实施方法论的配合运用，正是为了全面优化和提高客户在SAP行业解决方案上的投资价值。

通过提供相关的培训服务，SAP培训部帮助SAP新老客户及合作伙伴快速、系统地了解和掌握SAP产品，省时高效地完成项目的实施与维护，达到先利其器、后善其事的目的。目前SAP培训部的培训方式主要有3种：SAP顾问学院、SAP标准培训、客户化培训。

（2）SAP大中国区客户技术支持中心

SAP客户技术支持中心自1997年8月1日成立以来不断地发展壮大，目前已拥有客户技术支持顾问30多人，以普通话、英语服务于中国内地及香港、台湾地区的SAP客户。其宗旨是尽一切力量来满足客户的需求和达到百分之百的客户满意。SAP公司的技术支持系统具有严密的组织结构、完善的管理制度、庞大的技术支持数据库、精干的技术支持队伍和全新的技术支持概念。这些概念包括：全日制、及时响应和全球一体。

（3）SAP客户响应

由于客户的企业管理系统是一个动态运行的过程，因此，SAP公司在不同阶段提供各种增值服务以保证客户系统的稳定运行，如早期预警和上线检查等。SAP客户响应会主动与客户保持联系，并根据实际情况制订相应的服务计划。SAP客户响应作为一条固定的纽带，使客户在有任何问题的情况下都可以与SAP公司保持联系。

1.1.3 SAP软件产品

目前，世界500强80%以上的公司都在使用SAP的管理方案。作为优秀的ERP系统软件，SAP软件实现了企业中的所有资源的整合集中，对企业的三大流——物流、资金流、信息流进行全面的一体化管理。对各项资源，如人力、资金、材料、设备、方法、信息和时间等进行综合平衡和充分考虑，把企业内部生产经营的各种业务单元，如采购订单、财务凭证、库存信息、生产计划、质量、运输、市场、销售服务以及相应的财务活动等纳入一条供应链，从而可方便地调配企业资源，实现企业资源的优化配置，在财务、采购、生产、项目管理、人力资源、质量控制等各个核心业务流程中发挥作用，利用现有资源取得尽可能多的经济效益。当前，SAP软件的主要产品如下。

（1）SAP ERP

SAP ERP将可升级高效企业资源计划（Enterprise Resource Planning）软件与灵活的开放技术平台相结合，该平台可充分利用SAP和非SAP系统并对两者进行集成。因此可以提高生产效率、增强业务认识，并适应加速业务战略实施的需要。所有的这些都使 SAP ERP 软件成为了客户对当前运营活动进行严格控制的最佳选择。

（2）SAP 客户关系管理

SAP 客户关系管理（SAP CRM）是以客户为中心的电子商务解决方案。这项解决方案旨在为客户提供满意、忠诚的服务。它有助于提高竞争优势，带来更高的利润。

（3）SAP 产品生命周期管理

SAP 产品生命周期管理解决方案（SAP PLM），作为 SAP 商务套件中的核心组件之一，提供了贯穿整个产品和资产生命周期的协同工程、定制开发、项目管理、财务管理、质量管理等功能。

（4）SAP 供应商关系管理

SAP SRM 实现了企业内以及供应商之间采购和购置流程的自动化，提高了对供应链的洞察力，并且使客户能够全面地了解全球的费用支出情况。

（5）SAP 供应链管理

供应链（Supply Chain）已成为企业间竞争的关键领域，同时也意味着企业将面临一系列的挑战。这些促使他们必须不断地加快前进的步伐，推出个性化和可配置的产品。

1.1.4　SAP R/3 系统

SAP 软件的一整套程序是针对所有企业的一种数据和应用集成方法，它将业务和技术进步融入了一个综合性的高品位的标准系统，即商品化软件系统。R/3 系统又是一个建立在三维客户机/服务器上的开放的新标准软件，它具有以下一些功能和主要特点。

（1）功能性：R/3 系统以模块化的形式提供了一整套业务措施，其中各个模块囊括了全部需要的业务功能，并把用户与技术性应用软件相连而形成一个总的系统，用于公司或企业战略上和运用上的管理。

（2）集成化：R/3 系统把逻辑上相关联的业务操作连接在一起。重复工作和多余数据被完全取消，规程被优化，集成化的业务处理取代了传统的人工操作。

（3）灵活性：R/3 系统中方便的裁剪方法使之具有灵活的适应性，从而能满足各种用户的需要和特定行业的要求。R/3 系统还配备有适当的界面来集成用户自己的软件或外来的软件。

（4）开放性：R/3 系统的体系结构符合国际公认的标准，使客户得以突破专用硬件平台及专用系统技术的局限。同时，SAP 提供的开放性接口，可以方便地将第三方软件产品有效地集成到 R/3 系统中来。

（5）用户友好：图标与图形符号简化了人机交互时的操作。统一设计的用户界面，确保了工作人员能够运用同样的熟悉的技术从事不同的工作。

（6）模块化：R/3 系统的模块结构使用户既可以一个一个地选用新的实用程序，也可以完全转入一个新的组织结构体系。

（7）低成本高效益：信息处理是取得竞争优势的要点之一。当竞争加剧时，企业必须更加迅速地获取其市场占有率，使用 R/3 系统这种高度集成化的数据处理软件能够加快企业运营管理对时间的要求。

（8）国际适用：R/3 系统支持多种语言，而且是为跨国界操作而设计的。另外 R/3 系统还可以灵活地适应各国的货币及税物要求。

（9）服务：R/3 系统在实施过程中，用户将得到 SAP 技术专家的全面支持与服务，包括组织结构与技术方面的咨询，项目计划与实施方面的协助，以及课程培训。

1.2　SAP 系统实施思想

　　SAP 系统的实施思想就是将国际上先进的管理知识同企业的实际情况相结合，通过对企业的业务咨询和需求分析，为企业打造贴身的管理系统。SAP R/3 系统是 ERP 领域的最佳解决方案，它包括财务会计、管理会计、生产计划和控制、项目管理、物料管理、质量管理、工厂维护、销售和分销、服务管理、人力资源管理等模块，具备全面、集成、灵活、开放的特点。经过本地化处理的 R/3 系统，包含符合中国财政部门要求的账务系统和报表系统，符合税务管理要求的增值税系统，以及完全中国化的人力资源系统等。

　　同时，SAP 还为 21 个行业提供融合了各行业"最佳业务实践"的行业解决方案，这些行业包括航空与国防、汽车、金融服务、化工、消费品、工程与建筑、医疗卫生、高等教育、高科技、保险、媒体、石油与天然气、煤矿、医药、公用事业、零售业、电信、电力、钢铁冶金、交通运输及公共设施等。SAP 系统在每个行业都有行业解决方案，充分展示各行业特殊业务处理的要求，并将其绘制入 SAP 系统解决方案和合作伙伴补充方案中，完成包括基于网络的端到端的业务流程。

　　SAP R/3 系统还是一个基于客户机/服务器结构，开放系统的、集成的企业资源计划系统。其功能覆盖企业的财务、后勤（工程设计、采购、库存、生产销售和质量等）、人力资源管理、SAP 业务工作流系统，以及因特网应用链接功能等各个方面。R/3 应用软件采用模组化结构，既可以单独使用，也可以和其他解决方案相结合。从流程导向的角度而言，各应用软体间的整合程度越高，它们带来的好处就越多。

　　同时 SAP R/3 系统还提供了强大实用的工作流解决方案。对于业务作业流程的灵活设计和持续有效的管理控制是 R/3 应用软件的基本特征，因而一些基本的业务作业流程管理功能已经内置于 R/3 系统的底层应用模块中。更进一步，R/3 系统还提供了跨越不同应用模块的更高层次的工作流管理能力。

1.3　SAP R/3 系统工作原理

　　SAP R/3 系统中的 S 代表系统（Systems），A 代表应用软件（Applications），P 代表产品（Products）。R/3 系统意味着这是 SAP 软件第 3 次发布的版本。用一句话来概括，SAP R/3 系统是 SAP 公司开发的客户机/服务器环境下的套装软件，可用于处理一个公司中几乎所有的经营管理任务，常见的诸如发票支付、生产资源的管理、财务控制等都包含在其中。

　　为了处理各种各样的管理任务，R/3 系统必须是一个十分复杂的程序。然而，用户会发现，R/3 系统中包含的窗口、菜单以及图形对象等使用起来得心应手。用户使用 R/3 系统，只需经过简单的操作培训即可，并不需要知道它是怎么工作的。然而，鉴于引言中已谈及的原因，对系统的主要组成部分及工作原理有所了解仍是值得的。

　　R/3 系统有 4 个主要部分。第 1 部分是应用模块（Application modules），用户在屏幕上直接操作的就是这些模块，在下一章"SAP R/3 系统基本模块组成"中会针对各个模块的功能进行详细介绍。其他 3 个部分是：界面（Interfaces）、基础系统（Basis System）和 SAP 技术（SAP Technology）。基础系统又被称作"核"（kernel）。

　　基础系统（即"核"）是 R/3 系统的"引擎"。比如说，它负责屏幕的定义、检查用户的进入以及保证数据的正确流向等。基础系统由屏幕解释器（Screen Interpreter）、ABAP/4 解释器（ABAP/4 Interpreter）、数据字典（Data Dictionary）和流控制（Flow Control）等 4 部分组成。各个部分的功能如下。

　　（1）屏幕解释器负责设计 R/3 系统屏幕、检查用户输入并提供出错信息。R/3 系统是一个双向的过程，用户输入信息，R/3 系统提供反馈。这通常称作"对话"，而控制这些对话的就是屏幕解释器。

（2）ABAP/4 是 SAP 公司开发的第 4 代编程语言，所有的 SAP 模块都是由 ABAP/4 写成。ABAP/4 解释器和屏幕解释器一样，负责管理与用户的对话，不过它的作用是处理输入数据，并编辑输出数据。通过屏幕解释器与 ABAP/4 解释器的共同作用，用户与应用模块之间便可建立有效率的对话。

（3）数据字典，顾名思义是 R/3 系统用来查找定义的。所有应用模块使用的所有数据（如数据类型、数据域允许的最大字符长度等）都定义在数据字典的表当中，屏幕解释器使用这些信息来检查输入是否有效，ABAP/4 解释器则用这些信息来定义那些数据能够被另一模块使用之前所需要的处理过程。数据字典同时也存储关于系统与业务的综合信息。

（4）流控制有助于提高 R/3 应用软件管理一系列工作时的效率。例如，它可保证用户的数据已被保存；当用户要求系统执行一系列的任务时，流控制将在批处理（Batch Process）中进行处理。

界面是 R/3 系统在自己与环境之间建立的连接。针对每一种类型的计算机和软件，设计有不同版本的界面。正是界面使得 R/3 系统无论使用哪一种计算机系统，对用户来说看上去都是一样的。主要的界面有系统界面、用户界面和沟通界面 3 种，图 1-1 所示为系统界面。

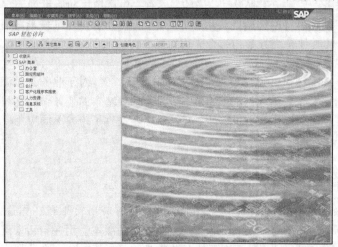

图 1-1　SAP 系统界面

下面简单地介绍一下这 3 种界面。

（1）系统界面是 R/3 系统与公司已有软件之间建立的连接。例如，这个界面可以使 R/3 与已有的操作系统和数据库相互沟通。用户界面可以确保在不同类型的计算机上，在用户看来，屏幕是一样的。

（2）在用户界面可以修改来自屏幕解释器的指令，与当前使用的特定类型的计算机匹配。

（3）沟通界面使得电子数据可以在计算机之间进行转换。比如，它可以把非 R/3 程序的数据转换成 R/3 的数据格式。同时，沟通界面也向用户提供 E-mail 和 Internet 服务。

R/3 系统包含有大量的模块，这些模块共同发挥作用来执行公司中的业务管理任务。每个模块都有一个国际通用的缩写。系统的用户使用的往往是这些模块的缩写，而不是全称。比如，SD 表示销售（Sales）和分发（Distribution）模块，CO 表示控制（Controlling）模块。

模块分成为很多大类，包括物流、财务、后勤、会计、办公室与人力资源等。例如"销售和分发"模块（缩写为"SD"）在"物流"类中，"控制模块"（缩写为"CO"）是"财务"类的一个模块。所有的模块都显示在 R/3 系统的主屏幕中，用户可以从中选择相应的模块进行操作。

第 2 章

SAP R/3系统基本模块组成

SAP R/3 系统的功能涵盖了企业管理业务的各个方面，这些功能模块服务于各个不同的企业管理领域。在每个管理领域，R/3 系统又提供了更为细致的单一功能子模块，例如财务会计模块包括总账、应收账、应付账、财务控制、金融投资、报表合并、基金管理等子模块。SAP R/3 系统不仅提供了有效的标准 ERP 功能，同时软件模块化结构也保证了数据单独处理的特殊方案需求。本章将针对 SAP R/3 系统中常用的模块进行简单的介绍。

2.1 SAP GUI 基础知识

SAP 系统的一整套程序是针对所有企业的一种数据和应用集成方法，它将业务和技术进步融入了一个综合性的高品位的标准系统，即商品化软件系统。R/3 系统又是一个建立在三维客户机/服务器上的开放的新标准软件

SAP 系统软件安装完成，会在安装目录下产生一个 "SAP Logon" 图标，双击图标即可进入到 SAP 系统登录窗口，从中选择"系统"页，然后单击右边的"用户定义"按钮，弹出如图 2-1 所示的对话框。

图中，用户需要在"说明"中填写要添加系统的名称，例如填写生产系统、测试系统、开发系统；在"应用程序服务器"中填写要添加系统的 IP 地址、系统标识及系统编号；然后选择"R/3"系统，最后单击"添加"按钮，即可将该系统添加到登录窗口中，以后只需要在登录窗口中单击该系统即可。

图 2-1 SAP 系统登录窗口

2.2 SAP R/3 系统的总体架构

SAP R/3 系统采用了功能模块化的组织结构。它们既可以单独使用，也可以和其他的解决方

案结合使用。从流程导向的角度而言，各应用软体间的整合程度越高，它们带来的好处就越多。SAP 系统的功能模块覆盖了企业的财务、项目管理、采购、生产计划、销售、质量管理、人力资源管理、资产管理、设备管理等众多业务，如图 2-2 所示。

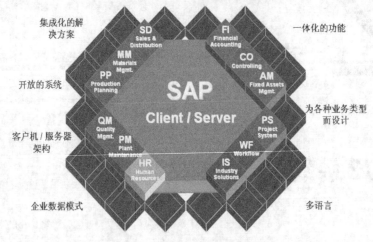

图 2-2　SAP 系统功能模块组成

（1）财务会计（FI）：集中公司有关会计的所有资料，提供完整的文献和全面的资讯，同时作为企业实行控制和规划的最新基础。

（2）管理会计（CO）：是公司管理系统中规划与控制工具的完整体系，具有统一的报表系统，协调公司内部处理业务的内容和过程。

（3）人力资源（HR）：采用涵盖所有人员管理任务和帮助简化与加速处理的整合式应用程式，为公司提供人力资源规划和管理解决方案。

（4）物料管理（MM）：以工作流程为导向的处理功能对所有的采购处理最佳化，可自动评估供应商，透过精确的库存和仓储管理降低采购和仓储成本，并与发票核查相整合。

（5）项目管理（PS）：协调和控制项目的各个阶段，直接与采购及控制模块合作，从报价、设计到批准，以及资源管理与结算。

（6）销售与分销（SD）：积极支援销售和分销活动，具有出色的定价、订单快速处理、按时交货，以及交互式多层次可变配置等功能，并直接与盈利分析和生产计划模组连接。

（7）设备管理（PM）：又叫工厂维护，主要用于提供对定期维护、检查、耗损维护与服务管理的规划，以及控制和处理，以确保各操作性系统的可用性。

（8）生产计划（PP）：提供各种制造类型的全面处理。从重覆性生产、订制生产、订装生产、加工制造、批量及订存生产，直至过程生产，具有扩展 MPR II 的功能。

（9）质量管理（QM）：监控、输入和管理整个供应链与质量保证相关的各类处理、协调检查处理、启动校正措施，以及与实验室资讯系统整合。

2.3　财务管理（FI/CO）模块概述

本节介绍财务管理模块，它主要包括财务会计和成本管理两大业务功能。一个有效的、现代的财务会计系统，必须满足内部的和法定的会计的要求。法定会计必须能够按照有关规定向股东、债权人、劳工组织以及社会公众等披露并提供所需的信息，而有效的公司管理会计则必须包括成本控制和转移的功能。

2.3.1 财务管理模块的主要特征

(1) 适用性:财务管理模块依据各国会计法规进行相应的定义,同时也适用于国际性的企业,符合 40 多个主要工业国对会计法规的有关要求。

(2) 集成性:财务管理模块的高度集成,确保了会计信息能够满足自动更新的要求。当用户在其他模块处理业务时,例如物料的收到和发运,这些业务所引起的财务上的变动将立即自动地记入财务管理模块。财务管理模块还充分考虑了关于公司和财税方面的法规。同时它还为其用户提供电子化处理同业务伙伴之间的数据交换的功能,例如与客户、供应商、银行、保险公司以及其他信贷机构的业务往来。

(3) 及时性:财务管理模块中发生的所有业务都会依据凭证的有关规定记账。这种规定将保证从资产负债表到每一张凭证的审计线索。在用户完成记账之后,可以及时看到凭证、科目余额以及相关科目的清单。用户也可以立即对资产负债表和损益表进行分析。

2.3.2 财务管理模块的主要功能

1. 财务会计(FI)模块的功能

(1) 总分类账。

总分类账会计的主要任务是提供一个关于外部会计和所涉及科目的全面图景。在一个与公司其他所有经营部门高度结合为一体的软件系统中记录所有业务往来,从而保证了会计数据总是完整的和准确的。总分类账中包含以下几个重要的概念。

- 会计科目表:总分类账会计核算所使用的会计科目表,既可以用于单个的公司,也可以运用于整个集团公司。用户可以分别定义会计科目表,以保证其拥有财会方面的功能。系统提供的会计科目表样板可以使用户方便地实现这方面的功能。
- 货币:SAP 系统允许用户同时用多达 3 种货币作为记账和结算的本位币。所有的业务处理均能以本位币、集团公司货币以及客户自定义的货币记入账本。同时系统提供自动处理有关外币评估、信息分类以及应收应付账款到期处理的功能。
- 资产负债表/损益表:SAP R/3 财会子系统可以根据不同的类型,提供满足各种不同需要的财务报表,其中常用的有科目余额清单、费用明细表、损益表、年度财务报表等。
- 明细分类账:在财会子系统内,总分类账能够与明细分类账紧密连接。所有与明细分类账中借方和贷方科目(包括固定资产模块)有关的业务,均会同时反映到总分类账和财务报表上。
- 业务领域:R3 系统可提供每个业务领域的仅供内部考核用的类似于资产负债表/损益表的报表。用户可将所有的资产负债表科目,如固定资产、应收/应付、存货等科目,和所有的损益表科目直接赋给相应的业务领域;但由于业务领域的资产负债表/损益表只用于内部管理,所以对银行、资本和税务,只能手工赋给相应的业务领域。

(2) 应付账款。

R/3 财会模块的应付账款组件用于对所有供应商的财会数据进行管理。它是与采购模块集成的一个不可分割的部分,为每个供应商记录交货和发票。在 FI 组件中,这些凭证的相关记账会依照这些业务自动执行。同样,应付账款组件把发票的数据提供给现金管理和预测组件,以优化周转计划。收付程序结算未兑现的应付款。此程序以打印形式和电子形式(移动存储上的数据交换和数据传送）支持所有的标准收付方式（支票、转账等）。另外，此程序还包括各个国家的特有收付方式。如果有必要，用户还可以对未兑现的应付账款催款（例如贷项清单的支付），催款程序支持此功能。按照所涉及的业务（应付款定金），在不同的总分类账被更新的同时，应付账款中的记账被记录在总分类账中。为使用户能够监测未清项目，系统给用户提供了到期日预测和其他标准报表。用户可以对余额确认，对账单和与供应商的其他信函格式进行格式化，以满足需求。为了使用户能够在应付账款上记录业务，系统可以产生余额清单、日记账、余额审记索引和其他内部评估等。

（3）应收账款。

应收账款组件主要用于对客户账户进行监测与控制。在此组件中，账户分析、示警报告、逾期清单以及灵活的催款功能，使用户可以方便地处理客户未清项。而信函功能能适合任何企业的要求，可以用于付款通知书、对账单和账户清单。在收款时，用户既可以用简便的直接输入方式，也可以使用自动数据传输方式。同销售与分销模块、现金管理模块以及在损益表中的客户特定的功能之间的接口，可为所有的业务处理提供更多的信息。此外，SAP系统的信贷管理、流动资金计划以及利润核算功能也能提供实时的和一致化的数据。

2. 管理会计（CO）模块的功能

R/3系统提供了高度集成的财务预算及控制体系。其控制应用程序提供了一套用于公司控制的高级而复杂的系统，根据用户特定的需求进行组织与修改。所有的管理会计应用程序共用同样的数据源，并使用一个标准化的报告系统，该系统包容各个国家的具体要求，这种能力意味着能适合于控制跨国的业务活动。管理会计模块可使用户密切地监控所有的成本、收入、资源及期限，对计划成本与实际成本进行全面的比较。管理会计数据被完全集成到R/3系统的后勤、销售和财务会计的业务活动中。

（1）成本中心会计：帮助用户确定在企业的何处将生成何种成本，并将成本分配给产生该成本的部门。

（2）基于业务活动的成本核算：基于业务活动的成本核算，是一种测定业务过程及成本对象和完成量的方法，主要按照业务处理过程中使用资源的情况来分配成本。业务处理过程中发生的成本，根据这些过程的使用情况来分配到成本对象中。

（3）订单和项目会计管理：在管理过程中，对于那些需要监控的大量投资支出测算，可以通过内部订单或项目的方式来表示。SAP系统订单和项目系统的功能可用于各种投资支出测算，这些功能包括以下几个。

- 资源与成本计划功能：可与用户的材料管理与生产能力计划系统全面集成。
- 广泛的选项功能：用于监控实际成本、计划成本、原价及次级成本。
- 未清项目管理功能：用于管理采购订单、采购需求、材料及资金储备。

在SAP R/3系统内部订单组件中，其重点是成本分析和结算。CO订单的首要目标有以下各项。

- 成本控制：收取成本、成本结构的确定、计划/实际成本的比较，以及变量的显示。
- 制定决策工具：备选的成本核算、成本分析（报表列、行项目，每月/每季指标，未清项，数量和值）。
- 向目标对象的作业分配和结算：订单、项目、成本中心、网络、资产、获利能力段、客户订单、总账科目、成本对象。

（4）产品成本核算（CO-PC）：生产成本管理会计主要支持一般附加费、统计标准成本核算、基于边际成本的标准成本核算等3类成本会计核算程序。此外，该系统也为无形产品和服务生产中的生产成本管理会计提供成本评估程序。在 R/3 系统中，生产成本管理会计与其后勤模块可进行数据交互。

（5）利润中心会计（EC-PCA）：利润中心会计支持面向销售的销售成本会计方法和基于期间会计方法的分析。利润中心会计的主要目的是确定利润中心的经营利润。R/3 系统可使用户按期间会计方法和销售成本会计方法反映利润。此外，通过把资产负债表行项目转入利润中心会计，用户还可以按利润中心显示其他的关键指标（投资收益率、流动资产、现金流量等）。这可以为管理层提供重要的、战略性的计划信息，并提供可靠的数据，以支持对公司未来至关重要的投资决策过程。

2.4　人力资源（HR）模块概述

SAP R/3 系统的人力资源管理模块为企业的人力资源决策提供全方位的解决方案。这些领域包括人事管理、时间管理、薪酬管理、组织管理、培训等，并与财务、采购等模块组成高效的、具有高度集成性的企业资源系统。

2.4.1　人力资源模块的主要特征

（1）自动化：SAP 系统根据人力资源所涉及的全部业务，将人力资源管理中的日常工作全部"自动化"和"流水线化"，使人力资源管理人员能够非常轻松地进行企业的人事管理。

（2）强大的分析功能：SAP 系统提供有数据统计和报表工具，可以帮助用户对企业人力资源的各项关键绩效指标实施分析和监控，并支持实施新的人力资源管理政策和措施。

（3）协同性：由于 SAP 软件具有开放性，因此能够通过与外部系统建立数据传输通道，保证人力资源管理的专业服务得到高效递送。同时能将人力部员工从日常琐碎事务中解脱出来，集中精力进行战略人力资源管理。

（4）集成性：HR 模块除了可以与 SAP 系统的其他模块完全集成外，还能与其他非 SAP 系统集成，这是因为 HR 模块的设计基于并符合国际标准。作为一个开放性系统，它可以根据用户的需求，运行在各种操作系统、数据库和硬件平台上。其灵活的体系结构，使用户在系统的分配上有最大限度的选择余地。

（5）本地化：SAP 系统不仅能管理员工信息的本地格式（如家庭地址、家庭成员、政治面貌、职称等），还能根据本地法规来准确计算个人收入所得税、住房公积金、各类社会保险等数据。

（6）结构化：所有的员工数据将存储在 SAP 的信息类型里面。信息类型可使员工数据结构化，简化了数据的录入，并且可以按时间段录入员工信息，所有的员工历史记录都会保存在系统里。信息类型还提供了快速输入界面，用户可以根据自己的需要快速录入员工数据。SAP 标准系统提供了全套员工数据结构，包括基本个人数据、基本工作关系数据、工资数据、工作计划数据、时间记录数据等结构信息。

（7）高效性：薪资计算组件需用到许多其他 HR 应用程序中的数据，例如人事管理、时间管理、激励性工资、差旅管理等。薪资计算程序运行时，系统会按照用户制定的特殊规则来计算时间数据。在与激励性工资组件集成后，系统就可以直接读取生产管理数据，然后对计件工资和奖励性工资进行计算。薪资计算程序运行完毕，基于与会计核算组件集成的设计特点，能灵活有效地把结果传送到相应的会计科目中。

（8）国际化：薪资计算组件有多个国家和地区的版本，每个版本都经专门审定以使其符合当地的法律或业务要求，并且支持该国的语言和货币。系统可以自动进行员工出缺勤工资的计算、个人所得税计算、福利保险的扣减、各种特殊工资项目的处理，自动完成纠错功能，以及各种工资报表的打印。

2.4.2 人力资源模块的主要功能

1. 人事管理

人力资源系统的雇员主数据具有广泛的适应性，无论是几万员工的跨国公司，还是只有几百人的小企业，HR模块都可以将满足各个国家和地区特殊要求的雇员主数据集中存储在一个系统中。用户还可以根据自己的需要增加信息类型。一些重要文件和照片可以通过SAP系统的文档连接扫描进入系统。其强大的报表功能，可以按照用户的各种需要，选择不同的报表格式输出。

2. 时间管理

根据本国或当地的日历，灵活安排企业的运作时间以及劳动力的作息时间表；对员工加班、作业轮班、员工假期，以及员工作业顶替等作出一套周密的安排；运用远端考勤系统，将员工的实际出勤情况记录到主系统中；与员工薪资、奖金有关的时间数据会在薪资系统和成本核算中作进一步的处理。HR模块将时间管理作为整体系统中的一个组成部分，而这个系统可以对人力资源管理系统的规划、控制和管理等过程提供支持。

3. 考勤管理

"人事考勤"管理组件是人力资源系统的主要组成部分。它分为"员工个人资料"和"出勤考核管理"两部分。

（1）"员工个人资料"主要用于管理员工的一些个人资料。不但可以快速、清楚地了解他们现在的基本情况，更可以了解他们的成长过程；支持多种职称类别并存，可以更合理地管理公司的员工，激发他们的积极性；引进技术等级的管理方式，可以量化员工的工作能力，更有效地提供员工能力的报表，可以更公平地分配员工的报酬；员工群组的概念，可更有效地完成任务，节省宝贵的时间。

（2）"出勤考核管理"主要用来管理员工日常上下班的考勤状况，并提供日明细和月/年汇总资料。考勤区间的设置，可以随意按照需要安排公司的考勤时间；各种单据的管理，可以对以往的事情有据可查。

"人事考勤"管理组件的所有数据都有记录输入日志和修改日志，并加以有效期的管理，保证了数据的准确性、有效性和可靠性，可以更准确地做出人事决策。

4. 薪酬管理

"薪酬管理"组件是制定公司薪资政策的一个好工具。灵活、高效的薪酬系统能根据公司跨地区、跨部门、跨工种的不同薪资结构及处理流程，制定与之相适应的薪资核算方法。与时间管理直接集成，减少了人工介入，消除了接口中存在的问题。自动提供工资的各项扣减、员工贷款等功能。薪酬系统还具有强大的回算功能，当薪酬核算过程结束以后，员工的有关上一薪酬核算期的主数据发生变化，在下一薪酬核算期内，回算功能自动触发，进行修正。

"薪酬管理"组件是人力资源系统中力求帮助用户制定适当的、灵活的薪酬政策的主要部分。其中采用了SAP R/3系统中先进的Condition管理概念，使得系统具有最大的灵活性，可轻易地完成对全体或个人薪酬的变动，适合于公司灵活、多样的薪酬系统，大大简化了会计部门的工作。各种薪酬发放的交易（如调薪、发放年终奖等）都提供试算和最后结算的功能，方便用户制定使公司和员工双赢的薪酬政策,同时又保证了历史数据的准确性。各种薪酬类型的数据都加有适用人群和有效时间的限制,使数据更具准确性、可靠性。

2.5 物料管理(MM)模块概述

物料管理模块是 SAP R/3 系统的一个重要模块。物料管理模块支持日常发生的业务处理功能和过程,不仅包含了用于简化需求计划、采购、存货管理、货仓管理及发票校验等业务流程所必需的所有功能,而且对标准工作程序进行了高度自动化。所有的物料管理应用模块功能都相互紧密集成,并与 R/3 系统中的其他功能整合在一起。这意味着物料管理的用户和其他供应链及财务管理的用户总能得到最新的信息。系统能为用户做所有的常规的工作,用户可省下时间去做更重要的事情。

以消耗为基础的物料资源计划,根据再订购水平或预测数据可以提出最新的请购建议。其他供应链应用模块,例如销售和分销、设备维护、生产计划或项目系统等,也能要求通过外部来采购物料或服务。个别部门还可手工输入请购单。

系统把这些请购单传递给采购模块,将它们转换成采购订单。采购员可以任意地使用各种高级工具,从特殊的采购主数据维护、询价请求、报价到合同协议。例如,用户可以在采购过程中自动比较价格,将对供应商的选择自动化或自动输入采购订单。供应商评估功能可以按照用户所设定的选择条件找出最满意的供应商。用户也可以在采购文档被进一步处理之前对他们选择应用下达和批准程序。采购活动可由被授权职员利用电子签名批准。可以将采购订单或预测交货日程表通过硬拷贝或电子手段发给供应商。采购订单历史可以帮助用户监控订单的状态并跟踪已收到的交货或发票。

2.5.1 物料管理模块的主要特征

物料管理(MM)模块覆盖了一个集成的供应链中(物料需求计划,采购,库存和库房管理)所有与物料管理相关的任务。采购为计划提供重要的交货情况和市场供应情况,并且控制采购物料从请购到收货、检验、入库的详细流程;当货物接收时,对相关的采购单进行自动检查。通过对供应商的谈判和报价的管理和比较,对价格实行控制,以取得最佳的效益;对供应商和采购部门的绩效评估,可以协助采购部门确定采购环节中尚待完善的地方,同时采购应收和应付账款、收货和成本核算部门之间建立有意义的信息通信,以保证企业的某一环节所提供的信息,能在其他所有有关的环节中反映出来。通过建立和维护采购订单方式,来实现采购合同跟踪,安排供应商交货进度和评价采购活动绩效等需求目标,从而提高采购活动的效率,降低采购的成本。库存管理系统负责现有库存的管理,直到它们被消耗,其基本目标就是要能帮助企业维护准确的库存数。它应能支持各种物品库存状况、库存变化历史以及发展趋势的联机查询,并能从多层次去查看库存状况。此外,该管理系统能提供基本的库存分析报告,帮助评价库存管理的绩效。库房管理系统保证了库房商品最优的库存吞吐量。不同的盘库方法都可用于库存的清点,范围可以从样品库存到连续库存。

2.5.2 物料管理模块的主要功能

1. 物料需求计划

通过使用采购和仓库/库存系统,MM 系统能够提供物料需求计划的基础数据。基于消耗的物料需求计划，可根据消耗数据生成基于再订货点原则或预测的采购建议，其他需求则以采购申请的形式记录下来，并分配给相应的采购人员。这个过程可确定合适的订单数量和适当的服务级别。

2. 采购信息录入

采购具有强大的功能，可以优化相关的处理过程，即从采购申请的生成到打印采购订单和长期采购协议。在采购过程中，可以根据现有的报价单生成订单，或首先发出报价单申请。在很大程度上，采购订单可以根据现有的数据自动生成，例如行项目可根据采购协议生成。此外，系统可为评价、选择供应商和监控与订单有关的活动提供相关信息。系统为采购人员和物料计划人员提供库存数据、库存可用量（地点和时间）、供应商、采购订单历史、交货时间和未结订单数量等。

3. 库存管理

这个单元包括实际库存处理，诸如收货、退货、计划内和计划外的库存取消、库存转移、保留和库存调整等。通过这些数据的实时录入，尽可能地保证数据的即时更新和准确性，这是编制准确有效的物料计划和控制的先决条件。

4. 收货

在做收货处理时，所有的相关数据是从采购订单中得到的。系统根据交货数量更新库存数量，库存价值的更新则通过自动科目定义来实现。

5. 仓库管理

仓库管理用于定义并管理复杂的仓库机构，可以将仓库分为不同的物理或逻辑单元，例如高架区和存储区。可以随机地组织和管理，或按图示存储原则组织和管理。系统可以利用已定义的策略提示用户货物应存放的区域，哪些区域的货物应取消，或货物应从哪些区域取出。

6. 发票确认

发票确认（发票匹配或发票取消）功能清晰地表明了系统集成的程度。发票确认需使用物料主数据、采购订单和收货的有关数据，在理想状态下，用户只需要输入对应采购订单项目的发票总额，根据预先定义的参数，所有过账生效，生成应付账。如果超出了预定的限额（例如数量、价格和交货期），则冻结对该发票的付款。

7. 物料主数据

物料管理的处理是基于不同类型的数据进行的，包括供应商、物料和服务的基本数据。供应商数据包括地址、协议、交货条件和付款方式，物料或服务数据包括描述、供应商编号和技术信息。这些基本数据存储在主记录中，系统进行业务处理时，在主记录中存取数据。"采购信息记录"也记录采购基本信息，它记录供应商、物料及服务间的联系，系统用条件代表价格、附加费、折扣和交货费用。物料清单是基本数据的另一种形式，生产计划、采购、分销和物料取消处理可使用这些数据。另外，在查询某条主记录时，可使用编码或搜索值，称为"匹配"，例如寻找供应商名称可查询供应商代码，通过物料描述可查询物料代码等。

2.6 销售与分销（SD）模块概述

SAP R/3 销售与分销（SD）模块强调用世界一流的方法服务于全世界用户。销售与分销（SD）模块是一种处理过程驱动的应用，全面集成于 R/3 系统中。

2.6.1 销售与分销模块的主要特征

1. 多语种、多货币处理

多企业、多语种、多种货币的销售订单处理功能，使用户能用一种语言、输入一个指令便可开展一次国际间的业务。应用销售与分销（SD）模块与其他国家的伙伴进行交易时，可以自动转换成其他国家的语言和货币。通过确定国界，每一个伙伴收到的业务内容是用相应的本地语言和货币来表述的，这有助于服务全球市场。

2. 微调技术

微调技术能使销售与分销（SD）模块适应企业功能的需要。通过微调订单类型，用户可以很快地调整系统，以满足不断变化的业务需求，使销售额不会出现大的滑坡。

3. 定价灵活性

销售与分销（SD）模块的定价灵活性和完备性很强，用户可以利用有关规则来定价，并且可以存储最复杂的定价情况。

4. 订单状况和顾客服务查询

订单状况/顾客服务查询使用户可以很方便地从系统中获得有关订单情况的大量信息。通过系统甚至可以用图表表示订单的进度。公司的客户服务人员在客户问询之前便可以回答有关订单状况等问题。

5. 优化的订单输入

在日常订单处理中，简单的一屏信息就足够了。输入客户名、产品、数量，其他的都可由主数据来处理。

6. 按客户产品号码的订单输入

R/3 系统的订单输入功能，允许利用客户的产品编号进入一个客户订单。一旦客户在一个客户材料信息记录中存储了产品编号和客户编号，系统就可以通过该客户的编号，自动地参照客户的产品号码。

7. 大量的订单输入

大量的订单输入功能允许用户像处理一份简单文件那样记录具有最大的销售订单，与此同时，在订单内，用户仍可快速地移到一个客户部件号码或一种专用产品号码的登记中。

8. 折扣处理

SD 模块中的折扣处理可以为用户提供多样选择，包括基于产品、产品组、客户及购买群体的折扣。该功能主要用于客户包装货物行业，一般遵循折扣原则。

9. EDI

EDI（Electronic Data Interchange）是销售中的一个关键部分。对用户的业务需要，应尽可能地以最快捷的方式传递。使用 EDI 意味着电子传输的数据立即可以为用户所获得，并可应用于 SD 模块中。SD 模块中的 EDI 接口将确保用户的销售运作具有最快的速度和集成功能。EDI 甚至可以激活一个工作流过程。例如，由于无效的产品号，或者因信用持有，或者因其他的判断标准等，而激活一个销售订单的工作流事件。

10. 相互参照功能

系统中的相互参照功能允许基于不同的准则，如客户的产品号、通用产品代码（UPC）或失效产品等，来确定合适的产品号码。用户还可以依照基于包装代码选择原则的清单，来确定合适的产品。例如，一个客户可能不提供将插入到任何产品包装中的随赠产品，那么在系统找到这种替代品之前，这些包装代码将不列在选择的清单中。

11. 可用性检查

在完成订单输入之前，可用性检查主要是核对用户手边是否有足够数量的产品以满足新订单的需求。如果用户手边没有足够的产品能很快发货，那么可用性检查将实时确定何时可获得所需的数量。用户可以规定是否系统基于可用的约定（ATP）数量来进行检查，或者它是否按照计划来进行检查。系统还考虑补货的提前期。用户甚至可以检查多个工厂的可用性。所有的这些，都有助于用户的组织机构针对潜在的交货瓶颈的最新信息做出销售订单的决策，并且在改善客户满意程度的同时，帮助用户按计划完成商业过程。

12. 与物料管理和财务会计的集成

与物料管理系统集成后，当生成一份销售订单包括第三方项目时，该系统会自动地利用采购功能生成采购申请。这些采购产品可能被直接送到客户处，或被送到仓库，以便与订单上的其他产品一并装运。一旦分配销售部门和工厂，便开始与财务会计系统（R/3 FI 模块）集成。在一个公司代码内，保留若干个销售部门可能会十分有效，一个单一工厂可以被分配若干个销售部门。当进行这些分配时，便可生成 R/3 系统中自动财务数据的移动和连接。

13. 批量控制

SD 模块中的批量控制功能允许在销售订单上分配单个批量，或者等到在确认批量之前装运处理时。SD 模块将进一步通过检查，以确保批量细目能满足客户的清单需求。SD 模块还可通过检查，以确保满足截止日期以及客户的任何其他需求。

14. 服务管理

SD 模块中的服务包含一整套客户服务功能，包括呼叫管理、担保管理和服务合同处理等。它还包含出租或采购设备的维护和修理合同，并允许用户记录全过程，并确保即时的服务响应和准确无误的开票。

15. 退货、信贷和借贷处理

SD 模块中的退货、信贷和借贷处理功能主要用于处理由客户归还的物品。意见收集功能包括不管有无优先销售交易的参考，均免费传送有关退货、信贷和借贷备忘录。该系统将通过处理交货和开票冻结，来帮助获得精确、有效的交易过程，以备另一部门需要查阅这些交易过程时使用。

16. 信贷限额检查

SD 模块在信贷检查方面赋予了极大的灵活性。用户可以在销售周期中的任何时间内，从订单收货到交货，利用信贷限额检查功能。还可以对集中或分解的运作过程或任何过程之间建立信贷检查。对于一位已知客户，用户可以定义一个总的限额和/或对一个信贷控制范围定义特定限额，还可以在限额超出时确定系统的响应。

17. 产品结构

可配置的产品是另一个具有极大灵活性的领域。当用户在销售订单上输入一个可配置的产品时，SD 模块便自动调用可配置编辑器，用户可以很容易地从预定义配置选项中进行选择，还可以定义独立的选项或生成具有多种配置层次的物料系列,甚至可以对配置的产品中的关键部件进行可用性检查。

18. 外贸

不断变化的外贸规定和关税对任何一个国际性组织都面临着艰苦的挑战。这些约束将影响整个供应链，从原材料到产成品、库存和财务会计。SD 模块的外贸功能可以使用户有效地完成这些需求，包括支持 EDI 接口用于外贸信息、出口许可证的灵活管理、对当局的自动申报，以及最惠国条约的陈述等。

19. 装运和运输

R/3 系统中的装运和运输管理，可使 SD 模块与 R/3 系统中的物料管理和财务会计模块紧密结合在一起。因此，不论用户在何处，当前装运信息可以控制在用户的手中。该装运模块除了对灵活的装运出口提供了综合支持外，还提供了对外贸处理过程、装运截止日期的监控、装运的灵活处理的综合支持，以及对运送、包装和装卸的综合支持。

2.6.2 销售与分销模块的主要功能

1. 销售支持

R/3 销售支持部件可帮助销售和市场部门在对现有的客户提供支持的同时发展新的业务。销售支持将提供一个环境，使得所有的销售人员，包括现场销售人员和办事处的职员，都能提供和存取有关客户、潜在客户、竞争对手及其产品、联系人等方面的有价值的信息。销售支持部件的功能是既作为有关销售和分销的各方面信息的源，又作为获取业务的起动力。

使用 SD 模块，用户不但可以创建直接邮寄方式去发展新的业务，而且能巩固已有的客户群。在已存入系统的销售信息的基础上，用户可以创建有关客户和潜在客户的地址清单，他们是用户发动的直接邮寄攻势的目标。有关客户、潜在客户、竞争者以及其产品和销售物料等方面的背景信息是作为主数据来存储的。

SD 模块的销售支持要素，为客户服务和用户的销售及市场人员的商业活动提供了工具和处理手段。SD 模块中的这一部分紧密地与销售、发货和开票等功能连接在一起，用以提供日常商业事务的附加的必要手段。销售支持使售前功能得以简化和自动化，可使人们摆脱重要但很繁重的日常工作。

售前支持将帮助提供对现有客户的服务，而这些客户也将有助于新的商业发展。使用 SD 模块中的销售支持，结合现场销售人员和其他职员的工作，有助于掌握有价值的信息，这些信息将涉及客户、销售项目、竞争对手和他们的产品，以及合同。销售支持具有作为 SD 模块的信息资源和作为一种获取新的商业动力的功能。

销售支持功能将使现场销售人员的工作纳入到组织的信息流中。SD 模块能快速地处理由销售人员收集来的市场信息，这些信息将为销售处的办事人员所用。

2. 销售信息系统

销售信息系统作为实时数据的共用库，能为用户提供一种更高档次的服务，给用户提供一个竞争的优势。精确的、实时的数据，也意味着商业活动在效益上将有显著地提高。在 SD 模块中，所有的销售、发货和开票处理提供的信息将通过中央销售信息系统输入到销售支持中，包括销售的一览表和销售订单的统计资料。销售信息系统能提供广泛的功能，用于制定有关销售信息的报表。这些报表能协助用户制定销售和商贸策略，以及分析计划的结果。例如，通过销售处和销售组可以制定出一个有关收到的订单的详细报表。用户还能够为专项客户着手制定一份有关全部公开销售活动的清单，而且能追溯各个销售订单的历史。

3. 销售

任何大组织的销售部门都要开展广泛的销售活动，而每一项活动都包含了大量自身的各种变化因素。这些活动从处理报价申请（RFQS）、报价单和销售订单，到定价、信贷和产品可用性。这项工作中的任何一步稍有疏忽都可能造成订单的丧失，甚至损害与良好客户的关系。最好的情形是，上面提到的所有的活动，甚至更多的活动都进展平稳：一个过程和下一个过程可以衔接起来，数据输入减至最少，而误差则被消除。在销售中，用户可以通过 SD 模块来实现这些过程。它可以提供：

- 询价、报价和销售订单的处理和监控；
- 广泛的拷贝功能可以将在订单输入中的误差和重复劳动减至最少；
- 客户定义的凭证类型用于所有的销售订单；
- 可用性检查（ATP）；
- 交货计划；
- 发货点和路线确定；
- 包括本国和外国货币税金确定在内的定价；
- 客户信贷检查。

不论销售简单还是复杂，SD 模块均能满足需求。它能轻易地支持大多数事务和作业。即使用户的需求相当复杂，也能很容易地将该系统为用户所用。

4. 询价及报价

询价和报价文件是作为关键的售前作业的指南性文件，并且还提供用做业务信息的资料库。当客户需要有关产品和服务的信息时，就可以使用系统中的询价功能，这些文件提供有关未来客户的重要信息。当销售开始时，用户可以快速地从询价或报价文件中取出信息，并很容易地输入到销售的文件中。同时，SD 模块还包括了许多用于管理和监控这些文件的功能。可分析销售之前的文件，用来衡量市场的动向、分析丧失销售的原因，以及建立用于计划和战略的基础。同时，SD 模块还提供了用于查阅系统中询价和报价的分析工具。

5. 订货

SD 模块用于帮助用户处理不同的销售订单，这主要取决于特殊的需求。当需要在一个屏幕上输入带有许多项目的销售订单，或利用一份扩展的订单视图来设置一项复杂的订单时，系统能适应用户的需求。

6. 发货

装运是供应链中的基本环节。装运部门的主要任务是对用户服务和执行分销资源计划（DRP）。装运成本是后勤成本的主要部分，在 SD 模块的装运处理中，有关正常交货过程的所有决策都可以按照以下几条进行：

- 跟踪与用户的总协议；
- 跟踪对物料的具体要求；
- 对每一个订单规定条件。

7. 运输

运输是供应链中的一个基本要素。为确保装运按计划准时发放到客户所在地，有效的运输计划是必需的。运输成本在决定一个产品价格时能起到相当大的作用。为保持产品的价格有竞争性，使运输成本保持最小非常重要。运输的有效计划和处理能使这些成本降低。销售、分销系统的新的运输要素的目标是为运输提供以下一些基本功能：

- 运输计划和处理；
- 运费计算；
- 运费结算；
- 客户运费计算；
- 同时开出客户运费发票；
- 服务机构选择功能。

8. 发票处理

出具发票是销售和分销中最后的活动。它支持以下几个功能。

- 发出：包括根据货物和服务而发出的发票，根据相应的请求而发出的借项和贷项凭单以及形式发票。
- 取消出具发票事务。
- 回扣的发出。
- 传递过账数据到财务会计（FI）。

在 SAP R/3 系统中，以上所列的功能都会涉及出具发票凭证。这些出具发票凭证覆盖了一般日常业务和特殊情形下的业务两方面的要求。与 SAP R/3 系统中的销售订单处理的所有部分一样，出具发票集成在机构结构中。因此出具发票事务可以指派给某一特定的销售机构、分销渠道和产品组。

9. 信贷管理

SAP R/3 系统提供了强有力的信贷管理环境。通过集成，来自财务会计（FI）、销售和分销（SD）的最新信息，使用户能有效地减小信贷风险，尽快解决信贷扣留（由于信贷原因而引起的凭证冻结），加快订单处理。信贷管理包括以下几个特点。

- 根据信贷管理的需要，可规定基于判据多样性的自动化信贷检查。
- 对关键性的信贷状况，可通过内部电子邮件自动通知有关信贷管理人员。
- 信贷代表应当快而准确地审查客户的信贷状况，并根据信贷政策决定是否延长信贷。

10. 可用性检查

按时交货对客户来说是至关重要的，它甚至会影响客户决定是否购买产品或相关的服务。因此，SD 模块在订单输入时，能自动地确定交付的进度。交货计划包括所有在货物发出前肯定要发生的活动。交货计划可以确定产品的可用日期和装载的日期。当用户输入客户要求的交货日期时，SD 模块能计算出装运活动的日期。系统可以确定出产品完成日期、分拣日期、装载日期，以及制订运输的计划，以满足客户对交货日期的要求。

运输计划要考虑到运送的时间和用于装运所需的运输提前期，甚至要涉及外国运输机械的情况。SD 模块也考虑了工作日历。例如在确定运输日期时，要考虑到货运代理商和其他的合伙人。就交货和运输计划而言，该系统将确定运输时间，装货时间，分拣和包装的时间，以及运输的提前期。SD 模块将交货处理基于若干交货截止日期而确定，包括物料的有效日期、运输的计划日期、装载日期、发货日期和交货日期等。

交货计划和可用性检查是相互依赖的。该系统利用要求的交货日期和客户的地点信息来确定货物在什么时候必须获得。如果货物不能在所要求的交货日期获得的话，SD模块就用顺排计划表来寻找最早可以获得货物的日期，并计算出货物能送到客户手里的实际日期。

由于在用户的组织中，销售、生产和发送状态是在不断地变化，SD模块在输入销售订单时便进行一次可用性检查，以确保满足客户的需求。在发货过程中，可用性是自动重复检查的。SD模块中的可用性检查用以确定产品能否获得，并确保按客户要求的交货日期交货。还提供有关库存水平、识别交货瓶颈、改善即时的业务处理，向ERP系统转送需求，以及改善客户服务等功能。可用性检查有以下两种形式。

- 基于ATP数量的检查：SD根据仓库的库存量、计划供应量和需求量来计算可用性。
- 按计划检查。

2.7 项目管理（PS）模块概述

项目管理就是把各种资源应用于目标，以实现项目的目标，满足各方面既定的需求。项目管理首先是管理，只不过管理的对象很专一，就是项目；管理的方式是目标管理；项目的组织通常是临时性、柔性、扁平化的组织；管理过程贯穿着系统工程的思想；管理的方法工具和手段具有先进性和开放性，涉及多学科的知识和工具。

2.7.1 项目管理模块的主要特征

SAP系统提供了简单的投资内部订单到专门的项目管理（PS）模块来管理企业的各个项目。PS模块提供从企业建立项目计划、项目可行性研究、项目预算制定、项目预算控制、项目成本管理、项目采购管理、项目资源管理、项目时间/进度管理到项目竣工决算等整个项目生命周期的管理控制，以保证项目的收益最大化。同时PS模块与SAP系统的其他模块，例如FICO、MM、SD、PM等多个模块高度集成，用以实现业务数据实时传递，信息高度共享。它的主要特征如下。

1. 统一投资项目管理，理顺了投资管理流程

PS模块改变了过去管理分散、缺乏统一控制的现状，确定了投资项目管理流程为分散管理、集中控制的模式，项目的实际执行仍由各部门负责，发展基建部门统一协调全部项目，并在EAM系统中统一录入和分解项目，与财务部门一起进行投资预算的控制。这个工作流程的确立，使投资项目的统一管理得到了强化，为数据共享提供了前提条件。

2. 集成控制项目成本，投资资金的控制点前移

没有PS模块时，财务部门是根据建设部门的付款申请进行拨款、付款，对投资计划和付款进度没有总体的概念，只能建立投资资金手工台账进行辅助管理。PS模块上线后，系统可以集成控制项目成本，建设部门和财务部门可以信息共享，项目进度信息和投资预算信息一目了然，使投资资金控制点前移，可避免超投资计划付款情况的发生。

3. 对项目施工过程进行管理，计划口径与付款口径统一

PS模块可以实时对项目的进展情况进行跟踪，定期地反映项目的形象进度。这个进度在系统中也为财务人员所共享，在财务部门进行项目付款时，就可以根据项目的形象进度控制付款，实现计划口径与付款口径的统一。

4. 强大的查询功能、集成一致的数据，保证了项目数据的唯一性和准确性

首先，PS 模块不仅为用户提供项目管理、结算的平台，而且还能为用户提供多种投资项目结构、预算、成本等信息的查询方式，进行信息查询有利于项目管理和财务部门时时掌握项目执行情况以及项目实际成本发生情况。其次，PS 模块可实现项目管理部门与财务部门一起进行投资项目预算的控制；与财务管理模块、资产/设备管理模块进行集成形成资产价值，资产管理部门维修资产在系统中形成设备维修统计表。

2.7.2　项目管理模块的主要功能

SAP 系统的项目管理模块对于一个项目阶段划分得很清晰。同时，它也根据项目的不同需求，定义了项目关键控制结构，主要包括以下几个。

- 项目定义：是一个总括的项目描述。项目定义为将来项目计划阶段所要创建的所有项目管理对象提供了一个框架。
- 工作分解结构（WBS）：是以层次结构的形式将完成一个项目所要执行的任务层层细分所形成的项目结构。它提供了关于项目的概览，并且构筑了项目的组织结构和协调合作的基础，同时显示了项目在工作、时间和金钱上的花费，可以应用它来计划时间、成本和分配预算
- 网络（Network）：以处理为导向的一种项目结构。它描述的是项目执行的过程。网络是一种在项目进度、成本和资源方面安排的计划，是分析和控制工作中很有用的技术。我们可以将网络分配给项目定义、WBS 元素。
- 作业：作业是处理过程中的一个部件，它有明确的开始和结束时间，可用来计划及监控成本、付款、最后期限和资源等。
- 里程碑：它是工程项目中具有重大意义，起到转折点作用的事件。在 SAP 系统中，通过触发里程碑,可以自动完成某些定义好的必要工作。里程碑发生的时间依赖于所在的 WBS 元素或是网络活动。

（1）工作分解结构功能。

- 创建项目执行过程的基本结构；
- 分配项目的利润中心、业务范围、人员、成本中心等信息；
- 为成本项目制定基于成本中心的结算规则；
- 为投资项目制定基于固定资产的结算规则；
- 创建项目的进度、成本、资源、采购计划的基础结构。

（2）网络功能。

- 提供时间计划、成本计划、资源计划结构基础；
- 为项目的制定、计划、执行、分析提供便利。

（3）作业功能。

- 用于组织内部工作中心项目任务的开展；
- 用于分配外部供应商和合作伙伴相关的任务；
- 用于追踪常规类成本；
- 对项目工作中所需的人力、能力、物料、工具和服务等进行计划。

（4）里程碑。
- 进行项目的进程分析（PA）；
- 触发已经定义好的里程碑；
- 作为项目过程中的信息标识。

2.8 资产/设备管理（AM/PM）模块概述

SAP R/3 系统的资产/设备管理模块使用户能电子化地监控固定资产和设备（如零件和原材料）信息。同时，它与财务管理、采购管理、项目管理等模块相集成，提供大量的功能用以控制企业整个运营过程中的资产和设备。

2.8.1 资产/设备管理模块的主要特征

1. 资产管理模块的主要特征

资产管理模块中主要反映了在资产管理领域中的新需求。例如很多企业在生产自动化方面的需求日益增长、质量要求不断提高，以及越来越复杂的设备和更多的法规方面的要求，都迫使很多企业要求更加细致、及时、准确地对自己的资产和设备进行掌控。SAP 系统中的资产管理模块不仅能涵盖所有主要工业国家在法定报表和对资产价值的评估方面的要求，而且能处理资产的购置、废弃、转移和折旧等业务的输入、计算和处置。另外，在资产管理模块中除了法定的对资产价值的评估，用户还可以自定义许多折旧和评估的方法。它提供了灵活的功能，使用户可以对资产进行不同方式的折旧、估算利息以及保险金方面的处理。同样，用户也可以在内部分析时选择不同的指标和顺序来处理报表功能。用户自定义的对资产价值的评估，模拟优化了用户的计划处理。这种模拟的功能使用户可以从不同的角度评估资产价值，并且能处理计划值和实际的投资。

（1）增加要求。

由于自动化程度的提高，无论是出于对外部或内部的会计核算的要求，对固定资产进行计划和监控变得更加重要了。除了单纯的会计和资产负债表准备以外，对管理会计和维护监控还有着更多的要求。而且，用户必须能够在国内和国际等级上简单准确地确定较从前更复杂的集团会计要求。

（2）灵活的评估能力。

这些不同的要求都定义在折旧表中。在此用户可以为商业资产负债表、税收要求、管理会计目的、公司策略及其他自由评估表示多种折旧范围中的各种方法。用户可以用本币或外币执行这些业务。各国特定的评估计划和折旧代码都包含在系统中。

（3）资产分类。

资产分类支持固定资产的结构和分类。重要的默认值，如分类标准、折旧代码和使用寿命、净资产评估数据、保险相关数据等都存储在资产类别中。需要编制资产目录时，仅复制该类别即可。即使用户的资产繁多，系统仍可保证对固定资产进行完整清晰的分类。这对于评估可靠性以及资产特定评估来说有着很大的优越性。

类别概念是由个别确认与替换规则定义的。它们在主数据维护或记账过程中允许对输入项的逻辑与组织一致性进行复杂的检查。在集成系统中，此概念更便于采购员或应付账款会计随时创建资产主记录，而无须等候资产会计的确认。

（4）经济单元的表示。

即使在资产分类中，我们也区别实际的资产类型，如在建工程、低值经济单元、租赁资产及有待资本化的资产等。对于复杂经济单元的垂直分类，可以有资产组、主资产号码以及资产子号码。当资本化执行于主资产号码时，子号码可用来表示特殊的可交换组件或资产的后续扩大。如果为进行共同的折旧计算而合并数个主记录，则可构建资产组。

（5）资产业务的综合集成。

无论资本化资产的处理顺序如何，集成系统都支持所有的业务，包括：
- 资产购置可以从采购模块中生成的采购订单中生成，或由货物发票的收据所产生；
- 根据供应商发票没有采购订单的资产购置；
- 根据自建资本投资项目或投资订单的资产购置。

这样就可以估算与记账资产会计中资产购置相关的费用。资产的资本化值是由集成的应用程序自动提供的（如应付账款、采购/存货管理、作业订单结算或项目结算）。同样，对于资产报废，SAP系统可以结算与应收账款的集成，这样就可以从销售收入数据中确定销售所带来的损益，然后应收账款将此金额记入损益表中，如果需要，则记入成本会计中。

（6）信息系统。

在资产管理模块中，系统为满足法定的要求，提供了所有必要的评估。在此尤其重要的是资产历史记录表，它可以为资产核算集中提供评估。用户可自由地配置资产历史记录表的行列布局。另一方面，系统为管理会计、基于成本的替换值数据、折旧和利息提供了综合报表。折旧范围的概念使用户可以得到任何要求的折旧范围的各项报表，且允许用户生成带集团值的资产历史记录。

（7）模拟和资产负债表优化。

资产管理模块支持使用综合模拟功能对操作结果和操作计划进行优化，这样就可以通过模拟折旧方法中的更改来执行报表。如果模拟的结果是合适的，那么用户可将优化的折旧结果转账到损益表中。

（8）折旧集成。

用户可采用大量更改的程序，将优化的资产负债表和成本会计折旧传送到相应的应用程序（总分类账或管理会计）中，也可自定义传送的频率以及所需的辅助科目设置，如成本会计或账面折旧的成本中心或内部订单。为了准备税收或集团的附加资产负债表，系统提供了一项选择，可将任意个折旧范围的折旧值和资产值转账到并行资产会计组件中。

（9）易于使用。

许多工具简化了系统操作。除了用户友好环境外，还有：
- 为简化资产记录和增加记账中数据输入的可靠性而个别定义的替换和确认规则；
- 模拟任意资产信息系统报表中折旧的综合功能；
- 将资产会计数据传送到SAP系统中的灵活工具；
- 大量处理数据的工具，尤其是执行大量更改和大量报废。

2. **设备管理模块的主要特征**

（1）联动管理。

设备管理模块可以详细记录设备的位置、分类、特性、基本状态、用途等基本属性，而且有专门字段纪录该项设备对应的资产号，真正实现了资产、设备的联动管理。

（2）条形码技术。

设备管理是企业管理中的一个重要组成部分，由于设备具有使用地点分散的特点，即使在

SAP 系统的支持下，设备的跟踪、盘点等工作的性质和工作量也没有得到改变，设备盘点、清查等管理工作依然是手工和计算机管理相结合。所以设备管理可通过条形码技术完成设备的唯一性控制，这样无论设备在什么地点，通过条形码技术就可以唯一识别。

（3）可靠性为中心的管理。
- 设备的功能、故障、故障原因、影响分析。
- 制定维修策略和大纲。

（4）预防/预测性维护。
- 标准操作规程。
- 定期检修，包括大修、小修、定期维护等。
- 状态检修。

2.8.2 资产/设备管理模块的主要功能

1. 资产管理模块的主要功能

（1）资产清查功能。

资产管理模块根据企业的资产管理手册，上线对所属的全部固定资产进行清查盘点，包括房屋建筑物、油品集输设施、运输设备、机器设备及其他设备，以最大程度地确保固定资产的账实相符。固定资产清查结束后，应及时对盘盈、盘亏的资产进行技术鉴定，并填制固定资产处置审批表上报总部批复。

（2）资产细分功能。

资产管理模块提供对资产的细分功能，以满足系统和日常资产管理的需要。一般来说，资产管理比较粗放，例如对资产整体入账，不利于资产的细化管理，容易造成资产流失。针对整体入账资产，资产管理模块可以按照实物资产个体进行细化拆分，同时参照市场价格进行重估入账核算，从而为企业资产管理的深化提供坚实的保障。

2. 设备管理模块的主要功能

设备管理模块多应用于机械、化工、电力、石油、交通、航空等资产密集型企业，其主要作用包括对设备进行计划性维修、状态检修、纠正性维修、基于可靠性维修、基于时间周期的周期计划维修（周、月、季度、半年、年检修计划）、基于性能参数的周期计划性维修等。下面介绍设备管理模块的具体功能。

（1）维修工作管理。
- 设备跟踪：从设备进入企业建立设备台账开始，跟踪其安装、移动、技术更新改造等全过程，让企业清楚设备的归属。
- 紧急维修：处理设备故障或非正常停机导致生产停产和生产停产风险的紧急应对方法和流程。
- 日常维护：对于设备进行日常维护工作的安排、跟踪执行、维修记录管理的方法和流程。
- 运行操作：对于设备生产或试生产时操作的要求、步骤进行严格的管理和监督执行。
- 计划性维修：对于状态检修、纠正性维修、基于可靠性维修、基于时间周期的周期计划维修（周、月、季度、半年、年检修计划）、基于性能参数的周期计划性维修（例如流量、车辆里程、过煤量、发电量）等，进行计划的建立、执行过程的流程管理。
- 项目维修：针对不同类型项目（例如基建、技术改造、标准大修、非标准大修、技措项目）的提出、审批、执行、检查、完成、分析的整个过程进行管理。
(2) 维修资源管理。
- 备件管理（库存）：维修中所需备件库存管理。管理内容主要分为库存基础管理（例如仓库、货位、备件台账、备件类型管理等）和备件仓库流程管理（例如发放、归还、盘点、移库、货位调整等备件在企业内部进行扭转和调整管理的过程）。
- 备件管理（采购）：备件不足时补给库存的管理。管理内容主要分为采购基础管理（例如采购条款、运输条款管理）和采购流程管理（例如采购申请、采购、询价、接收、退货、供应商管理、合同管理）。
- 工具管理：维修过程中的工具管理。工具可分为个人工具、部门工具、企业工具等，实现对这些工具的基础管理，如工具种类、工具可用性管理，工具发出和归还、工具定期校正管理。
- 人力资源管理：维修涉及的人力管理。例如技术工种、人员资格、人员可用性、人员培训以及人员休假管理。另外现代企业有时也要求把供应商、服务商资源纳入到内部资源管理中。

(3) 维修知识管理。
- 维修标准管理：建立企业内部维修标准，如安全操作、备件使用、任务执行、设备使用、标项任务规范等。
- 故障体系管理：针对不同类型的设备进行特征故障定义，并建立故障原因和处理方法、手段，可帮助用户在以后的故障处理中快速诊断和快速解决。
- 设备资料管理：管理设备相关资料，如设备维护手册、操作手册、技术手册、采购保修合同等，可方便维修和操作人员快速查询。

操 作 篇

▶ 第 3 章　业务分析与蓝图设计
▶ 第 4 章　SAP 系统常用命令介绍

第 3 章

业务分析与蓝图设计

每个企业在准备实施 SAP 系统项目之前,都会面临对企业业务现状的分析,这是一个极其关键也是最容易被忽视的环节。无论是对企业自身还是对实施公司来说,业务分析的成败最终决定着 SAP 系统效率的充分发挥。所以 SAP 项目只有在业务关系明确、业务流程清晰的条件下,才能够成功地实现企业确定的应用目标。同时,进行业务分析后,还要针对业务分析的结果进行正确的蓝图设计。正确的蓝图设计是对业务分析结果的优化改造,能够有效地针对业务关系,通过 SAP 系统的实施提升企业的运作效率。

3.1 SAP 项目的准备工作

SAP 项目的准备工作主要就是明确 SAP 项目的目标、对象、范围、策略以及计划。实际上通过准备工作中明确的这些事项,是为项目后续的阶段和活动建立一个框架,也是项目执行过程中的一个关键组成部分。一般可按照如下两层进行划分。

(1)项目规划。
- 明确项目任务;
- 明确项目实施阶段;
- 明确项目组织结构;
- 明确项目工作计划;
- 明确项目预算计划;
- 明确项目环境基础;
- 确定项目培训计划。

(2)项目标准规范。
- 项目计划标准;
- 项目文档标准;
- 变更管理标准;

- 变更控制管理标准；
- 系统配置标准；
- 程序开发标准；
- 系统测试标准。

3.1.1 项目规划

项目规划主要是安排项目文件的准备和定案，确定执行策略、建立项目组织以及安排项目的各种活动，例如预算、日程安排和资源等。

1. 项目任务

主要明确项目实施的方向，保证整个 SAP 项目的实施集中在需求最主要的方面。

2. 项目实施阶段

可以选择实施 SAP 项目的不同方式，例如可以将有关的模块同时实施，也可以按照顺序依次实施不同的业务模块。所以在项目规划阶段，就要明确这个项目究竟是分段实施还是整体同时实施，一般来说，实施阶段的划分取决于企业的业务需求。

3. 项目组织结构

确定项目组织关系到项目团队的结构和要素。SAP 系统的实施是一个大型的系统工程，需要企业从财力、人员、时间等方面给予充分的保证。如果项目组中的人员选择不当、协调配合不好，会直接影响项目的实施周期和成败。项目组织应该由三层组成，每一层的组长都是上层的成员。

（1）领导小组：由企业领导牵头，并与涉及的业务模块主管一起组成领导小组。

（2）项目实施小组：负责大量 SAP 项目的实施工作，一般由项目经理来领导组织工作，其他成员由企业主要业务部门的领导或业务骨干组成。

（3）业务小组：这部分工作的好坏是 SAP 系统实施能不能贯彻到基层的关键所在。每个业务组必须有固定的人员，带着业务处理中的问题，通过对 SAP 系统的掌握，寻求一种新的解决方案和运作方法，并用新的业务流程来验证，最后协同实施小组一起制定新的工作规程和准则，做好基层单位的培训工作。

按照通用的规则，SAP 项目的实施一般会要求项目团队包含以下角色：

- 项目启动人；
- 项目指导委员会；
- SAP 实施项目经理；
- 客户项目经理；
- 关键用户；
- 技术咨询主管；
- SAP 咨询顾问；
- ABAP 开发人员；
- SAP 系统管理员；
- 数据库管理员；
- 网络管理员；
- 操作系统管理员；

● 授权管理员。
4. 项目工作计划

项目工作计划是用来控制项目的进度细节，包括项目的日程计划、任务、活动、关键里程碑。一个明确和翔实的工作计划，能够让所有的人集中力量实现项目的目标。项目工作计划可以确定主要变量，例如活动和相关任务、阶段成果和交付使用时间、项目实施周期和截止日期、任务的从属关系以及任务负责人。

注　意：项目工作计划一开始就要将模板、填写规范明确，在项目的实施过程中，还会根据实际行动对一些细节进行调整。所以模板及填写规范明确后，能够保证从项目启动到项目结束，团队都是在同一层面用同一种工具进行项目进度的沟通。

5. 项目预算计划

项目预算计划包括合理的投资计划以及管理项目的成本计划。投资预算计划需要考虑企业的投资回报率或投资效益；成本预算计划要考虑项目的咨询费用、软硬件费用、培训及出差费用等的成本。

6. 项目环境基础

项目环境基础包括项目的硬件环境、软件环境、网络环境。硬件环境包括 SAP 系统安装的服务器、磁盘空间、备份机、机房、电源设备、空调设备等硬件资源的准备。软件环境包括选用 SAP 系统的软件版本、数据库软件、操作系统软件等软件资源的准备。一般来说，软件环境的准备也是对 SAP 软件功能的原型测试（prototyping）。由于 SAP 系统是信息集成系统，所以在测试时，应当是全系统的测试，各个部门的人员都应该同时参与，这样才能理解各个数据、功能和流程之间相互的集成关系。找出不足的方面，提出解决企业管理问题的方案，以便接下来进行用户化或二次开发。然后在基本掌握软件功能的基础上，选择代表产品，将各种必要的数据录入系统，带着企业日常工作中经常遇到的问题，组织项目小组进行实战性模拟，提出解决方案。网络环境包括 SAP 系统网络连接 IP 地址、网络访问量、网络安全性等网络资源的准备。

7. 项目培训计划

SAP 项目从启动开始，就要对不同的用户对象进行相关的培训。它是保证所有核心团队和外延团队的成员能够在团队中顺利承担角色任务的先决条件。所以，好的项目培训计划，能够保证团队成员在项目的不同阶段都能够理解工作任务和完成工作任务。

3.1.2　项目标准规范

项目标准规范主要用于制定适应项目工作的基本规则。在一个大的 SAP 项目中，统一的工作、记录和报告的方法可以保证项目的一致性，避免多方人为的干扰，能够方便团队成员之间有效地交流。一般来说，SAP 项目的标准规范主要有两种：
● 用于项目实施；
● 用于人员信息沟通。

1. 项目计划标准

项目计划标准关系到记录不同咨询顾问和开发人员的工作量、工程报告、任务开始和结束时间、项目质量、日程安排等。同时还可以根据项目计划来确定项目工作、预算和资源的管理。

2. 项目文档标准

项目文档标准可有效控制需求管理、业务流程、业务配置、开发规范、最终用户操作和后期维护等。

3. 变更管理标准

变更管理标准是与 SAP 项目计划联系在一起的。在 SAP 项目实施的过程中，有可能会在组织、团队、公司成员、预算、时间等多个层面上出现影响 SAP 项目成功实施的各种风险。所以，可以将变更管理标准的建立看做是在业务蓝图阶段实施各种策略的框架，包括影响分析、技术开发、风险评估、组织优化和知识传递。这个标准的建立也可为后期的维护提供充分的保障。

4. 变更控制管理标准

在实施 SAP 项目时，尽管大部分配置完成后是不需要改变的，但是在局部地方，仍然允许后期发生变更，这是因为 SAP 软件本身具有可扩展性和修改的性质。所以应建立变更控制标准，用来指定对变更进行请求和评价、识别，改变系统的配置文档、用户的操作手册等。

5. 系统配置标准

系统的配置标准主要包括权限访问的标准、记录定制和变更、系统配置流程、传输配置及传送流程等。

6. 程序开发标准

程序开发标准主要是针对识别、开发、测试和执行 ABAP 程序的。通常标准都是根据企业内部管理的要求，以及结合 SAP 推荐的 ABAP 程序格式、命名习惯、企业表格、界面设计方案、数据库对象制定的。

7. 系统测试标准

在 SAP 项目实施的过程中，对于不同的系统层次，需要制定不同的测试标准。可以从配置层开始，到企业应用层，最后到最终用户接受层。标准的建立定义了在整个项目的生命周期内的总体作业框架。

3.2 SAP 系统如何与业务相结合

SAP 系统的整套程序是针对所有企业的一种数据和应用集成方法，它将业务和技术进步融入了一个综合性的高品位的标准系统，即商品化软件系统。R/3 系统又是一个建立在三维客户机/服务器上的开放的新标准软件。事实上，R/3 系统本身就是吸收了众多著名跨国公司管理业务流程、结构、标准，通过千锤百炼的开发得到的。所以，R/3 提供的很多标准模型对于某些公司来说，甚至可以拿过来直接应用。

那么当要实施 SAP 系统项目时，如何确定 SAP 系统与业务的结合点呢？

其实经过仔细分析不难发现，任何公司的管理，归结在一起也就是对财务、采购物流、人力、销售、生产、项目管理、资产的管理，而 R/3 的对应模块完全可以支撑任何业务流的运转。知道这一点，接下来的事项就好开展了。系统与业务的结合主要分为以下几步。

（1）明确企业需要改进业务流所属模块。例如企业明确本次 SAP 系统项目的实施是为了改进优化财务管理。

（2）明确企业需要改进的业务流。例如企业明确优化财务管理中对于应收应付账、特殊总账业务流的管理。

（3）明确组织结构、业务范围。例如大的企业会有很多分公司，在实施过程中需要明确组织结构和业务范围，对于不同的结构或者不同的业务范围，操作模式和标准都是有区别的。

（4）明确业务关系、控制点及关键主数据。业务关系是指不同业务流之间的关系。因为业务流一般不会是单一的，它与其他的业务流之间有交互或者制约的关系，例如上面所说的应付账款与供应商管理间的关系。控制点是指业务流程流转过程中起到关键制约的环节点，例如上述应付账款流程中，涉及企业的资金向外支付的风险控制，就必须设置有效的控制点来进行制约，可以想到的有支付凭证、付款清单、供应商主记录等。关键主数据是指业务流运转过程中作为流程关键属性而存在的数据记录，例如应付账款中涉及的供应商主记录，里面的供应商编号、名称、账号等都属于关键主数据。

（5）明确所选 SAP 系统软件的模块。例如完成对企业业务的分析，明确优化财务管理流程后，接下来可以选择实施 SAP 系统的财务模块。

（6）明确实施模块中的配置项。例如企业明确要优化应付账款流程，则对应在 SAP 系统财务模块中，通过后台对供应商主记录、自动记账、统驭科目、特别总账标识、利息计算、账龄分析等配置项进行配置。同时，在配置的过程中，将之前确认的业务关键控制点、主数据等放在配置内容中。

通过上述步骤，即可满足 SAP 系统与企业业务相结合。实际上，一个大的 SAP 项目，就是对若干业务流程按照上述步骤分析后进行实施的。了解了上述内容，对于 SAP 项目的顺利实施是非常关键的。

3.3 业务的需求分析及系统设计的出发点

我们通过上一节了解了系统与业务的结合过程，其中前三步都是对业务的分析。那么应该如何分析企业的业务？企业的需求关注点究竟应该是什么？本节将针对业务需求的调研及系统设计进行讲解。

在一个大的 SAP 项目实施准备阶段，要进行业务的需求分析，首先要对项目大框架进行整体分析，然后才能搞清楚企业管理中的关键环节及薄弱环节分别是什么。SAP 项目的需求分析主要包括以下几个方面。

3.3.1 业务现状调研

企业在准备应用 SAP 系统之前，一定要搞清楚当前企业的现状，只有理智地对现状进行了分析，才能知道企业当前最需要的是什么。所以，在立项之前，要弄清楚以下几个方面是否已经确定。

（1）企业当前最迫切需要解决的问题是什么？

（2）企业的基础管理工作有没有理顺？工作流是否已经完善健全？对企业管理流程是否已经进行了详细的分析整理并明确？

（3）企业是否必须通过 SAP 系统才能对需求进行支撑？

（4）企业需要 SAP 系统提供哪些模块的支撑？

（5）SAP 系统的投资回报率或投资效益如何？

(6)企业是否有足够的资金支持 SAP 系统的实施？

(7)系统上线后能够实际解决企业的哪些问题或达到哪些目标？

将以上方面涉及的内容汇总以后，应将分析结果写成需求分析和投资效益分析正式书面报告，从而做出是否需要上 SAP 项目的正确决策。

一旦确定了上述内容，决定要上 SAP 项目，接下来就要对业务需求进行分析。

3.3.2 业务需求的分析

业务需求的分析是建立在明确业务现状的基础上的。

首先我们要根据企业中现有的业务流程进行识别和标记。可以将业务流程定义为一系列的活动及所使用到的资源。可以将业务流程再定义为企业内部流转流程和企业外部流转流程，也或者是内部和外部结合的流程。在梳理业务流程的过程中，要明确流程的环节点、具体操作、涉及部门、环节是否必须（增值环节/非增值环节）及相关的管理规程等，然后将明确下来的内容通过流程图的方式展现给项目组。

注　意：流程图是用来记录工作单元的流程以及在此流程处理过程中所发生的事项。它可以是并行的，也可以是串行的。它主要通过两种形式表现：工作流图和工作分解结构图。按照工作流图形式表现的流程图又可以分为连续工作流图、平衡工作流图、同步工作流图等。具体流程图环节的制作如图3-1所示。

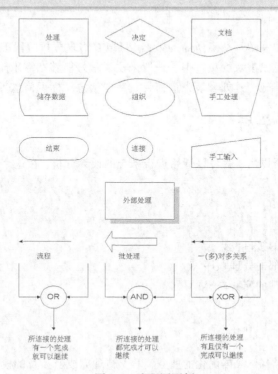

图 3-1　流程图图例

梳理完成后，接下来要根据客户价值的定义去优化改造业务流程。这个环节也是非常重要的，因为企业之所以要选择 SAP 系统，主要的目的是为了提高企业的竞争力，而企业竞争力的提高在于消除尽可能多的非增值环节。为了对流程进行改进，我们需要对流程图进行如下分析：
- 明确组织的复杂性，即找到影响整个组织流程效率的最大原因。
- 明确流程中各环节点的流经次数，对于关键环节点尤其要注意。
- 明确流程中的问题，包括对工作流的连续性、平衡性、同步性能造成重大影响的问题，例如过长的等待切换时间、输入输出数据的不平衡、变更概率过大等。

在得到上述问题的分析结构后，我们就可以开始对流程的创新性改造。流程创新性改造主要分为以下几个步骤：
- 流程问题的定义（业务问题、系统问题、技术问题、人员问题）；
- 明确可行性解决方案；
- 对可行性解决方案进行评估（业务复杂性、系统开发、运转效率、人员配备）；
- 明确实施最优方案；
- 对最优方案实施影响进行分析（企业效率提升率、系统承载能力、系统稳定性）。

在完成流程改造以后会得到优化实施方案。在这个方案中，可以根据改造后的业务流程，完成流程中数据的准备。数据准备包含以下一些内容。

1. 主数据的准备

在进行系统设计之前，要准备和录入一系列的基础数据，这些数据是在系统设计之前没有或未明确规定的，故需要做大量的分析研究工作，包括公司代码、业务范围、单位、产品类型、工艺标准、库存、供应商等信息，还包括一些参数的设置，如系统安装调试所需信息、财务信息、采购信息等。

2. 关键数据的准备

关键数据是指流程中关键环节点所需的数据。可以在需求分析阶段准备关键数据，在系统设计开发过程中也可以进行收集及变更。但是一般来说，最好能够在需求阶段就准备好关键数据，这样有助于项目的顺利实施，例如环节人员信息、专业信息、标识信息等。

3.3.3 系统设计分析

在完成业务需求分析以后，就可以开始进行系统的设计分析。在这个阶段，需要完成系统架构的设计。主要包含以下几点：
- 明确系统模块结构；
- 明确系统数据流图；
- 明确系统模块间的接口设计；
- 明确系统模块内部的处理顺序；
- 明确系统模块内部的配置内容；
- 明确系统屏幕设计；
- 明确系统增强开发内容；
- 明确数据转换内容。

首先明确系统模块结构。根据优化的业务流程，整理完成所涉及的模块间关系，从而确定模块的整体结构框架。

然后根据业务流程中数据的流转情况，完成系统数据流图。数据流图是系统设计的重点，数据流图一般在项目实施之前都有固定的标准及模板，按照模板画出数据流图以后，基本上就能把整个项目实施的框架定义出来，之后的配置、开发等于在这个框架上进行补充和完善。

接口设计一般是在项目中涉及多个模块或者与外部系统有数据交互的情况下，为数据交互定义标准的过程。接口设计的主要内容包括数据交互方式（定义数据表）、数据交互内容（定义数据表字段）、数据传送及接收方式、接口安全及性能设计等。

模块内部处理顺序是建立在业务流程中，环节与环节间内容传送顺序的基础上的。根据传送顺序，模块内部会明确先处理哪个环节的数据和后处理哪个环节的数据，以及环节间数据的交互顺序。

模块配置内容、屏幕开发、增强开发、数据转换等都是根据之前确定的主数据及关键数据，对相关数据字段进行配置。

3.4 蓝图设计要点

业务蓝图记录了公司里与业务流程相关的需求。团队成员和咨询顾问在企业的各个层面进行广泛的沟通，才能明确各种业务流程的需求。

3.4.1 明确业务影响及风险

明确业务影响是 SAP 项目实施的前提，是维持 SAP 实施项目所有要素的基础。同时，为了降低项目实施过程中的风险，还需要对风险进行评估，建立通信框架，确定开发环节。

1. 明确项目背景

项目背景的明确事实上来源于上节中提到的业务现状的明确。在蓝图设计中，首先要陈述的就是当前的项目背景是什么，也就是说这个项目是在什么样的一个现状基础上开始实施的。这不仅能在项目实施的过程中明确一个起始点，同时在项目实施完成后也能够有个前后对比，让用户清楚地知道这个项目实施完成后都改进了哪些环节点。

2. 建立业务影响图

这项任务是项目启动的开始，它的目的是确定其对预期 SAP 实施的潜在影响。业务影响图对评估期望的变革防卫、程序以及优先权最有帮助。

业务影响图基于以下输入数据建立：

- 预期的 SAP 实施和因此产生的计划变更管理程序将会影响到的部门和单位；
- 高级管理人员对于在他们自己和其他单元预期的变革所持的观点；
- 时间、数量和各种变革的相关重要性。

根据业务影响图的显示结果所强调的临界区域，就能够有效直观地设计变更管理的策略。这就使得变更小组能够改进组织变更管理计划，使之与总体 SAP 实施计划相适应，并同时使这个计划和单个部门的需求相结合。

3. 风险的评估

风险的评估主要是评估企业环境与 SAP 的项目实施之间的适用程度。评估的结果可为变更管理程序提供关键的输入。风险评估一般在以下三个环境中进行：

- 项目领导层；
- 项目实施团队；
- 组织结构。

评估完成以后会产生一个风险描述文档,根据这个文档可以开展风险处理工作。风险的处理工作都会依照风险文档中所描述的风险,对应地提出相关建议和解决方案。

4. 建立通信框架

通信框架是建立与 SAP 项目实施相关的部门、责任人、用户、顾问等成员的联系方式及信息沟通渠道,然后形成固定的文档保存在固定的地方,便于在项目实施过程中信息能够有效及时地传递。

5. 确定开发环节

对于技术开发人员来说,需要识别 SAP 实施项目中的关键要素及关键流程,同时还需要整理技术清单,确认技术需求,安排与技术开发相关的培训。一般来说,针对客户方需要的技术培训包含如下内容:

- 针对 SAP 项目的影响的培训;
- 业务流程相关培训;
- SAP 系统技术和功能的培训;
- SAP 操作技能培训;
- 功能模块配置的培训。

同时,还需要确认开发过程中所涉及的开发内容,包括开发原型、IDES、测试环境、技术方案、传输机制、传输系统等。

3.4.2 定义企业流程结构

定义企业流程实际上就是定义企业组织结构,如同在 SAP 系统中定义组织单元一样。SAP 系统中所定义的结构,构成了 SAP 系统中的财务、物流、人力资源、项目管理等相关的流程。企业组织结构一般是通过召开项目会议讨论,然后根据讨论的结果进行汇总得到。讨论一般集中在以下几点:

- 确定现有的工作组织结构,包括主要的业务流程和使用业务影响图表示的报告结构;
- SAP 系统本身规范好的企业结构;
- 在未来一段时间内,根据公司发展的需求可能涉及影响到的组织结构;
- 记录 SAP 组织结构的文档。

3.4.3 明确业务主数据

根据企业的业务特点,不同业务对应的主数据也不同,例如采购模块中的供应商、库存地均是采购业务非常重要的主数据。所以在明确了整体结构以后,还要与业务部门一起进一步明确相应的主数据信息。这就好比架设好人体骨骼以后,还得给这个骨骼添加上血管一样。

根据 SAP 系统模块化的特点,每个模块都有自己独有的主数据。系统中的主数据管理主要是通过视图表来实现的。一般来说,在蓝图阶段明确好主数据后,开发人员就会在系统中为相应的主数据建立视图表用以存放主数据信息。主数据可能是一个字段,也可能是一个结构。

另外,由于 SAP 系统模块间能够做到信息共享和交互,同样,主数据信息也可以共享。例如供应商信息在 FI 模块和 MM 模块中都会用到,所以只需建立一套供应商主数据,以后这两个模块就可以共用。

3.4.4 定义业务流程

定义了企业组织结构以后，接下来需要结合 SAP 系统本身提供的业务流处理来定义公司本身需要的业务流程。定义业务流程在蓝图阶段是非常重要的，对于业务流程的确定需要整体的配合。一般在准备阶段需要完成以下任务：

- 在 SAP 实施项目范围内确认业务流程；
- 在实施团队中确定业务流程所涉及的人员，并设定关键的联络人；
- 按照企业标准文档完成流程的确认工作；
- 与业务用户一起确认业务流程的准确性和有效性。

在确定业务流程的过程中，需要注意流程环节中所涉及的接口，这些接口有可能是系统内接口，也有可能是涉外的接口。同时还需要确认在不同系统之间数据转换过程中数据的一致性问题，包括数据量、数据的使用频率、数据的有效性、数据表格等信息。

最后，还要了解业务流的可扩展性，尤其是在 SAP 系统内部，是否还能够支持更广泛的业务扩展。

第4章

SAP系统常用命令介绍

SAP 系统除具备面向使用者操作菜单界面以外，还支持强大的命令操作功能。进入 SAP 系统以后可以看到，屏幕上分为 4 个部分：系统菜单栏、命令栏、个人收藏夹、SAP 模块菜单栏，如图 4-1 所示。

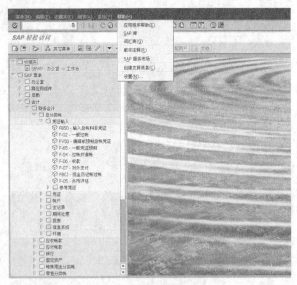

图 4-1　SAP 系统界面

一般来说，系统菜单栏用来查看 SAP 系统情况，例如管理信息、帮助文档、个人服务等；SAP 模块菜单栏是根据个人分配的权限，在部分模块中显示的操作菜单；个人收藏夹是针对用户经常使用的 SAP 操作菜单及命令，通过个人设置归入个人收藏夹，方便日常操作的一种功能；命令栏是 SAP 系统提供的用于直接输入命令代码进入操作界面的一种功能。

本章针对 SAP 系统常用的命令进行介绍，主要分为系统配置常用命令、后台维护常用命令、程序编辑常用命令、表间维护常用命令、用户及权限控制常用命令、系统监控常用命令等 6 个部分。

4.1 系统配置常用命令

所谓系统配置命令，通常包含系统操作配置、系统传输配置、系统自定义内容配置等相关命令。系统配置的范围很广，本节所介绍的系统配置不包括模块配置内容，主要是系统层面的相关配置命令。常用的操作命令主要包含以下几种。

（1）系统传输配置命令：SE09/SE10、STMS
（2）系统后台参数配置命令：SPRO
（3）系统消息发布命令：SM02
（4）目标集团参数配置命令：SCC4

4.1.1 系统传输配置命令

（1）传输请求配置命令 SE09/SE10。在 SAP 系统中如果创建或修改了系统文件、配置、程序、表空间等参数信息后，在保存时系统会提示要求将所创建或修改的信息保存为一个传输请求号，如图 4-2 所示。其操作步骤如下。

STEP 1 如果需要新建一个传输请求，单击弹出的对话框中的"□"图标，此时会弹出"创建请求"对话框，如图 4-3 所示。在此对话框中，用户需填写新建传输请求的相关信息，例如，用户需要在"短描述"栏中填写此传输请求的具体内容，在"目标"栏中选择对应传输的集团代码，在"任务"栏中填写创建此请求的用户名。

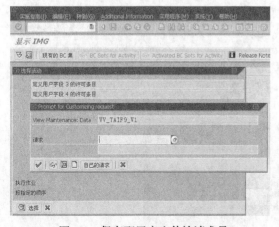

图 4-2　保存配置产生传输请求号　　　　图 4-3　填写传输请求相关信息

STEP 2 填写完成，单击"□"按钮产生传输请求号。在如图 4-4 所示的对话框中单击"✓"按钮，完成后即可将创建的传输请求号与用户所做的修改内容绑定在一起。

图 4-4　产生传输请求号

STEP 3 保存后，即可在命令栏中输入 SE09 或者 SE10 命令，弹出 SE09/SE10 操作界面，如图 4-5 所示。在此界面中的"User"栏中选择传输请求创建者的用户名，同时在"Request Status"选择框中选择"可修改的"选项。

STEP 4 相关信息选择完成，单击"Display"按钮，进入"传输组织器"界面，如图 4-6 所示。在此界面中，即可看见刚才所创建的传输请求号。将鼠标放在要传输的请求号上，然后单击" "按钮，释放传输请求号。

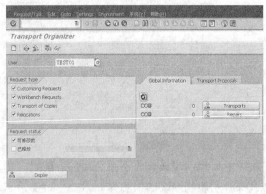

图 4-5　SE09/SE10 操作界面

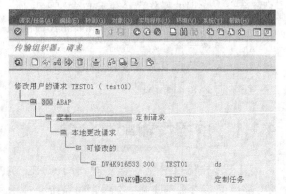

图 4-6　释放传输请求号

> **注　意**：在图 4-6 中一定要将最底层的传输请求先行释放，然后再释放上一层的传输请求。例如在本例中先释放 DV4K916534 这个号，然后再释放 DV4K916533 这个号。另外如果要更改传输请求所有人，可以用鼠标选择要更改的传输请求号，然后单击" "按钮，弹出一个更改所有人的对话框，从中填写更改后的用户名，单击" "按钮，此传输请求号即为更改后的所有人所有。

（2）请求传输命令 STMS。在创建的传输请求通过 SE09/SE10 命令释放以后，还需要通过 STMS 命令将此配置传输至目标系统。具体的传输步骤如下。

STEP 1 在命令行输入 STMS 命令，进入传输管理系统界面，如图 4-7 所示。

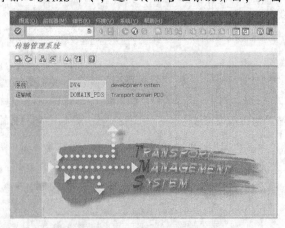

图 4-7　传输管理系统界面

STEP 2 在此界面单击" "按钮，进入传输目标系统选择界面，此界面根据系统架设结构可显示多个不同的系统，通常包括开发系统、测试系统、生产系统等 3 种。本例中 DV4 为开发系统、QAS 为测试系统、PD3 为生产系统，如图 4-8 所示。

图 4-8 传输目标系统选择界面

一般来说，在开发系统开发完成产生的传输请求，都会先传输到测试环境进行测试，然后再传输至生产系统。本例中，用鼠标单击测试系统，即可进入请求传输界面，如图 4-9 所示。

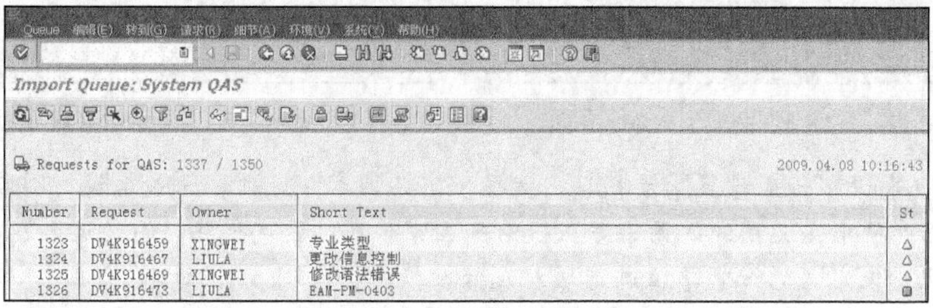

图 4-9 请求传输界面

STEP 3 在此界面中，凡是已传输完成的传输请求都会显示"△"标识，待传输的请求都会显示"■"标识。我们首先在传输请求清单中找到需要传输的请求号，然后单击"🖳"按钮，此时传输请求的后面就会显示为"🖳"标识，表示正在传输过程中。等待几分钟后，单击"🔄"按钮，如果传输完成，传输请求后面就会变为"△"标识。此时单击"📄"按钮，可以查看传输请求的完成情况，如果有错误会报告相应的错误信息，如图 4-10 所示。

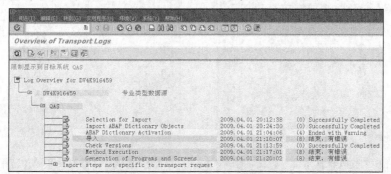

图 4-10 传输请求日志查询界面

4.1.2 系统后台参数配置命令

对于系统后台参数配置命令，应该是所有学习 SAP 系统的人都必须要掌握的。这个命令可以说是开启 SAP 系统的一把金钥匙。大部分的模块配置也是通过此命令进入到各个模块对应的参数配置。本小节介绍 SPRO 的界面分布及常用系统配置。

STEP 1 在命令栏输入 SPRO 命令，进入"客户化：项目执行"操作界面，如图 4-11 所示。

STEP 2 单击上部的"SAP 参考 IMG"按钮，进入"显示 IMG"界面。此界面即是各功能模块配置的核心所在，大部分的系统配置、参数修改都是在这个界面完成的，如图 4-12 所示。

在此界面中可以看到财务会计、投资管理、销售和分销、物料管理等子栏目。

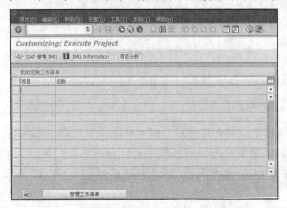
图4-11 "客户化：项目执行"操作界面

图4-12 "显示IMG"界面

STEP 3 打开"一般设置"子栏目，选择"定义国家"选项。一般来说，刚装完SAP系统后，需要在此选项中定义系统的国家参数，例如国家代码、区域代码；同时还会在"检查计量单位"中对系统中未定义的计量单位进行增加及修改操作，如图4-13所示。

STEP 4 单击"计量单位"按钮，进入"修改计量单位范围"界面，如图4-14所示。可以看到系统定义的有一部分标准的计量单位，如果还需要新增，则可单击"□"按钮，填写新增的计量单位信息后保存即可。

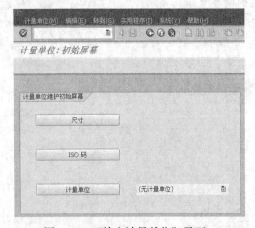
图4-13 "检查计量单位"界面

图4-14 "修改计量单位范围"界面

注 意：上述对于系统配置的增加及修改应尽量在开发系统进行，完成以后保存产生传输请求号，然后通过传输请求分别传输至测试系统及生产系统。此经验有助于在出现配置错误时能及时地找到出错位置，恢复系统的配置。

4.1.3 系统消息发布命令

SAP系统常常是多人分布式使用，系统用户如果要发布通知及公告，可以通过SAP系统本身的系统消息发布命令来实现。具体的操作步骤如下。

STEP 1 在命令栏中输入 SM02 命令，弹出"系统消息"界面，如图 4-15 所示。

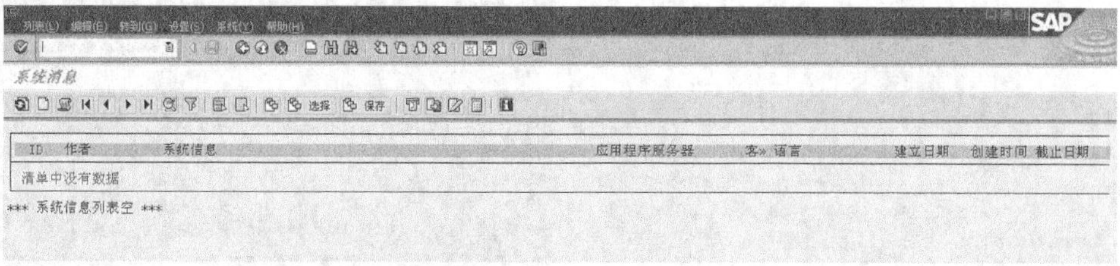

图 4-15 "系统消息"界面

STEP 2 如果要发布系统消息，则可单击"□"按钮，系统会弹出"创建系统信息"对话框，如图 4-16 所示。

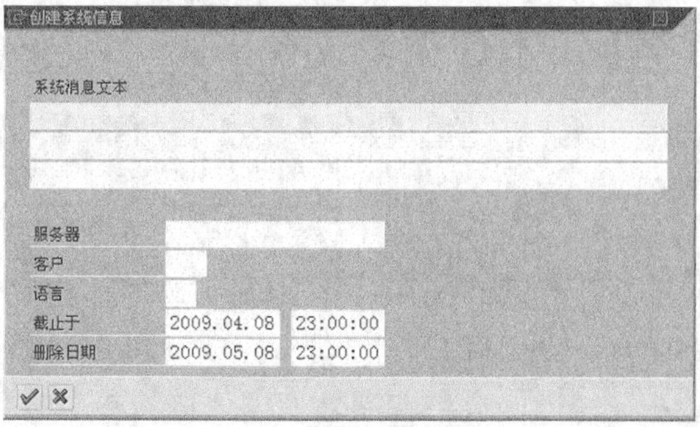

图 4-16 "创建系统信息"对话框

STEP 3 在"系统消息文本"栏中填写需要发布的消息文本，填写完成后在"服务器"、"客户"栏中选择当前系统对应的服务器和客户代码，然后填写消息发布的"截止于"日期及"删除日期"，完成后单击"✓"按钮确认将消息发布，此时回到"系统消息"界面即可看到刚才新增的消息记录。

4.1.4 目标集团参数配置命令

在使用 SAP 系统的时候，常常会出现部分命令无法使用的状况，例如不能使用 CATT，用 SM30 无法修改对应的表数据等。其实，这只是对目标集团的参数进行了限制所导致的。下面来了解一下目标集团参数是如何配置的。

STEP 1 在命令行中输入"SCC4"命令，进入"显示视图客户"选择界面，从中可以看到 SAP 系统安装时自定义的集团（CLIENT）信息，如图 4-17 所示。

STEP 2 单击"✎"按钮，可在显示/修改界面中进行切换。鼠标双击选择某个集团（CLIENT），进入到集团参数修改界面，如图 4-18 所示。

STEP 3 在"Changes and Transports for Client-Specific Objects"（集团参数对象调整）栏中，可以选择"不带自动记录的更改"、"自动记录修改"和"不容许更改"等 3 项。一般从安全的角度出发，对于生产系统都会选择"不容许更改"项。在"Cross-Client Object Changes"（跨集团对象变更）栏中，可以选择"没有对资源库和跨集团定制的修改"、"允许对资源库和跨集团定制的修改"、"没有对跨集团定制的修改"和"未更改仓库对象"等 4 个选项。一般从安全的角度出发，可选择"没有对资源库和跨集团定制的修改"选项。另外在此界面还可以选择是否允许 CATT，一般来说此选项默认选为"eCATT and CATT Allowed"。

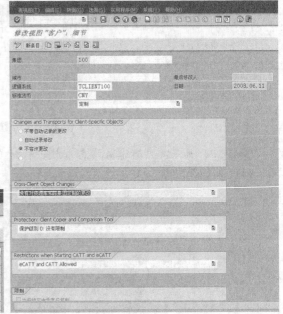

图 4-17 "显示视图客户"选择界面　　图 4-18 修改集团参数

4.2 后台维护常用命令

在 SAP 系统中，普通用户常常因为权限不够导致很多事项无法处理，需要通过管理员在后台对相应的主数据及参数进行修改设置。本节主要介绍以下几个常用的后台维护命令。

（1）批处理命令：SCAT
（2）定义后台作业命令：SM36
（3）查看后台作业命令：SM37

4.2.1 批处理命令

所谓批处理命令，实际上就是通常所说的 CATT，它是 SAP 系统提供的一种计算机辅助测试工具，可以用于数据的批量导入。可以把 CATT 建立的测试事件参数做成模板，使用 Excel 编辑数据，再通过 CATT 批量导入业务系统。程序员在写 ABAP 程序时是用不到 CATT 的功能的，而 CATT 是通过模拟前台手工操作，相当于按照参数在 SAP 操作，而不用关心后台更新的资料。

1. CATT 的录制

首先通过 SCAT 命令，使读者了解一个简单的后台作业是如何录制的。具体的操作步骤如下。

STEP 1 在命令栏中输入 SCAT 命令，进入 CATT 录制界面，如图 4-19 所示。从中输入要建立的 CATT 名称，再单击记录事务（TCD）按钮" TCD "。

STEP 2 在弹出对话框的"事务代码"栏中输入"SE16"，然后单击"记录事务"按钮 TCD，如图 4-20 所示。

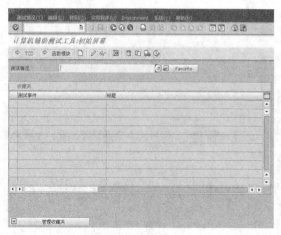

图 4-19 CATT 录制界面　　　　　　　　图 4-20 记录事务

STEP 3　在弹出的数据浏览器中输入表名，单击"□"按钮或者回车，输入选择字段值后，单击"💾"按钮保存资料，然后单击"🔙"按钮回到录制界面，最后单击"⏺"按钮结束录制，如图 4-21 所示。

STEP 4　回到编辑界面，单击"💾"按钮，如图 4-22 所示。

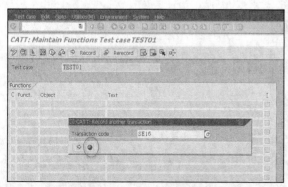

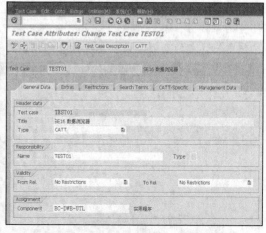

图 4-21 结束 CATT 录制　　　　　　　　图 4-22 编辑 CATT 录制名称及内容

STEP 5　在弹出的选择保存对象的对话框中，选择"本地对象"保存，如图 4-22 所示。

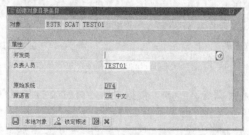

图 4-23 将录制内容保存为本地对象

STEP 6　保存后，单击"🔙"按钮退回测试事件清单界面，CATT 录制完成，如图 4-24 所示。

2. CATT 参数的配置

对于已经创建产生的 CATT 后台作业,可以在 SCAT 界面中对选定的后台作业参数进行修改调整。具体的操作步骤如下。

STEP 1 在命令栏输入 SCAT 命令,选择测试事件,单击工具条中的"✎"按钮,系统会显示对应 CATT 后台作业的记录,如图 4-25 所示。

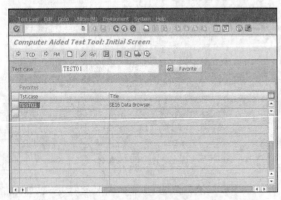

图 4-24 测试事件清单

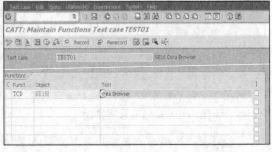

图 4-25 显示对应 CATT 后台作业记录

STEP 2 双击 CATT 事件,系统会显示录制过程中的所有屏幕,然后找到录入数据的窗口,双击打开,如图 4-26 所示。

STEP 3 通过工具条中的"⌧"按钮设定参数,如图 4-27 所示。操作方法是把光标放在要设置的字段上,然后单击"⌧"按钮,设定完成后字段显示为灰色。同时,还可以通过"🗑"按钮取消设定的参数。设置完成后,可以浏览已定义参数。

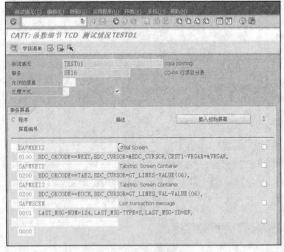

图 4-26 录入数据的窗口

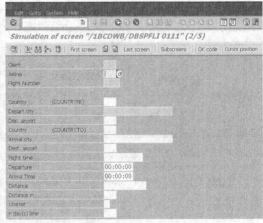

图 4-27 显示对应 CATT 后台作业参数

3. 数据批量导入

数据批量导入分为单条数据导入、多条数据导入、外部文件导入等。下面分别介绍相应的操作步骤。

STEP 1 单条数据导入步骤:选择测试事件,单击工具条中的"⊕"按钮,系统显示图 4-28 所示的界面。在"处理方式"栏中可以看到"前台"表示显示导入数据每一个屏幕,"后台"表示在后台导入数据;在"输入参数"中直接输入参数可以增加一条记录,增加完一条记录后单击

"⏱"按钮即可执行相应的程序。

STEP 2 如果想通过变量导入一条或多条数据，可以通过选择菜单中的"转到"|"变式"|"编辑"路径完成，如图4-29所示。

图4-28 执行CATT后台作业

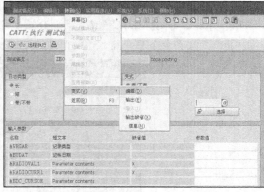

图4-29 编辑CATT后台作业"变式"

STEP 3 在弹出的"维护测试过程变量"的界面中单击"□"按钮，如图4-30所示。

STEP 4 在弹出的对话框中输入参数数据及变式描述后保存，如图4-31所示。此变式可以多条创建保存。

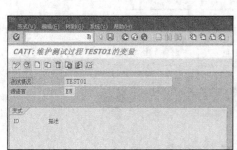

图4-30 维护测试过程变量界面

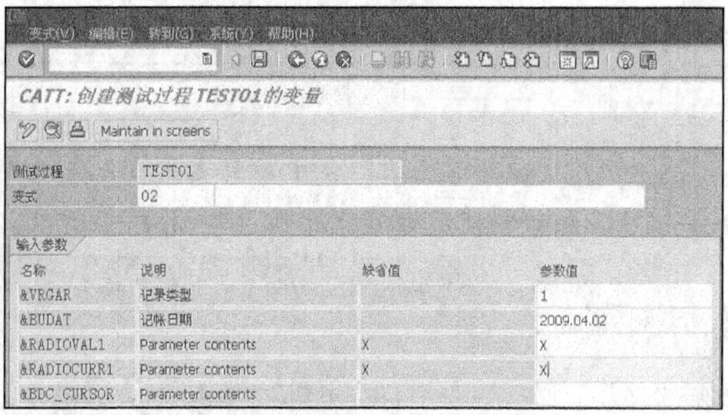

图4-31 创建测试过程变量

STEP 5 如果用户想从外部文件导入数据，可以先从菜单上选择"转到"|"变式"|"输出"路径，将模板存放成本地文件，然后可根据模板在本地文件上编辑数据。编辑完成单击"选择"按钮，找到存在本地编辑好的文件，然后单击"⏱"按钮即可执行相应的程序，如图4-32所示。

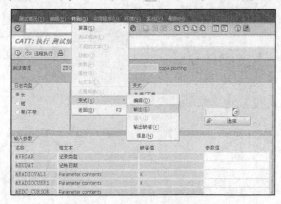

图4-32 从外部文件导入数据

4.2.2 定义后台作业命令

在 SAP 系统中，作业可以在前台和后台运行。对于部分需要长时间运行的作业，可以通过定义后台作业命令 SM36 来完成。下面介绍定义后台作业命令 SM36 的具体步骤。

STEP 1 在命令栏中输入 SM36 命令，显示"定义后台作业"操作界面，如图 4-33 所示。

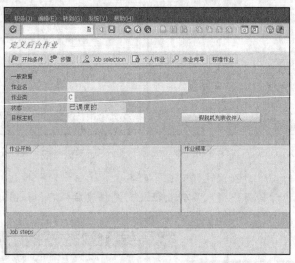

图 4-33 "定义后台作业"操作界面

STEP 2 在"作业名"栏中填写要定义的后台作业名，选择"作业类"和"目标主机"，然后回车，弹出创建后台作业界面，如图 4-34 所示。

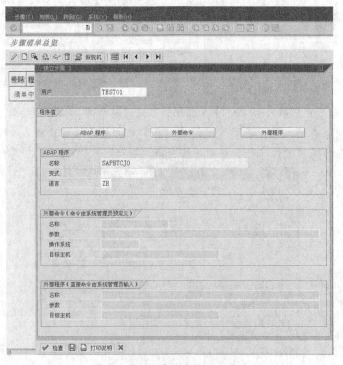

图 4-34 创建后台作业界面

STEP 3 在"建立步骤"中,选择定义的后台作业是"ABAP 程序"和"外部命令"和"外部程序",在此以选择"ABAP 程序"为例。在"ABAP 程序"栏中填写程序"名称"、"变式"及"语言",完成后检查是否有错,然后单击" "按钮保存。

STEP 4 保存完成会自动跳转到"定义后台作业"操作界面,单击" 步骤 "按钮,可以看到刚才创建的后台作业清单,如图 4-35 所示。在后台作业清单中,可以单击" "按钮继续创建新的后台作业;也可以选中已经创建的后台作业,然后单击" "按钮对作业进行更改。

STEP 5 如果所有的后台作业创建完成,则可在"定义后台作业"操作界面中单击" 开始条件 "按钮,在弹出的"开始时间"界面中定义后台作业的运行时间,如图 4-36 所示。如果选择"立刻"选项,则该后台作业立即会在后台运行;如果选择"日期/时间"选项,则可在"日期/时间"栏中填写"预定的启动时间"和"之后不启动时间",填写完成单击保存,后台作业即会按照开始时间运行。

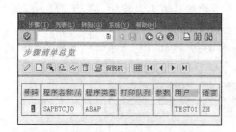

图 4-35 创建的后台作业清单

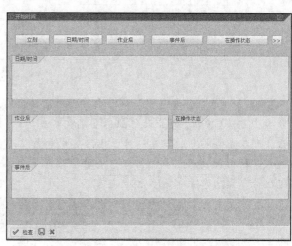

图 4-36 定义后台作业运行时间

4.2.3 查看后台作业命令

对于已经运行的后台作业,可以通过查看后台作业命令跟踪后台作业的运行情况。具体的操作步骤如下。

STEP 1 在命令栏中输入 SM37 命令进入"简单作业选择"界面,如图 4-37 所示。

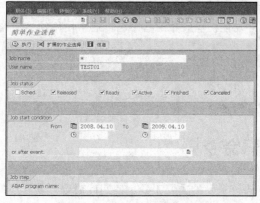

图 4-37 "简单作业选择"界面

STEP 2 在"简单作业选择"界面中可以填写需要查看的作业名称以及作业创建人,然后单击" 执行 "按钮,即可查看作业运行状态。或者在"Job status"栏中选择作业的状态,例如 Released(已释放状态)、Ready(准备状态)等。也可以通过选择作业的创建时间来查询相应的作业内容。单击" 执行 "按钮,即可进入"作业总览"界面,如图4-38所示。

图4-38 "作业总览"界面

STEP 3 在"作业总览"界面中,选择完后台作业后,可以单击" 释放 "按钮释放此作业;或者单击" "按钮,停止此作业;还可以单击" "按钮,删除此作业。另外,单击" 作业日志 "按钮,可以查看作业的日志;对于已经完成的作业(状态为Complete),可以单击" 假脱机 "按钮进入"输出控制器"界面,从中查看输出的清单,如图4-39所示。在此界面中选择要查询的假脱机号,然后单击" "按钮即可。

图4-39 "输出控制器"界面

4.3 程序编辑常用命令

程序编辑属于SAP系统开发的一个重要组成部分,SAP系统本身带有ABAP语言编辑器,可以提供强大的自开发程序功能。本节介绍程序编辑通常使用的相关命令。一般来说,程序编辑常用到的命令有以下3个。

(1)程序编辑器命令:SE38。
(2)函数编辑器命令:SE37。
(3)对象浏览器命令:SE80。

4.3.1 程序编辑器命令

程序编辑器是ABAP语言开发的重要工具。使用此命令开发程序的操作步骤如下。

STEP 1 在命令栏输入SE38命令,进入"程序编辑器"操作界面,如图4-40所示。

STEP 2 在"程序编辑器"操作界面中,如果要创建一个新的程序代码,首先在"程序"栏中输入程序名,然后单击"创建"按钮即可。如果要对已经存在的程序进行修改,可以在"程序"栏中输入程序名后,在"子对象"栏中选择"源代码"选项,然后单击"修改"按钮,进入程序编辑界面,如图4-41所示。可以看到和其他的开发程序一样,一个标准的ABAP程序由很多部分组成,也要有程序的程序名定义、字段定义、逻辑命令及输出命令。对于ABAP程序的开发,将在后面的章节进行详细的介绍。

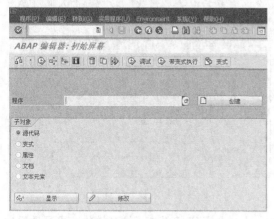

图4-40 "程序编辑器"操作界面 图4-41 程序编辑界面

STEP 3 在程序编辑界面中,单击"　"按钮可以切换显示/修改;程序编辑完成,单击"　"按钮可以检查程序语法;如果编辑完的程序无语法问题,则可单击"　"按钮激活编辑好的程序,然后单击"　"按钮运行程序进行测试。

STEP 4 回到"程序编辑器"界面,在"子对象"中选择"属性"选项,然后单击"修改"按钮,在弹出的"ABAP程序属性更改"界面中可以定义程序的属性。例如,可以在"Title"栏中增加程序描述;在"Type"栏中选择程序的属性,利用ABAP开发的程序一般可选择"可执行程序";在"Status"栏中可选择"SAP标准程序"、"用户生成程序"、"系统程序"或"测试程序",如图4-42所示。

STEP 5 回到"程序编辑器"操作界面,在"子对象"中选择"文本元素"选项,然后单击"修改"按钮,在弹出的"程序文本元素编辑"界面中可以填写修改程序选择界面的中文描述以及抬头信息等参数,如图4-43所示。

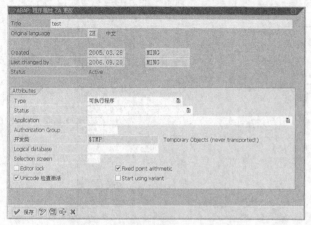

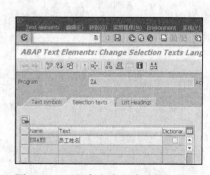

图4-42 "ABAP程序属性更改"界面 图4-43 "程序文本元素编辑"界面

4.3.2 函数编辑器命令

ABAP 开发语言还经常涉及函数程序的开发,为此单独设置了函数编辑界面来进行相关修改操作。具体的操作步骤如下。

STEP 1 在命令栏输入 SE37 命令,进入"函数编辑器"操作界面,如图 4-44 所示。

STEP 2 在"Function module"栏中输入函数名,然后单击"修改"按钮,进入函数编辑界面,如图 4-45 所示。

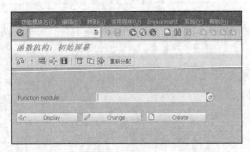
图 4-44 "函数编辑器"操作界面

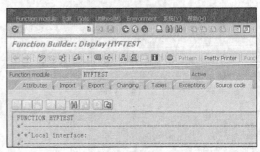
图 4-45 函数编辑界面

STEP 3 在此界面中可以选择"Source code"页对函数进行创建、修改操作。同程序开发一样,单击"✏"按钮可以切换显示/修改;程序编辑完成,可以单击"🔍"按钮检查程序语法;如果编辑完的程序无语法问题,则可单击"↑"按钮激活编辑好的程序,然后单击"▣"按钮运行程序进行测试。另外,对于函数所调用的表,可以通过选择"Tables"查询。

4.3.3 对象浏览器命令

对象浏览器是 SAP 系统针对程序开发建立的一个面向对象的开发界面。具体的操作步骤如下。

STEP 1 在命令栏输入 SE80 命令,进入"对象浏览器"操作界面,如图 4-46 所示。

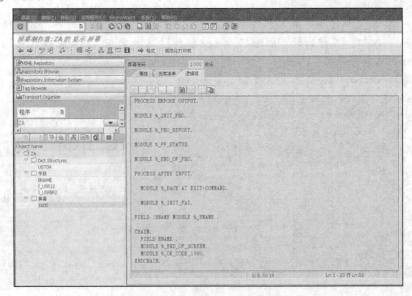
图 4-46 "对象浏览器"操作界面

STEP ② 在此界面中可以看到，左边是对象选择区，右边是显示区。在对象选择区选择"Repository Browser"选项，然后选择"程序"选项，在"程序名"栏中输入程序名后按"回车"键，即可看到所输入程序的对象结构层次。在右边的显示区可以看到程序的代码。另外，在对象浏览器中还可以对界面进行图形化设计，单击"➡ 格式"按钮，进入"屏幕制作器"界面，如图4-47 所示。在此界面中，可以对程序的启动界面、过程界面、输出界面进行设计。由于是面向对象的图形界面，因此可以通过左边的相关按钮，以及表单、图框等工具方便地画出相关界面。

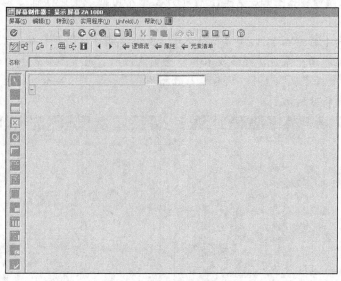

图 4-47 "屏幕制作器"界面

STEP ③ 程序修改完成，可以在对象选择区选择"Transport Organizer"选项，然后选择"Request/Task"选项，在下面的栏中输入传输请求号，即可看到程序对应保存的传输请求，如图4-48 所示。事实上，这个界面和之前介绍的传输请求是一样的功能，只是在 SE80 界面对这些功能进行了集成。

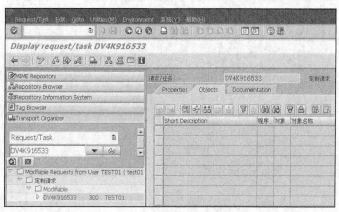

图 4-48 传输请求

4.4 表间维护常用命令

SAP 系统中的数据都是存储在不同的表空间中。对于这些表的查询、修改及数据整理，SAP 提供有相应的操作命令。常用的表间维护命令主要包括以下两种。

（1）ABAP 数据字典命令：SE11
（2）维护表视图命令：SM30

4.4.1 ABAP 数据字典命令

ABAP 数据字典命令 SE11 是 ABAP 程序开发中不可或缺的一条命令。具体的操作步骤如下。

STEP 1 在命令栏输入 SE11 命令，进入"ABAP 数据字典"操作界面，如图 4-49 所示。

STEP 2 在此界面中集成了很多类表用以查询及修改。通常主要是查询和修改数据库表和视图。在此选择"数据库表"选项，然后输入数据库表名，单击"显示"按钮即可查看到表的数据字段信息，如图 4-50 所示。

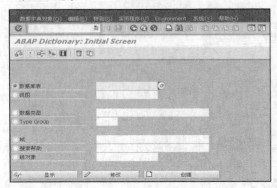

图 4-49 "ABAP 数据字典"操作界面

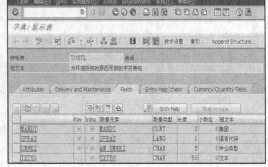

图 4-50 表数据字段显示界面

STEP 3 在表数据字段显示界面，可以看到该表所包含的数据元素，如果双击某数据元素，可以进入"显示数据元素"界面，如图 4-51 所示。

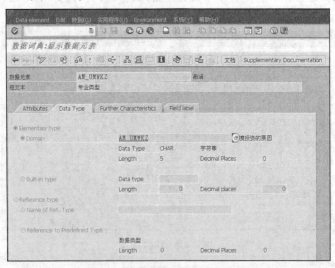

图 4-51 "显示数据元素"界面

STEP 4 对于部分数据元素，如果需要通过 DOMIN 方式创建主数据，则可在"显示数据元素"界面中选择"Data Type"页，在"Domin"栏中双击要创建的 Domin 字段名，进入"显示域"界面，然后选择"Value range"页，在"固定值"和"短文本"中添加相关的主数据，如

图 4-52 所示。

STEP 5 回到表数据字段显示界面，单击"⊞"按钮，即可进入数据浏览器查询对应表的相关数据，如图 4-53 所示。在此界面可以根据选择项填写筛选条件，然后单击"⊕"按钮，即可跑出相应表数据。

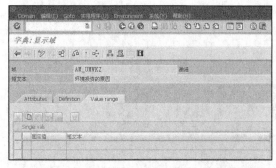

图 4-52　通过 DOMIN 方式添加主数据　　　　图 4-53　表数据浏览器

注　意：此操作也可通过在命令栏中输入 SE16 命令来实现。

STEP 6 对图 4-53 中的选择项，用户可以自定义。操作方法是选择菜单栏中的"设置"|"选择字段"选项，弹出如图 4-54 所示的对话框，对于要作为筛选条件的字段，在字段前打上勾即可。

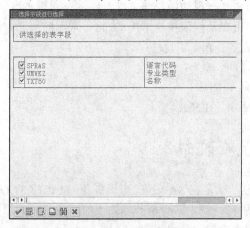

图 4-54　选择表筛选条件

注　意：表数据浏览器选择项中英文显示的切换方法：选择菜单栏中的"设置"|"用户参数"选项，然后在"Keyword"栏中选择"字段文本"即为中文描述。另外，对于输出表的格式也可以设置，方法是选择菜单栏中"设置"|"清单格式"选项，然后即可设置表的显示顺序和显示字段。

4.4.2　维护表视图命令

表视图的维护，主要是对视图表中的主数据进行修改。通常情况下，此类权限只能管理员所有。如果用户需要修改视图数据，建议采用挂接单独 T-CODE 的方式开放权限。下面介绍 SM30 命令的具体操作步骤。

STEP 1 在命令栏输入 SM30 命令，进入"维护表视图"操作界面，如图 4-55 所示。

STEP 2 输入相应的视图表名称，单击"维护"按钮，进入表视图修改界面，如图 4-56 所示。在此界面中，可以单击" 新条目 "按钮增加新条目，单击" "按钮对已有数据进行删除，单击" "按钮撤销修改。修改完成，单击" "按钮保存数据即可。

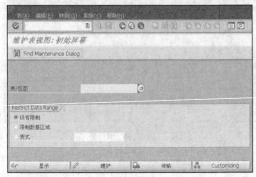

图 4-55 "维护表视图"操作界面　　　　　　图 4-56 表视图修改界面

4.5　用户及权限控制常用命令

在 SAP 系统中对于用户及权限的控制是非常严格的，权限参数、权限、用户的管理，均有一套专有的体系。本节介绍用户及权限控制常用的命令，常用的用户权限控制命令包括以下几种。

（1）权限创建及修改命令：PFCG

（2）用户创建及配置命令：SU01

（3）用户批量处理命令：SU10

（4）用户组创建维护命令：SUGR

4.5.1　权限创建及修改命令

什么是权限？简单来说，就是在 SAP 系统中用事务码（也称 TCODE 或者 Transaction Code）分配给某个用户，让这个用户只能干这个事务码能干的事情。例如用事物码 MIGO 只能用来收货，用事务码 FS00 只能用来维护会计科目等。

当通过 SU01 命令创建一个用户 ID 时，默认的权限是空白，即这个新建的 ID 不能做任何事情，不能使用任何事务代码。只有为新建的 ID 赋上相应的 TCODE 后方可进行相应的操作。但是在 SAP 系统中不能直接在 SU01 里面给某个 ID 添加或者删除 TCODE，而要通过 ROLE（权限）汇集 TCODE，然后再将这个 ROLE 赋予某个 ID。即选择所需要的 TCODE 组建成一个 ROLE，然后将这个 ROLE 分配给某个 ID，这个 ID 就得到了使用这些 TCODE 的操作权。具体的操作步骤如下。

STEP 1 在命令栏输入 PFCG 命令，进入"角色维护"界面，如图 4-57 所示。

STEP 2 在 ROLE 栏中输入要创建的角色名，单击" Create Role "按钮创建普通角色；如果角色已存在，则可单击" "按钮对已有角色进行修改。这里以创建角色"SAP_ROLE_TEST"为例，进入"创建职责"界面，如图 4-58 所示。

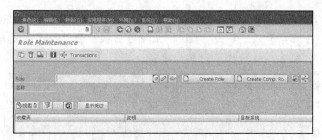

图 4-57 "角色维护"界面

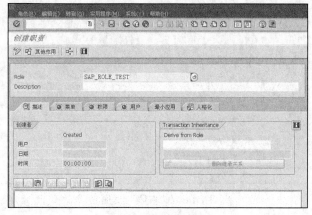

图 4-58 "创建职责"界面

STEP 3 在此界面中，首先将创建的角色"描述"填写完整。然后选择"菜单"页，如图 4-59 所示。"菜单"页中主要是增加、删除、调整 TCODE 的地方，如果要新增 TCODE，则可单击" 事务 "按钮，然后输入要新增的 TCODE 确认即可。

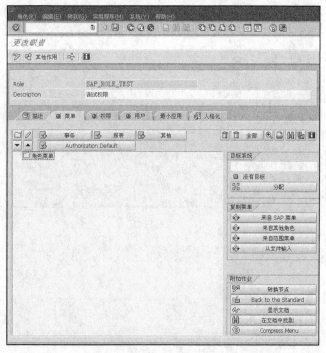

图 4-59 "菜单"页面

STEP 4 新增 TCODE 后，接下来就要为新建的权限分配"Profile Name"，并维护权限对象，如图 4-60 所示。在此界面中，单击"▣"按钮即可随机分配"Profile Name"，然后单击"✎"按钮进入权限对象维护界面，进行权限对象的维护。

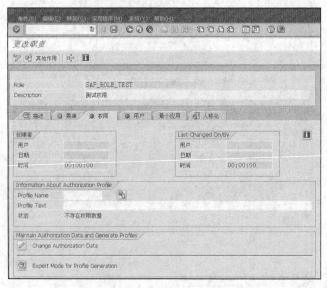

图 4-60 "权限"页面

STEP 5 回到"角色维护"界面，在 ROLE 栏中输入要创建的角色名，然后单击" Create Comp. Ro "按钮，可以创建复合角色，界面如图 4-61 所示。可以看到，复合角色的创建页面与普通角色的创建页面的区别在于：复合角色没有"权限"页，而是多了一个"角色"页。实际上，复合角色是普通角色的一个汇总，即多个普通角色汇总组成一个复合角色。

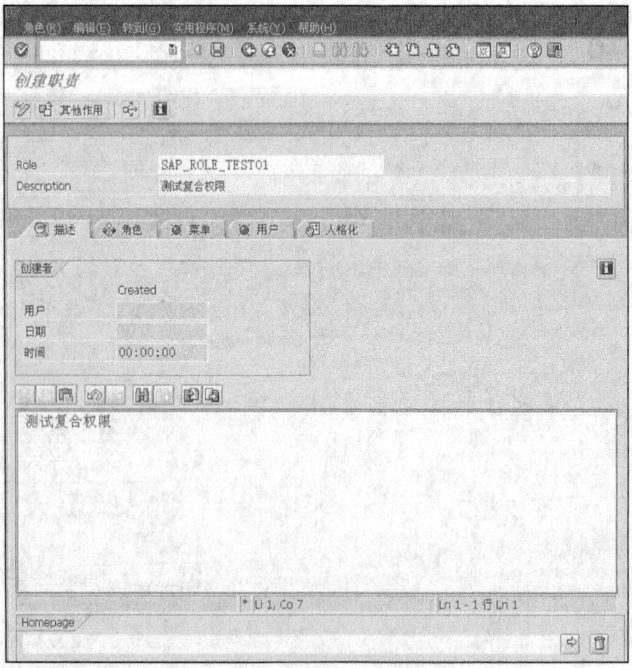

图 4-61 复合角色维护页面

STEP 6 选择"角色"页,在下面的"角色"栏中输入要增加的普通角色名,然后单击"🔲"按钮即可,如图4-62所示。

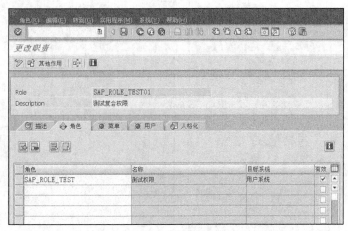

图 4-62 角色添加页面

4.5.2 用户创建及配置命令

权限创建完成,接下来需要创建使用用户。作为一名 SAP 系统管理员,需要掌握如何去新建用户、修改用户属性、修改用户权限以及管理用户密码。本小节介绍 SAP 系统中用户的创建过程,具体的操作步骤如下。

STEP 1 在命令栏输入 SU01 命令,进入"用户维护:初始屏幕"界面,如图 4-63 所示。

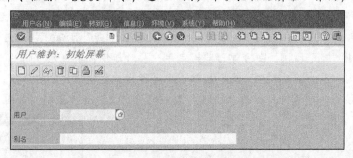

图 4-63 "用户维护:初始屏幕"界面

STEP 2 在"用户"栏中输入要创建的用户名,然后单击"🔲"按钮,进入"维护用户"界面,如图 4-64 所示。在此界面中,主要分为"地址"、"登录数据"、"默认"、"参数"、"角色"、"参数文件"、"组"和"个性化"等页。一般来说,常用的主要是"地址"、"登录数据"、"默认"、"参数"、"角色"、"参数文件"和"组"等页。在"地址"页中有"姓"、"名字"、"单位"、"部门"、"房间号"、"电话"和"E-mail"等用户信息字段可以填写。

STEP 3 填写完用户基本信息后,选择"登录数据"页,如图4-65所示。在"登录数据"页中,需要填写用户初始密码、设置用户使用的有效周期(默认为空)以及用户类型。对于操作用户来说,用户类型可设置为"对话"类型;对于系统用户来说,用户类型可设置为"系统"类型。另外,如果系统中为用户设置了用户组,还可以在"用户组权限检查"栏中选择用户对应的用户组。

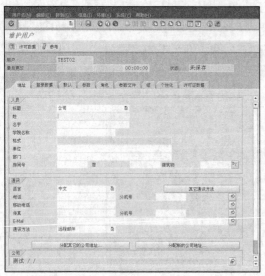
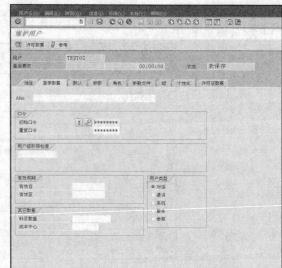

图 4-64 "维护用户"界面　　　　　　　图 4-65 设置登录数据

STEP 4 选择"默认"页，此页中主要设置登录语言、输出打印设备、日期格式以及 CATT 检查。选择"参数"页，此页中主要设置参数 ID 和参数值。该项一般主要针对用户属地划分或者具体地域性划分及类型划分时所需要的参数进行设置。

STEP 5 选择"角色"页，此页即是将先前创建的权限分配给创建的用户，使得用户具备 TCODE 的使用权限，如图 4-66 所示。在"参数文件"页中，可以分配给用户具体的参数文件，参数文件默认是 SAP 系统自带的参数文件。

STEP 6 回到用户维护初始界面，在"用户"栏中输入需要删除的用户名后，如果单击菜单栏中的"🗑"按钮，即可弹出"删除用户"对话框，单击"是"按钮可将该用户从系统中删除；如果单击菜单栏中"🔒"按钮，即可弹出"锁定用户"对话框，单击左下角的"🔒"按钮可将该用户在系统中锁定；单击菜单栏中"📋"按钮，即可弹出"复制用户"对话框，填写完目标用户名后单击"📋"按钮，即可将目标用户按照要复制的用户信息进行复制，如图 4-67 所示。

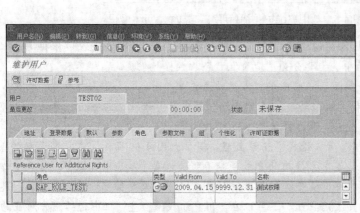

图 4-66 设置权限角色　　　　　　　图 4-67 复制用户

4.5.3 用户批量处理命令

在 SAP 系统中如果要批量处理一批用户数据，可以通过 SU10 命令实现。具体的操作步骤如下。

STEP 1 在命令栏输入 SU10 命令，进入"用户维护：大量修改初始屏幕"界面，如图 4-68 所示。

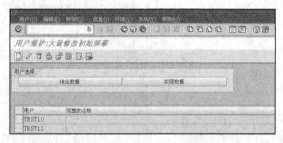

图 4-68 "用户维护：大量修改初始屏幕"界面

STEP 2 如果要批量创建用户，可以在"用户"栏中输入多个要创建的用户名，然后单击"□"按钮，进入"批量用户更改"界面。同用 SU01 创建用户一样，输入用户的相关信息保存即可，保存后这些用户就具备了相同的用户属性及权限，如图 4-69 所示。

STEP 3 在"用户维护：大量修改初始屏幕"界面中输入批量修改的用户，在菜单栏中单击"□"按钮将用户全选，然后单击菜单栏中的"□"按钮，即可对所选的用户进行删除操作；如果单击菜单栏中的"□"按钮，则可将所选的用户在系统中锁定；如果单击菜单栏中的"□"按钮，即可将所选的用户在系统中解锁。

 注　意：还可以通过在 SU01 命令的界面中选择"环境"|"批量修改"路径进入用户批量更改界面，如图 4-70 所示。

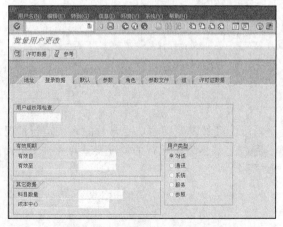

图 4-69 "批量用户更改"界面

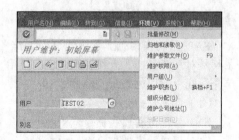

图 4-70 选择"批量修改"路径

4.5.4 用户组创建维护命令

在 SAP 系统中，可以将某些具有相同操作权限的用户或者在同一部门的用户编成用户组进行管理。具体的操作步骤如下。

STEP 1 在命令栏输入 SUGR 命令，进入"用户组维护"界面，如图 4-71 所示。

STEP 2 输入要创建的用户组名，单击"□"按钮。接着输入用户组的描述，然后在下面的"用户名"栏中添加该用户组的用户，如图 4-72 所示，添加完成单击"□"按钮即可。

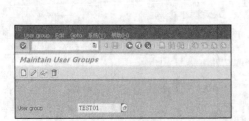

图 4-71 "用户组维护"界面　　　　　　图 4-72 在用户组中添加用户

 注　意：还可以通过在 SU01 命令的界面中选择"环境"｜"用户组"｜"维护"路径进入用户组维护界面，如图 4-73 所示。

图 4-73 选择"用户组"｜"维护"路径

4.6 系统监控常用命令

SAP 系统作为企业管理的核心工作平台，系统管理员需要随时监控日常的系统运行情况，尤其是对系统日志、进程管理、用户使用、操作系统、数据库等运行的情况要重点关注。下面简单介绍几个常用的系统监控命令。

（1）系统日志分析命令：SM21
（2）系统进程监控命令：SM50
（3）用户状态监控命令：SM04

4.6.1 系统日志分析命令

SAP R/3 服务器在系统日志中记录系统所产生的事件和问题。对于系统中存在的所有警告信息及错误信息，应及时发现并相应地分析解决。通过 SM21 命令就可以实现对系统日志的监控及分析。具体的操作步骤如下。

STEP 1 在命令栏输入 SM21 命令，进入"系统日志分析"界面，如图 4-74 所示。

STEP 2 在此界面，可以通过选择系统日志产生的日期/时间、使用者、事务处理代码、问题和警告等来找到对应的日志文件。选择好条件之后，单击"读系统日志"按钮，即可读取相应的系统日志，如图 4-75 所示。

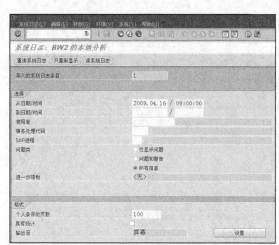

图 4-74 "系统日志分析"界面

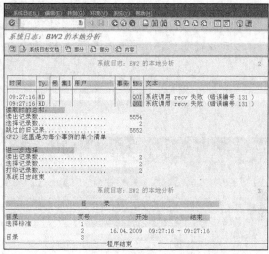

图 4-75 读取日志文件

STEP 3 读取日志文件后，可以看到屏幕的最上方列表中显示的当前日志清单，选择其中要查看的某日志，然后单击" "按钮，即可查看该日志的细节，如图 4-76 所示。在此界面，可以看到日志的相关消息文档，以及日志时间及细节信息。如果一个屏幕显示不完，可以单击"下一个条目"按钮继续查看。

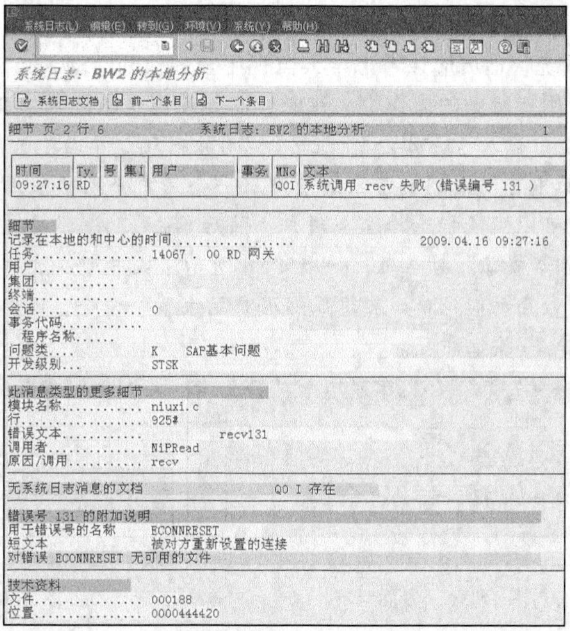

图 4-76 读取日志细节信息及技术文档

4.6.2 系统进程监控命令

管理员需要经常监控系统的进程情况。对于长时间运行的后台工作、有缺陷的报表程序，如果不进行相应的管理控制，将消耗掉大量的系统资源。为此系统管理员可以通过 SM30 这个事务码来检查系统的作业环境。对于非法的进程，在与用户沟通之后可以将进程关闭。具体的操作步骤如下。

STEP 1 在命令栏中输入 SM50 命令，进入"进程清单"界面，如图 4-77 所示。

STEP 2 选择某一进程，然后单击"⊙"按钮，可以显示 CPU 运行时长；单击"▣"按钮，可以显示该进程的详细信息，如图 4-78 所示。

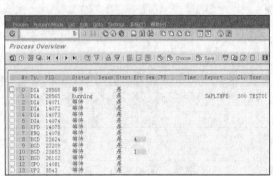

图 4-77 系统进程清单

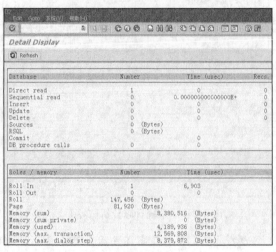

图 4-78 进程详细信息

4.6.3 用户状态监控命令

在 SAP 系统中，系统管理员应该考虑全天监视用户的访问活动，例如是否有非法访问用户、当前系统中的用户数、用户所做的操作等。这时，需要使用 SM04 命令来查询用户状态。

STEP 1 在命令栏中输入 SM04 命令，进入"用户列表"界面，如图 4-79 所示。

STEP 2 在此界面中可以看到当前系统中只有一个用户登录了系统。如果想了解这个用户正在做哪些操作的话，可以用鼠标选择这个用户，然后单击" 会话 "按钮。

STEP 3 弹出"会话概览"对话框，如图 4-80 所示。从中可以清楚地看到此用户当前正在操作哪些命令以及操作命令的时间。如果想强制用户结束某个命令，只需用鼠标选择需要结束的事务，然后单击" 结束会话 "按钮即可。

图 4-79 "用户列表"界面

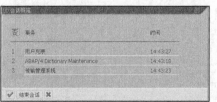

图 4-80 用户会话

配 置 篇

- 第 5 章 财务管理（FI/CO）模块的配置
- 第 6 章 人力资源（HR）模块的配置
- 第 7 章 采购管理（MM）模块的配置
- 第 8 章 销售与分销管理（SD）模块的配置
- 第 9 章 项目管理（PS）模块的配置
- 第 10 章 资产/设备管理（AM/PM）模块的配置

第5章

财务管理（FI/CO）模块的配置

SAP R/3 系统的财务管理模块是整个 SAP 系统中最重要的部分。大部分其他的 SAP 模块都会通过不同的形式与财务模块关联。本章介绍 FI/CO 财务子系统的结构、功能以及相关财务方面的信息操作，同时结合实际的案例，介绍实际业务中进行的财务操作。

5.1 财务管理模块基本概念

财务管理模块的基本概念在第 2 章中已经做了部分的介绍。本节介绍财务会计和管理会计间的关系，以及在财务管理的过程中经常用到的字段定义。它们之间的关系如图 5-1 所示。

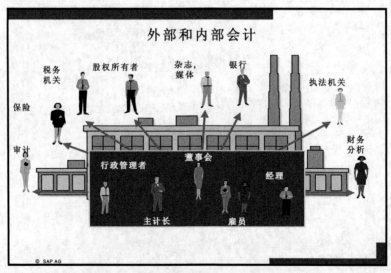

图 5-1　财务管理外部与内部会计关系

图中，针对外部的信息需求，例如税务机关、财政机关等，公司会根据财务会计（FI）编制不同的平衡表，以满足对外口径的信息需求。而管理会计（CO）主要是用于组织的内部管理，通过确定组织内的真实成本和实际状况来满足管理决策的信息需求。财务会计（FI）严格遵循法律制度和记账规则，为外部人员所用；管理会计（CO）可根据内部管理的需要，灵活机动地对外部账务进行调整，为内部人员所用，它的基本目的在于提供给管理者用于内部管理的可靠数据。但是有一点，那就是管理会计（CO）与财务会计（FI）在费用层次上始终需要保持一致。

5.1.1 财务会计基本概念

财务会计（FI）也称外部会计，主要依据法律向企业外部人员公布满足法律规定的各种报表信息。由总分类账、应收账款和应付账款、固定资产、法定合并以及特殊统计会计等功能组成。下面介绍财务会计中关键定义字段的含义。

（1）公司：能够产生法定财务报表的组织单元。财务报表通常是在公司级别上建立合并的，一个公司可以包含一个或者多个公司代码。

（2）公司代码：作为系统中必须存在的企业结构，是能够独立核算的会计主体，也是一个能够进行会计核算的最小组织单元。资产负载表和损益表均是建立在公司代码级别上的。

（3）业务范围：用于做内部报表、内部资产负载表和内部损益表的一个内部组织结构。

（4）信用控制范围：一个组织单元或责任范围，用来控制客户信用范围。可以将公司代码指派给唯一一个信用控制范围，也可以同时将多个公司代码指派给同一个信用控制范围。

（5）控制范围：用来定义公司的成本/管理会计行为的结构组织单元。只能将公司代码分配给一个控制范围，但对一个控制范围可以分配多个公司代码。

（6）经营组织：获利能力分析中的核心组织要素，控制区域应转换为一个且仅一个经营组织，用于内部管理分段报告。一个经营组织可以包括多个成本控制范围。

（7）会计科目表：R/3系统中所有科目的汇总，所有的会计科目表必须至少具有一个定义的科目组。每个公司代码使用同一个会计科目表中的科目进行日常业务的记账。具有相同基本账户要求的多个公司，可以使用同一个会计科目表。可以将会计科目表公司代码段主记录信息从一个公司复制到另一个公司。

（8）会计科目表的种类：运营会计科目表、国家会计科目表、集团会计科目表。一次凭证过账即可获取所有3个科目表所需的数据。

① 运营会计科目表：可在公司之间复制会计科目表公司代码段主记录，这样可以加快项目的实施进度，确保实施的准确度。每一个公司代码需要有且只能有一个运行会计科目表。

② 国家会计科目表：由于很多会计报表是基于运营会计科目表中的科目号码运行得出的，这可能不能满足公司代码所在地国家法律法规对科目表的需求，为此可通过将公司代码分配给一个国家特定会计科目表（备选会计科目表）来解决。要使用国家会计科目表，必须为每一个会计科目主记录中公司代码段部分的备选科目字段，输入所对应的国家会计科目表中的科目号码。运行报表时，可以选择想要的会计科目表。

③ 集团会计科目表：集团会计科目表主要是用于集团公司下的公司代码，由于使用了不同的运营会计科目表，需要汇总得到集团报表而使用的一套会计科目表。要使用集团会计科目表，必须为每一个会计科目主记录中会计科目表段部分的集团科目字段，输入所对应的集团会计科目表中的科目号码。运行报表时，可以选择想要的会计科目表。

（9）凭证类型：区分不同交易类型的方法，并决定能够被过账的会计形式。例如，可以将所有的会计凭证按业务类型分成总账凭证、收款凭证、付款凭证、客户发票、供应商发票等。凭证类型决定凭证的编号范围,系统通过不同的凭证类型编号范围存储一种凭证类型的所有凭证。编号范围可以是外部定义,也可以是内部定义。凭证类型决定了可以过账的账户类型。R/3 系统中有 5 种不同的账户类型,分别为 D 借方(顾客)、K 贷方(供应商)、S 总账科目、A 资产和 M 物料。

(10)过账期间:系统在过账前必须定义一个过账期间。一个财务年度会被分为若干个过账期间,每一个过账期间包括一个起始日期。

(11)会计凭证的要素:日期和过账期间、公司代码、货币类型、凭证类型记账码、科目、记账金额、科目分配。

(12)会计凭证的 4 个日期如下。

- 凭证日期:可看做原始凭证的日期。
- 记账日期:更新账务的日期。
- 转换日期:外币汇兑日期。
- 输入日期:会计凭证录入系统的日期。

(13)未清项管理:指一个账户的项目可被该账户的其他项目结清或核销掉。在清账或核销的过程中涉及的项目的合计金额必定为零,因此该账户的余额总是等于未清掉的项目的合计金额。

(14)字段状态组:根据业务需要,对生成会计凭证所需的字段状态(可选、必录或隐去)进行分组,称作字段状态组。在总账科目主记录中,需要将字段状态组分配给每一个总账科目。

5.1.2 管理会计基本概念

管理会计(CO)由一般费用成本核算、生产成本核算和获利能力分析等功能组成。CO 中的业务与总账(FI)密切相关,所有 CO 中的操作基础都来源于总账,并最终反映到总账中。CO 中的主要业务包括生产成本和费用分摊,如图 5-2 所示。

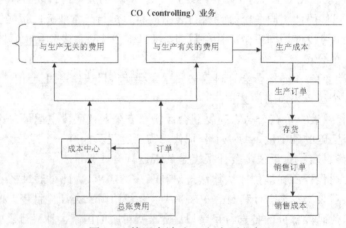

图 5-2 管理会计(CO)主要业务

从图中可以看出以下几点。

(1)总账中发生的费用包括日常报销的费用和通过生产订单发料的生产耗用。

(2)总账中发生的费用通过成本中心、订单等费用归集载体反映到 CO 中,并体现为与生产有关的费用、与生产无关的费用。

(3)与生产无关的费用即一般性的费用,它是费用的终点;而与生产有关的费用则进行进一步的流转,通过生产订单的结算将其资本化,最终通过销售订单进入损益。

(4)成本中心是 SAP 系统组织结构的重要组成部分,主要用于内部核算和内部管理。主数据一般在系统初始化的时候建立。在业务处理的过程中,由于组织结构的变动或业务的调整,需创建或修改成本中心,使费用能真实归集到相应的成本中心。而利润中心能正确反映对应事业部的损益状况和经营成果。一旦有业务在成本中心和利润中心发生,就不能删除主数据,而只能在系统中冻结相应的成本中心和利润中心。

(5)通过成本中心(组)和利润中心(组)的报告,可以详细分析对应部门的经营状况和经营成果,所以对成本中心和利润中心的分组非常重要。成本中心与成本中心组的层次结构如图 5-3 所示。

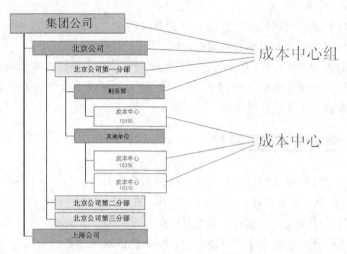

图 5-3　成本中心与成本中心组的层次结构

5.2　财务管理模块结构体系

SAP 系统的财务管理模块按照功能划分为三大支柱,分别是资金管理、财务会计和管理会计。这三大功能既可单独应用,也可相结合组成共同解决方案。一般来说,企业在实施财务管理模块的过程中,这三大功能都会用到,且整合的紧密度较高。结构体系如图 5-4 所示。

图 5-4　SAP 系统财务管理结构体系

如同之前的介绍，这三大功能共同支撑了 SAP 系统的核心财务管理。事实上，它们各自经常会与其他模块，例如采购管理、项目管理、销售管理等模块发生数据交互。且它们的底层主数据又是可以共享的，由此可以回应 SAP 系统的核心思想：高度集成、数据共享。

5.3 财务管理模块主数据

财务管理模块的主数据是描述那些运用在会计、成本、物料、供应商、客户等业务过程中的行为体。它在一段期间内，基本信息往往保持不变，并且具备单一的名称或者编号。它与业务数据的主要区别有以下两点。

- 主数据包含的数据信息可控制记账和处理业务数据，主数据在系统中可保存相对较长的一段时间，而业务数据保存的时间则较短。
- 业务数据是从 R/3 中的正常业务处理获取的数据。为了提高系统的操作性能，可以周期性地将系统内的业务数据进行归档。而主数据是在系统上线之初就明确的能够对某项操作或者任务进行区分的数据类型。

5.3.1 财务会计主数据管理

在 SAP 系统中，财务会计涉及的主数据主要包括会计科目、会计科目表、客户、供应商等。会计科目被划分为资金、一般总账、利润表、往来、资产等 5 类进行管理。

- 资金类科目对应原现金、银行、其他货币资金类科目。
- 一般总账类科目对应除资金类、资产类、往来类的其他非损益类科目。
- 利润表类科目对应原成本、费用、收入等全部损益类科目。
- 往来类科目对应原涉及应收应付类业务的所有往来类科目。
- 资产类科目包括原固定资产、累计折旧、在建工程、无形资产、长期待摊等科目。

利润表类中的成本费用类科目不再体现费用类别，而是借助功能范围进行归集。收入类科目在科目表中仅设置一种，不再设置明细科目，所有的明细类科目在 CO 获利分析段中进行管理。

客户/供应商主记录，又称为客户/供应商档案。在 SAP 系统的客户/供应商主记录中，记录了所有在客户/供应商管理中需知的信息。这些数据既要为开发票、收款、催款等业务处理服务，同时也要为会计部门和销售部门提供信息。

1. 会计科目主数据维护

维护会计科目主数据，是针对会计科目表不能完全满足业务处理的需求，而对会计科目进行维护的一系列会计科目主记录处理过程。每一个会计科目主数据包含两部分数据，一部分是会计科目表层次（集团层次），如账户组、描述；另一部分是公司代码层次，如科目货币、排序码、字段状态组等。

与客户和供应商有往来关系的总账明细科目在应付/应收模块中进行管理。应收/应付账的总账科目只采用适量的统驭科目来归集。

固定资产、待摊费用、无形资产、递延资产、在建工程和低值易耗品等在总账中设置总账科目，固定资产的明细管理和折旧计算将在新逸资产管理模块中进行管理，通过接口程序导入 SAP 系统。

（1）创建新的会计科目。

会计科目的创建应依据经批准的会计科目维护申请表进行。会计科目的创建既可以在"集中地"创建，也可以先在科目表层创建会计科目数据，再到公司代码层维护指定公司代码下该会计科目的信息。会计科目的创建在 SAP 中有两种方式，一种是直接创建，另一种是带参照创建。下面将在集中地和科目表层用直接创建的方式创建，而在公司代码层用带参照创建的方式创建。

① 用集中地方式创建会计科目。

配置菜单	会计→财务会计→总分类账→主记录→单个处理→集中地
T-Code	FS00

具体的配置步骤如下。

STEP 1 从 SAP 系统初始菜单中选择"会计→财务会计→总分类账→主记录→单个处理→集中地"选项，也可以在初始菜单中直接输入该步操作的事务码 FS00，进入"编辑总账科目集中地"界面，如图 5-5 所示。

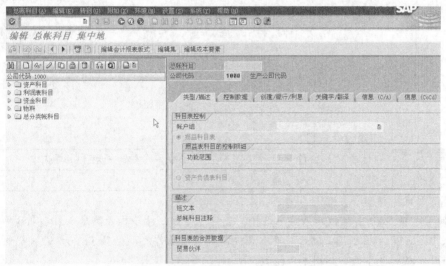

图 5-5 "编辑总账科目集中地"界面

STEP 2 如果用户计算机的屏幕显示与上图显示不符，可在现有屏幕的主菜单中选择"设置"选项，然后在弹出的下拉菜单中选择"层次结构显示"选项。

STEP 3 选择"层次结构显示"选项后，屏幕显示如图 5-6 所示，选择"显示导航树中的账户"，单击"✓"按钮即可完成预期的设置。

STEP 4 单击"□"按钮，屏幕显示如图 5-7 所示。在"总账账号"栏中输入需建立的科目编码，例如员工交通补贴费科目，其科目编码为 4000000001，然后选择所属"公司代码"，单击"✓"按钮即可完成创建。

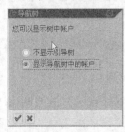
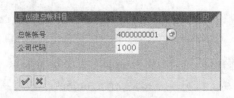

图 5-6 选择"显示导航树中的账户"　　　　图 5-7 创建总账科目

STEP 5 科目创建后,可以在图 5-8 所示的界面中对所创建的科目属性进行编辑,例如选择"账户组"、"损益科目表"等。将属性信息填写完毕,单击"🗎"按钮,用户新创建的科目即可出现在左边的导航树中。

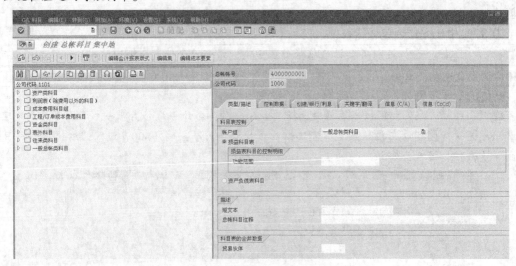

图 5-8 编辑科目属性

② 在科目表层创建会计科目。

配置菜单	会计→财务会计→总分类账→主记录→单个处理→在科目表中
T-Code	FSP0

具体的配置步骤如下。

STEP 1 从 SAP 系统初始菜单中选择"会计→财务会计→总分类账→主记录→单个处理→在科目表中"选项,也可以在初始菜单中直接输入该步操作的事务码 FSP0,进入"创建总账科目会计科目表数据"界面,如图 5-9 所示。

图 5-9 "创建总账科目会计科目表数据"界面

STEP 2 单击"🗎"按钮,屏幕显示如图 5-10 所示。在"总账账号"栏中输入需建立的账号编码,例如科目编码 1000000001,然后选择所属"账目表",单击"✓"按钮即可完成创建。

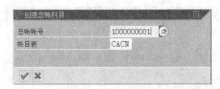

图 5-10 创建总账科目

STEP 3 账号创建后,同样对所创建的账号属性进行编辑,例如选择"账户组"、"损益科目表"等。将属性信息填写完毕,单击" "按钮,用户新创建的账号即可出现在左边的导航树中。

③ 在公司代码层用带参照创建会计科目。

配置菜单	会计→财务会计→总分类账→主记录→单个处理→在公司代码中
T-Code	FSS0

具体的配置步骤如下。

STEP 1 从 SAP 系统初始菜单中选择"会计→财务会计→总分类账→主记录→单个处理→在公司代码中"选项,也可以在初始菜单中直接输入该步操作的事务码 FSS0,进入"编辑总账科目公司代码数据"界面,如图 5-11 所示。

STEP 2 单击" "按钮,屏幕显示如图 5-12 所示。在"总账科目"栏中输入需建立的账号编码,例如科目编码 4000000011,然后选择所属"公司代码",单击" "按钮即可完成创建。

图 5-11 "编辑总账科目公司代码数据"界面

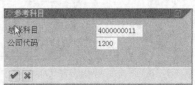

图 5-12 参考科目

STEP 3 账号创建后,可对创建的科目属性进行编辑,例如选择"科目货币"、"公司代码的科目管理"等选项。编辑完成单击" "按钮保存即可,如图 5-13 所示。

STEP 4 修改控制数据的内容后,选择"创建/银行/利息"选项卡,如图 5-14 所示,从中选择字段状态组后单击" "按钮保存即可。

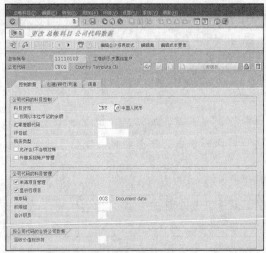

图 5-13 编辑科目属性

图 5-14 编辑"创建/银行/利息"内容

（2）对已创建的会计科目做标记删除。

若对已创建的某个会计科目确定不再使用，而且在该科目的余额为零的情况下，需要做标记删除。下面以集中地方式为例，介绍对已创建的会计科目做标记删除的方法。

配置菜单	会计→财务会计→总分类账→主记录→单个处理→集中地
T-Code	FS00

具体的配置步骤如下。

STEP 1 从 SAP 系统初始菜单中选择"会计→财务会计→总分类账→主记录→单个处理→集中地"选项，也可以在初始菜单中直接输入该步操作的事务码 FS00。在左栏中选择需要做标记删除的会计科目，然后单击删除按钮" "，如图 5-15 所示。

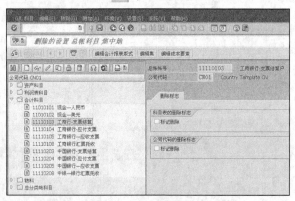

图 5-15 删除会计科目

STEP 2 在图中选择该科目是在科目表层标记删除还是在公司代码层标记删除，然后单击" "按钮保存即可。

2. 供应商/客户主数据维护

在 SAP 系统中，需要对客户/供应商主记录分以下 3 个层面进行维护。

- 基础数据：在基础数据层面需要维护的是客户/供应商的基本信息。它对于集团内部每一个公司代码和市场、采购等部门都是适用的。这些信息主要包括客户/供应商编码、客户/供应商名称、地址、电话、传真、所属行业、开户银行等。
- 公司代码数据：在公司代码层面需要维护的是符合特定公司需求的信息，如付款期限、统驭科目（即对应的总账科目）、客户/供应商的税号以及联络人、自动催款/付款过程等。需要注意的是：在 SAP 总账系统中，应收账款被设置成统驭科目，这类科目是不能直接记账的，而是需将每一个客户/供应商的主记录与某个应收账款科目挂钩，这样集成明细账和总账会被同时更新。统驭科目也在客户/供应商主记录的公司代码层面上进行维护。
- 销售数据：在销售层面需要维护的是与销售模块相关的信息，例如销售定单、货物运输以及与开票相关的各种参数和默认值等。这些信息只和相关的销售范围有关。除了需要维护如此详细信息的客户/供应商，在系统中还可以根据一定的标准定义若干个"一次性客户/供应商"。符合某个标准的一次性客户/供应商都使用同一个编码，具体不同的信息在业务处理时补充进去，例如全称、地址等。

（1）供应商主数据的创建。

配置菜单	会计→财务会计→应付账款→主记录→创建
T-Code	FK01

具体的配置步骤如下。

STEP 1 从 SAP 系统初始菜单中选择"会计→财务会计→应付账款→主记录→创建"选项，双击进入图 5-16 所示的界面。单击"账户组"字段旁边的"□"按钮跳出选单，选择对应的账户组。

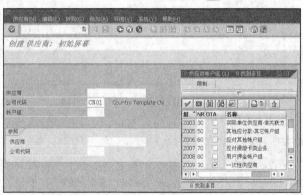

图 5-16 创建供应商

注　意：（1）如果为内部给号，则不需要在"供应商"字段处输入客户编号；若为外部给号，则需要在"供应商"字段处输入供应商编号，否则不能进入下一个界面。
（2）如果系统里已经有与即将创建的供应商相似的供应商存在，则可通过参照的方式建立新的客户。如果用户选定的账户组的编号方式为外部给号，而用户没有在"供应商"字段输入字段，当用户单击回车时，系统提示指明账户号码。如果用户输入的编号不在该组供应商的编号范围之列，系统则提示输入正确的编号范围。
（3）供应商主数据与客户相似，如果在公司代码字段处输入了公司代码，那么用户将同时维护次供应商的一般数据段和公司代码数据段；如果相同编号供应商的一般数据段数据已经存在，那么在输入公司代码后，就只能维护公司代码数据段；如果相同编号供应商的一般数据段数据和指定的公司代码数据段数据都已经存在，系统则提示供应商已存在，并拒绝进行创建操作。

STEP 2 正确输入要创建的"供应商"编号、"公司代码"、"账户组",然后单击" "按钮,进入"创建供应商:地址"主数据维护界面,如图5-17所示。

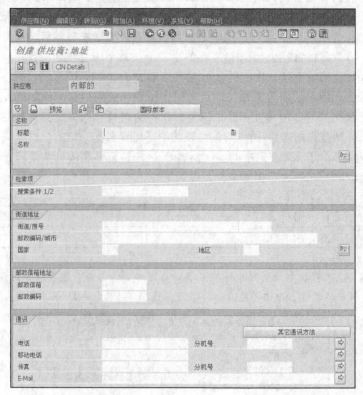

图5-17 "创建供应商:地址"界面

注 意:对供应商主数据维护界面,可以通过单击" "或" "按钮,在不同的页面间进行切换。与创建客户主数据界面不同,供应商主数据在维护时并没有明确的分段按钮来区分一般数据段数据和公司代码段数据。如果供应商一般数据段不存在,那么进入时创建界面将从一般数据段开始。

STEP 3 单击" "按钮,进入"创建供应商:控制"界面,如图5-18所示。

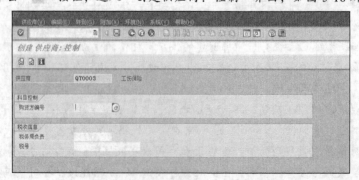

图5-18 "创建供应商:控制"界面

STEP 4 单击" "按钮,进入"创建供应商:会计信息会计"界面,如图5-19所示。

STEP 5 在会计信息界面可以选择统驭科目,主要选项如图 5-20 所示。选择完成可以单击"🗎"按钮保存,至此供应商创建完毕。

图 5-19 "创建供应商:会计信息会计"界面   图 5-20 统驭科目

(2)客户主数据的创建。

配置菜单	会计→财务会计→应收账款→主记录→创建
T-Code	FD01

具体的配置步骤如下。

STEP 1 从 SAP 系统初始菜单中选择"会计→财务会计→应收账款→主记录→创建"选项,双击进入图 5-21 所示的界面。

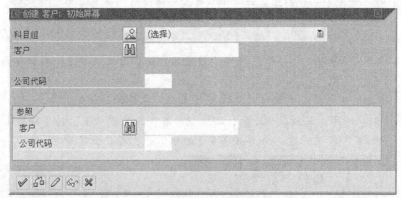

图 5-21 "创建客户:初始屏幕"界面

注 意:在图中,如果为内部给号,则不需要在"客户"字段处输入客户编号;若为外部给号,则需要在"客户"字段处输入客户编号,否则不能进入下一个界面。如果系统里已经有与即将创建的客户相似的客户存在,还可以通过参照的方式建立新的客户。

客户主数据分为一般数据段和公司代码数据段,如果在公司代码字段输入了相应的公司代码,则可同时对一般数据段和公司代码数据段进行维护;如果将公司代码字段保留为空,则只能维护一般数据段的数据。

STEP 2 在图中首先选择好"科目组",然后填写要创建的"客户"编码及客户所属"公司代码",单击"✓"按钮进入"创建客户:常规数据"维护界面,如图 5-22 所示。

SAP从入门到精通

图 5-22 "创建客户：常规数据"界面

 注 意：在图中的空白字段中，凡是标有☑的字段均为必须填写的字段，不填不能进入下一页。

STEP 3 单击"公司代码数据"按钮，进入"创建客户：公司代码数据"维护界面，如图 5-23 所示。

STEP 4 在"统驭科目"字段中需要填写该客户对应的科目编号，单击"🔍"按钮，系统会列出可选择的统驭科目，例如应收账款、其他应收款、预收账款等，排序码按记账日期排序，如图 5-24 所示。所有字段填列完毕，单击"💾"按钮保存，客户创建完毕。

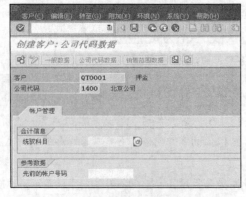

图 5-23 "创建客户：公司代码数据"界面

图 5-24 "统驭科目"选项

5.3.2 管理会计主数据管理

所有 CO 中的操作基础都来源于总账，并最终反映到总账中。CO 中的主要业务包括生产成本和费用分摊,而它所涉及的主数据主要为成本中心、成本中心组、作业类型、统计指标、初级成本要素、次级成本要素等。

1. 成本中心(Cost center)

成本对象(Cost object)的一种。在成本控制范围(Controlling Area)内独立收集成本的组织单位,并承担成本费用的流入/流出。可以按功能的需求、分配标准、提供作业和服务的不同、物理地点和负责区域来定义成本中心。通过成本中心可以区分相关区域发生的费用和监控不同组织费用的发生情况。

2. 成本中心组(Cost Center Group)

多个成本中心的集合。

3. 作业类型(Activity Type)

用来描述成本中心耗用作业量(费用的量化)的主数据,通常是用单位来衡量的。

4. 统计指标(Statistical Key Figure)

表现为成本中心、内部定单中的统计值。通常以数量、时间、面积等为单位。系统会通过统计值之间的比例关系,将应分摊的费用按此比例分摊到应承担费用的部门。

5. 初级成本要素(Primary Cost Element)

在 FI 中与成本会计相关的费用,在 CO 中被记录为初级成本要素。初级成本要素要求有指定的成本对象,如成本中心、内部订单等,这样在 FI 中记账的成本将会立刻反映到 CO,在费用分配时反映为发送方和接收方的费用科目。

6. 次级成本要素(Secondary Cost Element)

仅在 CO 中使用,它们没有相应的 FI 总账科目,并且仅在 CO 中定义。在费用分摊时反映为发送方和接收方的费用科目。

5.4 财务管理 FI 模块配置

FI 模块主要包括总分类账、应收账款和应付账款、固定资产、法定合并以及特殊统计会计等功能。从日常操作方面来看,财务会计中的账本、科目、凭证、组织结构、公司代码等都是 FI 模块的基本组成部分。本节从基本设置到功能设置逐步介绍 FI 模块的相关配置操作。

5.4.1 FI 模块一般设置

1. 定义公司代码

配置菜单	企业结构→定义→财务会计→编辑、复制、删除、检查公司代码
T-Code	EC01

具体的配置步骤如下。

STEP 1 在命令栏输入 SPRO 命令,通过菜单选择"企业结构→定义→财务会计→编辑、复制、删除、检查公司代码"选项,进入"修改视图公司代码:总览"界面,如图 5-25 所示。

STEP 2 单击"新条目"按钮,在新条目界面中输入要新建的公司代码和公司名称,然后单击"🖫"按钮保存即可。

2. 定义功能范围

配置菜单	企业结构→定义→财务会计→定义功能范围
T-Code	SPRO

具体的配置步骤如下。

STEP 1 在命令栏输入 SPRO 命令，通过菜单选择"企业结构→定义→财务会计→定义功能范围"选项，进入"修改视图功能范围：总览"界面，如图 5-26 所示。

图 5-25 "修改视图公司代码：总览"界面　　图 5-26 "修改视图功能范围：总览"界面

STEP 2 单击"新条目"按钮，在新条目界面中输入要新建的功能范围和名称，然后单击"🖫"按钮保存即可。

5.4.2　FI 模块全局设置

1. 公司代码全局设置

配置菜单	财务会计→财务会计全局设置→公司代码→输入全局参数
T-Code	SPRO

具体的配置步骤如下。

STEP 1 在命令栏输入 SPRO 命令，通过菜单选择"财务会计→财务会计全局设置→公司代码→输入全局参数"选项，进入"修改视图'公司代码全局性数据'：概览"界面，如图 5-27 所示。

STEP 2 在图中选择一条公司代码，双击即可进入修改细目界面，如图 5-28 所示。在此界面可以编辑所属"账目表"、"会计年度变式"、"字段状态变式"、"记账期间变式"等，然后单击"🖫"按钮保存即可。

2. 定义期间变式

配置菜单	财务会计→财务会计全局设置→凭证→过账期间→定义未结清过账期间变式
T-Code	SPRO

具体的配置步骤如下。

在命令栏输入 SPRO 命令，通过菜单选择"财务会计→财务会计全局设置→凭证→过账期间→定义未结清过账期间变式"选项，即可进入"修改视图记账期间：定义变式：总览"界面，如图 5-25 所示。在此界面单击"新条目"按钮,即可新增记账期间变式。

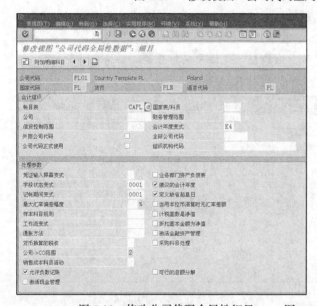

图 5-27 "修改视图'公司代码全局性数据':概览"界面

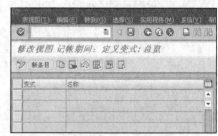

图 5-28 修改公司代码全局性细目　　图 5-29 "修改视图记账期间:定义变式:总览"界面

3. 定义凭证类型和编号范围

配置菜单	财务会计→财务会计全局设置→凭证→凭证号范围→定义凭证号范围;或者 财务会计→财务会计全局设置→凭证→凭证抬头→定义凭证类型
T-Code	FBN1/OBA7

具体的配置步骤如下。

STEP 1　在命令栏输入 SPRO 命令,通过菜单选择"财务会计→财务会计全局设置→凭证→凭证号范围→定义凭证号范围"选项,进入"修改视图凭证类型:总览"界面,如图 5-30 所示。

一般来说,凭证类型可基本使用系统标准的凭证类型,暂时不用可以标志为"不用"。另外还可以定义其他新的凭证类型。

STEP 2　如果是自己定义的新凭证类型,在手工输入凭证时需要输入"凭证抬头文本",具体设置如图 5-31 所示。

 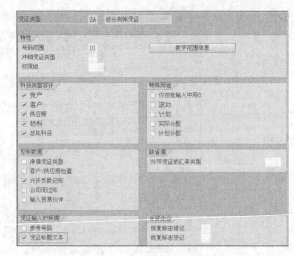

图 5-30 "修改视图 凭证类型:总览"界面　　图 5-31 设置凭证类型属性

STEP 3 在设置凭证类型属性时,可以设置凭证数字范围信息。单击"数字范围信息"按钮,弹出"会计凭证号码范围"修改界面,如图 5-32 所示。

STEP 4 在"会计凭证号码范围"界面,选择会计凭证号码对应的"公司代码"后,单击"间隔"按钮,可以对号码范围的区间进行设置,如图 5-33 所示。

 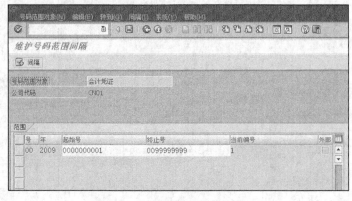

图 5-32 设置"会计凭证号码范围"　　图 5-33 设置会计凭证号码区间

4. 定义有效性检查

配置菜单	财务会计→财务会计全局设置→凭证→行项目→定义过账有效性
T-Code	OB28

具体的配置步骤如下。

STEP 1 在命令栏输入 SPRO 命令,通过菜单选择"财务会计→财务会计全局设置→凭证→行项目→定义过账有效性"选项,或者直接在命令栏输入 OB28 命令,进入到有效性的"新分录:已添加的分录概览"界面,如图 5-34 所示。

STEP 2 检查凭证抬头。双击目录中对应的调用点,在弹出的有效性检查界面,可以创建左树中"凭证抬头"的"步骤 001",可以在右栏中看到该步骤对应的"先决条件"、"检查"点以及相应的提示信息,如图 5-35 所示。其中,"先决条件"和"检查"点都可自己去定义修改。

图 5-34 有效性检查目录

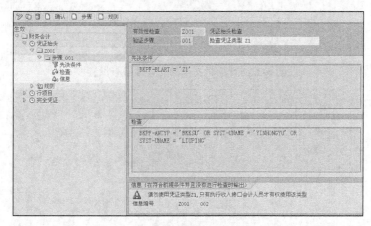

图 5-35 凭证抬头的有效性检查设置

STEP 3 原因代码的有效性检查。双击目录中对应的调用点，在弹出的有效性检查界面，可以创建左树中的"步骤 002"，定义原因代码的有效性检查。在"先决条件"中，可以设置当凭证类型不为 AB、SB、ZR、ZS、ZP 时，总账科目为现金清算或银行存款清算必须输入原因代码，如图 5-36 所示。

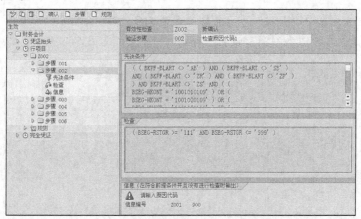

图 5-36 原因代码的有效性检查设置

STEP 4 检查行项目文本。创建左树中"行项目"的"步骤 001"，可以在右栏中定义行项目文本的"有效性检查"，如图 5-37 所示。

STEP 5 检查项目是否关闭。创建左树中"行项目"的"步骤 003"，可以在右栏中定义 WBS 记账允许的"有效性检查"，如图 5-38 所示。

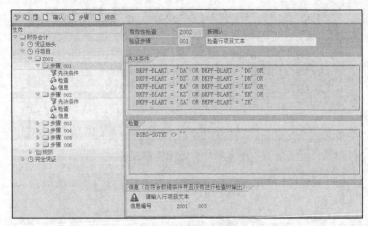

图 5-37 行项目文本的有效性检查设置

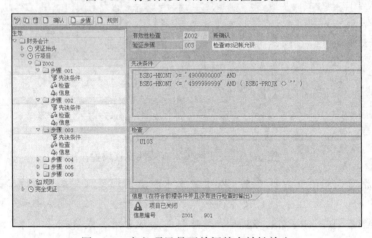

图 5-38 定义项目是否关闭的有效性检查

STEP 6 检查成本中心和利润中心的输入是否正确。创建左树中"行项目"的"步骤006",可以在右栏中定义成本中心和利润中心输入有效性的检查,如图 5-39 所示。

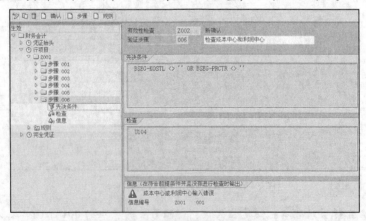

图 5-39 检查成本中心和利润中心的输入是否正确

STEP 7 检查现金科目的使用权限。创建左树中"行项目"的"步骤007",可以在右栏中定义现金科目使用权限有效性的检查,如图 5-40 所示。

财务管理（FI/CO）模块的配置 第 5 章

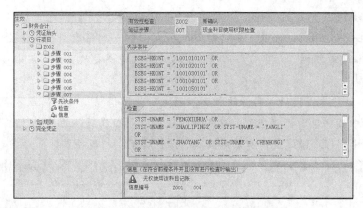

图 5-40 检查现金科目的使用权限

5. 定义替代

配置菜单	财务会计→财务会计全局设置→凭证→行项目→在会计凭证中定义替代凭证
T-Code	OBBH

具体的配置步骤如下。

STEP 1 在命令栏输入 SPRO 命令，通过菜单选择"财务会计→财务会计全局设置→凭证→行项目→在会计凭证中定义替代凭证"选项，或者直接在命令栏输入 OBBH 命令，进入"修改视图'会计凭证替代'：概览"界面，如图 5-41 所示。

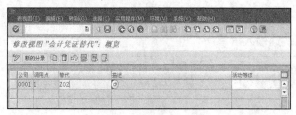

图 5-41 "修改视图'会计凭证替代'：概览"界面

STEP 2 定义 WBS 文本替代。双击目录中对应的调用点，在弹出的有效性检查界面，创建左树中"行项目"的"步骤002"，可以在右栏中看到该替代步骤对应的"先决条件"、替代对象以及相应的提示信息，如图 5-42 所示。

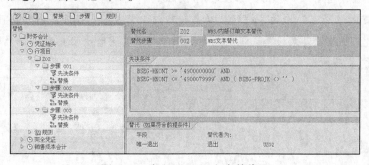

图 5-42 定义"WBS 文本替代"

6. 定义凭证修改规则

配置菜单	财务会计→财务会计全局设置→凭证→行项目→凭证更改规则，行项目
T-Code	SPRO

具体的配置步骤如下。

STEP 1 在命令栏输入 SPRO 命令，通过菜单选择"财务会计→财务会计全局设置→凭证→行项目→凭证更改规则，行项目"选项，进入"修改视图更改凭证的规则：总览"界面，如图 5-43 所示。

STEP 2 添加"原因代码"的修改控制，确定"原因代码"只能在当月修改，月结以后将不能修改。在图中找到原因代码字段，双击即可进入"原因代码"的规则修改界面，如图 5-44 所示。在此界面中，可以修改规则有效对应的"账户类型"、"事务类型"、"公司代码"等。

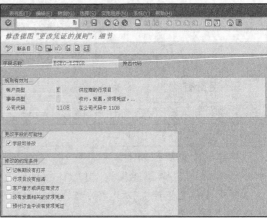

图 5-43 "修改视图更改凭证的规则：总览"界面　　图 5-44 "原因代码"规则修改界面

7. 维护总账凭证快速输入屏幕

配置菜单	财务会计→财务会计全局设置→凭证→行项目→维护总账科目项目的快速输入屏幕
T-Code	O7E6

具体的配置步骤如下。

STEP 1 在命令栏输入 SPRO 命令，通过菜单选择"财务会计→财务会计全局设置→凭证→行项目→维护总账科目项目的快速输入屏幕"选项，或者直接在命令栏中输入 O7E6 命令，进入"总账科目项快速输入"界面，如图 5-45 所示。

STEP 2 选择"变式"中的某一行，双击即可进入变式的属性字段编辑界面，如图 5-46 所示。在此界面中，可以对变式的字段进行增加、删除操作，同时也可以对字段属性进行编辑，例如编辑"偏移量"、字段"长度"等。

图 5-45 "总账科目项快速输入"界面　　图 5-46 编辑"总账科目项快速输入"变式

8. 维护代码块的子屏幕

配置菜单	财务会计→财务会计全局设置→凭证→行项目→控制→维护代码块的子屏幕
T-Code	OXK1

具体的配置步骤如下。

STEP 1 在命令栏输入 SPRO 命令，通过菜单选择"财务会计→财务会计全局设置→凭证→行项目→控制→维护代码块的子屏幕"选项，或者直接在命令栏中输入 OXK1 命令，进入 SAP 子屏幕，如图 5-47 所示。

STEP 2 单击"□"按钮，创建 9000 新的屏幕号码，如图 5-48 所示。在"维护代码块子屏幕：细节"界面，可以对子屏幕的"优先级"、显示字段等进行编辑。

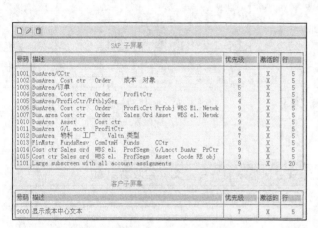

图 5-47 SAP 子屏幕

图 5-48 创建代码块子屏幕

5.4.3 FI 模块总账设置

1. 定义会计科目表清单

配置菜单	财务会计→总账会计→主记录→准备→编辑科目表清单
T-Code	OB13

具体的配置步骤如下。

在命令栏输入 SPRO 命令，通过菜单选择"财务会计→总账会计→主记录→准备→编辑科目表清单"选项，或者直接在命令栏中输入 OB13 命令，进入"修改视图'所有会计科目表清单'：细节"界面，如图 5-49 所示。在此界面中，可以针对科目表中科目号的长度、成本控制以及科目表组进行修改，同时还可以对科目表的状态进行"被冻结/非冻结"操作。

2. 定义会计科目账户组

配置菜单	财务会计→总账会计→主记录→准备→定义科目组
T-Code	OBD4

具体的配置步骤如下。

在命令栏输入 SPRO 命令，通过菜单选择"财务会计→总账会计→主记录→准备→定义科目组"选项，或者直接在命令栏中输入 OBD4 命令，进入"修改视图'总账科目组'：概览"界面，如图 5-50 所示。在此界面中，可以编辑科目组的名称、科目号起始账户等。

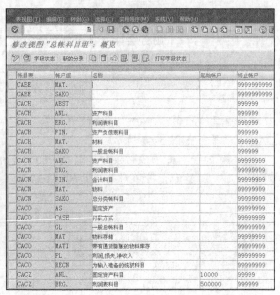

图 5-49 "修改视图'所有会计科目表清单': 图 5-50 "修改视图'总账科目组':
细节"界面   概览"界面

3. 定义留存收益科目

配置菜单	财务会计→总账会计→主记录→准备→定义留存收益科目
T-Code	OB53

具体的配置步骤如下。

在命令栏输入 SPRO 命令,通过菜单选择"财务会计→总账会计→主记录→准备→定义留存收益科目"选项,或者直接在命令栏中输入 OB53 命令,进入"维护会计设置:自动记账-科目"界面,如图 5-51 所示。在此界面中,可以编辑损益表科目类及对应的账户。

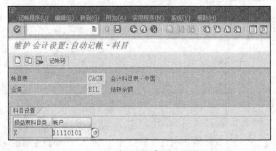

图 5-51 定义留存收益科目

4. 定义清账行格式

配置菜单	财务会计→总账会计→总账科目→行项目→未结清项目处理→定义行格式
T-Code	O7Z4S

具体的配置步骤如下。

在命令栏输入 SPRO 命令,通过菜单选择"财务会计→总账会计→总账科目→行项目→未结清项目处理→定义行格式"选项,或者直接在命令栏中输入 O7Z4S 命令,进入"维护行格式配置:清单"界面,如图 5-52 所示。在此界面中,可以看到 SAP 系统本身带有的各种行格式。我们不仅可以沿用原有的行格式,还可以创建或者编辑行格式。双击选择一条清账格式,然后可以在"维护行格式配置：字段"界面为此行格式配置对应的字段，如图5-53所示。

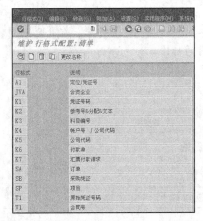

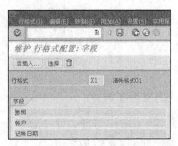

图5-52 "维护行格式配置：清单"界面　　　图5-53 "维护行格式配置：字段"界面

5. 定义字段状态组

配置菜单	财务会计→总账会计→业务往来→总账科目过账→执行并检查凭证设置→维护字段状态变式
T-Code	SPRO

具体的配置步骤如下。

STEP 1 在命令栏输入SPRO命令，通过菜单选择"财务会计→总账会计→业务往来→总账科目过账→执行并检查凭证设置→维护字段状态变式"选项，进入"字段状态变式"界面，如图5-54所示。在此界面中，可以看到字段状态变式中，对应的有不同的字段状态组。

STEP 2 双击选择一条字段状态组，进入"维护字段状态组：附加科目设置"界面，如图5-55所示。在此界面中，可以对附加科目进行设置，例如可以编辑"结算期间"、"物料号"、"工厂"等字段信息哪些是必输项，哪些是非必输项。

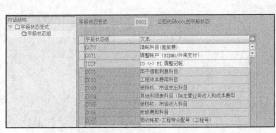

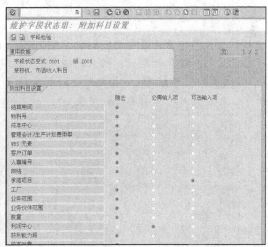

图5-54 "字段状态变式"界面　　　图5-55 "维护字段状态组：附加科目设置"界面

6. 定义自动结清

配置菜单	财务会计→总账会计→业务往来→未结清项目的结清→准备自动结清
T-Code	SPRO

具体的配置步骤如下。

在命令栏输入 SPRO 命令，通过菜单选择"财务会计→总账会计→业务往来→未结清项目的结清→准备自动结清"选项，进入"自动结清"设置界面，如图 5-56 所示。在此界面中，可以为不同类型的科目，根据科目编号的起始范围设置不同的标准。

图 5-56　设置自动结清

7. 定义利息计算

配置菜单	财务会计→总账会计→业务往来→银行账户利息计算
T-Code	SPRO

具体的配置步骤如下。

STEP 1　定义利息计算类型。在命令栏输入 SPRO 命令，通过菜单选择"财务会计→总账会计→业务往来→银行账户利息计算"选项，进入"利息计算"设置界面，如图 5-57 所示。

图 5-57　利息计算设置

STEP 2　在此界面，可以定义利息计算标志（准备账户余额利息计算）。双击一条行项目，进入利息计算细节设置界面，如图 5-58 所示。在此界面中，可以设置"利息计算标志"，同时还可以设置利息计算的期间、利息的确定方式、利息处理、输出控制等内容。

STEP 3　单击"📋"按钮，进入利息计算（参考利率定义）界面，如图 5-56 所示。在此界面中，可以针对参考利率进行定义。

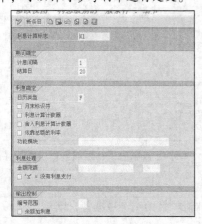

图 5-58　利息计算细节设置

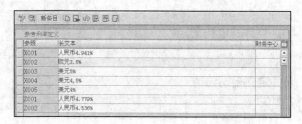

图 5-59　定义参考利率

STEP 4 双击参照行项目，即可进入参考利率设置界面，如图 5-60 所示。在此界面中，可以设置参考利率的注释、短文本、有效起始日期、货币类型等参数。设置完成单击"🖫"按钮，接着设置参考利率值，如图 5-61 所示。

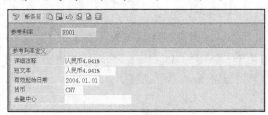

图 5-60　创建新的参考利率　　　　　　　图 5-61　设置参考利率值

STEP 5 设置完成，接下来进行利息计算（定义依赖于时间的条款）的设置，如图 5-62 所示。在此界面中，可以看到每个利息标志都会对应有效期、起始金额。同时可以单击"新条目"按钮，自己创建新的利息计算标志，如图 5-63 所示。

图 5-62　利息计算设置　　　　　　　　　图 5-63　创建利息计算标志

STEP 6 设置完成单击"🖫"按钮，接着设置利息过账：准备总账科目余额利息计算（科目标志），如图 5-64 所示。在此界面中，可以选择某科目标志，然后双击，进入总账科目余额利息计算（记账说明）的界面，如图 5-65 所示。

图 5-64　设置利息过账　　　　　　　　　图 5-65　设置记账说明

8. 定义凭证冲销原因

配置菜单	财务会计→总账会计→业务往来→调整过账/冲销→定义冲销原因
T-Code	SPRO

具体的配置步骤如下。

在命令栏输入 SPRO 命令,通过菜单选择"财务会计→总账会计→业务往来→调整过账/冲销→定义冲销原因"选项,进入"定义冲销原因"界面,如图 5-65 所示。在此界面中,可以为财务凭证的冲销动作设置"理由","理由"可以在"注释文本"中说明。

9. 定义月末外币汇率调整

配置菜单	财务会计→总账会计→业务往来→结算→评估→外币估值→准备外币评估的自动过账
T-Code	OBA1

具体的配置步骤如下。

STEP 1 在命令栏输入 SPRO 命令,通过菜单选择"财务会计→总账会计→业务往来→结算→评估→外币估值→准备外币评估的自动过账"选项,或者直接在命令栏中输入 OBA1 命令,进入"维护会计设置:自动记账-过种"界面,如图 5-67 所示。在此界面中,可以看到不同的汇率差异对应的事务码。

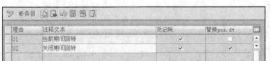

图 5-66 定义冲销原因

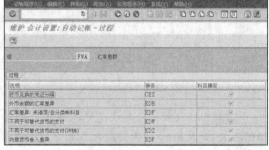

图 5-67 "维护会计设置:自动记账-过程"界面

STEP 2 双击 KDB 事务码,如图 5-68 所示。此事务码用于定义外币余额的汇率差异,针对外币的银行科目月末的汇率调整自动过账。

STEP 3 双击 KDF 事务码,如图 5-69 所示。此事务码是针对长期借款的外币借款科目余额,在月末汇率调整的自动过账。在此界面中,双击总账条目即可进入科目明细差异调整,如图 5-70 所示。

10. 定义资产负债表和损益表

配置菜单	财务会计→总账会计→业务往来→结算→编制凭证→定义会计报表版本
T-Code	SPRO

具体的配置步骤如下。

STEP 1 在命令栏输入 SPRO 命令,通过菜单选择"财务会计→总账会计→业务往来→结算→编制凭证→定义会计报表版本"选项,进入"修改视图'会计报表版本':概览"界面,如图 5-71 所示。

STEP 2 双击存在的版本或者单击"新的分录"按钮,即可创建新版本或者更改现有版本,如图 5-72 所示。

财务管理（FI/CO）模块的配置 第 5 章

图 5-68 定义外币余额的汇率差异

图 5-69 未清账/总分类账科目汇率差异

图 5-70 未清账/总分类账科目明细调整

图 5-71 "修改视图'会计报表版本'：概览"界面

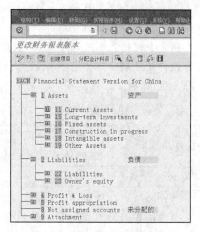
图 5-72 更改财务报表版本

5.4.4 FI模块应收账款及应付账款设置

1. 定义客户账户组

配置菜单	财务会计→应收账目和应付账目→客户账户→主记录→创建客户主记录的准备→创建带有屏幕格式的账户组
T-Code	SPRO

具体的配置步骤如下。

STEP 1 在命令栏输入 SPRO 命令，通过菜单选择"财务会计→应收账目和应付账目→客户账户→主记录→创建客户主记录的准备→创建带有屏幕格式的账户组"选项，进入"修改视图客户账户组：概览"界面，如图 5-73 所示。

STEP 2 选择某个账户组，然后双击，即可进入账户组编号范围编辑界面，如图 5-74 所示。在此界面中，可以为账户组分配起始及终止号段。

 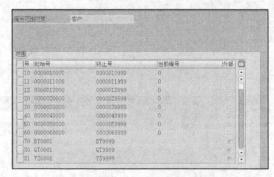

图 5-73 "修改视图客户账户组：概览"界面   图 5-74 编辑账户组客户号段

2. 定义客户统驭科目

配置菜单	财务会计→应收账目和应付账目→业务交易→收到的预付款→定义客户预付款的统驭科目
T-Code	OBXR

具体的配置步骤如下。

在命令栏输入 SPRO 命令，通过菜单选择"财务会计→应收账目和应付账目→业务交易→收到的预付款→定义客户预付款的统驭科目"选项，进入"维护会计设置：特别总账-清单"界面，如图 5-75 所示。在此界面中，可以为客户定义备选统驭科目。

3. 定义供应商账户组

配置菜单	财务会计→应收账目和应付账目→供应商账户→主记录→供应商主记录创建准备→定义带有屏幕格式的账户组
T-Code	SPRO

具体的配置步骤如下。

同修改客户账户组一样，在命令栏输入 SPRO 命令，通过菜单选择"财务会计→应收账目和应付账目→供应商账户→主记录→供应商主记录创建准备→定义带有屏幕格式的账户组"选项，进入"修改视图'供应商账户组'：概览"界面，如图 5-76 所示，从中可以定义供应商账户组。

图 5-75 "维护会计设置：特别总账-清单"界面   图 5-76 "修改视图'供应商账户组'：概览"界面

5.4.5 FI 模块银行会计设置

1. 定义现金日记账

配置菜单	财务会计→银行会计→业务往来→现金日记账→设置现金日记账
T-Code	FBCJC0

具体的配置步骤如下。

在命令栏输入 SPRO 命令，通过菜单选择"财务会计→银行会计→业务往来→现金日记账→设置现金日记账"选项，或者直接在命令栏输入 FBCJC0 命令，进入"修改视图维护现金日记账的视图：总览"界面，如图 5-77 所示。在此界面中，可以针对现金日记账视图进行新建、删除、修改等操作。

2. 定义现金日记账交易业务

配置菜单	财务会计→银行会计→业务往来→现金日记账→创建、更改、删除交易业务
T-Code	FBCJC2

具体的配置步骤如下。

在命令栏输入 SPRO 命令，通过菜单选择"财务会计→银行会计→业务往来→现金日记账→创建、更改、删除交易业务"选项，或者直接在命令栏输入 FBCJC2 命令，进入"修改视图维护现金日记账交易名称的视图：总览"界面，如图 5-78 所示。在此界面中，可以针对现金日记账交易名称进行新建、删除、修改等操作。

图 5-77 "修改视图 维护现金日记账的视图：总览"界面

图 5-78 "修改视图 维护现金日记账交易名称的视图：总览"界面

3. 定义开户银行

配置菜单	财务会计→银行会计→银行账户→定义开户行
T-Code	SPRO

具体的配置步骤如下。

STEP 1 在命令栏输入 SPRO 命令，通过菜单选择"财务会计→银行会计→银行账户→定义开户行"选项，进入定义开户行界面，如图 5-79 所示。

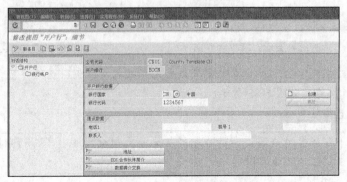

图 5-79 定义开户行

STEP 2 在右栏中，可以在某"公司代码"下定义"开户银行"，包括"银行国家"、"银行代码"以及联系方式等相关信息。单击"创建"按钮，弹出创建"银行数据"对话框，如图 5-80 所示，从中可以进行具体的设置。

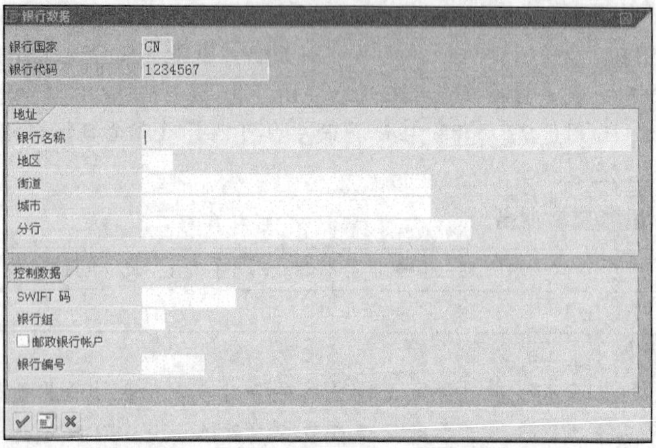

图 5-80 "银行数据"对话框

4. 定义手工银行报表的变式

配置菜单	财务会计→银行会计→业务往来→支付交易→手工银行对账单→定义手工银行报表的变式
T-Code	OT43

具体的配置步骤如下。

STEP 1 在命令栏输入 SPRO 命令，通过菜单选择"财务会计→银行会计→业务往来→支付交易→手工银行对账单→定义手工银行报表的变式"选项，进入"维护屏幕变式：清单"界面，如图 5-81 所示。

STEP 2 单击"□"按钮，可创建新的变式，如图 5-82 所示。

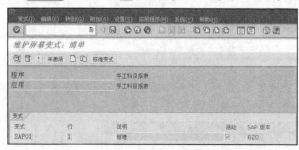

图 5-81 "维护屏幕变式：清单"界面

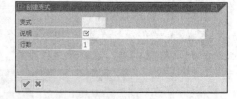

图 5-82 创建新的变式

STEP 3 创建完成，可以对变式的字段进行选择及定义。例如选择字段，然后对字段的偏移量、长度等进行编辑，如图 5-83 所示。

5. 定义银行电子对账单

配置菜单	财务会计→银行会计→业务往来→支付交易→电子银行对账单→进行电子对账单的全局设置
T-Code	SPRO

具体的配置步骤如下。

STEP 1 在命令栏输入 SPRO 命令，通过菜单选择"财务会计→银行会计→业务往来→支付交易→电子银行对账单→进行电子对账单的全局设置"选项，进入"修改视图创建业务类型：总览"界面，如图 5-84 所示。

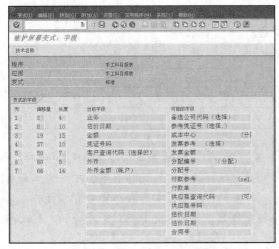

图 5-83 维护屏幕变式字段

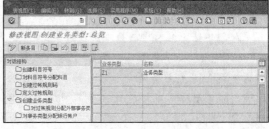

图 5-84 "修改视图 创建业务类型：总览"界面

STEP 2 单击左树中的"创建业务类型"选项，即可在右栏中看到当前系统中对应的业务类型。选择某一条业务类型，然后选择左树中的"对过账规则分配外部事务类型"选项，在右栏中可以看到该业务类型下对应的外部交易以及对应的过账规则，如图 5-85 所示，可以在表中为过账规则分配对应的外部事务类型。

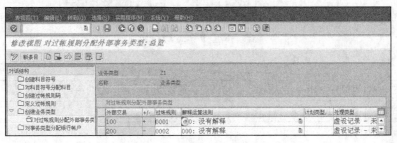

图 5-85 分配外部事务类型

STEP 3 再选择左树中的"对事务类型分配银行账户"选项，如图 5-86 所示。在此界面中，可以对事务类型分配具体的银行账户，同时可以看到，在表中，每个事务类型都对应了唯一的一个业务类型。

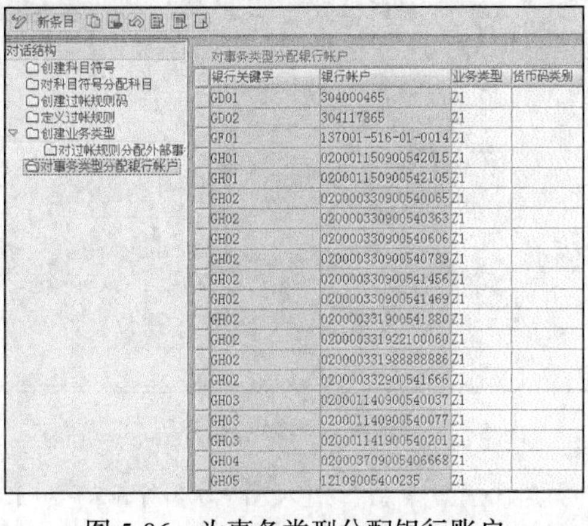

图 5-86 为事务类型分配银行账户

5.4.6 FI模块特别功能分类账设置

1. 基础设置

配置菜单	财务会计→特殊功能分类账→基础设置→执行准备
T-Code	GCVO

具体的配置步骤如下。

在命令栏输入 SPRO 命令,通过菜单选择"财务会计→特殊功能分类账→基础设置→执行准备"选项,进入"准备—扩展总分类账"界面,如图 5-87 所示。在此界面中,可以选择是局部的分类账还是全局的分类账。如果是集团公司下对应的多个子公司,每个公司有各自的公司代码,那么子公司在做特殊分类账时就要选择局部分类账;如果只是独立的一个企业,则选择全局分类账。

图 5-87 扩展总分类账

2. 主数据

配置菜单	财务会计→特殊功能分类账→基础设置→主数据→维护分类账
T-Code	GCL1-GCL4、GCL6

具体的配置步骤如下。

STEP 1 在命令栏输入 SPRO 命令,通过菜单选择"财务会计→特殊功能分类账→基础设置→主数据→维护分类账"选项,或者直接在命令栏中输入 GCL1 命令,进入"维护分类账-选择活动"界面,如图 5-83 所示。

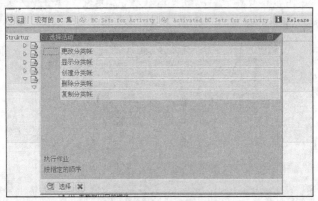

图 5-88 "维护分类账-选择活动"界面

STEP 2 选择"更改分类账"后单击,进入图 5-89 所示的界面。

STEP 3 在此可以选择对分类账属性进行更改,例如更改汇总表、评估方式、允许的分类账过账、写入行项目以及存储的货币等。同时还可以为分类账分配公司代码。单击"分配公司代码/公司"按钮,即可为该分类账分配公司代码,如图5-90所示。

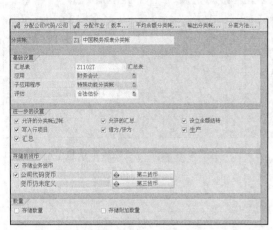

图5-89 更改分类账

图5-90 分配公司代码

STEP 4 在图中可以看到当前系统中存在的所有公司代码清单,双击选择某一条公司代码,即可看到该公司代码对应的属性信息,如图5-91所示。

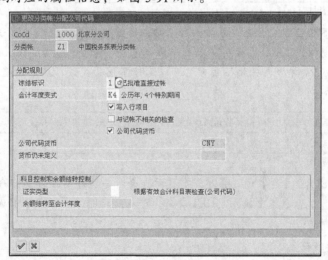

图5-91 公司代码属性

STEP 5 在图5-90中单击"分配作业"按钮,弹出如图5-92所示的界面,从中可以为分类账分配对应的活动作业。

STEP 6 在图5-89中单击"版本"按钮,可以为分类账设置对应的版本信息,这样在分类账发生调整时就能够按照不同的版本进行设置,如图5-93所示。

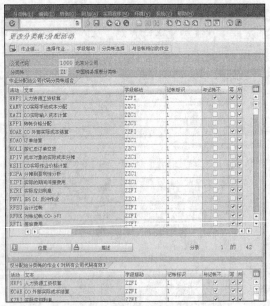

图 5-92 分配活动作业　　　　　　　　图 5-93 设置分类账版本信息

5.4.7 FI 模块实际记账设置

1. 维护过账期间

配置菜单	财务会计→特殊功能分类账→实际记账→过账期间→维护本地过账期间
T-Code	GCP1

具体的配置步骤如下。

在命令栏输入 SPRO 命令，通过菜单选择"财务会计→特殊功能分类账→实际记账→过账期间→维护本地过账期间"选项，或者在命令栏中输入 GCP1 命令，进入"修改视图局部记账期间：总览"界面，如图 5-94 所示。在此界面中，可以选择不同的变式，然后设置局部的记账期间。

2. 维护过账版本

配置菜单	财务会计→特殊功能分类账→实际记账→维护实际版本
T-Code	GCVI

具体的配置步骤如下。

在命令栏输入 SPRO 命令，通过菜单选择"财务会计→特殊功能分类账→实际记账→维护实际版本"选项，或者在命令栏中输入 GCVI 命令，进入"记账版本维护"界面，如图 5-95 所示。在此界面中，可以新建、修改、删除不同的记账版本。

3. 维护有效性凭证

配置菜单	财务会计→特殊功能分类账→实际记账→维护有效性凭证
T-Code	GCBX

具体的配置步骤如下。

在命令栏输入 SPRO 命令，通过菜单选择"财务会计→特殊功能分类账→实际记账→维护有效性凭证"选项，或者在命令栏中输入 GCBX 命令，进入"维护有效性凭证"界面，如图 5-96

所示，从中可以维护有效性凭证。

图 5-94　设置局部记账期间　　　　图 5-95　维护记账版本

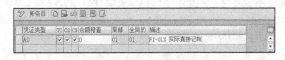

图 5-96　维护有效性凭证

4. 维护号码范围间隔

配置菜单	财务会计→特殊功能分类账→实际记账→号码范围→维护本地编号范围
T-Code	GB04

具体的配置步骤如下。

在命令栏输入 SPRO 命令，通过菜单选择"财务会计→特殊功能分类账→实际记账→号码范围→维护本地编号范围"选项，或者在命令栏中输入 GB04 命令，进入"维护号码范围间隔"界面，如图 5-97 所示，从中可以维护本地号码范围。

5. 维护本地未分配利润

配置菜单	财务会计→特殊功能分类账→定期处理→余额接转→未分配利润账户→维护本地未分配利润
T-Code	GCS6

具体的配置步骤如下。

在命令栏输入 SPRO 命令，通过菜单选择"财务会计→特殊功能分类账→定期处理→余额接转→未分配利润账户→维护本地未分配利润"选项，或者在命令栏中输入 GCS6 命令，进入"修改视图局部未分配利润账户：总览"界面，如图 5-98 所示，从中可以维护本地未分配利润。

　　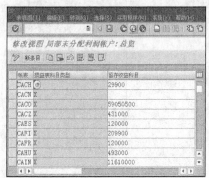

图 5-97　"维护号码范围间隔"界面　　　　图 5-98　维护本地未分配利润

5.5 财务管理 CO 模块配置

5.5.1 CO 模块企业结构设置

1. 定义成本控制范围

配置菜单	企业结构→定义→控制→维护成本控制范围
T-Code	OX06

具体的配置步骤如下。

STEP 1 在命令栏输入 SPRO 命令,通过菜单选择"企业结构→定义→控制→维护成本控制范围"选项,或者直接在命令栏中输入 OX06 命令,在弹出的"选择活动"对话框中选择"维护成本控制范围"选项,如图 5-99 所示。

STEP 2 在弹出的"修改视图基本数据:总览"界面中,右栏中显示出现有的所有控制范围,如图 5-100 所示。

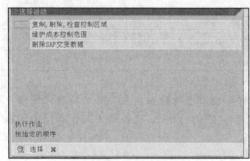

图 5-99 维护成本控制范围

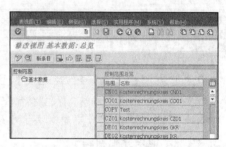

图 5-100 控制范围基本数据

STEP 3 可以单击"新条目"按钮创建控制范围。也可以选择某条控制范围,然后进行修改。双击某条控制范围行项目,进入"修改视图'基本数据':细节"界面,如图 5-101 所示。在该界面中,可以分配控制的 CO 范围、货币类型、会计年度变式等属性。

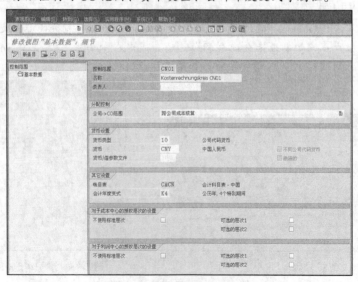

图 5-101 控制范围属性字段修改

2. 定义经营范围

配置菜单	企业结构→定义→控制→维护经营范围
T-Code	SPRO

具体的配置步骤如下。

在命令栏输入 SPRO 命令，通过菜单选择"企业结构→定义→控制→维护经营范围"选项，进入"修改视图定义经营者范围：总览"界面，如图 5-102 所示。在此界面中，可以新建、修改、删除经营范围属性。

3. 分配公司代码

配置菜单	企业结构→分配→管理会计→把公司代码分配给控制范围
T-Code	OX19

具体的配置步骤如下。

在命令栏输入 SPRO 命令，通过菜单选择"企业结构→分配→管理会计→把公司代码分配给控制范围"选项，或者直接输入命令 OX19，进入"修改视图基本数据：总览"界面，如图 5-103 所示。在此界面中，可以针对某个控制范围，将公司代码分配给它。

图 5-102 修改经营范围

图 5-103 给控制范围分配公司代码

4. 分配控制范围

配置菜单	企业结构→分配→控制→把控制范围分配给经营范围
T-Code	SPRO

具体的配置步骤如下。

在命令栏输入 SPRO 命令，通过菜单选择"企业结构→分配→控制→把控制范围分配给经营范围"选项，进入"显示视图'经营范围分配→控制范围'：总览"界面，如图 5-104 所示。在此界面中，可以针对某个控制范围，将之前设置好的经营范围分配给它。

图 5-104 为控制范围分配经营范围

5.5.2 CO模块一般控制设置

1. 组织结构

配置菜单	控制→一般控制→组织结构→维护成本控制范围定义
T-Code	OKKP

具体的配置步骤如下。

STEP 1 在命令栏输入 SPRO 命令,通过菜单选择"控制→一般控制→组织结构→维护成本控制范围定义"选项,或者直接在命令栏中输入 OKKP 命令,弹出"修改视图基本数据:总览"界面,如图 5-105 所示。可以看到左树中有两个选项,一个是"激活组件/控制标识",一个是"公司代码的设置",右边栏目是之前设置好的控制范围列表。

STEP 2 在右边栏目中选择一条控制范围,然后单击左树中的"激活组件/控制标识"选项,右栏中将显示针对该控制范围对应的激活组件,如图 5-106 所示。

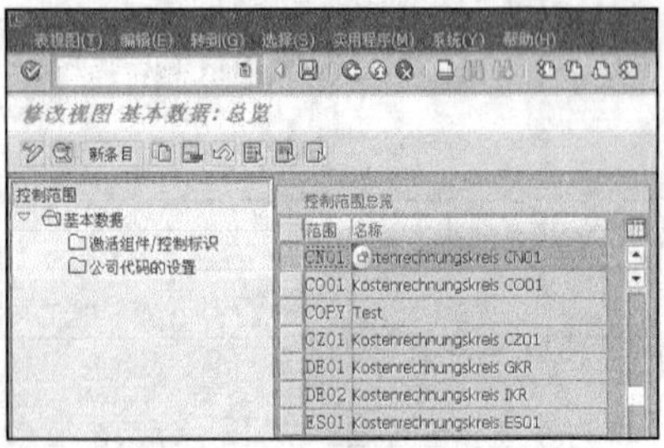

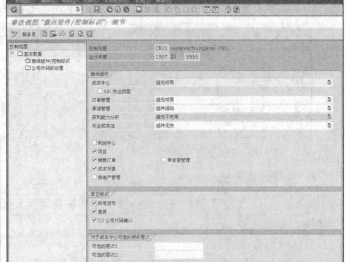

图 5-105 "修改视图基本数据: 总览"界面

图 5-106 单击"激活组件/控制标识" 选项

2. 编号范围维护

配置菜单	控制→一般控制→组织结构→维护成本控制凭证的编号范围
T-Code	KANK

具体的配置步骤如下。

STEP 1 在命令栏输入 SPRO 命令,通过菜单选择"控制→一般控制→组织结构→维护成本控制凭证的编号范围"选项,或者直接在命令栏中输入 KANK 命令,进入"成本控制凭证号码范围"界面,如图 5-107 所示。

STEP 2 在此界面选择所对应的控制域,然后单击"间隔"按钮,可以对号码范围的间隔进行设置,如图 5-108 所示。

财务管理（FI/CO）模块的配置 第 5 章

图 5-107 "成本控制凭证号码范围"界面

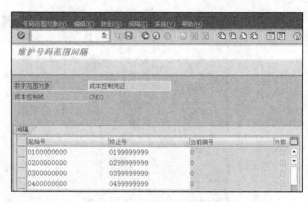

图 5-108 维护号码范围间隔

3. 维护版本

配置菜单	控制→一般控制→组织结构→维护版本
T-Code	SPRO

具体的配置步骤如下。

STEP 1 在命令栏输入 SPRO 命令，通过菜单选择"控制→一般控制→组织结构→维护版本"选项，进入"一般版本定义"界面，如图 5-109 所示。

图 5-109 "一般版本定义"界面

STEP 2 单击左树中的"成本控制范围设置"选项，右栏中将显示当前成本控制范围的版本设置，如图 5-110 所示。在此可以填写版本的描述。

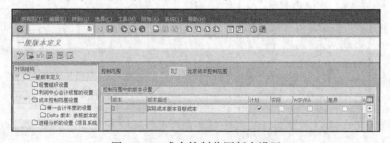

图 5-110 成本控制范围版本设置

STEP 3 单击左树中的"每一会计年度的设置"选项，右栏中将显示当前成本控制范围每会计年度的版本设置，如图 5-111 所示。在设置中，可以按照年度对每年的版本进行设置。若选择"允许复制"，则每年的版本即可复制上一年度的版本信息。

STEP 4 单击某一年度的版本，即可进入该年度版本信息的细节设置界面，如图 5-112 所示。在细节设置中，可以为该年度的控制范围设置"汇率类型"、"起息日"、"计划/实际版本"、"评估变式"等信息。

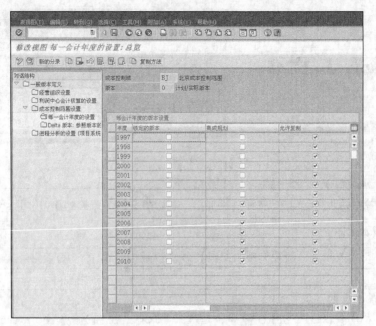

图 5-111 每一会计年度的版本设置

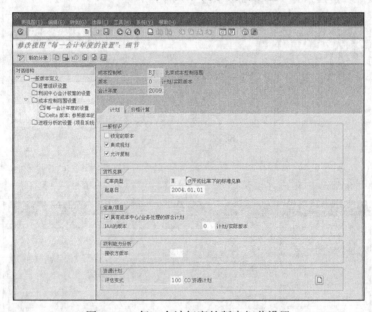

图 5-112 每一会计年度的版本细节设置

5.5.3 CO 模块成本要素会计设置

1. 定义

配置菜单	控制→成本要素会计→主数据→成本要素→初级和二级成本要素的自动创建
T-Code	OKB2、OKB3

具体的配置步骤如下。

STEP 1 在命令栏输入 SPRO 命令,通过菜单选择"控制→成本要素会计→主数据→成本要素→初级和二级成本要素的自动创建"选项,或者直接输入"OKB2/OKB3"命令,进入成本要素生成界面,如图 5-113 所示。在此界面中,可以创建初级和二级成本要素。

STEP 2 当然,也可以通过批量的方式创建成本要素,如图 5-114 所示。

图 5-113 成本要素生成界面(默认设置)　　图 5-114 批量创建成本要素

STEP 3 在图中单击"建立批输入会话"选项,即可进入"建立批处理来创建成本要素"界面,如图 5-115 所示。在此界面中,选择要创建的成本要素控制范围、有效期、对话名称后,单击"⏎"按钮即可批量创建成本要素。

STEP 4 批量创建完成,最后会显示当前批量创建成功的成本要素清单,如图 5-116 所示。

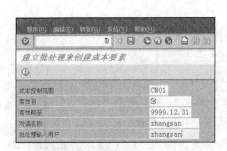

图 5-115 批量创建成本要素　　图 5-116 创建完成的成本要素清单

2. 设置对账分类账

配置菜单	控制→成本要素会计→统驭分类账→激活/不激活对账分类账
T-Code	KALA

具体的配置步骤如下。

STEP 1 在命令栏输入 SPRO 命令,通过菜单选择"控制→成本要素会计→统驭分类账→激活/不激活对账分类账"选项,或者直接输入命令 KALA,在弹出的"选择活动"界面中选择"激活统驭分类账"选项,如图 5-117 所示。

STEP 2 在弹出的"激活对账分类账：初始屏幕"界面中，选择控制范围、凭证类型，然后单击"执行"按钮，系统将针对该控制范围下的凭证类型激活统驭分类账，如图5-118所示。

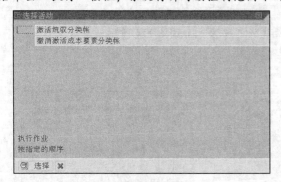

图 5-117　选择"激活统驭分类账"选项　　　　　图 5-118　选择"控制范围"和"凭证类型"

3. 设置调整科目

配置菜单	控制→成本要素会计→统驭分类账→定义统驭过账的调整科目
T-Code	OX06

具体的配置步骤如下。

STEP 1 在命令栏输入 SPRO 命令，通过菜单选择"控制→成本要素会计→统驭分类账→定义统驭过账的调整科目"选项，或者直接输入命令OX06，在弹出的"选择活动"界面中选择"定义自动记账科目"选项，如图5-119所示。

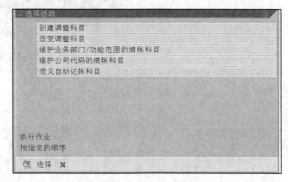

图 5-119　定义自动记账科目

STEP 2 在弹出的"维护会计设置：自动记账-科目"界面中，可以看到"账目表"下有两个按钮，单击"更改科目确定"按钮后将弹出"维护会计设置：自动记账-科目"界面，如图5-120所示。

STEP 3 单击"记账码"按钮，可以接着去分配借贷方，如图 5-121 所示。完成后还可以单击"规则"按钮修改规则，最后单击"💾"按钮保存即可。

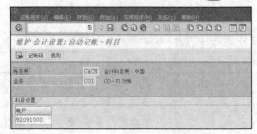
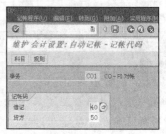

图 5-120　"维护会计设置：自动记账-科目"界面　　　　图 5-121　分配记借贷方

4. 定义编码范围

配置菜单	控制→成本要素会计→统驭分类账→为统驭过账定义编码范围
T-Code	OK13

具体的配置步骤如下。

在命令栏输入 SPRO 命令，通过菜单选择"控制→成本要素会计→统驭分类账→为统驭过账定义编码范围"选项，或者直接输入命令 OK13，在弹出的"维护号码范围间隔"界面中为统驭过账定义"起始号"和"终止号"，如图 5-122 所示。

图 5-122 "维护号码范围间隔"界面

5.5.4 CO 模块成本中心会计设置

1. 定义成本中心类别

配置菜单	控制→成本中心会计→主数据→成本中心→定义成本中心类别
T-Code	SPRO

具体的配置步骤如下。

在命令栏输入 SPRO 命令，通过菜单选择"控制→成本中心会计→主数据→成本中心→定义成本中心类别"选项，在弹出的"修改视图成本中心类型：总览"界面中，可以定义成本中心类型，如图 5-123 所示。

图 5-123 定义成本中心类型

2. 定义成本中心层次

配置菜单	控制→成本中心会计→主数据→成本中心→定义成本中心标准层次
T-Code	OKEON

具体的配置步骤如下。

在命令栏输入 SPRO 命令，通过菜单选择"控制→成本中心会计→主数据→成本中心→定义成本中心标准层次"选项，或者直接输入 OKEON 命令，可以在弹出的界面左树中选择"成本中心组"，然后在右栏中找到"标准层次"栏，从中可以为成本中心创建标准层次，如图 5-124 所示。

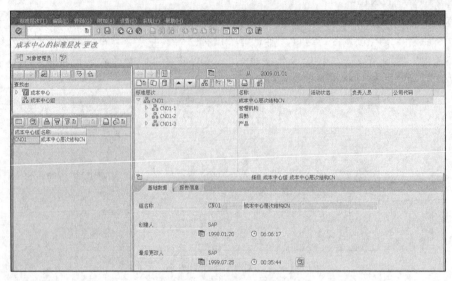

图 5-124　定义成本中心标准层次

5.5.5　CO 模块内部订单会计设置

1. 定义订单类型

配置菜单	控制→内部订单→主数据→定义订单类型
T-Code	KOT2_FUNCAREA

具体的配置步骤如下。

STEP 1　在命令栏输入 SPRO 命令，通过菜单选择"控制→内部订单→主数据→定义订单类型"选项，或者直接输入"KOT2_FUNCAREA"命令，在弹出的"修改视图订单类型"界面中，可以看到当前系统中已有的订单类型。同时，也可以单击"新条目"按钮，定义新的定单类型。

STEP 2　如果需要对现有的订单类型进行修改，选择某条订单类型行项目，单击"修改"按钮，弹出"修改视图订单类型：细节"界面，从中可以为定单类型选择"订单类别"、"结算参数文件"、"预算参数文件"、"状态参数文件"及"订单格式"等，如图 5-125 所示。

STEP 3　单击"字段选择"按钮，可以更改字段选择，如图 5-126 所示。

2. 定义订单编码

配置菜单	控制→内部订单→主数据→定义订单编码
T-Code	KONK

具体的配置步骤如下。

STEP 1　在命令栏输入 SPRO 命令，通过菜单选择"控制→内部订单→主数据→定义订单编码"选项，或者直接输入"KONK"命令，弹出"订单编号范围"界面，如图 5-127 所示。

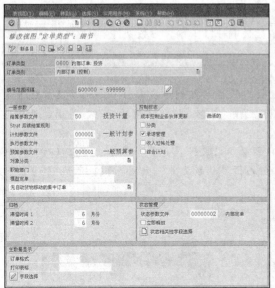
图 5-125 "修改视图订单类型：细节"界面

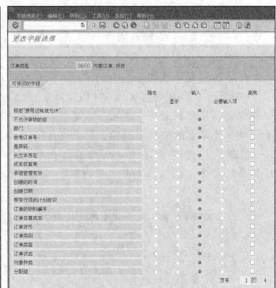
图 5-126 更改字段选择

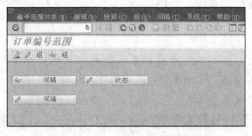
图 5-127 "订单编号范围"界面

STEP 2 单击"间隔"按钮，可以对号码范围的间隔进行设置，如图 5-128 所示。

STEP 3 在图中可以维护订单编号范围的起始号和终止号。事实上，也可以通过维护号码范围组的方式进行范围的划定。在图 5-127 中单击"组"按钮，即可按照范围组维护号码，如图 5-129 所示。

图 5-128 维护号码范围间隔　　　　　　图 5-129 维护编号范围组

3. 预算及有效性控制

配置菜单	控制→内部订单→预算及有效性控制→维护预算参数文件
T-Code	OKOB

具体的配置步骤如下。

STEP 1 在命令栏输入 SPRO 命令,通过菜单选择"控制→内部订单→预算及有效性控制→维护预算参数文件"选项,或者直接输入"OKOB"命令,弹出"选择活动"界面,从中选择"维护预算参数文件"选项,如图 5-130 所示。

STEP 2 在弹出的"修改视图成本控制订单预算参数文件:总览"界面,可以修改现有的预算参数文件,也可以单击"新条目"按钮创建新的预算参数文件,如图 5-131 所示。

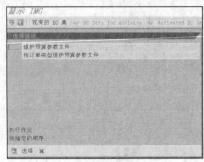

图 5-130 "选择活动"界面

图 5-131 预算参数文件列表

STEP 3 图中,可以选择一条现有的订单参数文件,然后单击"修改"按钮,进入订单预算参数文件细节修改界面,如图 5-132 所示。在此界面中,可以为预算参数文件选择"汇率类型"、"起息日"、"活动类型"、"预算货币"以及"小数点后的位数"等。

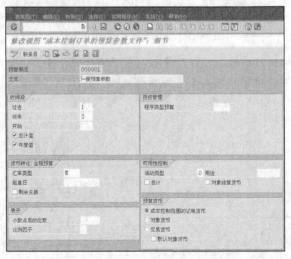

图 5-132 修改订单预算参数文件细节

4. 定义容差限制

配置菜单	控制→内部订单→预算及有效性控制→为可用性控制定义容差限制
T-Code	SPRO

具体的配置步骤如下。

在命令栏输入 SPRO 命令,通过菜单选择"控制→内部订单→预算及有效性控制→为可用性控制定义容差限制"选项，弹出"修改视图订单可支配资金控制：容差限度：总览"界面，如图 5-133 所示。在此界面中，可以为订单可支配的资金控制设置具体的容差。例如针对一般预算参数，可以按照消耗 90%设置容差。

图 5-133　为订单设置容差限制

5. 指定免除成本要素

配置菜单	控制→内部订单→预算及有效性控制→从有效性控制中指定免除成本要素
T-Code	OPTK

具体的配置步骤如下。

在命令栏输入 SPRO 命令，通过菜单选择"控制→内部订单→预算及有效性控制→从有效性控制中指定免除成本要素"选项，弹出有效性控制免除成本要素界面，如图 5-134 所示，从中可以指定免除成本要素。

6. 维护预算管理器

配置菜单	控制→内部订单→预算及有效性控制→维护预算管理器
T-Code	SPRO

具体的配置步骤如下。

在命令栏输入 SPRO 命令，通过菜单选择"控制→内部订单→预算及有效性控制→维护预算管理器"选项，弹出"新条目：已添加条目概览"界面，如图 5-135 所示。在此界面中，可以为预算管理分配具体的预算经理。

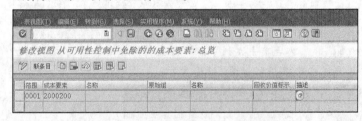 

图 5-134　有效性控制免除成本要素界面　　图 5-135　"新条目：已添加条目概览"界面

7. 维护结算成本要素

配置菜单	控制→内部订单→实际过账→结算→维护结算成本要素
T-Code	SPRO

具体的配置步骤如下。

在命令栏输入 SPRO 命令，通过菜单选择"控制→内部订单→实际过账→结算→维护结算成本要素"选项，弹出"选择活动"界面，从中选择"创建主要的结算成本要素"选项，弹出"生成成本要素：初始屏幕"界面，如图 5-136 所示，从中可以维护结算成本要素。

图 5-136 "生成成本要素：初始屏幕"界面

8. 维护分配结构

配置菜单	控制→内部订单→实际过账→结算→维护分配结构
T-Code	SPRO

具体的配置步骤如下。

STEP 1 在命令栏输入 SPRO 命令，通过菜单选择"控制→内部订单→实际过账→结算→维护分配结构"选项，弹出"更改视图分配结构：概览"界面，如图 5-137 所示。在此界面中，可以看到右边栏目中显示了当前系统中已存在的分配结构，从中可以选择某条分配结构或者单击"新分录"按钮创建新的分配结构。

STEP 2 选择某条分配结构，然后单击左树中的"分配"选项，即可在右边栏目中显示该分配结构对应的分配费用，如图 5-138 所示。

图 5-137 更改视图分配结构

图 5-138 分配结构对应的分配费用

STEP 3 在图中选择对应的分配费用，然后单击左树中的"源文件"选项，即可在右边栏目中显示该分配费用对应的成本要素及成本要素组，如图 5-139 所示。

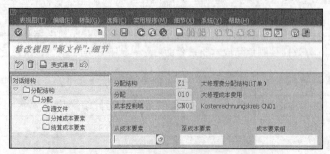

图 5-139 分配费用对应的成本要素及成本要素组

STEP 4 同样，在图 5-138 中选择好对应的分配费用，然后单击左树中的"结算成本要素"选项，即可在右边栏目中显示该分配费用对应的结算成本要素，如图 5-140 所示。

图 5-140　分配费用对应的结算成本要素

9. 维护源结构

配置菜单	控制→内部订单→实际过账→结算→维护源结构
T-Code	SPRO

具体的配置步骤如下。

STEP 1　在命令栏输入 SPRO 命令，通过菜单选择"控制→内部订单→实际过账→结算→维护源结构"选项，弹出"更改视图源结构：概览"界面，如图 5-141 所示。在此界面中，可以看到右边栏目中显示了当前系统中已存在的源结构，从中可以选择某条源结构或者单击"新分录"按钮创建新的源结构。

STEP 2　选择某条源结构，然后双击左树中的"源设置"选项，即可在右边栏目中显示该结构下包含的相关源设置信息，如图 5-142 所示。

　　　　　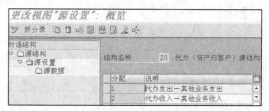

图 5-141　更改视图源结构　　　　　图 5-142　"源结构"下包含的"源设置"

STEP 3　选择某条"源设置"中分配行项目，然后双击左树中的"源数据"选项，即可在右边栏目中显示该结构下对应的成本要素及成本要素组，如图 5-143 所示。

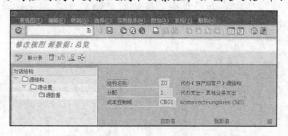

图 5-143　源结构对应的成本要素及成本要素组

10. 维护结算参数文件

配置菜单	控制→内部订单→实际过账→结算→维护结算参数文件
T-Code	SPRO

具体的配置步骤如下。

STEP 1　在命令栏输入 SPRO 命令，通过菜单选择"控制→内部订单→实际过账→结算→维护结算参数文件"选项，弹出"选择活动"对话框，从中选择"维护结算参数文件"选项，弹出

"修改视图结算参数文件:总览"界面,如图5-144所示。在此界面中,可以看到内部订单实际过账所用到的"结算参数文件"列表。同时,也可以通过单击"新条目"按钮创建新的参数文件。

STEP 2 选择某条参数文件,然后单击"修改"按钮,即可弹出"修改视图结算参数文件:细节"界面,如图5-145所示。在此界面中,可以修改参数文件的"实际成本/销售成本"、"有效接收方"、"分配结构"、"来源结构"、"对象类型"、"凭证类型"以及相应的标识符等。

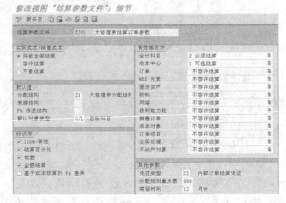

图5-144 内部订单"结算参数文件"列表　　　　图5-145 "修改视图结算参数文件:细节"界面

STEP 3 如果在最开始弹出的"选择活动"对话框中选择"在订单类型中输入结算参数文件"选项,则可弹出"修改视图订单类型:总览"界面,如图5-146所示。在此界面中,可以为订单类型分配结算参数文件。

11. 定义结算的选择变式

配置菜单	控制→内部订单→实际过账→结算→定义结算的选择变式
T-Code	OKOV

具体的配置步骤如下。

STEP 1 在命令栏输入SPRO命令,通过菜单选择"控制→内部订单→实际过账→结算→定义结算的选择变式"选项,或者直接在命令栏中输入OKOV命令,弹出结算变式的选择界面,如图5-147所示。在此界面中,可以在"变式"栏中输入已有的变式,然后查看或者修改;也可以输入要创建的变式名称,然后单击"创建"按钮创建新的变式;当然还可以输入要删除的变式名称,然后单击删除按钮"🗑"删除现有的变式。

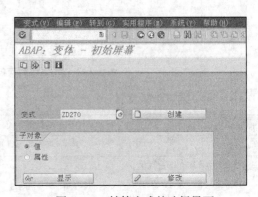

图5-146 为不同的订单类型分配结算参数文件　　　　图5-147 结算变式的选择界面

STEP 2) 输入某变式名称，然后单击"修改"按钮，进入维护变式界面，如图 5-148 所示。

STEP 3) 单击"属性"按钮，进入变式的属性界面，如图 5-149 所示。在此界面中，可以为该变式输入描述信息，同时还可以选择该变式是否可以后台运行，另外还可以为该变式选择屏幕对象。

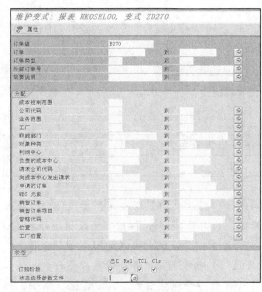

图 5-148　维护变式界面　　　　　　　图 5-149　维护变式属性

12. 维护结算凭证的编号范围

配置菜单	控制→内部订单→实际过账→结算→维护结算凭证编号范围
T-Code	SNUM

具体的配置步骤如下。

在命令栏输入 SPRO 命令，通过菜单选择"控制→内部订单→实际过账→结算→维护结算凭证编号范围"选项，或者直接在命令栏中输入 SNUM 命令，弹出"维护号码范围间隔"的选择界面，如图 5-150 所示。在此界面中，可以为内部订单维护结算凭证的编号范围。

5.6　财务管理 FM 模块配置

5.6.1　FM 模块基本设置

图 5-150　维护内部订单结算凭证编号范围

1. 设置全局基金管理功能

配置菜单	行政机构管理→资金管理部门→基本设置→激活全局基金管理功能（PSM-FM）
T-Code	SPRO

具体的配置步骤如下。

在命令栏输入 SPRO 命令，通过菜单选择"行政机构管理→资金管理部门→基本设置→激活全局基金管理功能(PSM-FM)"选项,弹出"修改视图激活附加功能:细节"的界面,如图 5-151 所示。在此界面中,可以选择"基金管理(PSM-FM)"复选框,用于激活基金管理功能。

图 5-151 激活基金管理功能

2. 定义全局参数

配置菜单	行政机构管理→资金管理部门→基本设置→定义全局参数
T-Code	OF15

具体的配置步骤如下。

STEP 1 在命令栏输入 SPRO 命令,通过菜单选择"行政机构管理→资金管理部门→基本设置→定义全局参数"选项,或者直接在命令栏中输入"OF15"命令,弹出"修改视图维护 FM 区:总览"界面,如图 5-152 所示。在此界面中,可以看到当前系统中存在的财务管理范围。

STEP 2 选择某个财务管理范围,然后单击"修改"按钮,进入"修改视图"维护 FM 区":细节"界面,如图 5-153 所示。在此界面中,可以针对该财务管理范围维护其 FM 区,例如"预算参数文件"、"基金概况"、"会计年度变式"、"序号区间编号"、"状态参数文件"以及"排列顺序"等。

图 5-152 "修改视图维护 FM 区:总览"界面

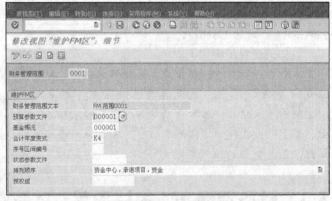

图 5-153 "修改视图维护 FM 区:细节"界面

3. 分配会计年度变式

配置菜单	行政机构管理→资金管理部门→基本设置→向 FM 范围分配会计年度变式
T-Code	OF32

具体的配置步骤如下。

在命令栏输入 SPRO 命令,通过菜单选择"行政机构管理→资金管理部门→基本设置→向 FM 范围分配会计年度变式"选项,或者直接在命令栏中输入"OF32"命令,弹出"修改视图将 FM 范围分配到会计年度变式:总览"界面,如图 5-154 所示。在此界面中,可以为当前系统中已存在的财务管理范围分配会计年度变式。

4. 定义分录选择队列顺序

配置菜单	行政机构管理→资金管理部门→基本设置→定义一般分录选择的队列顺序
T-Code	OFGH

具体的配置步骤如下。

在命令栏输入 SPRO 命令，通过菜单选择"行政机构管理→资金管理部门→基本设置→定义一般分录选择的队列顺序"选项，或者直接在命令栏中输入"OFGH"命令，弹出"修改视图一般检索中的等级顺序：总览"界面，如图 5-155 所示。在此界面中，可以为当前系统中已存在的财务管理范围定义分录选择的队列顺序。

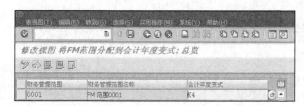

图 5-154 "修改视图将 FM 范围分配到会计年度变式：总览"界面

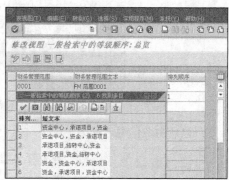

图 5-155 定义分录选择的队列顺序

5. 更改信息控制

配置菜单	行政机构管理→资金管理部门→基本设置→更改信息控制
T-Code	SPRO

具体的配置步骤如下。

在命令栏输入 SPRO 命令，通过菜单选择"行政机构管理→资金管理部门→基本设置→更改信息控制"选项，弹出"修改视图由用户控制的信息：总览"界面，如图 5-156 所示。在此界面中，可以自己定义用户控制的信息，也可以修改原来定义好的控制信息。

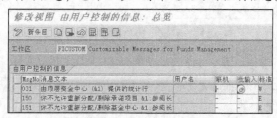

图 5-156 定义用户控制信息

5.6.2 FM 模块主数据设置

1. 激活主数据

配置菜单	行政机构管理→资金管理部门→主数据→年度相关主数据→激活年相关主数据
T-Code	OFM_ACT_MD_YEAR

具体的配置步骤如下。

在命令栏输入 SPRO 命令,通过菜单选择"行政机构管理→资金管理部门→主数据→年度相关主数据→激活年相关主数据"选项,或者直接在命令栏中输入"OFM_ACT_MD_YEAR"命令,弹出"激活年相关主数据"界面,如图 5-157 所示。在此界面中,可以选择"财务管理范围"和"到会计年度",然后选择要激活的年度相关业主数据,单击"⊕"按钮即可激活相关主数据。

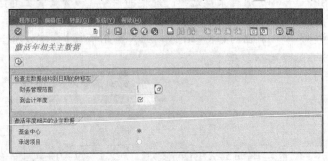

图 5-157 "激活年相关主数据"界面

2. 显示主数据激活状态

配置菜单	行政机构管理→资金管理部门→主数据→年度相关主数据→显示年相关主数据的激活状态
T-Code	SPRO

具体的配置步骤如下。

在命令栏输入 SPRO 命令,通过菜单选择"行政机构管理→资金管理部门→主数据→年度相关主数据→显示年相关主数据的激活状态"选项,弹出"显示视图相关年主数据:总览"界面,如图 5-158 所示。在此界面中,可以看到刚才所激活的主数据状态。

图 5-158 显示年相关主数据激活状态

3. 创建变式

配置菜单	行政机构管理→资金管理部门→主数据→承诺项目→在 FM 区域/财政年度中创建变式
T-Code	SPRO

具体的配置步骤如下。

STEP 1 在命令栏输入 SPRO 命令,通过菜单选择"行政机构管理→资金管理部门→主数据→承诺项目→在 FM 区域/财政年度中创建变式"选项,在弹出的对话框中选择"财务管理范围",然后单击"✓"按钮,如图 5-159 所示。

STEP 2 在弹出的"修改视图 在 FM 范围/会计年度中创建变式:总览"界面中,可以看到现有系统中已经存在的变式内容,当然也可以通过单击"新条目"按钮创建新的变式,如图 5-160 所示。

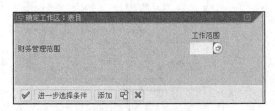
图 5-159 选择财务管理范围

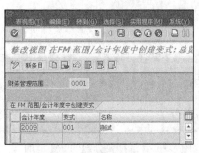
图 5-160 "修改视图在 FM 范围/
会计年度中创建变式:总览"界面

4. 创建/更改层次变式

配置菜单	行政机构管理→资金管理部门→主数据→投资中心→层次结构变量→创建/更改层次变式
T-Code	FMSY

具体的配置步骤如下。

STEP 1 在命令栏输入 SPRO 命令,通过菜单选择"行政机构管理→资金管理部门→主数据→投资中心→层次结构变量→创建/更改层次变式"选项,或者直接在命令栏中输入"FMSY"命令,在弹出的对话框中选择"财务管理范围",然后单击"✓"按钮,如图 5-161 所示。

STEP 2 在弹出的"修改视图 投资中心层次结构变式:总览"界面中,可以看到现有系统中已经存在的层次变式内容,可以通过单击"新条目"按钮创建新的层次变式,如图 5-162 所示。

图 5-161 为创建层次变式选择"财务管理范围"　图 5-162 "修改视图投资中心层次结构变式:总览"界面

5. 分配层次变式

配置菜单	行政机构管理→资金管理部门→主数据→投资中心→层次结构变量→分配层次变式给 FM 范围
T-Code	FMSG

具体的配置步骤如下。

STEP 1 在命令栏输入 SPRO 命令,通过菜单选择"行政机构管理→资金管理部门→主数据→投资中心→层次结构变量→分配层次变式给 FM 范围"选项,或者直接在命令栏中输入"FMSG"命令,在弹出的对话框中选择"财务管理范围",然后单击"✓"按钮,如图 5-163 所示。

STEP 2 在弹出的"修改视图 分配投资中心层次结构变式到财务管理区:总览"界面中,可以看到现有系统中已分配的层次结构变量内容,可以通过单击"新条目"按钮将自己定义好的层次结构变式分配给指定的财务范围,如图 5-164 所示。

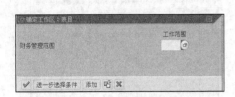
图 5-163　选择要分配的 FM 范围

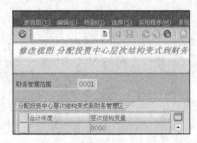
图 5-164　"修改视图分配投资中心层次结构变式到账务管理区：总览"界面

6. 更改层次结构变式设置

配置菜单	行政机构管理→资金管理部门→主数据→投资中心→层次结构变量→更改层次结构变式的设置
T-Code	FMCI_REPLACE_HIVARNT

具体的配置步骤如下。

在命令栏输入 SPRO 命令，通过菜单选择"行政机构管理→资金管理部门→主数据→投资中心→层次结构变量→更改层次结构变式的设置"选项，或者直接在命令栏中输入"FMCI_REPLACE_HIVARNT"命令，弹出"更改层次结构变式的设置"界面，从中选择要分配层次变式到"FM 范围"或者"会计年度"，然后单击"⊕"按钮即可，如图 5-165 所示。

7. 定义顶层资金中心

配置菜单	行政机构管理→资金管理部门→主数据→投资中心→定义集体支出的顶层资金中心
T-Code	SPRO

具体的配置步骤如下。

在命令栏输入 SPRO 命令，通过菜单选择"行政机构管理→资金管理部门→主数据→投资中心→定义集体支出的顶级资金中心"选项，弹出"修改视图集体的开支设置：总览"界面，从中可以按照"财务管理范围"、"年度"来分配"顶层资金中心"，如图 5-166 所示。

图 5-165　"更改层次结构变式的设置"界面

图 5-166　定义"顶层资金中心"

8. 编辑承诺条款选定字段行

配置菜单	行政机构管理→资金管理部门→主数据→编辑字段选择→编辑字段选择串→为承诺条款编辑选定字段行
T-Code	SPRO

具体的配置步骤如下。

STEP 1 在命令栏输入 SPRO 命令,通过菜单选择"行政机构管理→资金管理部门→主数据→编辑字段选择→编辑字段选择串→为承诺条款编辑选定字段行"选项,弹出"修改视图承诺项目的字段选择字符串:总览"界面,如图 5-167 所示。

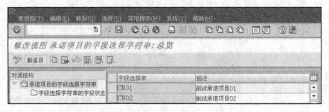

图 5-167 "修改视图承诺项目的字段选择字符串:总览"界面

STEP 2 选择好某字段选择串,然后单击左树中的"字段选择字符串的字段状态"选项,如图 5-168 所示。在右边栏目中,可以为每个字段选择显示方式及分录方式。

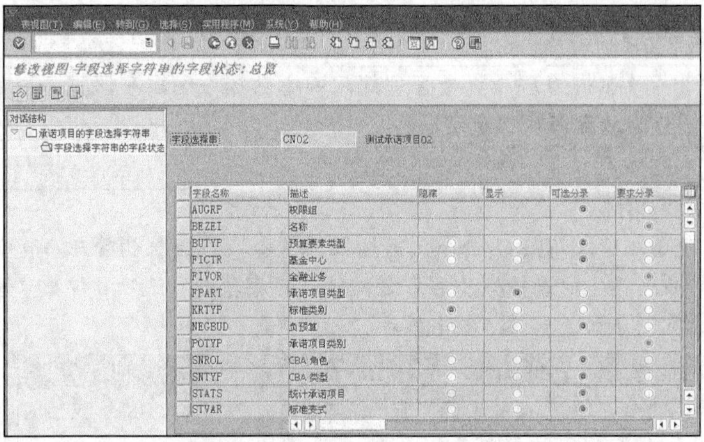

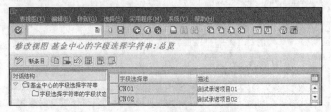

图 5-168 为字段选择显示方式及分录方式

9. 编辑基金中心选定字段行

配置菜单	行政机构管理→资金管理部门→主数据→编辑字段选择→编辑字段选择串→为基金中心编辑选定字段行
T-Code	SPRO

具体的配置步骤如下。

STEP 1 在命令栏输入 SPRO 命令,通过菜单选择"行政机构管理→资金管理部门→主数据→编辑字段选择→编辑字段选择串→为基金中心编辑选定字段行"选项,弹出"修改视图基金中心的字段选择字符串:总览"界面,如图 5-169 所示。

图 5-169 "修改视图基金中心的字段选择字符串:总览"界面

STEP 2 选择好某字段选择串,然后单击左树中的"字段选择字符串的字段状态"选项,如图 5-170 所示。在右边栏目中,可以为每个字段选择显示方式及分录方式。

图 5-170　为字段选择显示方式及分录方式

10. 编辑基金字段行

配置菜单	行政机构管理→资金管理部门→主数据→编辑字段选择→编辑字段选择串→为基金编辑选定字段行
T-Code	SPRO

具体的配置步骤如下。

STEP 1　在命令栏输入 SPRO 命令，通过菜单选择"行政机构管理→资金管理部门→主数据→编辑字段选择→编辑字段选择串→为基金编辑选定字段行"选项，弹出"修改视图基金的字段选择字符串：总览"界面，如图 5-171 所示。

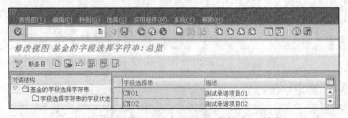

图 5-171　"修改视图基金的字段选择字符串：总览"界面

STEP 2　选择好某字段选择串，然后单击左树中的"字段选择字符串的字段状态"选项，如图 5-172 所示。在右边栏目中，可以为每个字段选择显示方式及分录方式。

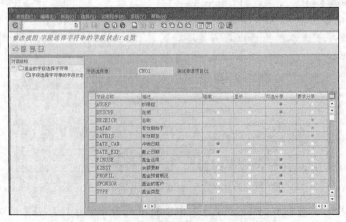

图 5-172　为字段选择显示方式及分录方式

11. 定义科目设置衍生

配置菜单	行政机构管理→资金管理部门→主数据→从其他部件分配至分配科目→定义科目设置衍生
T-Code	FMDERIVE

具体的配置步骤如下。

STEP 1 在命令栏输入 SPRO 命令，通过菜单选择"行政机构管理→资金管理部门→主数据→从其他部件分配至分配科目→定义科目设置衍生"选项，或者直接在命令栏中输入"FMDERIVE"命令，弹出"FM 对象分配的派生策略：改变策略"界面，如图 5-173 所示。

STEP 2 选择好某派生类型，双击进入"FM 对象分配的派生策略：更正规则定义的结构"界面，如图 5-174 所示。在此界面中，可以定义推导规则中的字段定义、条件及属性。

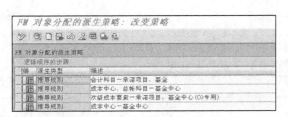

图 5-173 "FM 对象分配的派生策略：改变策略"界面

图 5-174 "FM 对象分配的派生策略：更正规则定义的结构"界面

5.6.3 FM 模块控制预算系统设置

1. 取消控制科目分配元素

配置菜单	行政机构管理→资金管理部门→控制预算系统（BCS）→BCS 预算→基本设置→主数据的不使用→取消控制中的科目分配元素
T-Code	SPRO

具体的配置步骤如下。

在命令栏输入 SPRO 命令，通过菜单选择"行政机构管理→资金管理部门→控制预算系统（BCS）→BCS 预算→基本设置→主数据的不使用→取消控制中的科目分配元素"选项，弹出"修改视图在控制中取消激活科目分配要素：细节"界面，如图 5-175 所示。在此界面中，可以选择"基金"和"功能范围"。

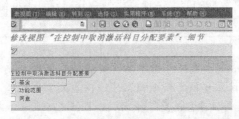

图 5-175 "修改视图'在控制中取消激活科目分配要素'：细节"界面

2. 选择预算种类

配置菜单	行政机构管理→资金管理部门→控制预算系统（BCS）→BCS 预算→基本设置→预算数据的定义→选择预算种类
T-Code	SPRO

具体的配置步骤如下。

在命令栏输入 SPRO 命令，通过菜单选择"行政机构管理→资金管理部门→控制预算系统（BCS）→BCS 预算→基本设置→预算数据的定义→选择预算种类"选项，弹出"修改视图预算类别激活：总览"界面，如图 5-176 所示，从中可以选择"预算类别"。

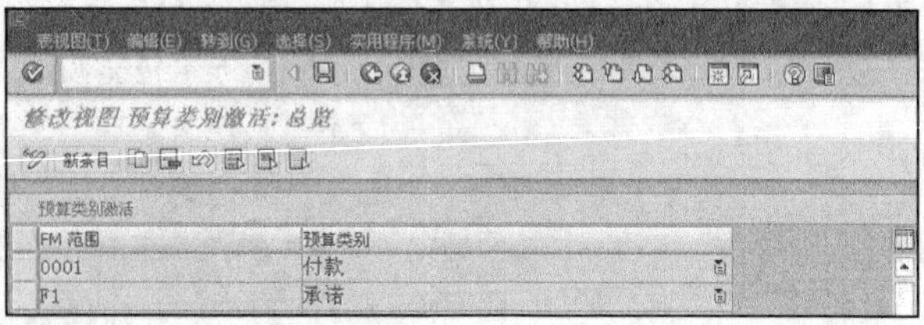

图 5-176 "修改视图预算类别激活：总览"界面

3. 定义预算类型

配置菜单	行政机构管理→资金管理部门→控制预算系统（BCS）→BCS 预算→基本设置→预算数据的定义→预算类型→定义预算类型
T-Code	SPRO

具体的配置步骤如下。

在命令栏输入 SPRO 命令，通过菜单选择"行政机构管理→资金管理部门→控制预算系统（BCS）→BCS 预算→基本设置→预算数据的定义→预算类型→定义预算类型"选项，弹出"修改视图预算类型定义：总览"界面，如图 5-177 所示，从中可以定义"预算类型"。

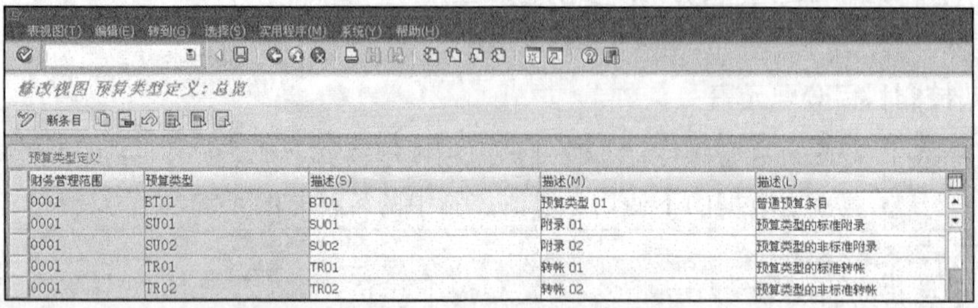

图 5-177 "修改视图预算类型定义：总览"界面

4. 分配预算类型

配置菜单	行政机构管理→资金管理部门→控制预算系统（BCS）→BCS 预算→基本设置→预算数据的定义→预算类型→分配预算类型给处理
T-Code	SPRO

具体的配置步骤如下。

在命令栏输入 SPRO 命令，通过菜单选择"行政机构管理→资金管理部门→控制预算系统（BCS）→BCS 预算→基本设置→预算数据的定义→预算类型→分配预算类型给处理"选项，弹出"修改视图分配预算类型到程序：总览"界面，如图 5-178 所示。在此界面中，可以根据"财务管理范围"分配相应的"预算类型"。

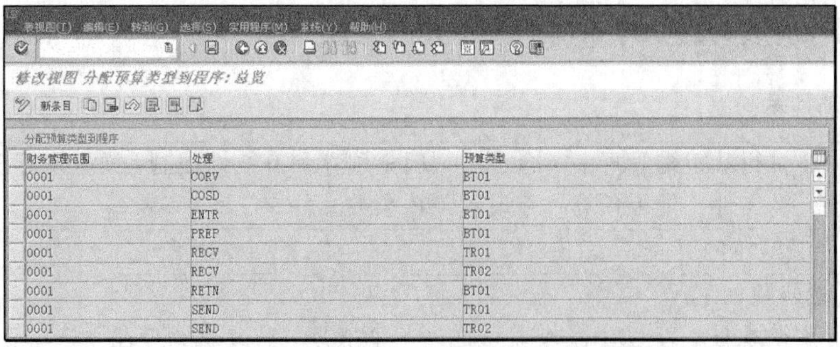

财务管理（FI/CO）模块的配置 第 5 章

图 5-178 "分配预算类型到程序：总览"界面

5. 定义批准方案

配置菜单	行政机构管理→资金管理部门→控制预算系统（BCS）→BCS 预算→基本设置→预算数据的定义→预算发布→定义批准方案
T-Code	SPRO

具体的配置步骤如下。

在命令栏输入 SPRO 命令，通过菜单选择"行政机构管理→资金管理部门→控制预算系统（BCS）→BCS 预算→基本设置→预算数据的定义→预算发布→定义批准方案"选项，弹出"修改视图下达方案的定义：总览"界面，如图 5-179 所示。在此界面中，可以根据"财务管理范围"定义相应的预算下达方案。

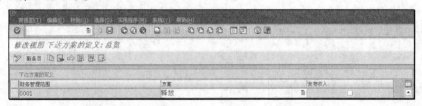

图 5-179 "修改视图下达方案的定义：总览"界面

6. 定义基金批准方案

配置菜单	行政机构管理→资金管理部门→控制预算系统（BCS）→BCS 预算→基本设置→预算数据的定义→预算发布→基金定义批准方案
T-Code	SPRO

具体的配置步骤如下。

在命令栏输入 SPRO 命令，通过菜单选择"行政机构管理→资金管理部门→控制预算系统（BCS）→BCS 预算→基本设置→预算数据的定义→预算发布→基金定义批准方案"选项，弹出"修改视图按基金定义批准方案：总览"界面，如图 5-180 所示。在此界面中，可以根据"财务管理范围"、"基金"维度，定义相应的批准方案。

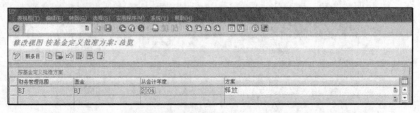

图 5-180 "修改视图按基金定义批准方案：总览"界面

5.6.4 FM模块预算和有效性控制设置

1. 设置预算参数

配置菜单	行政机构管理→资金管理部门→预算和有效性控制（模板预算）→预算参数文件（模板预算）→设置预算参数文件
T-Code	OF12

具体的配置步骤如下。

STEP 1 在命令栏输入 SPRO 命令，通过菜单选择"行政机构管理→资金管理部门→预算和有效性控制（模板预算）→预算参数文件（模板预算）→设置预算参数文件"选项，或者直接在命令栏中输入"OF12"命令，弹出"修改视图资金管理预算参数文件：总览"界面，如图 5-181 所示。在此界面中，可以创建、修改资金管理预算参数文件。

STEP 2 双击某条参数文件，进入参数文件细节修改界面，如图 5-182 所示。在此界面中，可以设置参数文件的小数位数、可用性控制以及时间段等。

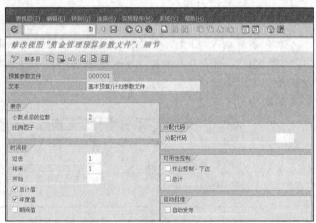

图 5-181 "修改视图资金管理预算参数文件：总览"界面　　图 5-182 参数文件细节修改界面

2. 分配预算参数文件

配置菜单	行政机构管理→资金管理部门→预算和有效性控制（模板预算）→预算参数文件（模板预算）→分配预算参数文件到 FM 范围中
T-Code	OF34

具体的配置步骤如下。

在命令栏输入 SPRO 命令，通过菜单选择"行政机构管理→资金管理部门→预算和有效性控制（模板预算）→预算参数文件（模板预算）→分配预算参数文件到 FM 范围中"选项，或者直接在命令栏中输入"OF34"命令，弹出"修改视图分配预算配置文件到 FM 范围中：总览"界面，如图 5-183 所示。在此界面中，可以将刚才创建好的"预算参数文件"分配给指定的"FM 范围"。

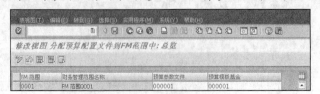

图 5-183 分配"预算参数文件"给"FM 范围"

3. 输入预算设置

配置菜单	行政机构管理→资金管理部门→预算和有效性控制（模板预算）→预算（模板预算）→输入预算设置
T-Code	OFGD

具体的配置步骤如下。

在命令栏输入 SPRO 命令，通过菜单选择"行政机构管理→资金管理部门→预算和有效性控制（模板预算）→预算（模板预算）→输入预算设置"选项，或者直接在命令栏中输入"OFGD"命令，弹出"修改视图预算设置：细节"界面，如图 5-184 所示。在此界面中，可以更新预算的输入类型、等级编号等。

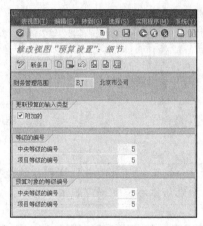

图 5-184 "修改视图'预算设置'：细节"界面

4. 扩展预算编号范围

配置菜单	行政机构管理→资金管理部门→预算和有效性控制（模板预算）→预算（模板预算）→号码范围→扩展预算的编号范围
T-Code	OK11

具体的配置步骤如下。

STEP 1 在命令栏输入 SPRO 命令，通过菜单选择"行政机构管理→资金管理部门→预算和有效性控制（模板预算）→预算（模板预算）→号码范围→扩展预算的编号范围"选项，或者直接在命令栏中输入 OK11 命令，进入"号码范围-成本计划和预算"界面，如图 5-185 所示。

STEP 2 单击"间隔"按钮，可以对号码范围的间隔进行设置，如图 5-186 所示。

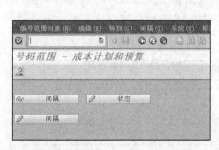

图 5-185 "号码范围-成本计划和预算"界面

图 5-186 设置号码范围间隔

5. 创建记录凭证编号范围

配置菜单	行政机构管理→资金管理部门→预算和有效性控制（模板预算）→预算（模板预算）→号码范围→创建记录凭证的编号范围
T-Code	OK91

具体的配置步骤如下。

STEP 1 在命令栏输入 SPRO 命令，通过菜单选择"行政机构管理→资金管理部门→预算和有效性控制（模板预算）→预算（模板预算）→号码范围→创建记录凭证的编号范围"选项，或者直接在命令栏中输入"OK91"命令，进入"增强预算/计划"界面，如图 5-187 所示。

STEP 2 单击"间隔"按钮，可以对号码范围的间隔进行设置，如图 5-188 所示。

图 5-187 "增强预算/计划"界面

图 5-188 设置号码范围间隔

6. 定义预算版本

配置菜单	行政机构管理→资金管理部门→预算和有效性控制（模板预算）→预算（模板预算）→预算版本→定义预算版本
T-Code	OF21

具体的配置步骤如下。

在命令栏输入 SPRO 命令，通过菜单选择"行政机构管理→资金管理部门→预算和有效性控制（模板预算）→预算（模板预算）→预算版本→定义预算版本"选项，或者直接在命令栏中输入"OF21"命令，弹出"修改视图版本：总览"界面，如图 5-189 所示。在此界面中，可以修改、新增、删除预算的版本信息。

7. 设置预算版本激活程序

配置菜单	行政机构管理→资金管理部门→预算和有效性控制（模板预算）→预算（模板预算）→预算版本→为预算版本设置激活程序
T-Code	SPRO

具体的配置步骤如下。

在命令栏输入 SPRO 命令，通过菜单选择"行政机构管理→资金管理部门→预算和有效性控制（模板预算）→预算（模板预算）→预算版本→为预算版本设置激活程序"选项，弹出"修改视图预算版本激活程序：总览"界面，如图 5-190 所示。在此界面中，可以设置用于激活刚才创建修改的预算版本的程序。

图 5-189 修改预算版本

图 5-190 激活预算版本程序

8. 激活业务相关预算版本

配置菜单	行政机构管理→资金管理部门→预算和有效性控制（模板预算）→预算（模板预算）→预算版本→激活业务相关预算版本
T-Code	SPRO

具体的配置步骤如下。

STEP 1 在命令栏输入 SPRO 命令，通过菜单选择"行政机构管理→资金管理部门→预算和有效性控制（模板预算）→预算（模板预算）→预算版本→激活业务相关预算版本"选项，在弹出的对话框中选择要激活预算版本所对应的"财务管理范围"和"会计年度"，然后单击"✓"按钮，如图 5-191 所示。

STEP 2 在弹出的"修改视图激活预算版本：总览"界面中，可以看到按照"基金"、"版本"维护显示激活的内容，如图 5-192 所示。在这里需要注意的是，预算版本一定要按照"会计年度"激活。

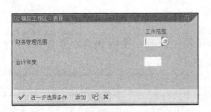

图 5-191　激活预算版本对应的"财务管理范围"和"会计年度"

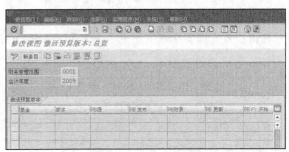

图 5-192　激活预算版本

9. 定义资金控制容错

配置菜单	行政机构管理→资金管理部门→预算和有效性控制（模板预算）→有效性控制（模板预算）→定义可支配资金控制的容错性
T-Code	OF20

具体的配置步骤如下。

在命令栏输入 SPRO 命令，通过菜单选择"行政机构管理→资金管理部门→预算和有效性控制（模板预算）→有效性控制（模板预算）→定义可支配资金控制的容错性"选项，或者直接在命令栏中输入"OF20"命令，弹出"修改视图 资金管理可用性控制：容差限度：总览"界面，如图 5-193 所示。在此界面中，可以对预算资金管理的可用性容错进行设置。

10. 定义资金控制特定容错

配置菜单	行政机构管理→资金管理部门→预算和有效性控制（模板预算）→有效性控制（模板预算）→定义可支配资金控制的特定容错性
T-Code	OF23

具体的配置步骤如下。

在命令栏输入 SPRO 命令，通过菜单选择"行政机构管理→资金管理部门→预算和有效性控制（模板预算）→有效性控制（模板预算）→定义可支配资金控制的特定容错性"选项，或者直接在命令栏中输入"OF23"命令，弹出"修改视图有效性控制：特殊容差：总览"界面，如图 5-194 所示。在此界面中，可以对预算资金管理的有效性特殊容错进行设置。

| 图 5-193 定义预算资金管理的可用性容错 | 图 5-194 定义资金管理有效性特殊容错 |

11. 定义有效控制参数

配置菜单	行政机构管理→资金管理部门→预算和有效性控制（模板预算）→有效性控制（模板预算）→为有效控制定义参数
T-Code	SPRO

具体的配置步骤如下。

在命令栏输入 SPRO 命令，通过菜单选择"行政机构管理→资金管理部门→预算和有效性控制（模板预算）→有效性控制（模板预算）→为有效控制定义参数"选项，弹出"修改视图财务管理范围：可支配资金控制设置：总览"界面，如图 5-195 所示，从中可以定义有效控制参数。

12. 激活有效性控制

配置菜单	行政机构管理→资金管理部门→预算和有效性控制（模板预算）→有效性控制（模板预算）→不激活/激活有效性控制
T-Code	SPRO

具体的配置步骤如下。

在命令栏输入 SPRO 命令，通过菜单选择"行政机构管理→资金管理部门→预算和有效性控制（模板预算）→有效性控制（模板预算）→不激活/激活有效性控制"选项，弹出"修改视图维护控制有效性：总览"界面，如图 5-196 所示。在此界面中，可以对有效性控制进行激活设置。

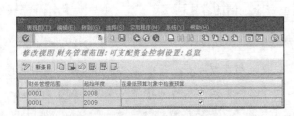

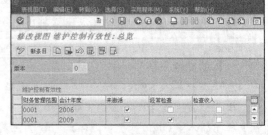

| 图 5-195 定义有效控制参数 | 图 5-196 激活有效性控制 |

5.6.5 FM 模块基金特殊管理设置

1. 定义字段状态

配置菜单	行政机构管理→资金管理部门→基金特殊管理过账→专项基金和基金结转的字段控制→定义字段状态变式
T-Code	FMU3

具体的配置步骤如下。

在命令栏输入 SPRO 命令，通过菜单选择"行政机构管理→资金管理部门→基金特殊管理过账→专项基金和基金结转的字段控制→定义字段状态变式"选项,或者直接在命令栏中输入"FMU3"命令,弹出"修改视图 视图:基金预留的字段状态变式"界面,如图5-197所示。在此界面中,可以对基金预留的字段状态变式进行设置。

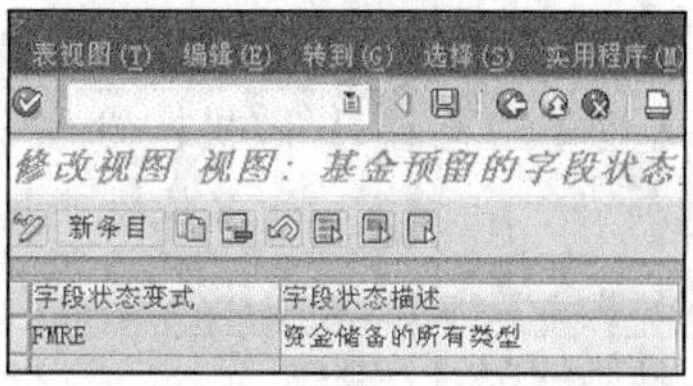

2. 分配字段状态变式给公司代码

图5-197 设置基金预留的字段状态变式

配置菜单	行政机构管理→资金管理部门→基金特殊管理过账→标记基金和基金传输→专项基金和基金结转的字段控制→将字段状态变式分配给公司代码
T-Code	SPRO

具体的配置步骤如下。

在命令栏输入SPRO命令,通过菜单选择"行政机构管理→资金管理部门→基金特殊管理过账→标记基金和基金传输→专项基金和基金结转的字段控制→将字段状态变式分配给公司代码"选项,弹出"修改视图将字段状态变式分配给公司代码:总览"界面,如图5-198所示。在此界面中,可以将刚才设置好的字段状态变式分配给指定的公司代码。

图5-198 分配字段状态变式给指定的公司代码

3. 定义凭证号范围

配置菜单	行政机构管理→资金管理部门→基金特殊管理过账→标记基金和基金传输→定义凭证号范围
T-Code	SPRO

具体的配置步骤如下。

STEP 1 在命令栏输入SPRO命令,通过菜单选择"行政机构管理→资金管理部门→基金特殊管理过账→标记基金和基金传输→定义凭证号范围"选项,进入"编号范围:内部FI/CO凭证(保留基金)"界面,如图5-199所示。

STEP 2 单击"间隔"按钮,可以对号码范围的间隔进行设置,如图5-200所示。

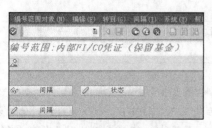

图5-199 保留基金编号范围

图5-200 设置号码范围间隔

4. 定义凭证类型

配置菜单	行政机构管理→资金管理部门→基金特殊管理过账→标记基金和基金传输→定义凭证类型
T-Code	FMU1

具体的配置步骤如下。

在命令栏输入 SPRO 命令,通过菜单选择"行政机构管理→资金管理部门→基金特殊管理过账→标记基金和基金传输→定义凭证类型"选项,或者直接在命令栏中输入"FMU1"命令,弹出"修改视图基金承诺的凭证类型:总览"界面,如图 5-201 所示。在此界面中,可以对基金承诺的凭证类型进行设置。

图 5-201 设置基金承诺的"凭证类型"

5.6.6 FM 模块实际/承诺管理设置

1. 分配更新参数文件

配置菜单	行政机构管理→资金管理部门→实际和承诺更新/集合→一般设置→将更新参数文件分配给 FM 区域
T-Code	OF37

具体的配置步骤如下。

在命令栏输入 SPRO 命令,通过菜单选择"行政机构管理→资金管理部门→实际和承诺更新/集合→一般设置→将更新参数文件分配给 FM 区域"选项,或者直接在命令栏中输入"OF37"命令,弹出"修改视图 FM 区域分配→更新参数文件:总览"界面,如图 5-202 所示,从中可以分配更新参数文件给 FM 区域。

2. 其他设置

配置菜单	行政机构管理→资金管理部门→实际和承诺更新/集合→一般设置→其他设置
T-Code	OFUP

具体的配置步骤如下。

在命令栏输入 SPRO 命令,通过菜单选择"行政机构管理→资金管理部门→实际和承诺更新/集合→一般设置→其他设置"选项,或者直接在命令栏中输入"OFUP"命令,进入"修改视图基金管理更新控制:细节"界面,如图 5-203 所示。在此界面中,可以根据"财务管理范围"设置采购订单、发货、税务、结转层次、货币类型等相应属性。

财务管理（FI/CO）模块的配置 第 5 章

图 5-202 分配更新参数文件给 FM 区域

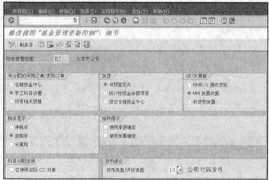

图 5-203 "修改视图基金管理更新控制：细节"界面

3. 为实际事务定义编号范围

配置菜单	行政机构管理→资金管理部门→实际和承诺更新/集合→基本设置→基金管理行项目→为实际事务定义编号范围
T-Code	OF19

具体的配置步骤如下。

STEP 1 在命令栏输入 SPRO 命令，通过菜单选择"行政机构管理→资金管理部门→实际和承诺更新/集合→基本设置→基金管理行项目→为实际事务定义编号范围"选项，或者直接在命令栏中输入"OF19"命令，进入"用于财政预算监控的编号范围"界面，如图 5-204 所示。

STEP 2 单击"间隔"按钮，可以对号码范围的间隔进行设置，如图 5-205 所示。

图 5-204 "用于财政预算监控的编号范围"界面

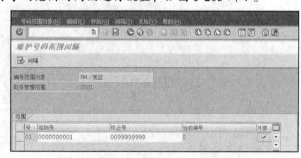

图 5-205 设置号码范围间隔

4. 为 FM 范围分配编号范围

配置菜单	行政机构管理→资金管理部门→实际和承诺更新/集合→基本设置→基金管理行项目→为 FM 范围分配编号范围
T-Code	OF33

具体的配置步骤如下。

在命令栏输入 SPRO 命令,通过菜单选择"行政机构管理→资金管理部门→实际和承诺更新/集合→基本设置→基金管理行项目→为 FM 范围分配编号范围"选项,或者直接在命令栏中输入"OF33"命令,进入"修改视图将 FM 范围分配到编号范围间隔:总览"界面,如图 5-206 所示,从中可以为 FM 范围分配编号范围。

5. 维护 FM 分配科目字段状态

配置菜单	行政机构管理→资金管理部门→实际和承诺更新/集合→集成→维护 FM 分配科目分配的字段状态
T-Code	SPRO

具体的配置步骤如下。

STEP 1 在命令栏输入 SPRO 命令,通过菜单选择"行政机构管理→资金管理部门→实际和承诺更新/集合→集成→维护 FM 分配科目分配的字段状态"选项,进入"修改视图定制 FM-CO 分配:总览"界面,如图 5-207 所示。

图 5-206 为 FM 范围分配编号范围　　　图 5-207 "修改视图定制 FM-CO 分配:总览"界面

STEP 2 单击"新条目"按钮,可以根据"财务管理范围"重新定义新的分配对象,如图 5-208 所示。

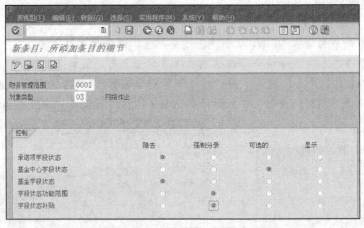

图 5-208 新增分配的"对象类型"

6. 激活资金管理

配置菜单	行政机构管理→资金管理部门→实际和承诺更新/集合→激活/不激活资金管理
T-Code	SPRO

具体的配置步骤如下。

在命令栏输入 SPRO 命令,通过菜单选择"行政机构管理→资金管理部门→实际和承诺更新/集合→激活/不激活资金管理"选项,进入"修改视图激活资金中心:总览"界面,如图 5-209 所示,从中可以激活资金中心。

图 5-209 激活资金中心

5.7 典型案例：某跨国 PC 厂商财务模型分析

5.7.1 案例背景

该跨国 PC 厂商由于下属多个公司，所以往来的财务账常常需要通过报表的方式每个月由各属地公司手工整理汇总，然后报送集团公司核对。由于分公司比较分散，公司的整体运营所需要的财务支出必须由各分公司提出申请，然后由集团公司统一审核后再分配给各个公司，所以当有紧急采购事项或者紧急财务付款时，经常会由于时间紧而错失了很多采购的机会。为此，经过集团公司调研，决定实施 SAP 系统财务模块，用于解决当前公司迫切的财务问题。

5.7.2 整体设计原则

1. 以业务需求为出发点

一方面会计核算需要对业务数据进行准确反映，核算流程需要考虑到公司不同的业务种类；另一方面，会计核算产生的财务信息需要为管理和业务决策提供支持，核算必须考虑到业务和管理的需求，例如预算管理、收入成本管理等。因此，核算流程的设计必须以业务需求为出发点。

2. 以会计政策为基础的原则

会计核算流程的设计必须符合会计政策的要求，会计核算流程是对会计政策要求的具体体现。会计核算流程对会计政策规定的内容进行了流程化的细化，将会计政策落实在会计核算的流程中。会计核算流程首先要满足会计政策，同时也要保证会计核算流程的优化和高效性。

3. 注重流程集中管理的原则

分散的、不统一的、非标准的会计核算流程增加了会计核算的复杂性，影响了会计核算的准确性和时效性，不利于统一的财务管理和形成规模经济效益。流程的集中管理有利于提高财务信息的标准化管理、最佳实践和最新技术的推广应用，有利于提高财务服务水准，从而有效地为决策提供基础信息支持和快速适应企业的变革等。

4. 成本效益的原则

在会计核算流程的设计中也充分考虑了成本效益原则，使新的会计核算流程实施后所带来的效益大于实施新流程所增加的成本。在设计中，在关注新流程的优势和经济效益的同时，考虑了新流程中操作复杂性、人工工作量、系统支持性、新系统构建、基础设施投入和人员等因素引起的增加的实施成本。

5.7.3 财务核算架构

由于该 PC 厂商在北京、上海、广州等地设有分公司，并且这 3 个分公司是整个公司的重点销售单位和财务核算单位,所以整个财务核算架构设置了这 3 个公司代码,如图 5-210 所示。

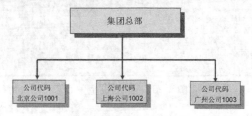

图 5-210　财务核算架构

1. 经营范围

经营范围是获利能力分析模块的最高组织结构,整个集团公司使用一个经营范围。

经营范围编码	名 称	获利能力分析类型	货 币	会计年度
JT	集团经营范围	基于成本核算	CNY	K4

2. 成本控制范围

成本控制范围是管理会计操作的组织单元,侧重于对收入、费用和利润等进行分析。多个公司代码可以属于一个成本控制范围。

成本控制范围编码	名 称	分配控制	货 币	科目表	会计年度	成本中心标准层次
JT	集团控制范围	跨公司成本核算	CNY	JT	K4	JT

3. 财务管理范围

财务管理范围是基金管理的最高组织架构,用于进行预算管理。

财务管理范围编码	名 称
JT	集团公司财务管理范围

4. 功能范围

SAP 会计科目是根据费用的自然属性设置的,并不区分主营业务成本、营业费用和管理费用,费用类别是通过功能范围区分的。

功能范围编码	名 称
0100	主营业务成本
0200	营业费用
0400	管理费用

5. 公司代码

公司代码是 SAP 中独立出具资产负债表和损益表的单位,是一个独立核算的实体。

公司代码	名 称
1001	北京分公司
1002	上海分公司
1003	广州分公司

6. 会计科目表

整个集团公司采用同一套会计科目表记账,科目的设置根据集团会计科目表的框架进行。

会计科目表	名 称
JT	集团公司会计科目表

根据上述分析的结果，之前明确的系统架构对应关系如图 5-211 所示。

5.7.4 主数据

依照项目的整体设计原则，该 PC 厂商主数据也同样需要依照以下要求进行划分：

- 遵循有关会计制度和会计核算办法的要求；
- 满足公司不同层级核算分析的需求；
- 满足业务（特别是关键业务）和管理的分析要求；
- 满足预算控制和分析对比的要求；

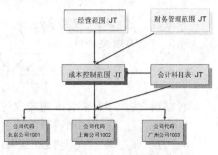

图 5-211　系统架构图

通过对该 PC 厂商的业务分类、财务分析需求、预算分类及分析、会计制度基本要求的综合分析后，有关的主数据及设置如下。

（1）会计科目。

按照会计科目表及会计科目分类码分为 7 类。

会计科目表	会计科目分类码	描述
会计科目表	FIN	资金类科目
	SAKO	一般总账类科目
	ERG	收入及支出科目
	EXP1	成本费用科目组
	EXP2	工程成本费用科目
	RECN	往来类科目
	ANL	资产类科目

（2）现金科目。

```
XXXX  XX  XX  X  X
1234  56  78  9  10
```

1-4 位：按照国家会计准则要求的一级总账科目设定。

5-6 位：代表属地信息，如 01 表示北京分公司。

7-8 位：代表流水码。

9-10 位：用于区分正常资金类账户与清算账户。

（3）银行。

```
XXXX  XX  XX  X  X
1234  56  78  9  10
```

1-4 位：按照国家会计准则要求的一级总账科目设定。

5-6 位：代表属地信息，如 01 表示北京分公司。

7-8 位：代表银行，如 01 为工商银行。

9 位：　流水码（账户性质，例如收入和支出）。

10 位：用于区分正常资金类账户与清算账户。

（4）其他货币资金。

```
XXXX  XX  XX  XX
1234  56  78  910
```

1-4 位：按照国家会计准则要求的一级总账科目设定。

5-6 位：种类（信用卡、外部存款等）。

7-10 位：流水码（依需求使用）。

（5）一般总账类科目。

```
XXXX  XX  XX  XX
1234  56  78  910
```

1-4 位：按照国家会计准则要求的一级总账科目设定。

5-6 位：原二级，如原科目没有级次，则用 00 表示。

7-8 位：原三级，如原科目没有级次，则用 00 表示。

9-10 位：原四级，如原科目没有级次，则用 00 表示。

（6）往来类科目。

```
XXXX  XX
1234  56
```

1-4 位：按照国家会计准则要求的一级总账科目设定。

5-6 位：流水码，"其他"科目用 99 表示。

（7）资产类科目。

```
XXXX
1234
```

1-4 位：按照国家会计准则要求的一级总账科目设定（包括固定资产、无形资产、长期待摊、待摊费用、在建工程、低值易耗品等）。

（8）收入与支出科目。

包括其他业务收入和支出、营业外收入和支出，以及成本费用科目以外的其他利润表科目。

```
XXXX  XX
1234  56
```

1-4 位：按照国家会计准则要求的一级总账科目设定。

5-6 位：流水码，"其他"科目用 99 表示。

（9）工程成本费用科目。

```
XXXX  XX  XXXX
1234  56  78910
```

1-4 位：工程费用科目（以 1000 开头）。

5-6 位：原二级科目。

7-8 位：原三级科目。

9-10 位：设置为 00。

（10）旧会计科目体系下的成本费用科目。

```
XXXX  XX  XXXX
1234  56  78910
```

保持旧的成本费用科目编号，以 4000 开头。

（11）新会计科目体系下的成本费用科目。

```
XXXX  XX  XXXX
1234  56  78910
```

按照新的会计科目体系进行科目编号，以 5000 开头。
（12）客户账户组及编号规则。

账户组编号	编号规则	账户组名称	账户组使用原则
10	内部	集团内账户组	集团内公司及部门的交易客户
20	外部	其他应收款-其他账户组	差旅费、工伤保险等业务性质的客户
30	内部	非关联方客户组	核算国内其他业务的明细公司

（13）供应商账户组及编号规则。

账户组编号	账户组名称	编号规则	账户组使用原则
10	非关联方供应商	内部	除关联方外与公司发生主营业务往来的其他公司
20	关联方供应商	内部	用于核算与公司有关联交易的公司
30	一次性供应商	外部编号	不经常与之发生交易的供应商
40	其他应付款账户组	外部编号	用于核算现有其他应付款项下所有业务，不能按实际单位设置供应商
50	应付其他账户组	外部编号	核算应付账款-其他业务

5.7.5 业务处理流程

1. 会计科目维护流程概览

（1）内容。

维护会计科目主数据流程，是针对会计科目表不能完全满足业务处理的需求，而对会计科目进行维护的一系列会计科目主记录处理过程。

（2）控制点。

会计科目主数据的维护，应当由公司财务部门主管审核；为了保证科目数据各年度之间的延续性，科目创建后应保持相对稳定，尽量避免大规模修改；科目需要在财务部备案。

（3）业务流程主要改进和变化。

在创建总账科目之前，需要确定与之相对应的承诺项目是否已经建立。

（4）方案设计。

依据各类会计科目编码设定的原则（参见会计科目主数据说明），对科目进行统一的编码管理，由数据维护人员进行集中的维护，以确保科目的连续性和一致性。科目创建以后，需要检查各相关报表的维护情况。

2. 一般凭证录入流程

（1）内容。

一般凭证过账流程是指经济业务发生时，财务人员根据原始凭证，在 SAP 系统中对日常总账科目进行业务事项处理的过程，主要涉及除客户、供应商管理项目之外所有的业务事项。

（2）控制点。

制证人员应当对收集的原始凭证进行凭证录入的事前审核，审核的内容包括原始单据是否完整、合法，是否通过审批流程等。审核人员应当对生成的会计凭证做事后审核，审查凭证录入的正确性，包括账务处理是否正确，科目、金额是否准确等。

（3）业务流程主要改进和变化。

在 SAP 系统生成凭证号的同时，通过开发程序在系统凭证生成时自动按属地按月赋给外部凭证号,以便于按属地归档。

（4）方案设计。

将来系统的凭证将不再按属地连续,每个属地财务做的凭证号码将是交叉的。通过开发外部程序在系统凭证生成时,自动地按属地按月赋给外部凭证号码。

3. 会计档案管理流程

（1）内容。

本着"按属地及月份编号"的原则进行管理。会计凭证应按月打印并装订成册,按年归档。本流程描述会计凭证生成、查询、打印归档的全过程。

（2）控制点。

财务人员应于月末查询 SAP 外部凭证号对应的关系表。

（3）业务流程主要改进和变化。

对由不同方式生成的凭证,将采用不同的处理方式来生成外部凭证号码。

（4）方案设计。

月末由 CO 内部订单结算和项目 WBS 结算、由程序完成的固定资产交资、银行对账单所产生的凭证,由于凭证量大,将采用汇总的方式生成样本凭证,按凭证类型、属地生成汇总凭证,按科目生成汇总凭证行项目。

4. 凭证冲销及清账凭证冲销流程

（1）内容。

对于在 R/3 系统中生成的一般凭证（除清账凭证外）,过账后如果发现记账错误,应在 R/3 系统中进行凭证冲销,可选择单一冲销或批量冲销。对于清账凭证过账后,如果发现记账错误,应在R/3 系统中选择重置已清项并冲销。

（2）控制点。

- 检查需要冲销的凭证。
- 检查清账凭证。
- 凭证冲销。

（3）业务流程主要改进和变化。

对由不同方式生成的凭证,将采用不同的处理方式生成外部凭证号码。

（4）方案设计。

重置未清项的具体方式如下。

- 一般凭证：对于在 R/3 系统中生成的一般凭证（清账凭证除外）,过账后,如果发现记账错误,应在 R/3 系统中的凭证下选择冲销凭证,并选择单一冲销或批量冲销。输入要冲销凭证号码及可选会计年度,选择冲销方法统一为红字冲销。
- 清账凭证：对于已清账凭证,必须在系统中先执行重置已清项功能,接下来同一般凭证处理方法。

5. 月末结账流程

（1）内容。

月末结账流程是指按照财务核算的相关要求,定期进行月末相关业务处理,编制财务报告,进行开账及关账工作。

（2）控制点。

月末结算凭证审核以及出具 SAP 报表后的会计信息审核。

（3）业务流程主要改进和变化。

SAP月末处理相关业务由会计核算室设专人操作。月末处理业务包括：CO/FI对账、工程费用结转、外币评估、贷款利息计提、根据工程形象进度计提工程成本差异、CO关账流程等。开关账权限控制在财务部，所有SAP报表统一由财务部出具。

（4）方案设计。

根据SAP系统提供的标准月结流程，由专人在系统内进行操作，最终输出各个内部管理报表、资产负债表、利润表、现金流量表等。

6. 现金日记账操作流程

（1）内容。

对涉及与现金有关的日常业务，包括取自银行、员工费用报销、员工借款管理、备用金管理、存入银行、办公费用等业务，采用现金日记账操作，是对所有的现金收付业务在SAP系统中作记录的过程。

（2）控制点。

出纳根据会计录入的凭证收付现金款，并在SAP系统中做现金日记账过账处理。

（3）方案设计。

按现存的财务属地分别在系统中建立各自的现金日记账，同时分别建立对应的"现金清算"科目，从科目编码上区分不同的属地。

7. 费用报销流程

（1）内容。

对于办公用品及其他物品的购置和差旅费的报销进行核算。

（2）控制点。

成本中心负责人审核每笔报销，以确保费用报销在事前就控制在各成本中心预算内。各分支机构财务审核费用是否为预算内，以及费用项目合规性、单据合法性和申请单的一致性。

（3）方案设计。

相关部门人员提出报销申请，由相应部门负责人进行预算审核，由财务部门对费用项目合规性、单据合法性和申请单一致性进行审核，在SAP中进行会计处理。

8. 供应商发票处理流程

（1）内容。

本流程是对需要以供应商方式处理相关业务，而触发供应商发票处理的流程，主要处理零购资产、低值易耗、工程物资、设备、材料、仪器等采购供应商发票流程。

（2）控制点。

采购合同、收货单、发票的三者核对。

（3）业务流程主要改进和变化。

将来采用采购和物料管理模块的功能，实现采购订单、收货、发票三者系统的自动核对。

（4）方案设计。

需求部门在取得发票后进行审核，并报部门领导审批后交财务部门，财务部门在系统中对是否有入库单作不同处理。对于劳保等费用性采购按实物出入库管理，按实际领用入成本费用，领用时按预算控制。

第6章

人力资源（HR）模块的配置

SAP R/3 系统中的 HR 模块包括了人力资源管理的核心模块和各个基本模块，具备人力资源管理过程中的战略性、分析性、协同性、自助性和可操作性等基本特征，与 SAP 系统的其他模块具有高度的集成性，是 SAP 这套 ERP 软件的重要组成部分。HR 模块具备以下一些作用：

- 提高人力资源管理的工作效率；
- 优化管理业务流程；
- 改善对员工的服务质量；
- 高效完成员工事务处理；
- 提供基于信息的决策支持。

6.1 人力资源管理模块基本概念

HR 模块作为 SAP 系统的重要组成部分，结合了发达国家多年来人力资源管理上的先进经验，包含了人力资源管理现阶段的所有功能，并且与其他功能模块之间建立了良好的传输功能（即集成性）。其主要功能模块如图 6-1 所示。

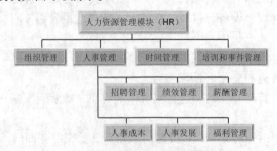

图 6-1 SAP HR 系统功能模块

图中各功能模块的具体内容如下。

- 人事管理：帮助企业完成包括人员管理和员工基本信息的所有基本处理。

- 时间管理：帮助企业完成员工在时间上的管控及相应流程（考勤）。
- 组织管理：帮助企业对组织结构及政策信息进行统一管理规划。
- 薪酬管理：帮助企业对工资核算的全过程进行自动化、流水型的处理，并对未来年度人工成本进行计划和预算。
- 培训和事件管理：帮助企业有效地计划和管理所有各种从培训事件到管理的商务事件。
- 招聘管理：依据招聘流程的各个阶段进行实时管理，实现与人事管理行政事务的集成。当申请者被录用后，申请人的相关数据可用于直接在系统中创建员工主数据。
- 人事发展：为员工制订出一生的发展计划。通过与"培训和事件管理"模块的集成，实现该员工的发展目标。
- 人事成本：可以直观地反映人工成本的增减。
- 绩效管理：依据企业制定的绩效考核评估模式，对员工进行考核。可以针对不同的员工制定不同的评估模式。
- 福利管理：帮助企业对员工的各项福利进行方便的管理和调整。

HR模块以上一些功能彼此之间具有良好的集成性。比如"培训和事件管理"可以为"人事发展"提供资格，"绩效管理"能够根据结果自动地实现其薪资的变更等。同时，HR模块还可与其他模块间发生数据交互，例如，与财务管理模块间针对薪酬及人事成本的数据交互。下面根据整体功能结构，看看HR模块的结构体系究竟是如何构筑的。

1. 组织管理

组织管理主要用于查看不同时期的组织结构图，从过去、现在和将来。利用组织结构信息，用户可以更主动有效地计划未来的人力资源需求。另外，组织的人事结构可以用于其他HR模块功能，同时它也是在组织结构计划中创建对象的SAP业务流程中心组件。

（1）组织对象。

SAP系统为组织管理提供了5种基本的组织对象类型，分别是组织结构单元（O）、工作（C）、职位（S）、任务（T）和工作中心（A）。

- 组织结构单元（O）：用于描述公司的独立业务，不同的组织结构单元组成一个组织结构。
- 工作（C）：用于描述一个公司对现有职位的分类。
- 职位（S）：用于进一步描述工作性质，一般指由公司员工个体从事的专门角色。
- 任务（T）：用于进一步描述工作和职位的内容。
- 工作中心（A）：用于描述任务所在的具体地理位置。

（2）信息类型。

信息类型是为对象定义的，组织结构对象的属性是维护在信息类型中的。信息类型（对象）1000必须为每个对象定义，而其他信息是可以任意选择的。信息类型常用的为以下3种。

- 对象信息类型：必填项，且要和对象创建保持一致。
- 关系信息类型：一个对象至少要求一个关系，用以在组织结构中进行定位。
- 描述信息类型：不是用于对维护对象的描述，而只是针对对象的进一步说明。

2. 人事管理

（1）招聘管理。

招聘管理的主要流程就是职位申请、申请人转化为正式员工。一般来说，SAP系统中是直接将系统中存储的申请人数据转化为人事管理中的员工主数据，这个动作在系统中的操作路径是：人事管理→招聘→申请人活动→传输申请人数据→执行（T-code：PBA7）。招聘全过程的步骤为"生成空缺职位→建立招聘广告→执行申请事件→维护申请人活动→雇用申请人→数据转化"6步。

（2）绩效管理。

绩效管理组件是用于获得组织中成员的特性、行为和工作表现等信息的人事发展工具，是形成计划和决定广泛应用于个人和组织成员的基础。绩效管理还可以用于管理已成功实施的人力资源尺度。因此，作为一个人事发展工具，它既可用于评估过去，也可用于计划将来。它还可以通过系统来进行匿名评估。

绩效管理组件可以让用户在业务范围内里使用一个或更多模板，来使员工的绩效管理更正式和标准化，使得员工的绩效管理流程更客观。

（3）人事发展。

人事发展计划组件允许用户将员工的价值增加到最大程度。用户可以计划并执行特定的人员和培训制度来促进员工的职业发展。用户还可以通过员工对工作的喜爱程度及匹配度来提高员工对工作的满意度，这样就可确保在公司所有职能领域里员工的任职资格都是符合需求标准的。一个企业的人事发展需求，是通过当前员工已有的资格与将来的工作要求相比较决定的。

（4）人事成本。

人事成本是一个辅助模块，主要是为将来改变时，用来分析目前支出和计划一个预算工具。人事成本计划可由以下3个来源用于工资和工作核算数据。

- 在计划成分中确定估算数据。
- 在以前工资动作的实际数据。
- 员工的基本工资记录。

用户可以调整数据来模仿人事成本的预算结果，然后和实际成本数据进行比较，并在其他期间模仿成本计划。人事成本的主要功能包括：

- 决定当前或实际的人事成本；
- 预计未来的人事成本；
- 基于预期的组织结构变化和/或薪资结构变化，预测未来的人事成本。

（5）福利管理。

福利管理在这里指的是五险一金（养老、医疗、失业、工伤和生育保险以及住房公积金）。SAP系统提供了一些福利信息类型来维护每个员工的福利缴纳基数、账户，并在后台设置好缴纳规则。

3. 时间管理

时间管理就是记录员工工作、病假和加班的时间信息。通过评估这些时间记录，把这些工作时间、病假时间和加班时间用于其薪酬的评估时间，薪酬根据这些时间数据来进行核算。时间管理主要有4个组成元素，分别是公司结构、工作时间表、时间记录、时间评估。

（1）公司结构。

结构定位在信息类型 0001，它在时间和成本的综合管理上是一个非常重要的角色。它允许用户定义一个员工的成本中心和分配一个员工的业务范围。

（2）工作时间表。

工作时间表就是由各方面因素按照不同的方法搭建起来，以完成一定的工作安排。这些因素可以根据业务需要被单独实施，也可以进行灵活的调整，用于准确控制工作的时间进度。每个员工在被雇用过程中都分配了计划时间表，被作为员工绩效考核的时间基础。

(3) 时间记录。

时间记录的获取方法常用的有以下4种：
- 手工时间表；
- 打控计时卡；
- 员工刷卡记录；
- 默认合同工作时间。

时间记录的方法如下。
- 消极时间记录：主要记录计划工作时间的偏差。当员工不坚持按照计划时间表工作就被记录为偏差。有效的偏差包括：缺席、待命职务、加班、替换、替换缺时等行为。
- 积极时间记录：主要记录某员工的出勤次数。在积极的时间记录中，与工作计划时间表相偏差与实际的工作时间一样都被记录到系统当中，有效的出勤包括：培训、业务出差、研讨会、加班等行为。

(4) 时间评估。

时间评估的主要根据是用户是否有用积极或消极的时间记录。所有在当天缺勤和出勤记录均被上载到 SAP 系统，并用之前定义的时间在员工工作计划规则中进行分析。这个程序将记录在系统中记载的时间事情。处理完毕时间事情后，系统将在时间评估程序中以之前定义的规则产生工资类型和时间类型。

所有时间记录的评估都是为了时间管理和薪酬核算，系统以时间记录资料为基础，通过时间管理模块计算并支付差旅费，财务模块和成本控制模块依据成本中心和时间管理中的类型分配记录成本的核算。

4. 培训和事件管理

我们平常所说的培训课程在 SAP 人力资源管理模块中是用商务事件来管理的，在系统中商务事件具有层次性。最高层次就是一个商务事件组（或者叫培训课程组），下一级是商务事件类型（课程类型），最后才是商务事件（课程），即具体的一个培训课程或活动。

商务事件的一般信息储存在商务事件类型里。商务事件类型的具体化，是指属于某一商务类型的在某一确定日期发生的活动。参与者登记的是最终的商务事件，而商务事件类型通常用来定义商务事件，概括出一个事件的描述，例如内容、价格、容量和语言，即某种类型的课程。在 SAP 系统人力资源管理模块中，培训和事件管理的具体功能如下。
- 可在系统中根据用户需求，设定培训课程组。
- 可按照课程组进一步设定培训课程计划（地点、价格、参加人数等）。
- 根据培训课程计划，管理参与者。
- 具有追踪功能，可以对培训课程、讲师等进行评价打分。
- 可以和人事发展模块集成，根据职位要求和员工资格，自动生成员工培训计划。

6.2 人力资源管理模块结构体系

SAP 系统人力资源管理模块提供了3种不同的结构体系，分别是企业结构、组织结构、员工结构。其中员工结构是人力资源管理模块结构的实体。例如，一名员工被分配到某一个职位，就有一个特定的人员状态，而人力资源结构就是依据这个特点来创建的，任何企业都可以根据自己的需求来建立人力资源结构。其中企业结构主要用于法律和报告的需要，员工结构用于人力资源和行政的目的。

1. 企业结构

企业结构体系主要由客户、公司代码（财务范畴）、人事范围、人事子范围（人力资源管理范畴）4个部分构成，如图6-2所示。

企业结构的主要特点如下。

- 客户在企业结构中处于最高的地位（集团），它是一个独立的法律组织单位，SAP系统中通过3个数字组成代码来区分；而公司代码则是财务账户的代表，是一个具有自己账户单位的独立公司。
- 人事范围是一个代表公司按人事管理、时间管理和薪酬信息来分类的特殊领域组织单位，人事范围是由4个特性数字代码识别的。人事范围和公司代码是连接关系，它将财务范畴和人力资源管理范畴连接起来，实际上也是一个会计实体。
- 用于人事管理的人事范围在每个客户中是唯一的，每个人事范围必须有一个公司代码。
- 人事子范围只用于人事管理，可以按不同的规则划分。人事子范围是人事范围的一部分，是人事管理中最多的人事范围组织，支付等级、工资类型结构和工作时间计划等都在本层控制，4个特性的数字代码是人事子范围唯一的识别方式。

2. 组织结构

组织结构是由组织单元以及它们之间的关系组成的一个结构。组织单元描述的是一个公司清晰的业务单元，例如人力资源部、财务部等。SAP系统可以根据部门或地域来构造组织结构，如图6-3所示。

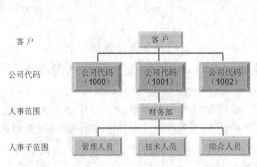

图6-2　企业结构

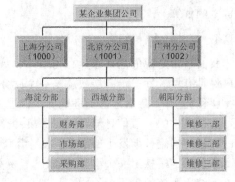

图6-3　组织结构

3. 员工结构

员工结构包含两个重要概念，一个是员工组，另一个就是员工子组。

员工组允许把企业内的员工分成组，它可以用来产生数据录入的默认值，也可以用做报表标准选择，还可以用做授权检查的实体。

员工子组一般可以按以下几种方法划分：按员工工资计算规则和员工协议规定分组；按活动、职业和培训状态以及统计分组；按工作计划时间表分组；按时间配额分组；按评估、主要工资类型分组。

- 按员工工资计算规则和员工协议规定分组，例如是钟点计酬工或是月计酬工。
- 员工子组按主要工资类型分组，需要详细说明哪种工资类型对子员工组是有效的。
- 按工作计划时间表划分的员工子组，需要详细说明哪个工作计划时间表、考勤/缺勤类型和时间限额对哪种员工有效。

6.3 人力资源管理模块主数据

（1）组织单位：由公司中的各个业务职能部门单元而定义，各个行政部门相对应。各个组织单位通过之间的关系形成了组织结构，是一个层次结构、多叉树结构。组织单位将和 CO 模块中的成本中心相匹配，从而建立 HR 和 CO 的直接联系。

（2）公司代码：表示一个独立的会计记账单元，如某个独立法人公司。法律上要求的资产负债表（Balance sheets）和损益表（Profit&Loss Statement），都是建立在公司代码这一层。公司代码的定义之前在介绍财务管理模块的时候已经讲到，这里不再赘述。

（3）人事范围：人事范围是一个在人事行政管理中特定的实体，是一个法人公司按某种分类方式进行的子分类。直接和公司代码对应匹配。用途：可以提供缺省的数据分类方式、一个很常用的人员分类关键字、最方便的权限限制对象。

配置菜单	企业结构→定义→人力资源管理→人员范围
T-Code	SPRO

人事范围主数据的具体配置步骤如下。

STEP 1 在命令栏输入 SPRO 命令，通过菜单选择"企业结构→定义→人力资源管理→人员范围"选项，在弹出的"选择活动"界面中选择"人员区"选项，如图 6-4 所示。

STEP 2 弹出"修改视图人员范围：总览"界面，从中可以看到当前系统中所有的"人事范围"及描述，如图 6-5 所示。

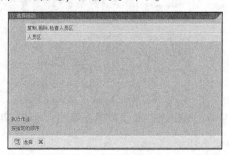
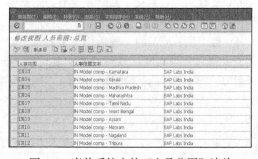

图 6-4 选择"人员区"选项　　　　图 6-5 当前系统中的"人员范围"清单

STEP 3 单击"新条目"按钮，可以新增人事范围，如图 6-6 所示。在此界面中，输入要创建的人事范围编码和描述，然后填写人事范围的相关地址信息，最后单击"💾"按钮保存即可。另外，也可以在图 6-5 中选择某条"人事范围"，然后进行修改、删除、复制等操作。

（4）人事子范围：人事子范围是人事范围的再一次分类，具体分类方式可以依据公司本身的特点灵活定义。可直接在人事范围中分类生成。用途：定义国家分组（如果你的公司是跨国性公司，并且各国实施不同的人事制度），为时间管理中的工作计划，为考勤类别提供分类，为薪酬提供基础分类，为同一个人事范围中不同的薪酬分类，其他自行定义的分类标准。

图 6-6 新增"人事范围"界面

配置菜单	企业结构→定义→人力资源管理→人事子范围→创建人员子区域
T-Code	SPRO

人事子范围主数据的具体配置步骤如下。

STEP 1 在命令栏输入 SPRO 命令，通过菜单选择"企业结构→定义→人力资源管理→人事子范围→创建人员子区域"选项，在弹出的"选择活动"界面中选择"创建人员子区域"选项，如图6-7所示。

STEP 2 在弹出的"确定工作区：表目"对话框中，输入要创建人事子范围对应的人事范围编码（本例选择之前创建的 Z009 人事范围），如图6-8所示。

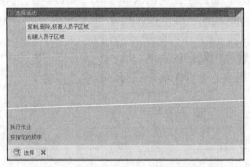

图6-7 选择"创建人员子区域"选项

图6-8 "确定工作区：表目"对话框

STEP 3 在弹出的"修改视图人员范围/子范围：总览"界面中，可以单击"新条目"按钮新增人事子范围，同时也可以选择某条人事子范围，然后进行修改、删除、复制等操作，如图6-9所示。

（5）员工组：员工的一种通用分类标准体现。定义了雇员和公司之间的某种关系和其可能不同的待遇等。可以为工薪分类提供标准，是报表查询统计的一个关键字段，权限管理中的一个关键字段。

图6-9 "修改视图人员范围/子范围：总览"界面

配置菜单	企业结构→定义→人力资源管理→雇员组
T-Code	SPRO

员工组主数据的具体配置步骤如下。

STEP 1 在命令栏输入 SPRO 命令，通过菜单选择"企业结构→定义→人力资源管理→雇员组"选项，弹出"修改视图 员工组：总览"界面，如图6-10所示。

STEP 2 在此界面中，可以看到当前系统中已经定义好的员工组信息；同时，可以单击"新条目"按钮来新增员工组；也可以选择某条员工组，然后进行修改、删除、复制等操作。

（6）员工子组：根据员工的工作状态对员工组的进一步分类。具体分类标准可以根据企业不同的业务特点自行定义。员工子组可以根据工作时间安排、薪酬分类等进行定义。

图6-10 "修改视图员工组：总览"界面

配置菜单	企业结构→定义→人力资源管理→员工子组
T-Code	SPRO

员工子组主数据的具体配置步骤如下。

STEP 1 在命令栏输入 SPRO 命令，通过菜单选择"企业结构→定义→人力资源管理→员工子组"选项，在弹出的"选择活动"界面中选择"定义员工子组"选项，如图 6-11 所示。

STEP 2 在弹出的"修改视图 员工子组：总览"界面中，可以单击"新条目"按钮新增员工子组；同时也可以选择某条员工子组，然后进行修改、删除、复制等操作，如图 6-12 所示。

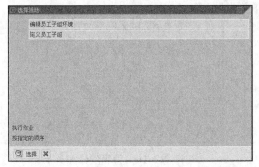

图 6-11 选择"定义员工子组"选项　　　图 6-12 "修改视图员工子组：总览"界面

（7）职位：一个雇员在企业中所占有的岗位，有相应的职责和工作。职位有空岗、被占用、计划等多种状态，一个岗位只能被一个人占有。

配置菜单	人力资源→组织管理→专家模式→简单维护→更改
T-Code	PPOM_OLD

职位主数据的具体配置步骤如下。

STEP 1 在 SAP 系统的菜单栏中选择"人力资源→组织管理→专家模式→简单维护→更改"选项，在弹出的"职员配备/更改"界面中选择左栏中的"结构搜索"选项，然后在左栏下面找到要创建职位所属的组织结构，本例中选择企业信息中心下的"IT 服务部"，如图 6-13 所示。

STEP 2 在右栏中选择组织结构"IT 服务部"，然后单击"职位..."按钮，弹出"创建职位"对话框，如图 6-14 所示。

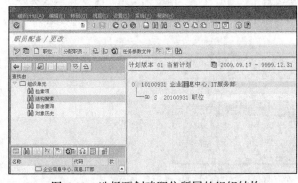
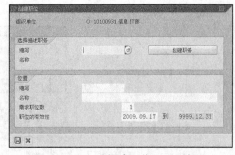

图 6-13 选择要创建职位所属的组织结构　　　图 6-14 "创建职位"对话框

STEP 3 在"选择描述职务"栏中单击"创建职务"按钮，进行职位的创建。完成后在"位置"栏中填写所要创建职位的"缩写"、"名称"以及"需求职位数"，然后单击"保存"按钮，右栏中会显示最新创建的职位，如图 6-15 所示。

 注　意：此处单击"创建职务"按钮，事实上就是创建职位。

STEP 4 接着选择新创建的职位,然后单击" 分配职员... "按钮,可以针对该职位分配相应的员工,如图 6-16 所示。在图中选择填写对应的员工"名称",然后单击" 💾 "按钮,该用户即被分配该职位。

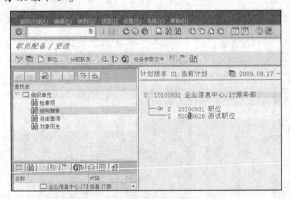
图 6-15 创建新职位

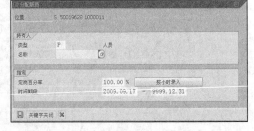
图 6-16 为职位分配员工

(8)职务:由岗位职责、权利、级别不同而产生的,在公司行政结构中不同层次的级别。归纳过的通用化的级别体系,一个职务可以对应 N 个职位。主要用于岗位定级、工作计划、人员成本核算、职业发展计划。

(9)信息类型:同类相关数据组成的数据组合。在系统中与之相匹配的有相应的数据字典、屏幕会话、后台处理程序等。系统以组为单位处理数据。信息类型的配置将在下一节介绍。

(10)工资核算范围:在公司组织结构基础上,员工根据其计算工资时间的不同被分在不同的工资核算范围,以便于进行工资处理。所有属于同一工资发放核算范围的员工在同一天发放工资。

配置菜单	人事管理→人员管理→组织数据→组织分配→创建工资核算范围
T-Code	SPRO

工资核算范围主数据的具体配置步骤如下。

STEP 1 在命令栏输入 SPRO 命令,通过菜单选择"人事管理→人员管理→组织数据→组织分配→创建工资核算范围"选项,弹出"修改视图 工资发放范围-相关工资发放:总览"界面,如图 6-17 所示。

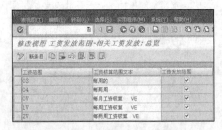
图 6-17 "修改视图工资发放范围-相关工资发放:总览"界面

STEP 2 在此界面中,可以单击" 新条目 "按钮新增工资核算范围;同时也可以选择某条工资核算范围,然后进行修改、删除、复制等操作。

6.4 人力资源管理模块配置

本节介绍人力资源管理模块的相关配置。根据人力资源管理模块的结构,从企业结构和人事结构、信息类型和人事事件、时间管理、薪酬管理 4 个方面介绍配置内容。

6.4.1 企业结构和人事结构

1. 将公司代码分配到人事范围

配置菜单	企业结构→分配→人力资源管理→将公司代码分配到人事范围
T-Code	SPRO

具体的配置步骤如下。

STEP 1 在命令栏输入 SPRO 命令，通过菜单选择"企业结构→分配→人力资源管理→将公司代码分配到人事范围"选项，弹出"修改视图 将公司代码分配到人事范围：总览"界面，如图 6-18 所示。

图 6-18 将公司代码分配到人事范围

STEP 2 在此界面中，可以看到当前系统中所有已定义的"人事范围"。针对每个"人事范围"，在"公司代码"列为该"人事范围"分配公司代码，然后单击"💾"按钮保存即可。

2. 给雇员组分配员工子组

配置菜单	企业结构→分配→人力资源管理→给雇员组分配雇员子组
T-Code	SPRO

具体的配置步骤如下。

STEP 1 在命令栏输入 SPRO 命令，通过菜单选择"企业结构→分配→人力资源管理→给雇员组分配雇员子组"选项，弹出"修改视图'对于雇员组/子组的国家分配'：概览"界面，如图 6-19 所示。

STEP 2 在此界面中，单击"新的输入项"按钮，弹出"新输入项：附加输入细项目"界面，从中为员工组分配员工子组，并且选择对应的国家分组，选择完成单击"💾"按钮保存即可，如图 6-20 所示。

图 6-19 "修改视图'对于雇员组/子组的国家分配'：概览"界面　　　图 6-20 填写新输入项信息

3. 维护职员代码的数值范围间隔

配置菜单	人事管理→人员管理→基本设置→维护职员代码的数值范围间隔
T-Code	SPRO

具体的配置步骤如下。

STEP 1 在命令栏输入 SPRO 命令，通过菜单选择"人事管理→人员管理→基本设置→维护职员代码的数值范围间隔"选项，弹出"人事管理号码范围"界面，如图 6-21 所示。

STEP 2 在此界面中，单击"间隔"按钮，弹出"维护号码范围间隔"界面，从中为人事管理设置编号范围，然后单击"保存"按钮保存即可，如图 6-22 所示。

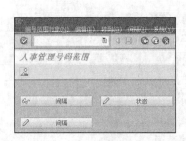

图 6-21 "人事管理号码范围"界面

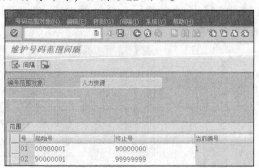

图 6-22 "维护号码范围间隔"界面

6.4.2 信息类型及人事事件

1. 定义信息类型菜单

配置菜单	人事管理→人员管理→定制过程→信息类型菜单→信息类型菜单
T-Code	SPRO

具体的配置步骤如下。

STEP 1 在命令栏输入 SPRO 命令，通过菜单选择"人事管理→人员管理→定制过程→信息类型菜单→信息类型菜单"选项，在弹出的"选择活动"对话框中选择"信息类型菜单"选项，如图 6-23 所示。

STEP 2 弹出"确定工作区:表目"对话框，从中输入要创建的"菜单类型"，然后单击"✓"按钮，如图 6-24 所示。

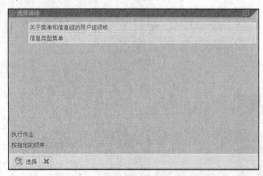

图 6-23 选择"信息类型菜单"选项

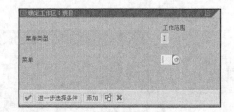

图 6-24 选择"菜单类型"

STEP 3 弹出"修改视图信息类型菜单：总览"界面，可以单击"新条目"按钮新增信息类型菜单，同时也可以选择某条人事子范围，然后进行修改、删除、复制等操作，如图6-25所示。在此界面中，"信息类型"是对应不同的"用户组"的，所以在分配信息类型时要注意对应到正确的"用户组"上。

图6-25 "修改视图信息类型菜单：总览"界面

2. 人事活动类型

配置菜单	人事管理→人员管理→定制过程→动作→建立人员行动
T-Code	SPRO

具体的配置步骤如下。

STEP 1 在命令栏输入SPRO命令，通过菜单选择"人事管理→人员管理→定制过程→动作→建立人员行动"选项，在弹出的"选择活动"对话框中选择"人事活动类型"选项，如图6-26所示。

STEP 2 在弹出的"修改视图 人员行动类型：总览"界面中，可以单击 新条目 按钮新增人员行动类型，同时也可以选择某条人员行动类型，然后进行修改、删除、复制等操作，如图6-27所示。

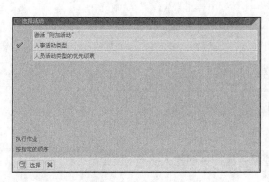

图6-26 选择"人事活动类型"选项

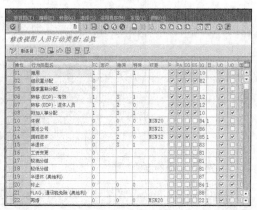

图6-27 "修改视图人员行动类型：总览"界面

3. 定义信息组

配置菜单	人事管理→人员管理→定制过程→动作→定义信息组
T-Code	SPRO

具体的配置步骤如下。

STEP 1 在命令栏输入 SPRO 命令，通过菜单选择"人事管理→人员管理→定制过程→动作→定义信息组"选项，在弹出的"选择活动"对话框中选择"信息组"选项，如图 6-28 所示。

STEP 2 弹出"确定工作区：表目"对话框，从中输入要定义的信息组"工作范围"，然后单击"✓"按钮，如图 6-29 所示。

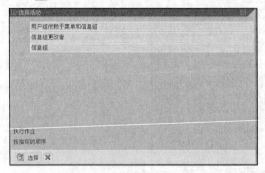

图 6-28 选择"信息组"选项

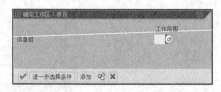

图 6-29 选择"工作范围"

STEP 3 在弹出的"修改视图 信息组：总览"界面中，可以单击"新条目"按钮为要定义的"信息组"新增"信息类型"，同时也可以选择某条"信息组"，然后进行"信息类型"的修改、删除、复制等操作，如图 6-30 所示。在此界面中，"信息类型"是对应不同的操作的，所以在设置"信息类型"时要选择对应的操作。

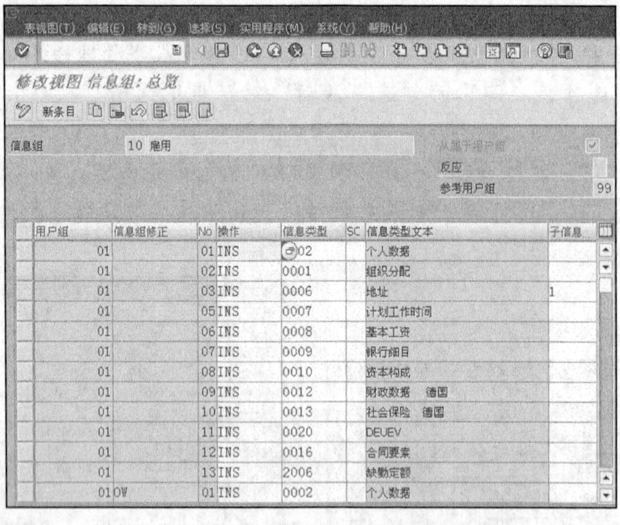

图 6-30 "修改视图信息组：总览"界面

4. 定义人员行动原因

配置菜单	人事管理→人员管理→定制过程→动作→创建人员行动原因
T-Code	SPRO

具体的配置步骤如下。

STEP 1 在命令栏输入 SPRO 命令，通过菜单选择"人事管理→人员管理→定制过程→动作→创建人员行动原因"选项，弹出"修改视图 行动原因：总览"界面，如图 6-31 所示。

STEP 2 在此界面中，可以单击"新条目"按钮新增行动原因，同时也可以选择某条行动原因，然后进行修改、删除、复制等操作。

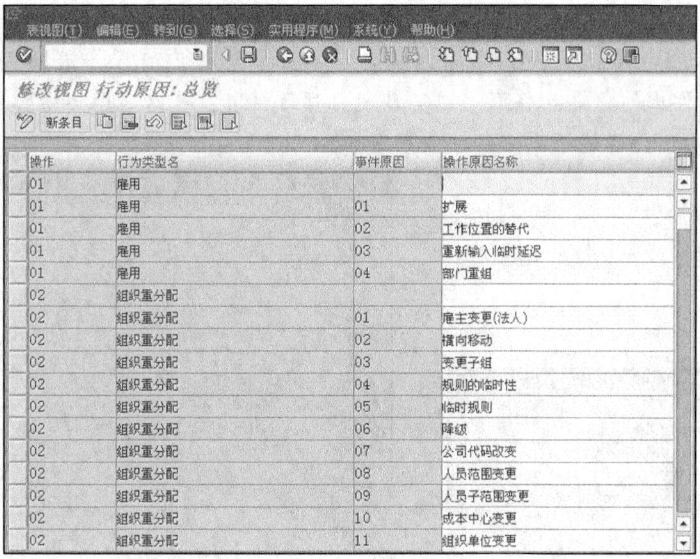

图 6-31 "修改视图行动原因：总览"界面

6.4.3 时间管理

1. 定义公休日类

配置菜单	时间管理→工作日程表→定义公休日类
T-Code	SPRO

具体的配置步骤如下。

STEP 1 在命令栏输入 SPRO 命令，通过菜单选择"时间管理→工作日程表→定义公休日类"选项，弹出"SAP 日历：主菜单"界面，如图 6-32 所示。

STEP 2 在此界面中，可以在"子对象"栏中选择"公假"选项，然后单击"✎"按钮，弹出"更改公假：概览"界面，如图 6-33 所示。在此界面中，可以单击"🗋"按钮新增公假，同时也可以选择已有的公假，然后进行修改、删除操作。

图 6-32 "SAP 日历：主菜单"界面

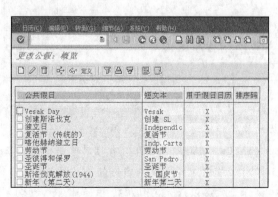

图 6-33 "更改公假：概览"界面

SAP从入门到精通

STEP 3 单击"□"按钮,在弹出的"更改公假:详细资料"对话框中选择公假类型,如图 6-34 所示。由于大部分公假属于固定日期的,所以在此选择"具有固定日期"选项,然后单击"□"按钮。

STEP 4 在弹出的"更改公假:固定日期"对话框中,可以选择具体的公假对应的某月某日,同时还可以为该公假选择其他参数,如图 6-35 所示。

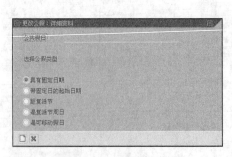

图 6-34 选择公假类型

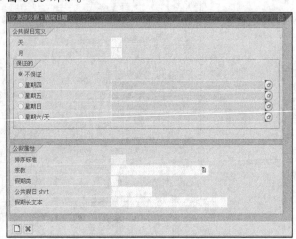

图 6-35 填写公假日期参数

STEP 5 填写完成单击"□"按钮,弹出"传输链接注释"对话框,如图 6-36 所示,单击"✓"按钮,即可完成公假的创建。

STEP 6 在图 6-32 中,可以选择"假期日历"选项,然后单击"✐"按钮,弹出"更改公假日历:概览"界面,如图 6-37 所示。在此界面中,同样可以新增、修改、删除公假日历。

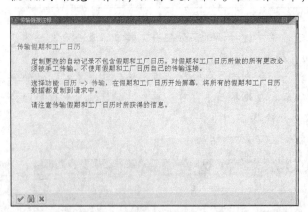

图 6-36 "传输链接注释"对话框

图 6-37 "更改公假日历:概览"界面

STEP 7 单击"□"按钮,在弹出的"更改公假日历:详细资料"界面中填写要创建公假日历的编码和描述,如图 6-38 所示。

STEP 8 填写完描述及有效期后单击" 分配公共假日 "按钮,在弹出的"插入公休到假日日历"对话框中选择之前创建好的"公共假日",然后单击" 分配公共假日 "按钮进行分配,如图 6-39 所示。完成以后,在图 6-38 中的"分配的公共假期"栏中将显示被分配的"公休假期",然后单击"□"按钮保存即可。

人力资源（HR）模块的配置　第 6 章

图 6-38 "更改公假日历：详细资料"界面

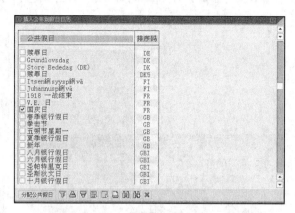

图 6-39 "插入公休到假日日历"对话框

2. 定义休息计划

配置菜单	时间管理→工作日程表→日工作日程表→定义休息计划
T-Code	SPRO

具体的配置步骤如下。

STEP 1 在命令栏输入 SPRO 命令，通过菜单选择"时间管理→工作日程表→日工作日程表→定义休息计划"选项，在弹出的"选择活动"对话框中选择"确定休息计划"选项，如图 6-40 所示。

STEP 2 在弹出的"修改视图工作休息安排：总览"界面中，可以单击"新条目"按钮新增休息计划，同时也可以选择某条休息计划，然后进行计划的修改、删除、复制等操作，如图 6-41 所示。

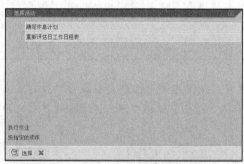

图 6-40 选择"确定休息计划"选项　　　图 6-41 "修改视图工作休息安排：总览"界面

3. 定义日工作安排

配置菜单	时间管理→工作日程表→日工作日程表→定义日工作安排
T-Code	SPRO

具体的配置步骤如下。

STEP 1 在命令栏输入 SPRO 命令，通过菜单选择"时间管理→工作日程表→日工作日程表→定义日工作安排"选项，弹出"修改视图每日工作日程表：总览"界面，如图 6-42 所示。

STEP 2 在此界面中，可以单击"新条目"按钮新增每日的工作安排，同时也可以选择某条定义好的"日工作计划"，然后进行计划的修改、删除、复制等操作。单击"新条目"按钮，弹出

"新条目：所添加条目的细节"界面，如图 6-43 所示。在此界面中，可以填写要新增工作计划的各种时间参数。

图 6-42 "修改视图每日工作日程表：总览"界面 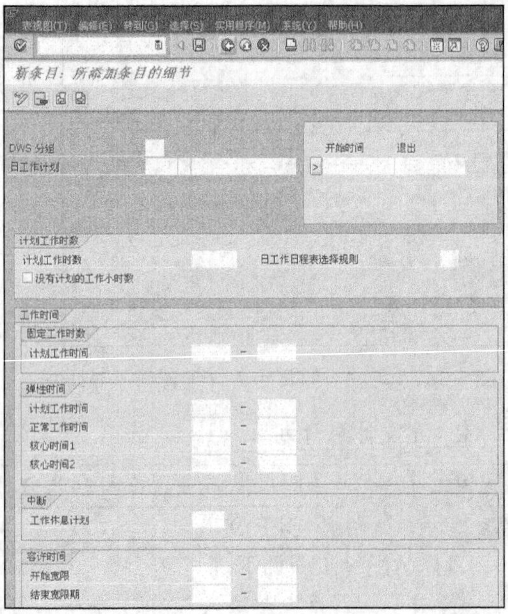　　图 6-43 "新条目：所添加条目的细节"界面

STEP 3 完成工作安排的增加后，可以在图 6-42 中选择某条计划，然后单击" 定界 "按钮，确定该工作安排最早的有效时间。

4. 设置工作日程表规则和工作日程表

配置菜单	时间管理→工作日程表→工作日程表规则和月工作日程表→设置工作日程表规则和工作日程表
T-Code	SPRO

具体的配置步骤如下。

STEP 1 在命令栏输入 SPRO 命令，通过菜单选择"时间管理→工作日程表→工作日程表规则和月工作日程表→设置工作日程表规则和工作日程表"选项，弹出"修改视图工作日程表规则：总览"界面，如图 6-44 所示。

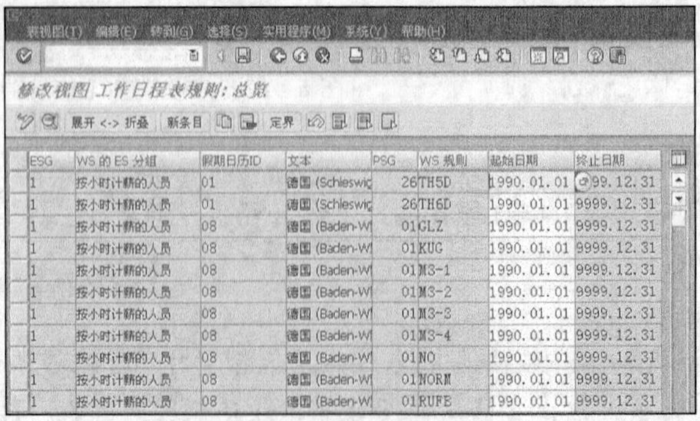

图 6-44 "修改视图工作日程表规则：总览"界面

STEP 2 在此界面中，可以单击" 新条目 "按钮，新增工作日程规则；同时也可以选择某条

定义好的工作日程规则，然后进行规则的修改、删除、复制等操作。单击"新条目"按钮，弹出"新条目：所添加条目的细节"界面，如图6-45所示。在此界面中，可以填写要新增工作日程规则的参数，例如"雇员子组分组"、"假期日历"、"人事子范围分组"、"工作时间"等。

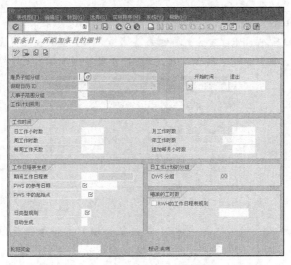

图6-45 "新条目：所添加条目的细节"界面

STEP 3 完成工作安排的增加后，可以在图6-44中选择某条工作日程规则，然后单击"定界"按钮，确定该工作日程规则最早的有效时间。

6.4.4 薪酬管理

1. 检验基本工资中的工资等级类型

配置菜单	人事管理→人员管理→工资核算数据→基本工资→检验工资等级类型
T-Code	SPRO

具体的配置步骤如下。

STEP 1 在命令栏输入SPRO命令，通过菜单选择"人事管理→人员管理→工资核算数据→基本工资→检验工资等级类型"选项，在弹出的"确定工作区：表目"对话框中选择"国家分组"的"工作范围"，如图6-46所示，选择完成单击"✓"按钮。

STEP 2 在弹出的"修改视图支付等级类型：总览"界面中，可以单击"新条目"按钮新增"工资等级类别"，同时也可以选择某条定义好的"工资等级类别"，然后进行类别的修改、删除、复制等操作，如图6-47所示，完成以后单击"💾"按钮保存即可。

图6-46 选择"国家分组"的"工作范围"

图6-47 新增"工资等级类别"

2. 检验基本工资中工资等级范围

配置菜单	人事管理→人员管理→工资核算数据→基本工资→检验工资等级范围
T-Code	SPRO

具体的配置步骤如下。

STEP 1 在命令栏输入 SPRO 命令,通过菜单选择"人事管理→人员管理→工资核算数据→基本工资→检验工资等级范围"选项,弹出"修改视图 支付等级范围:总览"界面,如图 6-48 所示。

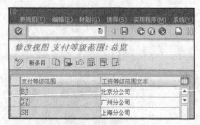

图 6-48 "修改视图支付等级范围:总览"界面

STEP 2 在此界面中,可以单击"新条目"按钮新增"支付等级范围",同时也可以选择某条定义好的"支付等级范围",然后进行类别的修改、删除、复制等操作,完成以后单击"💾"按钮保存即可。

3. 定义基本工资的更改原因

配置菜单	人事管理→人员管理→工资核算数据→基本工资→定义更改原因
T-Code	SPRO

具体的配置步骤如下。

STEP 1 在命令栏输入 SPRO 命令,通过菜单选择"人事管理→人员管理→工资核算数据→基本工资→定义更改原因"选项,弹出"修改视图更改原因:总览"界面,如图 6-49 所示。

STEP 2 在此界面中,可以单击"新条目"按钮新增更改原因,同时也可以选择某条定义好的更改原因,然后进行原因的修改、删除、复制等操作,完成以后单击"💾"按钮保存即可。

图 6-49 "修改视图更改原因:总览"界面

4. 创建基本工资中的工资项目录

配置菜单	人事管理→人员管理→工资核算数据→基本工资→工资类型→创建工资项目录
T-Code	SPRO

具体的配置步骤如下。

STEP 1 在命令栏输入 SPRO 命令,通过菜单选择"人事管理→人员管理→工资核算数据→基本工资→工资类型→创建工资项目录"选项,在弹出的"工资类型维护"对话框中选择"复制"选项,然后单击"✓"按钮,如图 6-50 所示。

STEP 2 在弹出的"复制工资项"界面中,可以选择某条"初始工资类型",然后在"定制工资类型"中输入要创建的工资类型编码(编码要求 4 位),同时输入要创建的"工资类型长文本"和"文本"信息,如图 6-51 所示。

人力资源（HR）模块的配置 第 6 章

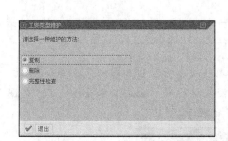

图 6-50 "工资类型维护"对话框

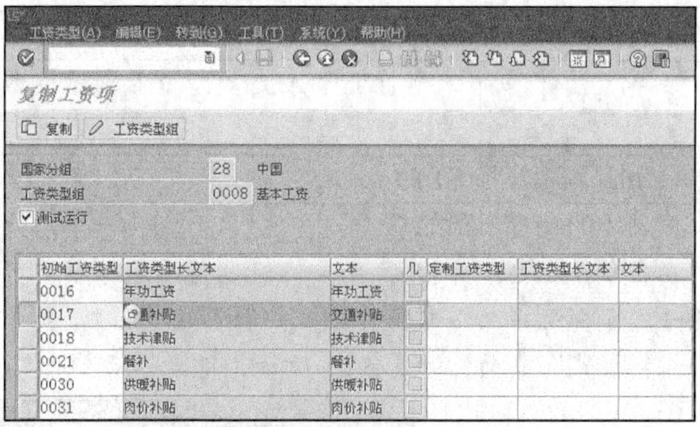

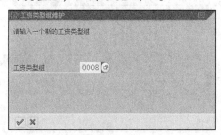

图 6-51 "复制工资项"界面

STEP 3 单击" 复制"按钮（注意要取消"测试运行"的勾选），系统会弹出传输请求的创建对话框，然后新建或输入已有传输号保存即可。另外，如果单击" 工资类型组"按钮，系统则会变更要创建工资类型对应的类型组，如图 6-52 所示。

图 6-52 输入新的"工资类型组"

5. 定义基本工资项的员工子组

配置菜单	人事管理→人员管理→工资核算数据→基本工资→工资类型→主要工资项的员工子组
T-Code	SPRO

具体的配置步骤如下。

STEP 1 在命令栏输入 SPRO 命令，通过菜单选择"人事管理→人员管理→工资核算数据→基本工资→工资类型→主要工资项的员工子组"选项，在弹出的"确定工作区：表目"对话框中选择"国家分组"的"工作范围"，如图 6-53 所示，选择完成单击"✓"按钮。

STEP 2 在弹出的"修改视图 主要工资项的员工子组分组：总览"界面中，可以在"雇员子组分组"列中，针对不同的员工子组，赋予对应的主要工资项分组编号，如图 6-54 所示，完成以后单击"📄"按钮保存即可。

图 6-53 选择"国家分组"的"工作范围"

图 6-54 "修改视图主要工资项的员工子组分组：总览"界面

6. 定义基本工资项的人员子范围

配置菜单	人事管理→人员管理→工资核算数据→基本工资→工资类型→主要工资项的人员子范围
T-Code	SPRO

具体的配置步骤如下。

在命令栏输入 SPRO 命令，通过菜单选择"人事管理→人员管理→工资核算数据→基本工资→工资类型→主要工资项的人员子范围"选项，弹出"修改视图用于主要工资项的员工子范围分组：总览"界面，如图 6-55 所示，设置以后单击"💾"按钮保存即可。

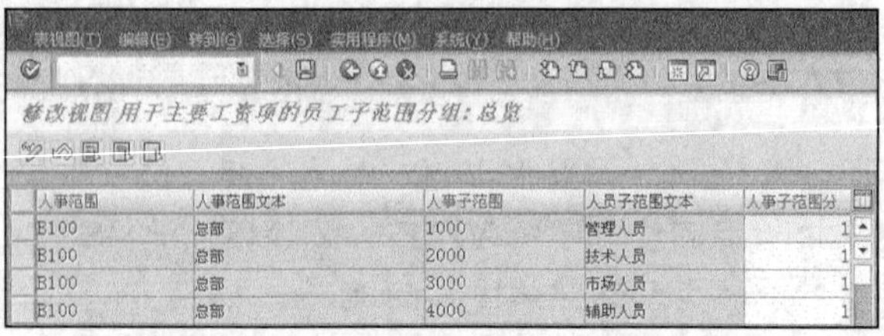

图 6-55 "修改视图用于主要工资项的员工子范围分组：总览"界面

 注　意：以上的配置内容均是针对基本工资类型进行的操作。对于其他的工资类型，都可以做同样的配置，方法一样。

7. 定义税收范围

配置菜单	工资核算→工资核算：中国→主数据→个人所得税→定义税收范围
T-Code	SPRO

具体的配置步骤如下。

STEP 1　在命令栏输入 SPRO 命令，通过菜单选择"工资核算→工资核算：中国→主数据→个人所得税→定义税收范围"选项，在弹出的"选择活动"对话框中选择"定义税收范围和管理机构"选项，如图 6-56 所示。

STEP 2　在弹出的"修改视图 税收范围：总览"界面中，可以单击"新条目"按钮新增"税收范围"，同时也可以选择某条"税收范围"，然后进行修改、删除、复制等操作，如图 6-57 所示。

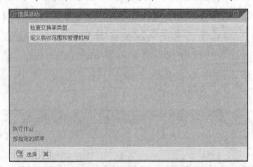

图 6-56　选择"定义税收范围和管理机构"选项

图 6-57　"修改视图税收范围：总览"界面

8. 生成工资核算期间

配置菜单	工资核算→工资核算：中国→基本设置→工资核算机构→生成工资核算期间
T-Code	SPRO

人力资源（HR）模块的配置 第 6 章

具体的配置步骤如下。

STEP 1 在命令栏输入 SPRO 命令，通过菜单选择"工资核算→工资核算：中国→基本设置→工资核算机构→生成工资核算期间"选项，在弹出的"选择活动"对话框中选择"生成工资核算期间"选项，如图 6-58 所示。

STEP 2 在弹出的"工资发放期间的生成"界面中填写好相应的"参数"，然后单击"⊕"按钮即可，如图 6-59 所示。

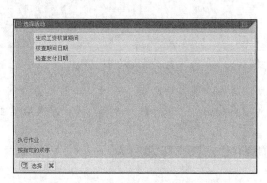

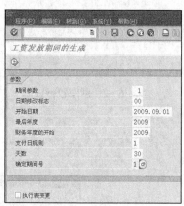

图 6-58 选择"生成工资核算期间"选项　　　　图 6-59 "工资发放期间的生成"界面

9. 定义支付方式

配置菜单	人事管理→人员管理→个人数据→银行细目→决定支付方式
T-Code	SPRO

具体的配置步骤如下。

STEP 1 在命令栏输入 SPRO 命令，通过菜单选择"人事管理→人员管理→个人数据→银行细目→决定支付方式"选项，在弹出的"定制：维护支付程序"界面中选择"开户银行"选项，如图 6-60 所示。

STEP 2 在弹出的"确定工作区"对话框中填写公司代码，然后单击"✓"按钮，进入"修改视图'开户行'：细节"界面，如图 6-61 所示。

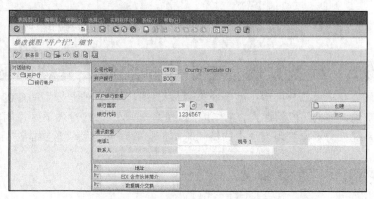

图 6-60 选择"开户银行"选项　　　　图 6-61 "修改视图'开户行'：细节"界面

STEP 3 在此界面中，需要填写开户银行的相关数据，例如开户"银行国家"、"银行代码"，以及联系方式等信息。同时可以单击"　创建　"按钮创建银行数据，如图 6-62 所示。

165

STEP 4 单击"💾"按钮,该条银行数据即被保存。选择该条银行记录,然后在左栏中双击"银行账户"子节点,弹出"修改视图 银行账户:总览"界面,如图6-63所示。

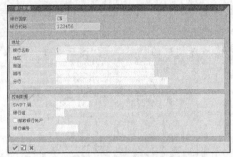
图 6-62 创建银行数据

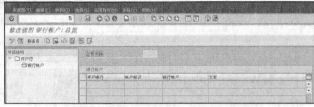
图 6-63 "修改视图银行账户:总览"界面

STEP 5 单击"新条目"按钮,弹出"新条目:所添加条目的细节"界面,如图6-64所示。在此需要针对该银行填写相应的账户参数,例如"账户标识"、"银行账户号码"等,完成后单击"💾"按钮保存即可。

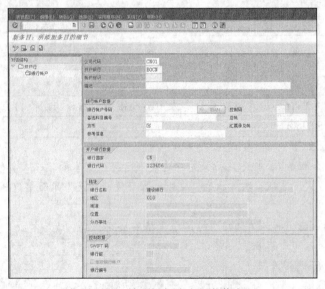
图 6-64 填写银行账户细节信息

6.5 典型案例:中小型企业员工管理模型分析

对于大部分的中小型企业来说,人力资源的管理是特别头疼的一个问题。因为对于中小企业来说,员工的流动性大,工作地点分散,对于员工的管理不好控制。本节针对这个问题,对SAP系统人力资源管理模块中的员工基本信息管理和考勤管理功能进行讲解分析。

6.5.1 需求背景

某中小型企业是电子加工业的骨干企业,拥有员工6 000多人,日常的员工管理、考勤管理是每天人力资源部必须面对的工作事项。但是由于该企业员工人数众多,且厂区分布在3个不同的地方,要实现员工、考勤的集中管理非常困难。为此,该企业希望借助 SAP 系统人力资源管理模块，实现集中制的员工基本信息管理和考勤管理，并以此数据为基础，为下一步的员工薪酬管理做铺垫。

6.5.2 需求分析

1. 员工基本信息管理流程

员工基本信息管理流程主要分为创建员工基本资料和变更员工基本资料，如图6-65所示。

（1）对于新员工，需要填写《员工基本信息表》提交给人力资源部进行审核及录入；老员工要变更自己的基本资料时，需要填写《员工基本信息变更表》给人力资源部进行审核及变更。

（2）员工填写的申请表有错误时，人力资源部退回给员工修改后再进行系统录入操作。

（3）当员工的主数据发生变更时，人力资源部能根据《员工基本信息变更表》在系统中对员工的基本资料进行调整。

（4）可以按年度出具员工信息汇总表。

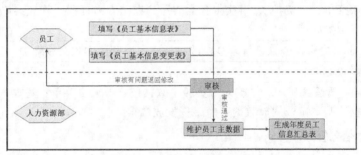

图 6-65 员工基本信息管理流程

2. 员工考勤管理流程

主要针对员工的各项加班申请、请假申请、出差申请、日常值班记录、日常轮班记录以及其他各种异常考勤的审核、整理、系统录入及报表输出的过程。具体的流程内容如图6-66所示。

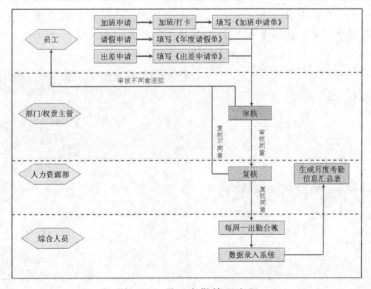

图 6-66 员工考勤管理流程

（1）当员工需要加班完成工作时，于次日根据正确的加班打卡时间填写《加班申请单》，呈部门主管或权责主管核准，再汇总于各部门综合管理人员处。

（2）当员工请假时，应事先填写《年度请假单》，然后呈部门主管或权责主管核准后送人力资源部复核，再汇总于各部门综合管理人员处。

（3）当员工需要出差时，应事先填写《出差申请单》，呈部门主管或权责主管核准后送人力资源部复核，再汇总于各部门综合管理人员处。

（4）各部门综合管理人员每周一上午将收集整理完毕的加班、请假、出差、日常值班记录、日常轮班记录及其他异常考勤信息汇总打印为《周出勤台账》两份，一份交于各人力资源部输入系统；另一份留各部门备查。

6.5.3 实施方案

上述的两个管理流程，事实上在 SAP 系统都是在人事管理的范畴内实现。根据之前的配置内容（信息类型、菜单、工资项），事实上只需要用户在"人力资源"管理菜单中，对相应的人力资源主数据进行维护即可。

配置菜单	人力资源→人事管理→行政事务→人力资源主数据→维护
T-Code	PA30

在"人力资源"管理菜单中，维护人力资源主数据包含五大主菜单：基本个人数据、附加个人数据、合同数据、基本工资发放数据、净工资发放数据。

1. 人员基本信息管理

单击基本个人数据，会出现它所包含的信息类型：事件、组织分配、个人数据、地址、计划工作时间、银行细目、人员标识、日期说明、成本分配、通信等。维护员工的基本信息的具体步骤如下。

STEP 1 登录 SAP 系统，输入 PA30 命令，在"维护人力资源主数据"界面中首先输入该员工的"人员编号"，然后单击"🔍"按钮，输入员工的中文名缩写，如图 6-67 所示。

STEP 2 回车后系统会自动弹出该员工的个人信息。在"维护人力资源主数据"界面选择"基本个人数据"菜单，然后选中其中的"个人数据"信息类型，单击"✏"按钮，如图 6-68 所示。

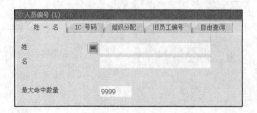

图 6-67 输入员工中文名缩写查询

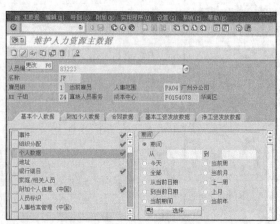

图 6-68 选择"个人数据"信息类型

人力资源（HR）模块的配置 第 6 章

STEP 3 在弹出的"个人数据变更"界面，可以对个人基本信息进行维护，如图 6-69 所示，维护完成单击"💾"按钮保存即可。

STEP 4 在"维护人力资源主数据"界面选择"基本个人数据"菜单，然后选中其中的"人员标识"信息类型，单击"✏"按钮，如图 6-70 所示。

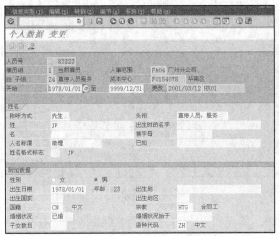
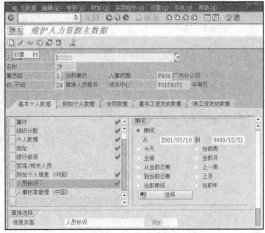

图 6-69 维护个人基本信息数据　　　　　图 6-70 选择"人员标识"信息类型

STEP 5 在弹出的"信息类型'人员标识'的子类型"对话框中选择 01 选项，然后回车，如图 6-71 所示。

STEP 6 在弹出的"人员标识创建"界面，可以创建/变更员工的"人员标志编号"，如图 6-72 所示。

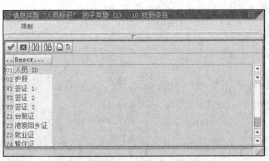
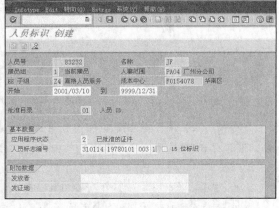

图 6-71 "信息类型'人员标识'的子类型"对话框　　　　图 6-72 创建/变更员工的"人员标志编号"

2. 员工考勤管理维护

同样还是在"维护人力资源主数据"界面，选择"基本工资发放数据"主菜单，即可实现员工的考勤维护。具体的操作步骤如下。

STEP 1 选择"基本工资发放数据"主菜单，可以看到下面有"基本工资"、"经常性支付/扣除"、"附加支付"、"雇员报酬信息"、"非周期的一次性支付"5 个信息类型。选择"雇员报酬信息"信息类型，然后单击"✏"按钮，如图 6-73 所示。

STEP 2 在弹出的"雇员报酬信息创建"界面，可以看到"报酬信息"栏中有一个字段为

"工资项"。我们可以选择不同的"工资项",例如"平时加班"的编码为9010,"事假"的编码是9020,如图6-74所示。填入编码后在"编号/单位"字段中填入加班小时数,然后单击"🔲"按钮保存即可。至此,维护员工加班情况操作完成。

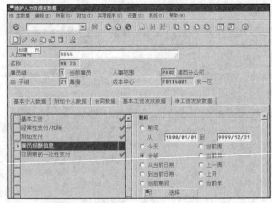
图6-73 选择"雇员报酬信息"信息类型

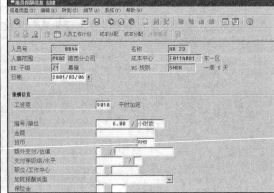
图6-74 选择加班"工资项"

STEP 3 如果要查询某用户当周的考勤情况,可以在图6-73中选择"雇员报酬信息"信息类型,然后在"期间"中选择"当前周"选项,单击"👤"按钮,弹出"雇员报酬信息列表"界面,如图6-75所示。

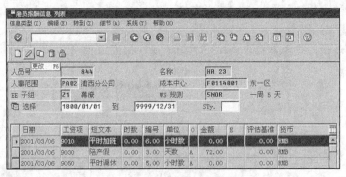
图6-75 "雇员报酬信息列表"界面

STEP 4 如果需要修改/删除某位员工的考勤记录,则可选中某条记录,然后单击"✏️"按钮,进入图6-74界面中进行修改;单击"🗑️"按钮可以删除该条记录。

注 意:以上的操作内容均需在之前进行后台配置时,完成相应的菜单界面、信息类型、员工子组、人员标示类型、工资项等内容的配置,否则相应的菜单不会出现。对于周报表、月报表及年度报表的导出功能,则需要通过ABAP语言开发实现。

第 7 章

采购管理（MM）模块的配置

SAP R/3 系统采购管理模块（MM）的主要功能是进行各种处理，即物料需求计划、物料采购、库存管理、发票确认和物料估价等。因为 SAP 系统的各模块是集成在一起的，所以采购管理模块还需要时刻与财务、项目管理、销售与分销、生产计划控制、仓库管理等模块进行数据交互。鉴于采购管理模块的重要性，本章将讲解该模块的结构体系、主数据、后台配置，同时在最后通过一个案例来了解采购模块在真实业务中的实践。

7.1 采购管理模块基本概念

首先介绍采购管理模块的基本概念。之前在第 2 章已经对采购模块的基本组成进行了简单的介绍。本节重点讲解采购管理模块中一些基本的业务概念和操作概念。

1. 什么是采购

采购是一种功能，也是一种动作，它是从采购申请的生成到打印采购订单和长期采购协议，最后到货物接收及出库的一个过程。在这个过程中，SAP 系统可以根据现有的报价单生成订单或者发出报价单申请。在多数情况下，采购订单可以根据现有的数据自动生成，例如，行项目可根据采购合同约定生成。此外，SAP 系统还可以为选择供应商以及监控订单等有关活动提供相应的信息。SAP 系统为采购人员和物料管理人员提供有库存数据、库存可用量（地点和时间）、供应商、采购订单历史、交货时间和未结订单数量等信息。

2. 什么是库存管理

库存管理具体是指实际的库存处理过程，包括收货、发货、退货、计划内和计划外的库存取消、库存转移、库存调整等动作。通过这些操作，可以保证库存数据的实时更新，这也是编制准确有效的物料计划和控制的先决条件。库存可以分为非限制使用货物、质量检验货物、冻结货物 3 种类型。

3. 什么是发票校验

发票校验是一个采购标准动作，在采购管理流程中，它是流程的最后一个环节。SAP 系统提供的发票校验（发票匹配）功能，清晰地表明了系统高度集成的优越性。在 SAP 系统中，发票校验动作的发生需要使用物料主数据、采购订单和收货的有关数据。发票校验在物料管理和外部或内部账目之间建立了一个链接。

- 当参照采购订单输入一张发票时，系统从采购订单和相应的物料接收中提取供应商、物料、等待开发票的数量、付款方式等数据提示用户。
- 如果采购订单或物料接收和发票不一致，系统会在必要的时候警告用户并锁定付款发票。
- 发票过账之后，发票校验的过程就完成了，采购订单记录将被刷新，会计账目中就可以对未清账目进行付款。

4. 什么是收货

进行收货处理时，所有的数据从采购订单中获得。SAP 系统根据交货数量更新库存数量，库存价值的更新则是通过自动科目定义来实现。

5. 什么是供应商

供应商是采购的主体，也是采购的对象。它应用于物料管理和财务管理（输入、确认发票和付款）这两大应用中，既可满足这两个应用的需求和相互联系，又不会造成数据冗余。凡是与某个供应商相关的数据，均记录在一条供应商记录中，每条记录由唯一编号识别，SAP 系统处理业务时可存取供应商主记录。

6. 什么是移动类型

移动类型在 SAP R/3 系统中是用于区分货物移动的 3 位数字码，例如物料接收、货物开票和转库等。移动类型在库存管理中有着十分重要的作用，它在 SAP R/3 系统的自动账目检查中扮演中心角色。移动类型和其他影响因素决定了物料中哪些库存或耗材的账目需要在会计账目中更新。当用户输入凭证和更新数量字段时，移动类型还能确定屏幕的结构。

7. 什么是框架协议

框架协议是一个 SAP 术语，它用于描述与供应商之间的长期采购行为。框架协议一般分为以下两种类型。

- 合同：没有指定送货的时间和每一次送货的数量，仍然需要使用采购订单从供应商处购买货物。
- 计划协议：已经具体确定每一次送货的时间和数量。

8. 什么是采购订单

采购订单是具有法律效力的外部文件，它代表与供应商之间的一个正式且经批准的采购业务。采购订单的内容一般包括供应商、物料、物料价格、物料数量、要求送货时间、贸易条款、付款条款等。

7.2 采购管理模块结构体系

采购管理模块（MM 系统）的目的是进行各种处理，即物料需求计划、物料采购、库存管理、发票确认和物料估价等。这些处理过程串接在一起，实现了采购需求从申报到财务处理完结的整个流程管理。它们之间的结构关系如图 7-1 所示。

SAP R/3 系统中的采购管理模块就是将图中整个流程管理按照不同阶段实现的不同功能进行了划分，分别为物料需求计划、库存管理、收货管理、供应商管理、采购订单管理、发票校验、主数据管理等。之前已经讲解了库存管理、供应商管理、发票校验，下面简单地介绍一下其他4个环节。

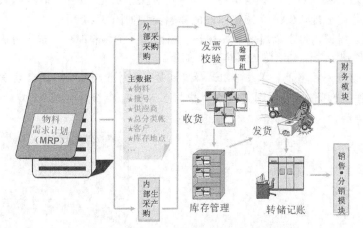

图7-1 采购模块结构体系

1. 物料需求计划

采购管理模块能够提供物料需求计划的基础数据。基于消耗的物料需求计划根据消耗数据生成基于再订货点原则或预测的采购建议，其他需求以采购申请的形式记录下来，并分配给相应的采购人员。这个过程确定了合适的订单数量和适当的服务级别。

2. 收货管理

在收货管理的过程中，所有的相关数据是从采购订单中得到的，系统根据交货数量更新库存数量，库存价值的更新则是通过定义自动科目来实现。

3. 采购订单管理

采购订单管理主要的过程是从采购申请的生成到打印采购订单和长期采购协议。在采购过程中，可以根据现有的报价单生成订单，或者首先发出报价单申请。在很大程度上，采购订单可以根据现有的数据自动生成，例如行项目可根据采购协议生成。另外，SAP系统可为评价、选择供应商和监控与订单有关的活动提供相关的信息。同时，SAP系统还可为采购人员和物料计划人员提供库存数据、库存可用量（地点和时间）、供应商、采购订单历史、交货时间和未结订单数量等信息。

4. 主数据管理

可以说主数据管理贯穿了采购管理的整个周期，它主要包括物料主数据、供应商主数据、采购信息记录、货源清单、配额协议、框架协议、属性等信息的管理。

7.3 采购管理模块主数据

采购管理相关主数据主要包括物料主数据、供应商主数据、工厂、库存地、采购组织、采购组等。其定义和设计的原则如下。

（1）物料主数据。

物料主数据是企业采购运作过程中必须使用的基本数据。它们长期存储在数据库中，集中存储并且可以在各级组织结构上维护和使用。与物料主数据息息相关的概念是物料类型和物料编码。

- 物料类型：指将有共同属性、信息的物料归为一类，维护其特有的信息。当创建物料时，一定要给该物料指定一个物料类型。同一物料类型决定了财务和库存管理的特性、屏幕显示以及号码分配。SAP 系统中标准的物料类型如图 7-2 所示。
- 物料编码：指识别每个物料的唯一标识，当创建一个物料时，一定要分配一个物料编码。

物料主数据创建、修改、删除的具体步骤如下。

STEP 1 创建物料主数据。在菜单中选择"后勤→物料管理→物料主记录→物料→创建（一般）→MM01-立即"选项，或者直接在命令栏中输入 MM01 命令，弹出"创建物料（初始屏幕）"界面，如图 7-3 所示。

图 7-2　标准物料类型和编码　　　　　　图 7-3　"创建物料（初始屏幕）"界面

STEP 2 更改物料主数据。在菜单中选择"后勤→物料管理→物料主记录→物料→更改→MM02-立即"选项，或者直接在命令栏中输入 MM02 命令，弹出"更改物料（初始屏幕）"界面，如图 7-4 所示。

STEP 3 选择要更改的"物料"，然后输入"更改编号"，接着选择要更改的视图，更改物料主数据在该视图中的属性。

STEP 4 删除物料主数据。用户可以在不同的组织级别设置删除标志，当删除标志设定后，在该组织级别和从属于该组织级别的物料主记录均被删除。也可以在集团级设定删除标志，这时该物料在整个集团和所有的组织级别均被删除。在菜单中选择"后勤→物料管理→物料主记录→物料→删除标志→MM06-立即"选项，或者直接在命令栏中输入 MM06 命令，弹出"标记待删除物料：初始屏幕"界面，如图 7-5 所示。

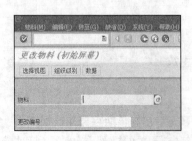

图 7-4　"更改物料（初始屏幕）"界面　　　图 7-5　"标记待删除物料：初始屏幕"界面

STEP 5 选择要删除的"物料",输入物料代码,然后选择要删除的"组织级别"(不同的视图)。

(2)供应商主数据。

供应商记录用于物料管理和财务管理(输入、确认发票和付款),既可满足这两个应用的需求和相互联系,又不会造成数据冗余。所有有关某个供应商的数据记录在一个供应商记录中,每条记录由唯一编号识别,系统处理业务时可存取供应商主记录。与供应商主数据相关的信息主要是供应商分类和编码。

- 供应商分类:通过定义供应商账户组来进行区分。
- 供应商编码:供应商编码是区别供应商的标识,编码以系统根据设定的编码区间自动分配,也可根据定义的区间外部分配。编码区间要分配给账户组。

(3)工厂。

工厂的定义可能是真正意义上的工厂(制造工厂),也可能是代表公司代码中的一个分支机构、地址,还可能是根据业务的需要,满足系统的虚拟的组织单位。它在 SAP 系统中是作为生产和计划的操作单元,工厂代码的编码长度为 4 位。

(4)库存地。

定义:工厂内货物的实际存放地点。它可以是实际的库存地点,也可以是虚拟的库存地点,编码长度为 4 位。

(5)采购组织。

采购组织是负责为一个或多个工厂(公司)采购物料和提供服务及与供应商协商价格和供货条款的组织单位。采购组织应该分配给公司代码,编码长度为 4 位。

(6)采购组。

对应唯一的采购组织,是采购组织的下级分支,用于采购组织的细化分支。根据职能、属地、采购对象的不同进行划分。

这些主数据间的层级关系如图 7-6 所示。

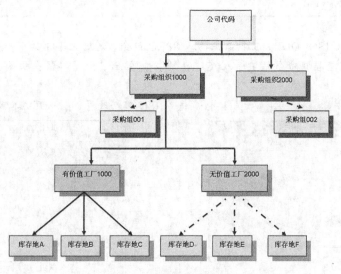

图 7-6 采购主数据关系图

(7)科目组。

具有相同类型的主记录可组成科目组。例如,一次性供应商具有一个科目组,用来决定这一特殊类型供应商的处理；类似，对银行、总部等存在供应商科目组。科目组主要具有以下几个控制功能。

- 按照不同的功能，供应商主记录具有不同的域，可以覆盖某个科目不需要的域。例如，若主要关心供应商的货物，则银行数据无关紧要，这些数据可以不必录入。
- 供应商主数据的编号与科目组有关，某个科目组具有一套独立的编码范围，这样可使用编码唯一地识别不同的供应商主记录。

（8）销售机构。

销售和分销中的机构，在 SAP 系统中，用销售机构表示。每一个销售机构代表一个行政上的销售单元。可以通过销售机构完成区域性的市场的划分。每个销售事务都是在某个销售机构内部完成处理的。

（9）分销渠道。

为了以最好的可能方式供应市场，销售和分销与各种不同的分销渠道一起工作。典型的分销渠道有批发商、零售商、工业客户或来自工厂的直销。在某个销售机构内部，一个客户可以通过多个分销渠道来获得供应。与销售有关的物料主数据，如价格、最小订单数量、最小交货数量及交货场所等，依各销售机构和分销渠道的不同而有所区别。

7.4 采购管理模块配置

采购管理模块的配置主要涉及一般设置、结构设置、物料类型、物料管理、采购设置、外部服务、库存设置、科目设置、发票校验设置等。

7.4.1 一般设置——检查计量单位

配置菜单	一般设置→检查计量单位
T-Code	CUNI

具体的配置步骤如下。

STEP 1 定义 ISOCODE。在命令栏输入 SPRO 命令，通过菜单选择"一般设置→检查计量单位"选项，或者直接在命令栏中输入 CUNI 命令，弹出"计量单位：初始屏幕"界面，如图 7-7 所示。

STEP 2 单击"　ISO 码　"按钮，进入 ISO 码修改界面，如图 7-8 所示。

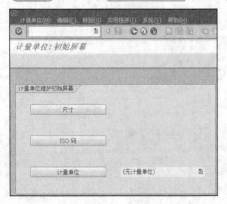

图 7-7 "计量单位：初始屏幕"界面

图 7-8 ISO 码修改界面

STEP 3 单击"计量单位"按钮，进入计量单位修改界面。定义计量单位时须将之前定好的"ISO Code"分配给计量单位，如图 7-9 所示。

STEP 4 选择某条计量单位行项目，然后双击，即可进入该计量单位的细节修改界面，如图 7-10 所示，从中可以进行细节修改操作。

图 7-9 计量单位修改界面

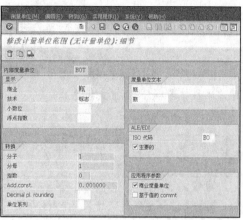

图 7-10 计量单位细节修改界面

7.4.2 企业结构

1. 定义工厂

配置菜单	企业结构→定义→后勤-常规→定义，复制，删除，检查工厂
T-Code	EC02

具体的配置步骤如下。

工厂是采购模块的关键主数据。命令栏输入 SPRO 命令，通过菜单选择"企业结构→定义→后勤-常规→定义，复制，删除，检查工厂"选项，或者直接在命令栏中输入"EC02"命令，即可进入工厂创建界面，如图 7-11 所示，从中可以进行定义工厂的操作。

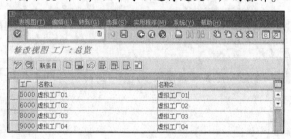

图 7-11 工厂创建界面

2. 维护采购组织

配置菜单	企业结构→定义→物料管理→维护采购组织
T-Code	SPRO

配置内容如下。

STEP 1 在命令栏输入 SPRO 命令，通过菜单选择"企业结构→定义→物料管理→维护采购组织"选项，即可进入采购组织创建界面，如图 7-12 所示。

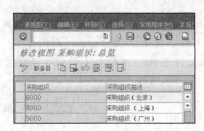

图 7-12 采购组织创建界面

STEP 2 如果需要新增"采购组织",可以通过单击""按钮对现有的数据进行复制,也可以单击"新条目"按钮直接建立。

3. 维护仓储地点

配置菜单	企业结构→定义→物料管理→维护仓储地点
T-Code	OX09

配置内容如下。

STEP 1 在命令栏输入 SPRO 命令,通过菜单选择"企业结构→定义→物料管理→维护仓储地点"选项,或者直接在命令栏中输入"OX09"命令,首先弹出要求输入需要建立库存地点的工厂对话框,如图 7-13 所示。输入要创建库存地点的工厂代码,然后单击"✓"按钮即可。

STEP 2 然后在此工厂下建立库存地点,可以单击""按钮复制,也可以单击"新条目"按钮新建,如图 7-14 所示。

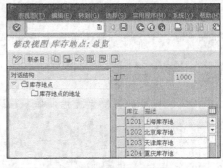

图 7-13 确定库存地点对应工厂　　　　图 7-14 创建库存地点

4. 给公司代码分配工厂

配置菜单	企业结构→分配→后勤-常规→给公司代码分配工厂
T-Code	OX18

配置内容如下。

在命令栏输入 SPRO 命令,通过菜单选择"企业结构→分配→后勤-常规→给公司代码分配工厂"选项,或者直接在命令栏中输入"OX18"命令,将前面建立的工厂分配到公司下。首先用鼠标单击要分配工厂的公司代码,然后单击"分配"按钮,系统出现未分配的工厂代码,最后单击要分配的工厂,此时工厂就会被分配到之前选中的公司代码下,如图 7-15 所示。

5. 给公司代码分配采购组织

配置菜单	企业结构→分配→物料管理→给公司代码分配采购组织
T-Code	OX01

配置内容如下。

在命令栏输入 SPRO 命令，通过菜单选择"企业结构→分配→物料管理→给公司代码分配采购组织"选项，或者直接在命令栏中输入"OX18"命令，将前面建立的采购组织分配到公司下。首先用鼠标单击要分配采购组织的公司代码，单击"分配"按钮，会出现未分配的采购组织代码，然后单击要分配的采购组织，这时采购组织就会被分配到之前选中的公司代码下，如图 7-16 所示。

图 7-15　为公司代码分配工厂

图 7-16　为公司代码分配采购组织

6. 给工厂分配采购组织

配置菜单	企业结构→分配→物料管理→给工厂分配采购组织
T-Code	OX17

配置内容如下。

在命令栏输入 SPRO 命令，通过菜单选择"企业结构→分配→物料管理→给工厂分配采购组织"选项，或者直接在命令栏中输入"OX17"命令，将前面建立的采购组织分配到工厂下。首先用鼠标单击要分配采购组织的工厂，再单击"分配"按钮，会出现未分配的采购组织代码，然后单击要分配的采购组织，这时采购组织就会被分配到之前选中的工厂下，如图 7-17 所示。

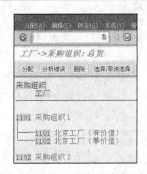

图 7-17　为工厂分配采购组织

7.4.3　后勤-常规—物料类型

1. 定义物料类型的属性

配置菜单	后勤-常规→物料主记录→基本设置→物料类型→定义物料类型的属性
T-Code	SPRO

配置内容如下。

STEP 1　在命令栏输入 SPRO 命令，通过菜单选择"后勤-常规→物料主记录→基本设置→物料类型→定义物料类型的属性"选项，弹出创建物料类型界面。在此界面中，如果要定义物料类型，可以单击"新条目"按钮创建一个新物料类型；也可以参考已有的物料类型，单击"📋"按钮，建立一个物料类型。一般来说，建议用复制的方式建立新的物料类型。因为物料类型中有很多关键的信息，用复制的方式可以避免遗漏。如图 7-18 所示。

STEP 2　选中一个物料类型，单击"🔍"按钮，或者双击选中的物料类型，可以查看其详细信息，如图7-19所示。

图7-18 创建物料类型界面

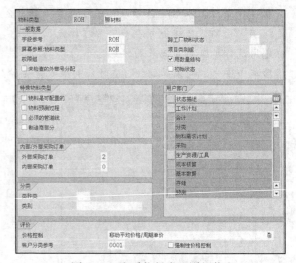

图7-19 查看物料类型详细信息

STEP 3 选中一个物料类型，在左栏中单击"数量/价值更新"选项，查看此物料类型在每个工厂中是否是数量和价值的更新，即是否是管量不管价等，如图7-20所示。

2. 定义每个物料类型的号码范围

配置菜单	后勤-常规→物料主记录→基本设置→物料类型→定义每个物料类型的号码范围
T-Code	MMNR

配置内容如下。

在命令栏输入 SPRO 命令，通过菜单选择"后勤-常规→物料主记录→基本设置→物料类型→定义每个物料类型的号码范围"选项，或者直接在命令栏中输入"MMNR"命令，可以对物料类型的号码范围进行编码操作，如图7-21所示。

图7-20 物料类型"数量/价值更新"

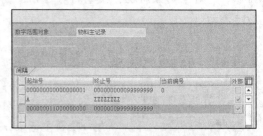

图7-21 定义物料类型编码

3. 定义物料组

配置菜单	后勤-常规→物料主记录→设置关键字段→定义物料组
T-Code	OMSF

配置内容如下。

STEP 1 在命令栏输入 SPRO 命令，通过菜单选择"后勤-常规→物料主记录→设置关键字段→定义物料组"选项，或者直接在命令栏中输入"OMSF"命令，在弹出的界面中可以定义"物料组"，如图7-22所示。

STEP 2 可以单击"📋"按钮复制,也可以单击"新条目"按钮新建。

4. 维护数据屏幕的字段选择

配置菜单	后勤-常规→物料主记录→字段选择→维护数据屏幕的字段选择
T-Code	OMS9

配置内容如下。

在命令栏输入 SPRO 命令,通过菜单选择"后勤-常规→物料主记录→字段选择→维护数据屏幕的字段选择"选项,或者直接在命令栏中输入"OMS9"命令,在弹出的界面中可以维护数据屏幕的字段选择,如图 7-23 所示。在此界面中,可以针对相应的字段进行选择,同时还可以对字段是否显示、是否必输、是否可选等进行配置。

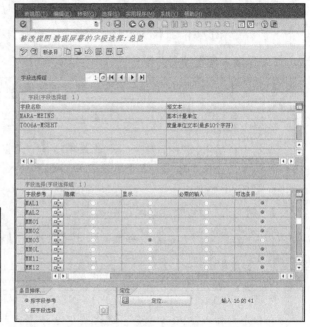

图 7-22 定义"物料组"   图 7-23 维护数据屏幕的字段选择

5. 激活批次管理

配置菜单	后勤-常规→批次管理→指定批级别并激活状态管理
T-Code	OMCU

配置内容如下。

在命令栏输入 SPRO 命令,通过菜单选择"后勤-常规→批次管理→指定批级别并激活状态管理"选项,或者直接在命令栏中输入"OMCU"命令,可以激活批次管理,如图 7-24 所示。在此界面中,可以针对不同的工厂,选择哪些工厂需要进行批量管理。

注 意:物料的库存管理是在存储地点基础上进行的,也可进一步分为特殊库存和批次管理。批次是由一定数量的物料构成,所以可将相同物料分开管理,通过批次号和特性来识别。在 SAP 系统菜单中可以通过选择"后勤→物料管理→物料主记录→批次→MSC1N-创建"选项,完成批次管理的创建,如图 7-25 所示。

SAP 从入门到精通

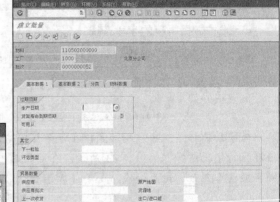

图 7-24 批状态管理　　　　　　　图 7-25 创建批次管理

6. 激活内部批编号分配

配置菜单	后勤-常规→批次管理→批次编号的分配→激活内部批编号的分配
T-Code	OMCZ

配置内容如下。

在命令栏输入 SPRO 命令，通过菜单选择"后勤-常规→批次管理→批次编号的分配→激活内部批编号的分配"选项，或者直接在命令栏中输入"OMCZ"命令，可以激活内部批编号的分配，如图 7-26 所示。

7. 激活 IM 中货物移动的批分类

配置菜单	后勤-常规→批次管理→批次评估→评估库存管理中的货物移动→激活 IM 中货物移动的批分类
T-Code	OMCV

配置内容如下。

在命令栏输入 SPRO 命令，通过菜单选择"后勤-常规→批次管理→批次评估→评估库存管理中的货物移动→激活 IM 中货物移动的批分类"选项，或者直接在命令栏中输入"OMCV"命令，可以激活 IM 中货物移动的批分类，如图 7-27 所示。

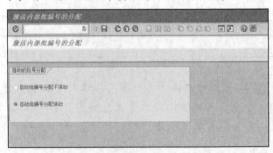

图 7-26 激活内部批编号的分配　　　　　　　图 7-27 激活 IM 中货物移动的批分类

8. 定义货物移动的批创建

配置菜单	后勤-常规→批次管理→创建新批次→定义货物移动的批创建
T-Code	SPRO

配置内容如下。

在命令栏输入 SPRO 命令，通过菜单选择"后勤-常规→批次管理→创建新批次→定义货物移动的批创建"选项，可以定义货物移动的批创建，如图 7-28 所示。

图 7-28　定义货物移动的批创建

9．批次查找程序定义

配置菜单	后勤-常规→批次管理→批次确定和批次检查→批次查找程序定义→定义库存管理查找过程
T-Code	SPRO

配置内容如下。

STEP 1　在命令栏输入 SPRO 命令，通过菜单选择"后勤-常规→批次管理→批次确定和批次检查→批次查找程序定义→定义库存管理查找过程"选项，可以定义批次查找程序，如图 7-29 所示。

STEP 2　在图中选择一个过程，然后在左边栏目中单击"控制数据"选项，系统将显示该过程所包含的"步骤"及"计数"，如图 7-30 所示。

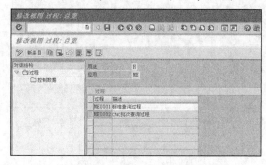

图 7-29　定义批次查找程序

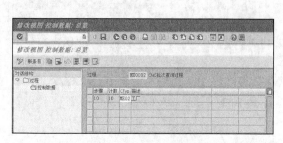

图 7-30　定义过程对应的"步骤"和"计数"

10．分配 IM 查找过程/激活检查

配置菜单	后勤-常规→批次管理→批次确定和批次检查→批次查找程序分配和检查激活→分配 IM 查找过程/激活检查
T-Code	OMCG

配置内容如下。

在命令栏输入 SPRO 命令，通过菜单选择"后勤-常规→批次管理→批次确定和批次检查→批次查找程序分配和检查激活→分配 IM 查找过程/激活检查"选项，或者直接在命令栏中输入"OMCG"命令，可以将上面定义好的批次查询程序分配给各移动类型，如图 7-31 所示。

图 7-31 给移动类型分配批次查询程序

7.4.4 物料管理-采购

1. 定义采购员的默认值

配置菜单	物料管理→采购→环境数据→定义采购员的默认值
T-Code	SPRO

配置内容如下。

STEP 1 在命令栏输入 SPRO 命令，通过菜单选择"物料管理→采购→环境数据→定义采购员的默认值"选项，弹出"修改视图采购默认值：总览"界面，从中可以定义采购员的"默认值"，如图 7-32 所示。在此修改"默认值"01，将价格改为"不要复制"。

STEP 2 鼠标双击选择 01"默认值"，进入"修改视图'采购默认值'：细节"界面，如图 7-33 所示。在此界面中，选择"采用价格"页，然后在条件栏中选择"不要复制"选项。

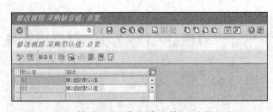
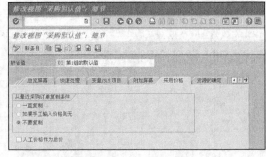

图 7-32 "修改视图采购默认值：总览"界面　　图 7-33 "修改视图'采购默认值'：细节"界面

2. 创建采购组

配置菜单	物料管理→采购→创建采购组
T-Code	SPRO

配置内容如下。

在命令栏输入 SPRO 命令，通过菜单选择"物料管理→采购→创建采购组"选项，可以创建"采购组"，如图 7-34 所示。

图 7-34 创建"采购组"

3. 定义信息记录屏幕格式

配置菜单	物料管理→采购→采购信息记录→定义屏幕格式
T-Code	SPRO

配置内容如下。

STEP 1 在命令栏输入 SPRO 命令,通过菜单选择"物料管理→采购→采购信息记录→定义屏幕格式"选项,弹出"修改视图采购屏幕:信息记录:总览"界面,从中可以定义屏幕格式,如图 7-35 所示。

STEP 2 将计划交货时间及最小订单数改为可选项。单击需要修改屏幕字段的 T-Code "ME11" 命令,然后单击 按钮,选择"数量"(计划交货时间及最小订单数在"数量"中)字段,如图 7-36 所示。

图 7-35 "修改视图采购屏幕:信息记录:总览"界面

STEP 3 选择"数量"字段后单击" "按钮,进入字段选择组字段界面,从中即可将计划交货时间及最小订单数改为可选项,如图 7-37 所示。

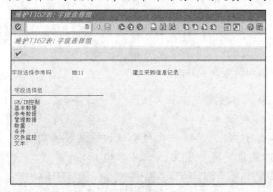

图 7-36 选择维护字段

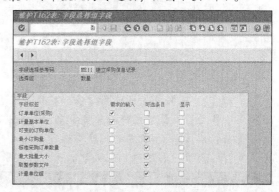

图 7-37 修改计划交货时间及最小订单数为可选项

4. 定义采购申请号码范围

配置菜单	物料管理→采购→采购申请→定义号码范围
T-Code	SPRO

配置内容如下。

STEP 1 在命令栏输入 SPRO 命令,通过菜单选择"物料管理→采购→采购申请→定义号码范围"选项,弹出"购买信息记录的编号范围"界面,如图 7-38 所示。

STEP 2 单击" 间隔 "按钮,进入"维护号码范围间隔"修改界面,如图 7-39 所示,从中可以定义号码范围间隔。

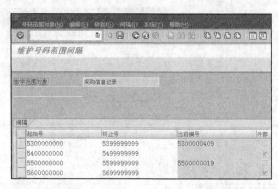

图 7-38 "购买信息记录的编号范围"界面　　图 7-39 "维护号码范围间隔"界面

5. 定义采购申请凭证类型

配置菜单	物料管理→采购→采购申请→定义凭证类型
T-Code	SPRO

配置内容如下。

STEP 1 在命令栏输入 SPRO 命令,通过菜单选择"物料管理→采购→采购申请→定义凭证类型"选项,弹出"凭证类型采购申请更改"界面,如图 7-40 所示。

图 7-40 "凭证类型采购申请更改"界面

STEP 2 在右边栏目中选择某一项目类型,然后在左栏中双击"允许的项目类别"选项,则可为项目类型设置"允许的项目类别",如图 7-41 所示。

STEP 3 同样,在右边栏目中选择某一"项目类别",然后在左栏中双击"链接采购申请-凭证类型"选项,则可对"采购申请"中的"采购凭证"进行定义,如图 7-42 所示。

图 7-41 设置"允许的项目类别"　　图 7-42 定义"采购申请"中的"采购凭证"

6. 定义采购订单号码范围

配置菜单	物料管理→采购→采购申请→定义号码范围
T-Code	SPRO

采购管理（MM）模块的配置 第 7 章

配置内容如下。

STEP 1 在命令栏输入 SPRO 命令，通过菜单选择"物料管理→采购→采购申请→定义号码范围"选项，弹出"采购申请的号码范围"界面，如图 7-43 所示。

STEP 2 单击"间隔"按钮，即可进入"显示号码范围间隔"修改界面，如图 7-44 所示，从中可以定义号码范围。

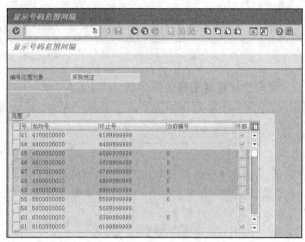

图 7-43 "采购申请的号码范围"界面   图 7-44 "显示号码范围间隔"界面

7. 定义采购订单凭证类型

配置菜单	物料管理→采购→采购订单→定义凭证类型
T-Code	SPRO

配置内容如下。

STEP 1 在命令栏输入 SPRO 命令，通过菜单选择"物料管理→采购→采购订单→定义凭证类型"选项，弹出"凭证类型采购订单更改"界面，从中可以定义采购订单的凭证类型，并且将上述定义的号码分配给对应的订单类型，如图 7-45 所示。

图 7-45 "凭证类型采购定单更改"界面

STEP 2 在右边栏目中选择某一凭证类型，然后在左栏中双击"允许的项目类别"选项，即可为凭证类型设置"允许的项目类别"，如图 7-46 所示。

STEP 3 同样，在右边栏目中选择某一"项目类别"，然后在左栏中双击"链接采购申请-凭证类型"选项，即可对"采购申请"中的"采购凭证"进行定义，如图 7-47 所示。

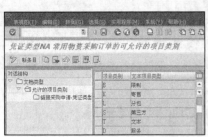

图 7-46　设置"允许的项目类别"　　　图 7-47　定义"采购申请"中的"采购凭证"

8. 设置价格差异的容差限制

配置菜单	物料管理→采购→采购订单→设置价格差异的容差限制
T-Code	SPRO

配置内容如下。

STEP 1　在命令栏输入 SPRO 命令,通过菜单选择"物料管理→采购→采购订单→设置价格差异的容差限制"选项,弹出"修改视图容差限制:总览"界面,从中可以为采购订单设置价格差异的容差限制,如图 7-48 所示。

STEP 2　鼠标双击某一条容差限制,进入"修改视图'容差限制':细节"界面,如图 7-49 所示。在此界面中,可以对容差的"上限"、"下限"、"百分比"等进行控制。

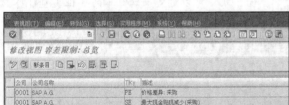

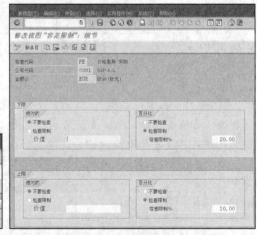

图 7-48　"修改视图容差限制:总览"界面　　　图 7-49　"修改视图'容差限制':细节"界面

9. 维护账户分配类别

配置菜单	物料管理→采购→账户分配→维护账户分配类别
T-Code	SPRO

配置内容如下。

STEP 1　在命令栏输入 SPRO 命令,通过菜单选择"物料管理→采购→账户分配→维护账户分配类别"选项,弹出"修改视图账户设置类别:总览"界面,从中可以维护账户分配类别,如图 7-50 所示。

STEP 2　选择某一条"科目分配类别",然后双击,弹出"修改视图'账户设置类别':细节"界面,如图 7-51 所示,从中可以设置"科目分配类别的细节。

采购管理（MM）模块的配置 第 7 章

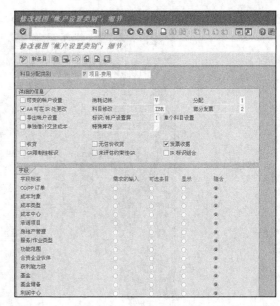

图 7-50 "修改视图账户设置类别：总览"界面　　图 7-51 "修改视图'账户设置类别'：细节"界面

10. 定义项目类别/账户分配类别的组合

配置菜单	物料管理→采购→账户分配→定义项目类别/账户分配类别的组合
T-Code	SPRO

配置内容如下。

在命令栏输入 SPRO 命令，通过菜单选择"物料管理→采购→账户分配→定义项目类别/账户分配类别的组合"选项，可以维护项目类别/科目分配类别组合，如图 7-52 所示。

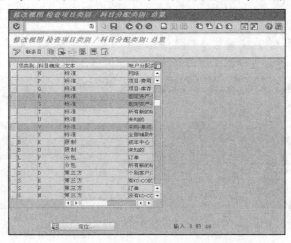

图 7-52　维护项目类别/科目分配类别组合

11. 定义凭证类型默认值

配置菜单	物料管理→采购→定义凭证类型默认值
T-Code	SPRO

配置内容如下。

在命令栏输入 SPRO 命令，通过菜单选择"物料管理→采购→定义凭证类型默认值"选项，可以定义凭证类型默认值,例如,将 ME21/ME21N 的订单类型设置为默认 ZA 类型,如图 7-53 所示。

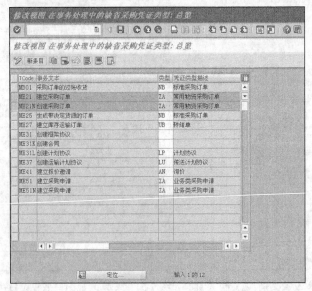

图 7-53 定义凭证类型默认值

7.4.5 物料管理—外部服务

1. 定义服务类别的组织状态

配置菜单	物料管理→外部服务管理→服务主记录→定义服务类别的组织状态
T-Code	SPRO

配置内容如下。

在命令栏输入 SPRO 命令,通过菜单选择"物料管理→外部服务管理→服务主记录→定义服务类别的组织状态"选项,可以定义服务类别的组织状态,如图 7-54 所示。

图 7-54 定义服务类别的组织状态

2. 定义服务类别

配置菜单	物料管理→外部服务管理→服务主记录→定义服务类别
T-Code	SPRO

配置内容如下。

在命令栏输入 SPRO 命令,通过菜单选择"物料管理→外部服务管理→服务主记录→定义服务类别"选项,可以定义服务类别,如图 7-55 所示。

3. 定义号码范围

配置菜单	物料管理→外部服务管理→服务主记录→定义号码范围
T-Code	SPRO

配置内容如下。

在命令栏输入 SPRO 命令，通过菜单选择"物料管理→外部服务管理→服务主记录→定义号码范围"选项，可以定义"服务主记录"的号码范围，如图 7-56 所示。

图 7-55　定义服务类别　　　　　　　　图 7-56　定义"服务主记录"的号码范围

4. 定义服务条目表的编号范围

配置菜单	物料管理→外部服务管理→编号范围→定义号码范围
T-Code	SPRO

配置内容如下。

在命令栏输入 SPRO 命令，通过菜单选择"物料管理→外部服务管理→编号范围→定义号码范围"选项，可以定义服务"条目表"的号码范围，如图 7-57 所示。

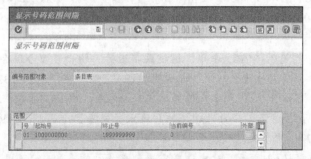

图 7-57　定义服务"条目表"的号码范围

7.4.6　物料管理—库存管理和实际库存

1. 检查工厂参数

配置菜单	物料管理→库存管理和实际库存→工厂参数
T-Code	SPRO

配置内容如下。

STEP 1　在命令栏输入 SPRO 命令，通过菜单选择"物料管理→库存管理和实际库存→工厂参数"选项，可以看到当前系统中创建的工厂，如图 7-58 所示。

STEP 2 双击进入想要修改的工厂,可以检查工厂的详细参数设置,如果发现参数设置有误,可以进行相应的修改,如图 7-59 所示。

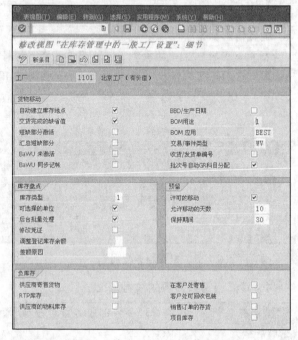

图 7-58　创建的工厂　　　　　　　　　　图 7-59　检查工厂的详细参数设置

2. 设置发货和转储移动类型的自动建立库存地点

配置菜单	物料管理→库存管理和实际库存→发货/转储记账→自动建立库存地点
T-Code	OMB2

配置内容如下。

STEP 1　在命令栏输入 SPRO 命令,通过菜单选择"物料管理→库存管理和实际库存→发货/转储记账→自动建立库存地点"选项,或者直接在命令栏中输入"OMB2"命令,弹出"自动创建库存地点"界面,如图 7-60 所示。单击"工厂"按钮,弹出"修改视图自动产生每一工厂的库存"界面,如果要针对某工厂自动建立库存地点,则将其勾选上,如图 7-61 所示。

STEP 2　在图 7-60 中单击"移动类型"按钮,弹出"修改视图货物移动库存地点的自动创建:总览"界面,如图 7-62 所示,从中选择需要创建库存地点的移动类型,然后勾选上"自动建立库存地点"选项即可。

3. 设置收货移动类型的设置容差限制

配置菜单	物料管理→库存管理和实际库存→收货→设置容差限制
T-Code	OMC0

配置内容如下。

STEP 1　在命令栏输入 SPRO 命令,通过菜单选择"物料管理→库存管理和实际库存→收货→设置容差限制"选项,或者直接在命令栏中输入"OMC0"命令,弹出"修改视图容差限制:总览"界面,如图 7-63 所示。

STEP 2　选择某一条公司的容差记录,然后双击,即可进入"修改视图'容差限制':细节"修改界面,如图 7-64 所示,从中可以修改容差的"上限"和"下限"百分比。

采购管理（MM）模块的配置 第 7 章

图 7-60 检查工厂参数设置　　图 7-61 "修改视图自动产生　　图 7-62 "修改视图货物移动
　　　　　　　　　　　　　　　　每一工厂的库存"界面　　　　库存地点的自动创建：总览"界面

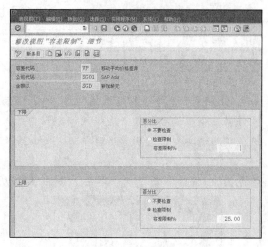

图 7-63 "修改视图容差限制：总览"界面　　图 7-64 "修改视图'容差限制'：细节"界面

4. 设置收货自动建立库存地点

配置菜单	物料管理→库存管理和实际库存→收货→自动建立库存地点
T-Code	OMB3

配置内容如下。

在命令栏输入 SPRO 命令，通过菜单选择"物料管理→库存管理和实际库存→收货→自动建立库存地点"选项，或者直接在命令栏中输入"OMB3"命令，同发货一样，可以将收货的移动类型设置为"自动建立库存地点"，如图 7-65 所示。

5. 设置"交货完成"标志

配置菜单	物料管理→库存管理和实际库存→收货→设置"交货完成"标志
T-Code	SPRO

配置内容如下。

在命令栏输入 SPRO 命令，通过菜单选择"物料管理→库存管理和实际库存→收货→设置'交货完成'标志"选项，可以针对不同的工厂设置"交货完成"标识，如图 7-66 所示。

图 7-65 将收货的移动类型设置为"自动建立库存地点"　　图 7-66 设置"交货完成"标志

6. 定义移动类型

配置菜单	物料管理→库存管理和实际库存→定义移动类型
T-Code	OMJJ

配置内容如下。

STEP 1 在命令栏输入 SPRO 命令，通过菜单选择"物料管理→库存管理和实际库存→定义移动类型"选项，或者直接在命令栏中输入"OMJJ"命令，在弹出的"字段选择"对话框中选择"移动类型"选项，然后即可定义、修改、新建移动类型，如图 7-67 所示。

STEP 2 在弹出的"确定工作区：表目"对话框中，可以输入要修改的"移动类型"的"工作范围"，然后单击"✓"按钮，如图 7-68 所示。

图 7-67 选择"移动类型"选项　　　　　　图 7-68 选择"移动类型"范围

STEP 3 弹出"修改视图移动类型：总览"视图界面，如图 7-69 所示。可以看到，在左边栏中分别是"移动类型"下包含的相关属性，右边是针对具体属性的配置信息。下面根据左边不同的属性，分别介绍"移动类型"的配置内容。

STEP 4 首先在右边栏中选择一条移动类型行项目，然后单击左边"对话结构"中的"短文本"属性，它主要用于对移动类型定义的描述，如图 7-70 所示。

STEP 5 单击左栏中的"允许事务"属性，它主要用于定义此"移动类型"可以用在哪个事务上，并将对应的事务码（T-Code）分配给此"移动类型"，如图 7-71 所示。单击另外的"帮助文本"属性，它主要是用于维护在某个事务码下此"移动类型"的具体用途。

采购管理（MM）模块的配置 第 7 章

图 7-69 "修改视图移动类型：总览"视图界面

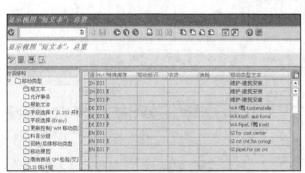

图 7-70 移动类型-短文本

图 7-71 移动类型-允许事务

STEP 6 单击左栏中的"字段选择"属性，它主要用于定义在此交易画面上哪些关键字段是需要输入、可选项等内容，如图 7-72 所示。

STEP 7 单击左栏中的"更新控制/WM 移动类型"属性，它主要用于定义在 WM 仓库管理中此"移动类型"的设置，一般来说如果没有用到仓库管理功能，默认的配置信息不会改变，如图 7-73 所示。

图 7-72 移动类型-字段选择

图 7-73 移动类型-更新控制/WM 移动类型

STEP 8 单击左栏中的"科目分组"属性，它主要用于定义会计分录使用，自定义的"移动类型"的科目修改跟"移动类型"一致，如图 7-74 所示。

STEP 9 单击左栏中的"回转/后续移动类型"属性，它主要用于定义此移动类型对应的反交易，如图 7-75 所示；而"撤消激活 QM 检验/交货类别"属性则主要用于设置此物料类型相关的设置。

图 7-74 移动类型-科目分组 　　　图 7-75 移动类型-回转/后续移动类型

7.4.7 物料管理—评估和科目设置

1. 将评估范围群集分组

配置菜单	物料管理→评估和科目设置→科目确定→将评估范围群集分组
T-Code	OMWD

配置内容如下。

在命令栏输入 SPRO 命令,通过菜单选择"物料管理→评估和科目设置→科目确定→将评估范围群集分组"选项,或者直接在命令栏中输入"OMWD"命令,可以设置当前不同估价范围对应的评估分组代码,如图 7-76 所示。

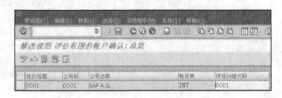

图 7-76 评估范围的账户确认

2. 定义评估类

配置菜单	物料管理→评估和科目设置→科目确定→定义评估类
T-Code	OMSK

配置内容如下。

STEP 1 在命令栏输入 SPRO 命令,通过菜单选择"物料管理→评估和科目设置→科目确定→定义评估类"选项,或者直接在命令栏中输入"OMSK"命令,弹出"科目分类参考/评估类型"界面,如图 7-77 所示。在此界面中对应的处理对象有 3 个,分别为"账户分类参考"、"评估类"、"物料类型/账户分类参考"等。

STEP 2 单击"账户分类参考"按钮,进入"显示视图'账户分类参考':总览"界面,如图 7-78 所示。在此界面中,可以单击"新条目"按钮新建账户分类。

图 7-77 "科目分类参考/评估类型"界面 　　図 7-78 "显示视图'账户分类参考':总览"界面

STEP 3 单击"评估类"按钮,进入"修改视图评估类:总览"界面,如图7-79所示。在此界面中,可以单击"新条目"按钮新建评估类。

STEP 4 单击"物料类型/账户分类参考"按钮,进入"显示视图'账户分类参考/物料类型':总览"界面,如图7-80所示。在此界面中,可以将刚才在第2步中创建的账户分类分配给物料类型。

图 7-79 "修改视图评估类:总览"界面   图 7-80 "显示视图'账户分类参考/物料类型':总览"界面

3. 配置自动过账

配置菜单	物料管理→评估和科目设置→科目确定→设置自动过账
T-Code	OBYC

配置内容如下。

STEP 1 在命令栏输入 SPRO 命令,通过菜单选择"物料管理→评估和科目设置→科目确定→设置自动过账"选项,或者直接在命令栏中输入"OBYC"命令,弹出"维护会计设置:自动记账-过程"界面,如图7-81所示。

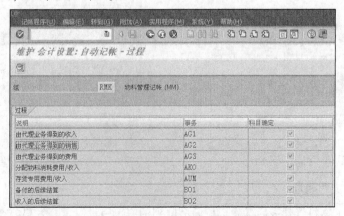

图 7-81 "维护会计设置:自动记账-过程"界面

STEP 2 在此界面中单击某条具体的过程,弹出"会计科目表条目"对话框,从中输入对应的"账目表",如图 7-82 所示。

STEP ③ 选择好"账目表"后,单击"✓"按钮,弹出"维护会计设置:自动记账-科目"界面,从中可以设置借贷方科目,如图 7-83 所示。

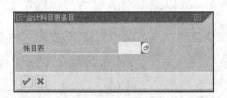
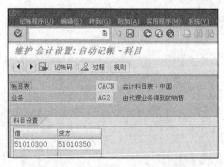

图 7-82 填写"账目表"信息　　　　　图 7-83 "维护会计设置:自动记账-科目"界面

7.4.8 物料管理—发票校验

1. 维护税代码的默认值

配置菜单	物料管理→后勤发票校验→收到的账单→维护税代码的默认值
T-Code	SPRO

配置内容如下。

STEP ① 在命令栏输入 SPRO 命令,通过菜单选择"物料管理→后勤发票校验→收到的账单→维护税代码的默认值"选项,弹出"修改视图发票校验中税默认值:总览"界面,如图 7-84 所示。

STEP ② 在此界面中单击某个公司代码,进入"修改视图'发票校验中税默认值':细节"界面,如图 7-85 所示。在此界面中,可以维护税码的默认值、税务代码信息。

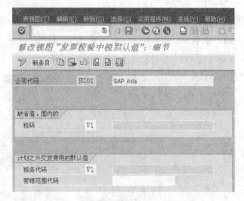

图 7-84 "修改视图发票校验中　　　　　图 7-85 "修改视图'发票校验中
　　　　税默认值:总览"界面　　　　　　　　　　　税默认值':细节"界面

2. 设置重复发票检查

配置菜单	物料管理→后勤发票校验→收到的账单→设置重复发票检查
T-Code	SPRO

配置内容如下。

在命令栏输入 SPRO 命令，通过菜单选择"物料管理→后勤发票校验→收到的账单→设置重复发票检查"选项，弹出"修改视图重复发票检查：总览"界面，如图 7-86 所示，从中可以设置"重复发票检查"。

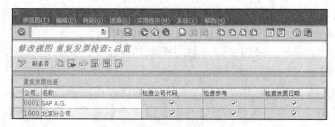

图 7-86 设置"重复发票检查"

3. 设置容差限制

配置菜单	物料管理→后勤发票校验→发票冻结→设置容差限制
T-Code	OMR6

配置内容如下。

STEP 1 在命令栏输入 SPRO 命令，通过菜单选择"物料管理→后勤发票校验→发票冻结→设置容差限制"选项，或者直接在命令栏中输入"OMR6"命令，弹出"修改视图容差限制：总览"界面，如图 7-87 所示。

STEP 2 选择某条容差限制，然后双击，即可进入"修改视图'容差限制'：细节"界面，如图 7-88 所示。在此界面中，可以设置检查/不检查，同时还可以设置检查的价值。

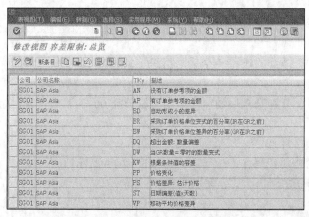

图 7-87 "修改视图容差限制：总览"界面

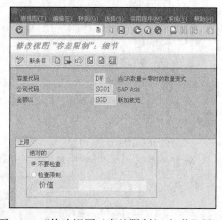

图 7-88 "修改视图'容差限制'：细节"界面

7.5 典型案例：中小型企业订单处理模型分析

某中型企业是一家家装企业，按照公司的组织结构和销售地点，将其销售组织分为了总部和分公司两个组织，在两个销售组织中，分别由产销管理人员和营业员创建订单。本流程重点介绍此公司的订单处理模型。该模型用于企业从营业员生成订单至产销下单发货的全过程管理。根据不同的处理阶段，整个流程分为营业处理和产销处理两个阶段。

7.5.1 整体设计方案

依据该企业的公司组织架构映射到 SAP 系统的相应的系统组织架构，同时考虑了未来的可拓展性，目前系统的整体设计方案参照以下几点进行设计。

- 对系统需要管理的物料进行系统的归类和编码，通过 SAP 系统可实现全公司范围内的物料编码共享及查询。
- 由采购人员在 SAP 系统中填写"采购申请订单"，根据系统的"采购申请订单"的汇总信息实现 SAP 系统内采购计划的统计、分析和管理。
- 采购合同单价的管理，采用 SAP 系统的采购信息记录实现特定供应商供应的某一物料的采购单价的管理。
- 由采购部指定专人在系统中维护与库存相关的业务信息。在库存业务操作及时准确的前提下，通过 SAP 系统可实现库存信息的及时更新和共享，以及及时准确地反映到相应的财务信息的变化。
- 通过 SAP 的采购与库存管理，在实施标准的 SAP 功能的前提下，实现物料编码信息的共享，采购合同历史信息的记录，出入库信息及时准确地反映财务的相应信息，库存账和财务账的同步。在 SAP 已经维护了相关信息的前提下，能够提供历史信息的统计和查询（如对特定物料历史采购单价的汇总查询分析）。

7.5.2 系统实现架构

1. 组织架构

（1）工厂。

根据该企业的业务特点，在 SAP 系统中设置唯一一个工厂（编号为 1000）。

（2）库存地。

根据该企业的业务特点，设置 3 个库存地，分别编号为 0001、0002、0003。

（3）采购组织。

该企业采购均由总部采购部统一采购，故建立唯一一个采购组织（编号为 1000）。

（4）采购组。

与采购组织相对应，设置两个采购组，分别是常用物料采购组（编号为 001）和项目采购组（编号为 002）。

（5）公司代码。

所有的财务及采购操作都对应唯一的公司代码 1001。具体结构如图 7-89 所示。

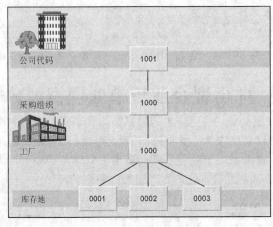

图 7-89 组织结构设置

2. 未来实现业务流程

根据公司现有的采购流程，我们计划未来 SAP 系统按照图 7-90 所示的业务流程进行采购管理。

未来采购管理业务流

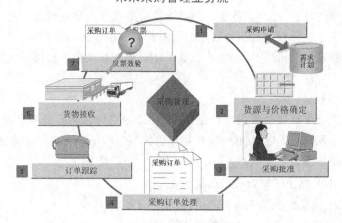

图 7-90　未来采购管理业务流

7.5.3　业务处理流程清单

1. 物料主数据创建/更改流程

本流程是关于采购部在 SAP 系统中新增/更改物料主数据的流程。包含物料主数据采购方面的信息及财务方面的信息的创建维护过程。

（1）流程主要控制点。

采购部经理审核新增/更改物料主数据申请表信息，主管签字确认后由采购部专人在 SAP 系统中维护数据，并将新增/更改物料主数据申请表备案。

（2）业务流程主要改进和变化。

- 权限集中，保证了物料主数据的安全性。
- 在 SAP 系统中可以查到创建物料主数据的操作日志，如某个用户在某段时间内创建了哪些物料等多维度的查询报表。

2. 供应商主数据创建/更改流程

本流程是关于采购部针对 SAP 系统中新增/更改供应商主数据的审批及操作流程。包含供应商主数据采购方面的信息及财务方面的信息修改维护过程。此流程适用于和采购合同相关的供应商信息，由采购部集中进行维护。

（1）流程主要控制点。

新增/更改供应商要有相应的审批制度，采购部审批后的供应商名录，需要交由专人在 SAP 中维护供应商主数据，并将新增/更改的供应商名录备案。SAP 系统根据供应商企业代码作为识别系统供应商的唯一标志。

（2）业务流程主要改进和变化。

- 与企业内部管理制度结合，保证供应商管理的规范性。
- 统一维护，保证供应商主数据的安全性。

- 判断依据是在 SAP 系统中查找是否存在该供应商的企业代码。
- 遵循财务部提供的供应商分类和编码规则,达到业务和财务数据信息共享。

3. 物料价格信息维护流程

本流程是关于采购部在 SAP 系统中,对某个供应商提供的物料价格信息进行维护的过程。设计此流程的目的在于:针对一些相对固定的物料价格,由于波动较小,故可在 SAP 系统中针对供应商维护这些物料的单价后,可在每次创建采购订单时自动由系统带出该供应商对该物料的价格,便于操作。

(1) 流程主要控制点。

物料价格信息维护申请表由采购部经理签字确认,随后由采购部组织相关部门进行论证,公司高管确认后,由采购部专人在 SAP 中维护物料价格信息维护申请表,并将纸介申请表存档。

(2) 业务流程主要改进和变化。

- 维护权限集中,保证了物料价格信息的安全性。
- 方便查询某个供应商提供该物料的价格,便于管理。
- SAP 系统按照现有价格目录格式提供查询报表。
- 在制度上保证维护单价的实时性和准确性,在下采购订单时会更方便和准确,减小人为出错的概率。

4. 物料采购流程

本流程是关于采购部在 SAP 系统中进行物料采购的操作流程。销售线提起采购申请,经过审批后在 SAP 系统中生成采购申请,并根据采购申请生成采购订单。

(1) 流程主要控制点。

- 物料采购申请表由销售线填报,并注明物料编码,然后提交采购部审批。
- 审批后的采购申请在 SAP 系统中进行申请信息的录入,并根据采购申请生成采购订单。在下订单之前,如果需要进行维护物料主数据、供应商主数据、物料价格信息等操作,则进入相应的流程,否则无法在 SAP 系统中下订单,从而保证了流程和操作的完整性。
- 采购订单打印出来,须传真给供应商,并将采购订单号通知销售线,以便供应商/销售线按订单送/收货。

(2) 业务流程主要改进和变化。

- 规范物料的采购申请流程,采购申请有电子存档,方便后续业务统计和审查。
- 规范物料的采购流程,保证了物料编码、物料价格信息、供应商主数据的完整性,方便后续业务操作和统计。
- 提供汇总采购申请表的报表,可支持对采购预算、采购计划完成情况的统计及分析。
- 采购订单号码要提供给需求单位的物料供应人员,以备收货时进行实物点验。
- SAP 系统提供采购订单收货状态的报表(某段时间内、待收货订单、已收货订单等)。

5. 物料收货流程

本流程是关于采购部在 SAP 系统中进行物料收货的操作流程。供应商在《到货通知单》上注明采购订单号,销售线根据《到货通知单》做实物验收,并签字确认留存两联,然后在系统中收货入账。月末采购部打印收料汇总单,盖章交给财务部。

(1) 流程主要控制点。

- 货物到达进行现场验收时,要从 SAP 系统中调出相应的采购订单进行实物核对。

- 现场验收合格后在供应商《到货通知单》上签字，并留收两联。
- 根据销售线签字确认的《到货通知单》需要同时在 SAP 系统中做入库操作，入库操作要及时，否则物料无法出库和使用。

（2）业务流程主要改进和变化。
- 规范常用物料的收货流程，规范验收和入库手续。
- 根据供应商注明的采购单号，在系统中收货时，可检查供应商实物与公司采购物料是否相符。
- SAP 可提供入库明细报表，可按照库存地、入库时间等相关信息查询生成报表。
- 物料在系统入库的同时产生财务凭证，以实现物流与资金流的统一。

6. 物料发货流程

本流程是关于采购部在 SAP 系统中进行物料发货的操作流程。销售线填写物料需求申请单，并根据需求单上注明的成本中心、基金中心、承诺项目在 SAP 系统中出库记账。月末采购部打印汇总发料单盖章，交给财务部。

（1）流程主要控制点。
- 销售线的物料需求单须注明物料领用用途、承诺项目、基金中心、成本中心，有销售线主管签字才能出库。
- 物料管理人员在 SAP 系统的出库操作中要注明领料单位成本中心、基金中心、承诺项目。
- 按月汇总发料汇总单，并由采购部领导签字作为财务存档的依据。

（2）业务流程主要改进和变化。
- 规范出库手续。
- SAP 系统在出库的同时产生财务凭证，以实现物流和资金流的统一。
- SAP 系统提供出库汇总信息的报表，可按照库存地、出库时间等相关信息查询生成报表。

7. 发票校验流程

本流程是关于 SAP 系统中针对物料发票校验操作的流程。采购部在付款申请前配合财务部在 SAP 系统中进行相应的操作。

（1）流程主要控制点。
- 发票首先由采购部进行审核，发票背面有采购部经理的盖章。
- 采购部将合同原件、全额发票以及与合同相关的收料明细表交给财务部进行校验。
- 财务部审核上述 3 种单据无误后，在 SAP 系统中进行发票校验时若发现仍有差异，不能做发票校验，则退回采购部。

（2）业务流程主要改进和变化。
- 规范采购部发票校验流程，发票要经采购部和财务部的检验通过后，才能在 SAP 系统中进行发票校验。
- SAP 系统发票校验要求供应商开具的发票必须是到货的全额发票。

第 8 章

销售与分销管理（SD）模块的配置

SAP R/3 系统的销售与分销模块主要进行客户管理、合同管理、订单处理、发货及开票管理、市场信息收集、销售统计与分析等工作。通过发货和票据处理与财务之间建立有效的联系，即在发货、发票的同时记账到总账科目。

8.1 销售与分销管理模块基本概念

之前在第 2 章已介绍过部分销售与分销管理模块的主要特征和功能。本节针对销售与分销的一些基本概念做一个简单的介绍。图 8-1 所示为销售与分销管理的整个过程。

图 8-1 销售与分销管理过程

从图 8-1 中可以看到，SAP 系统的销售管理是从产品的销售计划开始的，对其销售产品、销售地区、销售客户等各种信息进行管理和统计，并可对销售数量、金额、利润、绩效、客户服务等做出全面的分析，这样在分销管理模块中大致有以下三方面的功能。

1. 对于客户信息的管理和服务

它能建立一个客户信息档案，对其进行分类管理，进而对其进行针对性的客户服务，以达到最高效率地保留老客户、争取新客户。在这里，特别要提到的就是最近新出现的 CRM 软件，即客户关系管理，SAP 系统与它的结合必将大大增加企业的效益。

2. 对于销售订单的管理

销售订单是 SAP 系统的入口，所有的生产计划都是根据它下达并进行排产的。而销售订单的管理则贯穿了产品生产的整个流程。它包括：

- 客户信用审核及查询（根据客户信用分级，审核订单交易）；
- 产品库存查询（决定是否要延期交货、分批发货或用代用品发货等）；
- 产品报价（为客户作不同产品的报价）；
- 订单输入、变更及跟踪（订单输入后，变更的修正及订单的跟踪分析）；
- 交货期的确认及交货处理（决定交货期和发货事物安排）。

3. 对于销售的统计与分析

这时系统会根据销售订单的完成情况，依据各种指标做出统计，例如客户分类统计、销售代理分类统计等，再就这些统计结果对企业实际的销售效果进行评价：

- 销售统计（根据销售形式、产品、代理商、地区、销售人员、金额、数量等分别进行统计）；
- 销售分析（包括对比目标、同期比较和订货发货分析，从数量、金额、利润及绩效等方面作相应的分析）；
- 客户服务（客户投诉纪录，原因分析）。

下面介绍销售与分销管理模块过程每个环节的主要动作。

1. 销售计划

销售计划的主要动作就是咨询和报价。销售咨询可以使用户了解与销售行为有关的重要信息，这些信息是用户以后在订单处理的时候需要使用的。同时，销售咨询可以帮助用户与客户建立长期的关系。

2. 处理销售订单

销售订单是获取和记录客户对货物和服务的要求的电子文档。为了在整个客户订单管理循环中处理客户的要求，一个标准的销售订单需要包括以下一些信息：

- 客户信息和物料信息；
- 对每个项目的定价条件；
- 计划行和交货信息；
- 出具发票信息。

为了减少错误和不必要的处理，销售和分销管理模块会自动地从相关的主数据中建立现存的数据。用户可以在单个屏幕上为销售订单输入相关字段内容，或通过扩充订单视图建立一个复杂的订单。

3. 安排货源

销售管理中的货源事实上就是通常所指的库存，它主要由企业的生产和销售能力决定。安排货源主要的动作是产品的可用性检查和产品的供货方式，其中供货方式主要有以下几种：

- 根据当前的库存情况供货；
- 通过补充活动（生产订单和采购订单）供货；
- 根据订单生产供货；
- 直接从外部供应商供货；

- 从其他库存供货。

4. 交货

销售与分销模块中的交货主要包括创建交货单、创建运输单和发货等动作。

（1）创建交货单。

它是针对销售订单所有运送活动的开始，同时，交货单也是帮助用户管理交货过程中所有活动的有效凭据，其中的活动包括有效的产品提货、包装、计划和监控装运、准备发运单和过账发货等。

（2）创建运输单。

创建运输单主要是为了方便仓库处理，从转账凭证上拷贝相应的信息到运输单上，运输单对于在仓库中控制货物移动是必不可少的凭据。运输单基于一个简单的原理：在仓库范围内，用户从哪里拿的货物和将把货物带到哪里去，都会将源地点和目的地点记录在运输单上。

（3）发货。

当过账发货时，可看到系统自动对总分类账进行更新，SAP系统通过对销售货物成本账户计入借项和从库存账户计入贷项，影响总分类账。库存存货数量和价值都将下降，而销售货物成本则上升。

5. 出具发票

创建出具发票凭证包括从销售订单和交货单上拷贝信息到出具发票凭证上。出具发票凭证有以下几个功能。

- 出具发票凭证是帮助用户准备发票的一种电子方法，所准备的发票是被认为要输出的出具发票。
- 出具发票凭证使得在财务会计（FI）模块可以帮助用户审核和管理客户付款。

出具发票支持以下操作。

- 为交货和服务创建发票，用户可以为一个单独交货或一个销售订单创建一张发票。
- 根据要求创建借方和贷方凭证。
- 撤销业务事务。
- 转账出具发票数据给财务。

6. 收款

收款是销售活动的最后一步，它主要是客户针对发票过账付款，同时如果有相应的需求，可以进行差额调整。当客户过账付款时，可以看到系统对财务总分类账的自动更新，这主要是系统通过借计现金账户和贷计客户的应收账户来影响总分类账。

8.2 销售与分销管理模块结构体系

销售与分销管理的主体结构是由销售组织、销售内部组织、发货组织及与其他模块集成共享的组织结构共同构筑的。

8.2.1 销售组织的结构

1. 销售组织

用户可以应用销售组织来定义国内或国际的销售分部，每个销售组织在法律意义上都代表一个销售实体。在销售组织内,可以进行每项商业交易。销售组织具备以下几个特点。

- 它是一个对产品追索权和债务追索权负责的业务单位。
- 它反映汇总的销售数据。
- 它是销售和分销模块中必须存在的一个主数据。
- 一个销售组织只属于一个公司代码,但一个公司代码则可以有多个销售组织,如图 8-2 所示。

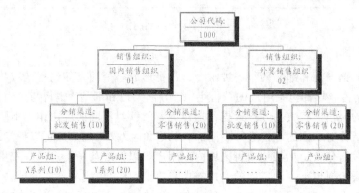

图 8-2　销售组织结构

2. 分销渠道

分销渠道可以定义怎样将不同的产品送到消费者手中。典型的分销渠道包括批发、零售和直销,如图 8-3 所示。用户可以从几种分销渠道服务于消费者。相关主数据,如价格、最小订货量以及发货地等可以由每种分销渠道加以区别。分销渠道的主要特点如下。

- 分销渠道可服务于(或指派到)多个销售组织。
- 分销渠道遵从不同的条件为客户服务。条件通常指最小数量、最大数量和定价等。

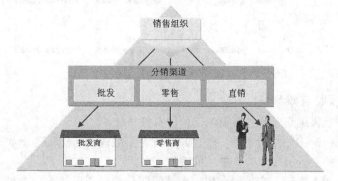

图 8-3　典型的分销渠道

3. 部门

对于大型的、具有多种产品类型的公司,可以将每一个产品类分配到一个特定的部门。可以对每一个部门制订对客户专用的协议,包括零批交货、定价和支付款项等。部门具备以下几个特点。

- 部门代表产品生产线。
- 使用销售和分销模块必须至少建立一个部门。
- 销售组织中包括部门。
- 同一部门可服务于(或指派到)多个销售组织,如图 8-4 所示。

- 用户可以通过部门进行统计分析。客户可以通过部门制定营销策略。

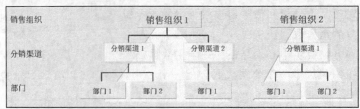

图 8-4　同一部门服务不同的销售组织

4. 销售区域

销售组织、分销渠道和部门的每一种组合，都将形成一个独立的销售区域，如图 8-5 所示。一般来说，每个销售区域都包括对应的销售组织、分销渠道和部门。销售与分销模块可以根据销售区域定义所有的与销售相关的客户数据，这样方便针对不同的客户作出不同的规定。例如，在不同的销售区域针对不同的客户进行不同的产品定价。另外，用户还可以任意组合销售区域的有关准则来完成数据分析。在某一销售区域内，用户可以针对某一类客户来安排各种分销渠道，可以对每一分销渠道规定出各种不同的客户需求和协议，还可以定义不同的销售专用的物料主数据，例如适于销售组织和分销渠道的每一种组合的价格、最小订货量，或者交货数量。

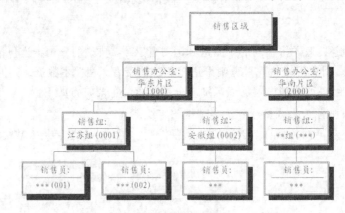

图 8-5　销售区域结构

销售区域的主要特点如下。
- 销售区域是销售组织、分销渠道和部门的有机结合。
- 当用户建立一个主数据（例如一个客户）或者要处理销售凭证（例如一个订单）时，用户可以把这些业务链接到一个单独的销售区域。
- 一个销售区域仅属于一个公司代码。销售组织作为销售区域的一个组成部分，与公司代码有双重互斥的关系，所以销售区域属于且仅属于一个公司代码。
- 用户可以在销售区域级内控制业务处理（即公司如何运作），尤其是在建立主数据和销售凭证的时候。

8.2.2　商业发展和销售中的内部组织结构

销售管理的内部组织结构主要由销售办公室、销售组、销售人员等构成，具体的结构如图 8-6 所示。

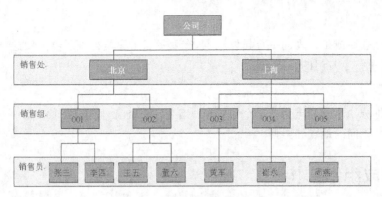

图 8-6　销售内部组织结构

1. 销售办公室

通过销售办公室、销售组和销售人员，可组合形成能代表商业发展和销售的内部组织。一个销售办公室就是一个公司的分部或分支机构，它能在一个或多个销售区开展销售活动。

2. 销售组

在销售办公室中可以按照销售人员再进行细分归类，针对产品类型或者区域形成不同的销售组。

3. 销售人员

销售与分销模块包括了各个人员的主要档案，可以用来管理所有销售人员的资料，同时还可以指派销售人员到专门的销售组中。

8.2.3　发货中的组织结构

在销售与分销模块，仅仅定义销售是不够的，因为销售过程还不完全，一个完整的销售过程必须要客户接收到产品时才算完成，所以 SAP 销售与分销模块将发货作为销售过程的一个重要组成部分。如果用户正在销售的不仅仅是一个产品，那么发货是很关键的，即用户要保证货物能够按时在客户指定的地点到达，而这项过程需要在发货中实现。SD 模块中的发货部门的组织结构包括发货点和装货点两部分，如图 8-7 所示。

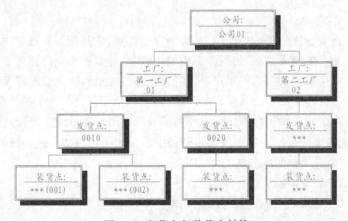

图 8-7　发货点与装货点结构

1. 发货点

发货点是在仓库或工厂内的一个具体地点。在发货点由雇员处理货物的发送。对每一次发货，SD 模块都要分配一个专门的发货地址。

2. 装货点

用户可以细分一个发货点为若干个装货点。当在一个装货地点装载货物时，每个装货点就代表了装备的一个不同的地点和类型。

8.2.4 集成组织结构

在一个公司中，所有的组织单位都是互相关联的。对于销售动作来说，也势必会关联到公司销售部门以外的其他组织单位。所以通过 SAP 系统的高度集成性，对于这种集成性的组织操作流程，能够有效地控制销售作业从一个模块流转至另一个模块中进行处理。那么对于这种集成性的操作，则有一些基础的组织结构需要共享。对于销售与分销模块，有一些结构需要固化在整个流程中，它们与销售管理模块之间的关系如图 8-8 所示。

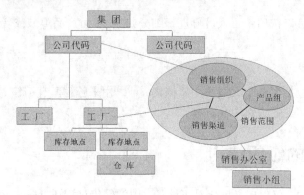

图 8-8　集成组织结构

1. 公司代码

公司代码是用于财务会计中的中央组织单位。法律上它是一个独立的公司，对公司来说，用户必须保存结算差额表和损益表。多重公司代码在一个简单的 R/3 系统中可以获得支持。

2. 工厂

工厂是一个生产设施或简单的一组地点，称为存储位置。它是物料管理模块的中央组织单位，用户用于管理库存物资的存放。在销售与分销模块中，工厂能显示出仓库或发货中心的具体位置。工厂属于组织上的一个层次，在这里用户可以进行产品的规划和库存量的管理。

销售组织可以销售不同的工厂或仓库的产品。虽然一个工厂是与单个的公司代码联系在一起的，但通过横跨多个公司的销售组织，工厂仍可被分配使用。工厂的主要特点如下。

- 工厂可以代表生产设施，还可以代表分销中心。如果用户提供的是服务，工厂则可代表提供服务的地点（例如办公室）。
- 为了使用销售和分销模块，必须定义工厂。
- 一个工厂仅能指派到一个公司代码。
- 一个销售组织可以销售多个工厂的产品，一个工厂可以给多个销售组织供货，这是一个

- 多对多的关系。
- 工厂对客户订单的管理周期非常重要，主要因为企业一般是在工厂保存产品的存货，而且由工厂来决定货物的运送地点。
- 存储地点是货物在工厂内的存放地方（例如成品）。

8.3 销售与分销管理模块主数据

SAP R/3 系统的销售与分销管理模块主数据，通常是根据大部分企业商业的销售业务数据基础来定制，主要包含以下一些信息：

- 商业伙伴
- 产品与服务
- 产品建议
- 客户/产品信息记录
- 价格、附加费和折扣
- 销售税

1. 商业伙伴

商业伙伴是企业与之进行生意往来的任何实体。

- 客户：订购货物或服务的个人或者单位。
- 供货商：包括承运人、转运人、联运人和其他运输货物者，以及向企业提供货物或原材料的供应商。
- 代理商：执行企业部分商业事务的个人或单位。

（1）客户。

在 SAP 系统的 SD 模块中，客户主记录数据被用于财务、采购、销售等各个模块中。一般来说，企业主要存储以下 3 种不同类型客户的主记录数据。

- 通用数据：包括客户地址和通信数据。
- 公司代码数据：包括银行和付款数据，它们只对会计功能有重要性。
- 销售与分销数据：包括诸如定价、交货和输出等信息，这些数据对一个销售地区是专用的，因此应视销售结构而定。

（2）供货商。

一家给定的组织在同一时间担任上述类别中不止一类功能。例如一家公司既可以是客户，又可以是供货商。R/3 系统保存这些商业伙伴们的记录，它们既是物料管理（MM）模块中的供货商，也是财务会计（FI）模块中的供货商。用户也可以在 SD 模块中规定这些数据，SAP 系统提供在各模式间建立一体化数据。

（3）人员。

R/3 系统在人员主记录中管理雇员数据，每一雇员在该系统中有一个独立的编号。企业的人事部通过系统为公司的雇员出具主记录。

2. 产品与服务（物料主数据）

企业提供的产品和服务一般就被称为物料主数据。在 R/3 系统中，SD 模块主要维护物料的库存信息及在物料主记录中用于销售所需的信息。物料主记录就像客户主记录一样，必须满足许多使用者的需要。SAP 系统不断使用这些记录作为销售处理的基本资源。SD 模块在处理过程中使用物料主记录进行询问、引用、销售订单、发货和开票等操作。每一种情况所需的信息不同，企业可以根据应用领域集中维护物料主记录。物料主数据包括以下各项信息。

（1）数据结构。

SD 模块把不同类型的物料数据存储在销售与分销物料主记录中。

① 通用数据：通用数据包括每一种物料的物料号、物料描述、计量单位、成本、重量、体积与类似数据。由于通用数据限定具体物料，所以它不改变一个组织的任何位置或部分，虽然如果物料改变，这个位置或部分也随数据改变。

② 销售和分销数据：销售和分销数据包括交货工厂，分配给一个销售组，价格协议中的分组条款以及描述文本等。所有的这些都是物料主记录中的典型 SD 输入。这种数据是特定给一个组织和分销渠道的，可以从一个组织的一个厂改变到另一个厂。把一种物料和一个分销渠道联系起来，使用户能通过各种不同的渠道在不同的条件下销售物料。物料数据通常分为销售组织的数据和工厂的数据两种。

- 销售组织/分销渠道的数据包括交货厂，销售单位和最小订货与交货数量。
- 工厂数据，包括 MRP 数据，如安全库存数量、再订货水平和装运处理时间。

（2）物料类型。

在 R/3 系统中物料类型包括贸易货物，半成品产成品与服务。把这些按物料类型分组，有助于企业在处理中定义屏幕次序，定义选择功能和确定号码分配。例如，主数据不同于上述这些数据之一。物料类型主要包括以下一些。

- 贸易货物：由公司买进再出售的货物，而不是自行制造。贸易货物包括消费品和耐用品。这些货物的物料主记录包括采购和销售数据。
- 非库存物料：包括不当库存品管理的物料。
- 服务：服务是不能运输，也不能作为库存的。服务包括商业服务、运输服务、银行服务和保险服务等。
- 包装物料：包括包装所需的箱子盒子及其他物料。

3. 产品建议

用户连续存储出现的物料组合和常见的交货数量作为产品建议，在订单输入时参考产品建议将引发系统提供其项目清单。产品建议包括不同物料类型的物料。

4. 客户/产品信息记录

在客户/产品信息记录中存储客户销售和交货的数据，使企业能更有效地满足客户的要求。客户/产品信息记录包括：

- 客户/产品号及描述
- 特殊交货数据和交货容差
- 长文本交货容差

客户/产品信息记录数据优先于从客户或物料主记录中来的数据，当用户对一个生产输入一个销售订单用于维护客户/产品信息记录时，系统会自动将来自销售订单中的这项记录的相应数据送入单个项目中，用户可为每项事务更改这个数据。

5. 价格、附加费和折扣

SD 的定价系统用于处理基本定价结构，也可用于处理复杂而相互纠缠的定价因素。R/3 系统可以处理折扣和千变万化的附加费用。

(1) 定价因素。

R/3 SD 系统根据预先定义的定价因素矩阵计算定价。有许多变化使 SD 定价能满足用户的组织需求。用户用千变万化的因素去定义定价因素。在系统中用户可以创建并维护比较常见的几种价格，包括价目表、产品价格、客户指定的价格等。

根据需要，用户可以定义得更多一些。附加费和折扣则取决于客户、产品，客户或产品定价组，以及其他一些因素或因素组合。

(2) 定价过程。

SD 模块首先计算物料或产品的毛价，然后计入折扣和附加费计算其净价，具体的流程如图 8-9 所示。系统的定价可以来自价目表，也可以来自同客户的协议或物料价格。附加费和折扣可以由客户指定，也可以根据物料组决定。在 SD 模块中也支持这样一种方式，就是成本首先被计算，然后再加上附加费和折扣，由此来计算净价。

销售范围
客户定价过程 ──→ 定价过程 ──→ 条件类型 ──→ 存取顺序 ──→ 条件表 ──→ 条件记录
订单定价过程

图 8-9　定价过程

(3) 价格涨落。

当用户的定价因素发生变化时，例如涨了一个百分比或一些数额，用户可以用后台处理来更新定价因素。

(4) 有效期间。

定价因素在特定的时间期间起作用或有效。在 R/3 SD 中，这就是所谓的有效期。用户可以每年更改一次价目表，这样就有一年的有效期。同样，降价也可以在促销活动期间定义为有效。用户定义这些定价因素，可在它们生效前将其存储在系统中，同时可以存储用于明年的价目表和将要开展的促销折扣活动中。一旦这些新的定价因素到了生效日期，系统就会使用新的价目或折扣。

(5) 价格协议。

在 R/3 SD 中事先定义价格协议是常见的定价因素。价格协议取决于销售组织与分销渠道。典型的价格协议包括产品、客户、产品与客户组合、客户和产品层次组合、客户组和产品组合、客户组和产品层次组合。用户也可以在较窄的范围内定义个别价格协议，个别价格协议规定受价格协议影响的特殊字段。

(6) 促销（降价）价格协议。

用户可以为促销定价（降价）协议创建并维护一些条件组记录，这在消费品市场特别有用。为了管理市场，可以开辟计划使用大幅度折扣结构。有以下两种类型的促销定价协议。

促销对某些产品或产品系列提供高水平的市场开拓，例如对许多产品在其特定销售周期中。如果用户的促销包括一些产品系列，则可为每一个产品系列创造单独的销售协议。

销售协议是较为特定的促销，它常常是较大促销的一部分。例如，在某种情况下用户可能提供对指定客户的折扣，在另一些情况下则提供对指定产品的折扣，用户可以创建一个条件记录连接这些销售协议，或分配现有的条件记录。如果用户把销售协议与促销连接，则促销协议包括促销号，这样用户以后就可以有效地分析用户的促销结果。

(7) 支付条款。

用户可以将支付条款作为促销战略的一部分。当用户制定促销或销售协议的主数据时，可以规定支付条件中用于促销或销售协议的特殊价格。如果用户将销售协议作为促销的一部分，系统将自动从促销管理向销售协议管理中拷贝支付条款。如果用户创建的条件记录是销售协议的一部分，那么系统将自动从销售协议管理向条件记录中拷贝现有支付条款。

（8）定价尺度。

定价尺度可根据客户的购买量为一种产品的每一订单定一个产品单价，定价尺度规定每单位产品价格改变的点数。就正常定价尺度而言，存在一个订单一个单价。例如，用户可以根据数量来创建定价尺度，每购买用户 100 单位的产品，用户的每单位产品就降价 1%。

（9）最优价格。

经常有这种情况：在任何一个时间有一个以上的条件记录用于某一项目。用户可以规定排除项组，它们使用户能用选择某些条件记录而忽略其他条件记录的方法，确保系统为用户的客户制定最优价格。用户不仅能够将最优价格功能用于价格，而且也能用于运输费和折扣。最佳价格高于系统的正常定价则优先安排。

（10）最低订单值。

用户可以规定一个最低订单值用于销售订单处理。如果一个订单净价值（在折扣和运费付出后）小于用户规定的最低订单值，系统就计算最低订单附加费以达到用户规定的最低订单价值并调整净订单值。

6. 销售税

（1）税类型。

销售税其实是一种附加费。R/3 SD 中的定价因素也出现销售税。系统对很多国家规定了大量的税种。例如按照不同国家的定价因素，有州税、县税、城市销售税、管辖区税等。

（2）自动销售税计算。

SD 销售模块的自动销售税计算主要考虑以下一些因素。

- 销售活动是国内的还是国外的（例如 R/3 SD 一般包括为美国、加拿大和澳大利亚储存的销售税）。
- 售达方的税种分类（有些非盈利项目免税）。
- 产品税分类（有些不收税，或少收税）。

用户可以增加 R/3 SD 系统尚未规定的其他销售税。系统在销售订单中决定每一项目的税率。

（3）纳税许可证号。

用户可以将承担特殊税种客户的许可证号包括在主数据中。

8.4 销售与分销管理模块配置

前几节介绍了销售与分销的基本知识，本节介绍 SAP 系统销售与分销模块的配置操作。SAP 系统中的销售与分销配置是销售与分销管理模块实施过程中的关键环节，一般来说，在业务明确以后，接下来就应该是利用 SAP 软件提供的销售与分销配置，根据企业的具体业务进行基础结构、主数据及应用的配置。

1. 定义销售组织

配置菜单	企业结构→定义→销售和分销→定义、复制、删除、检查销售组织
T-Code	SPRO

具体的配置步骤如下。

STEP 1　在命令栏输入 SPRO 命令，通过菜单选择"企业结构→定义→销售和分销→定义、复制、删除、检查销售组织"选项,在弹出的"选择活动"对话框中选择"定义销售组织"选项,如图 8-10 所示。

STEP 2 在弹出的"修改视图 销售组织:总览"界面,可以单击"新条目"按钮新增销售组织,如图 8-11 所示。同时,也可以选中某条销售组织,然后进行修改、删除、复制等操作。

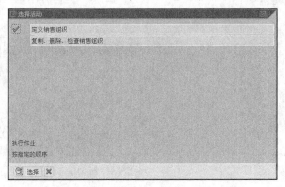

图 8-10 选择"定义销售组织"选项　　　　　　　图 8-11 新增销售组织

2. 销售组织的分配

配置菜单	企业结构→分配→销售和分销→给公司代码分配销售组织
T-Code	SPRO

具体的配置步骤如下。

STEP 1 在命令栏输入 SPRO 命令,通过菜单选择"企业结构→分配→销售和分销→给公司代码分配销售组织"选项,进入"销售组织→公司代码:总览"界面,如图 8-12 所示。

STEP 2 在此界面中,可以看到当前系统所有的公司代码。选择某个公司代码,然后单击"分配"按钮,弹出"销售机构→公司代码:销售机构选择"对话框,如图 8-13 所示。

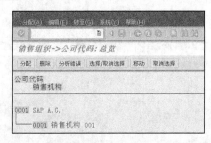
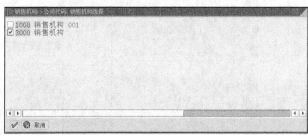

图 8-12 "销售组织→公司代码:总览"界面　　图 8-13 "销售机构→公司代码:销售机构选择"对话框

STEP 3 从中选择要分配的销售组织,然后单击"✓"按钮,该组织即被分配给对应的公司代码上。另外,如果要将某个公司代码上的销售组织删除,则可选中该销售组织,然后单击"删除"按钮即可。

3. 定义分销渠道

配置菜单	企业结构→定义→销售和分销→定义、复制、删除、检查分销渠道
T-Code	SPRO

具体的配置步骤如下。

STEP 1 在命令栏输入 SPRO 命令,通过菜单选择"企业结构→定义→销售和分销→定义、复制、删除、检查分销渠道"选项,在弹出的"选择活动"对话框中选择"定义分销渠道"选项,如图 8-14 所示。

STEP 2 在弹出的"修改视图分销渠道：总览"界面，可以单击"新条目"按钮新增分销渠道，如图 8-15 所示。同时，也可以选中某条分销渠道，然后进行修改、删除、复制等操作。

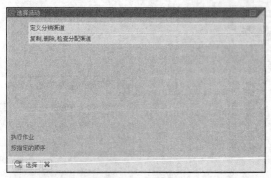
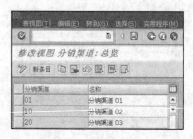

图 8-14　选择"定义分销渠道"选项　　　　　图 8-15　新增分销渠道

4. 为销售组织分配分销渠道

配置菜单	企业结构→分配→销售和分销→给销售组织分配分销渠道
T-Code	SPRO

具体的配置步骤如下。

STEP 1 在命令栏输入 SPRO 命令，通过菜单选择"企业结构→分配→销售和分销→给销售组织分配分销渠道"选项，进入"分销渠道→销售机构：总览"界面，如图 8-16 所示。

STEP 2 在此界面中，可以看到当前系统所有的销售机构。选择某个销售机构，然后单击"分配"按钮，弹出"分销渠道→销售机构：选择分销渠道"对话框，如图 8-17 所示。

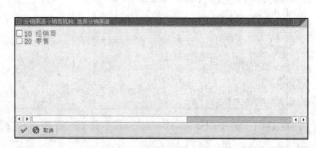

图 8-16　"分销渠道→销售机构：总览"界面　　图 8-17　"分销渠道→销售机构：选择分销渠道"对话框

STEP 3 从中选择要分配的分销渠道，然后单击"✓"按钮，该分销渠道即被分配给对应的销售机构上。另外，如果要将某个销售机构上的分销渠道删除，则可选中该分销渠道，然后单击"删除"按钮即可。

5. 给销售组织分配部门

配置菜单	企业结构→分配→销售和分销→给销售组织分配部门
T-Code	SPRO

具体的配置步骤如下。

STEP 1 在命令栏输入 SPRO 命令，通过菜单选择"企业结构→分配→销售和分销→给销售组织分配部门"选项,进入"产品组→销售机构:总览"界面,如图 8-18 所示。

STEP 2 在此界面中,可以看到当前系统所有的销售机构。选择某个销售机构,然后单击"分配"按钮,弹出"产品组→销售机构:选择产品组"对话框,如图 8-19 所示。

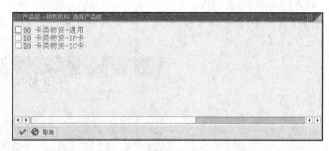

图 8-18 给销售组织分配部门　　　　图 8-19 "产品组→销售机构:选择产品组"对话框

STEP 3 从中选择要分配的产品组,然后单击"✓"按钮,该产品组即被分配给对应的销售机构上。另外,如果要将某个销售机构上的产品组删除,则可选中该产品组,然后单击"删除"按钮即可。

6. 定义销售办公室

配置菜单	企业结构→分配→销售和分销→维护销售办公室
T-Code	SPRO

具体的配置步骤如下。

STEP 1 在命令栏输入 SPRO 命令,通过菜单选择"企业结构→分配→销售和分销→维护销售办公室"选项,弹出"修改视图 销售办公室:总览"界面,如图 8-20 所示。

STEP 2 在此界面中,可以单击"新条目"按钮新增销售办公室,在新增的过程中,系统会弹出地址对话框供填写该办公室的详细信息,如图 8-21 所示。同时,也可以选中某个销售办公室,然后进行修改、删除、复制等操作。

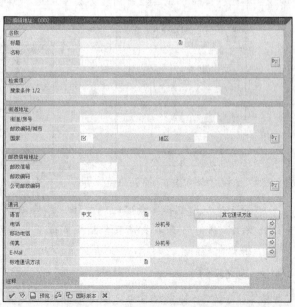

图 8-20 "修改视图 销售办公室:总览"界面　　　图 8-21 填写销售办公室地址信息

7. 定义销售组

配置菜单	企业结构→分配→销售和分销→维护销售组
T-Code	SPRO

具体的配置步骤如下。

STEP 1 在命令栏输入 SPRO 命令，通过菜单选择"企业结构→分配→销售和分销→维护销售组"选项，弹出"修改视图 销售组：总览"界面，如图 8-22 所示。

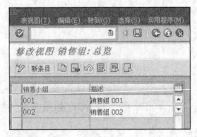

图 8-22 "修改视图销售组：总览"界面

STEP 2 在此界面中，可以单击"新条目"按钮新增销售组。同时，也可以选中某个销售组，然后进行修改、删除、复制等操作。

8. 给销售办公室分配销售组

配置菜单	企业结构→分配→销售和分销→给销售办公室分配销售组
T-Code	SPRO

具体的配置步骤如下。

STEP 1 在命令栏输入 SPRO 命令，通过菜单选择"企业结构→分配→销售和分销→给销售办公室分配销售组"选项，进入"销售组→销售办公室：总览"界面，如图 8-23 所示。

STEP 2 在此界面中，看到当前系统所有的销售办公室。选择某个销售办公室，然后单击"分配"按钮，弹出"销售组→销售办公室：选择销售组"对话框，如图 8-24 所示。

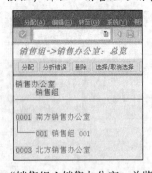 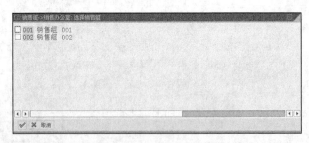

图 8-23 "销售组→销售办公室：总览"界面   图 8-24 "销售组→销售办公室：选择销售组"对话框

STEP 3 从中选择要分配的销售组，然后单击"✓"按钮，该销售组即被分配给对应的销售办公室上。另外，如果要将某个销售办公室中的销售组删除，则可选中该销售组，然后单击"删除"按钮即可。

9. 定义部门

配置菜单	企业结构→定义→后勤-常规→定义、复制、删除、检查部门
T-Code	SPRO

具体的配置步骤如下。

STEP 1 在命令栏输入 SPRO 命令，通过菜单选择"企业结构→定义→后勤-常规→定义、复制、删除、检查部门"选项，在弹出的"选择活动"对话框中选择"定义产品组"选项，如图 8-25 所示。

STEP 2 在弹出的"修改视图部门：总览"界面，可以单击"新条目"按钮新增产品组，如图 8-26 所示。同时，也可以选中某条产品组，然后进行修改、删除、复制等操作。

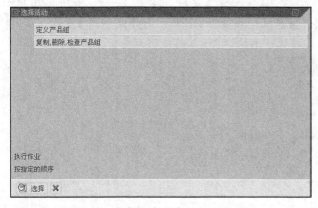

图 8-25 选择"定义产品组"选项　　　　图 8-26 "修改视图部门：总览"界面

10. 设置销售区域

配置菜单	企业结构→分配→销售和分销→设置销售范围
T-Code	SPRO

具体的配置步骤如下。

STEP 1 在命令栏输入 SPRO 命令，通过菜单选择"企业结构→分配→销售和分销→设置销售范围"选项，进入"概述：销售区域"界面，如图 8-27 所示。

STEP 2 在此界面中，可以看到当前系统所有的销售组织。选择某个销售组织，然后单击"分配"按钮，弹出"销售区域：选择分销渠道"对话框，如图 8-28 所示。

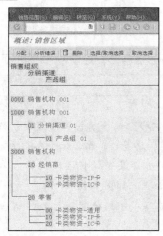
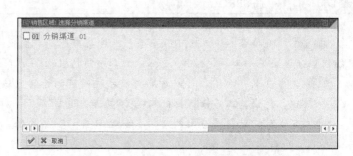

图 8-27 "概述：销售区域"界面　　　　图 8-28 "销售区域：选择分销渠道"对话框

STEP 3 从中选择要分配的分销渠道，然后单击"✓"按钮，该分销渠道即被分配给对应的销售组织上。同时，该分销渠道下所带的产品组也会被自动挂接到该销售区域中。

11. 给销售区域分配销售办公室

配置菜单	企业结构→分配→销售和分销→给销售范围分配销售办公室
T-Code	SPRO

具体的配置步骤如下。

STEP 1 在命令栏输入 SPRO 命令，通过菜单选择"企业结构→分配→销售和分销→给销售范围分配销售办公室"选项，进入"销售办公室→销售区域：总览"界面，如图 8-29 所示。

STEP 2 在此界面中，可以看到当前系统所有的销售区域。选择某个销售区域，然后单击"分配"按钮，弹出"销售办公室→销售区域：选择销售办公室"对话框，如图 8-30 所示。

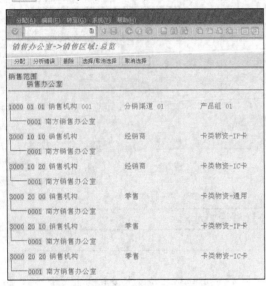
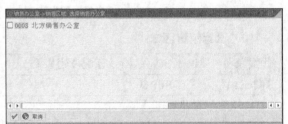

图 8-29 "销售办公室→销售区域：总览"界面

图 8-30 "销售办公室→销售区域：选择销售办公室"对话框

STEP 3 从中选择要分配的销售办公室，然后单击"✓"按钮，该销售办公室即被分配给对应的销售区域上。

12. 分配销售组织—分销渠道—工厂

配置菜单	企业结构→分配→销售和分销→分配销售组织—分销渠道—工厂
T-Code	SPRO

具体的配置步骤如下。

STEP 1 在命令栏输入 SPRO 命令，通过菜单选择"企业结构→分配→销售和分销→分配销售组织—分销渠道—工厂"选项，进入"工厂→销售机构/分销渠道：总览"界面，如图 8-31 所示。

STEP 2 在此界面中，可以看到当前系统所有的销售区域。选择某个销售区域，然后单击"分配"按钮，弹出"工厂→销售机构/分销渠道：选择工厂"对话框，如图 8-32 所示。

STEP 3 从中选择要分配的工厂，然后单击"✓"按钮，该工厂即被分配给对应的销售区域上。

13. 分配贷款控制范围的销售范围

配置菜单	企业结构→分配→销售和分销→分配贷款控制范围的销售范围
T-Code	SPRO

具体的配置步骤如下。

STEP 1 在命令栏输入 SPRO 命令，通过菜单选择"企业结构→分配→销售和分销→分配贷款控制范围的销售范围"选项，进入"修改视图销售范围：分配信贷控制范围"界面，如图 8-33 所示。

STEP 2 在此界面中，可以为所有的销售区域分配信贷控制范围，然后单击范围栏中的" "按钮，弹出"信贷控制范围"对话框，如图 8-34 所示。从中选择信贷控制范围，然后单击" "按钮保存即可。

图 8-31 "工厂→销售机构/分销
　　　　渠道：总览"界面

图 8-32 "工厂→销售机构/分销
　　　　渠道：选择工厂"对话框

图 8-33 "修改视图销售范围：分配信贷控制范围"界面

图 8-34 "信贷控制范围"对话框

14. 定义位置

配置菜单	企业结构→定义→后勤-常规→定义位置
T-Code	SPRO

具体的配置步骤如下。

STEP 1 在命令栏输入 SPRO 命令，通过菜单选择"企业结构→定义→后勤-常规→定义位置"选项，进入"修改视图 位置：总览"界面，如图 8-35 所示。

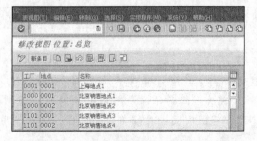

图 8-35 "修改视图位置：总览"界面

STEP 2 在此界面中,可以单击"新条目"按钮为每个工厂分配具体的地点,然后单击"💾"按钮保存即可。同时,也可以选中某条地点位置信息,然后进行修改、删除、复制等操作。

15. 定义仓库编号

配置菜单	企业结构→定义→后勤执行→定义、复制、删除、检查仓库编码
T-Code	SPRO

具体的配置步骤如下。

STEP 1 在命令栏输入 SPRO 命令,通过菜单选择"企业结构→定义→后勤执行→定义、复制、删除、检查仓库编码"选项,在弹出的"选择活动"对话框中选择"定义仓库编号"选项,如图 8-36 所示。

STEP 2 在弹出的"修改视图定义仓库编号:总览"界面中,可以单击"新条目"按钮新增仓库编号,如图 8-37 所示。同时,也可以选中某条仓库号,然后进行修改、删除、复制等操作。

16. 定义存储类型

配置菜单	后勤执行→仓库管理→主数据→定义存储类型
T-Code	SPRO

具体的配置步骤如下。

STEP 1 在命令栏输入 SPRO 命令,通过菜单选择"后勤执行→仓库管理→主数据→定义存储类型"选项,进入"修改视图存储类型定义:总览"界面,如图 8-38 所示。

STEP 2 在此界面中,可以单击"新条目"按钮新增存储类型。也可以选中某个仓库号,然后进行修改、删除、复制等操作,完成后单击"💾"按钮保存即可。

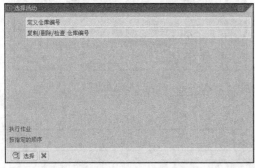
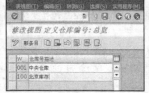

图 8-36 选择"定义仓库编号"选项   图 8-37 新增仓库编号   图 8-38 "修改视图存储类型定义:总览"界面

17. 定义存储单位编号范围

配置菜单	后勤执行→仓库管理→存储单位→主数据→定义编号范围
T-Code	SPRO

具体的配置步骤如下。

STEP 1 在命令栏输入 SPRO 命令,通过菜单选择"后勤执行→仓库管理→存储单位→主数据→定义编号范围"选项,弹出"选择活动"对话框,如图 8-39 所示。

STEP 2 首先选择"编号范围间隔:存储单位"选项,进入"用于存储单位的编号范围"界面,如图 8-40 所示。

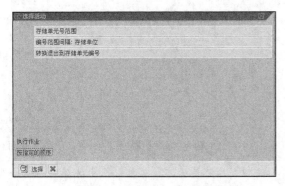

图 8-39 "选择活动"对话框

图 8-40 "用于存储单位的编号范围"界面

STEP 3 单击"  间隔 "按钮新增编号范围,如图 8-41 所示。

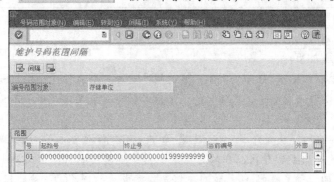

图 8-41 新增编号范围

STEP 4 然后回到"选择活动"对话框,选择"存储单元号范围"选项,在弹出的"修改视图 仓储单位编号范围管理:总览"界面中,可以针对当前系统中已有的仓库号,设置仓储的编号范围,如图 8-42 所示。同时,还可以给仓储单位号分配具体的类型。

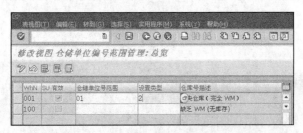

图 8-42 为仓库号分配仓储单位编号范围

18. 定义仓储地点

配置菜单	企业结构→定义→物料管理→维护仓储地点
T-Code	SPRO

具体的配置步骤如下。

STEP 1 在命令栏输入 SPRO 命令,通过菜单选择"企业结构→定义→物料管理→维护仓储地点"选项,弹出"确定工作区:表目"的对话框,如图 8-43 所示。

STEP 2 从中输入仓储地点对应的"工厂",然后单击"✓"按钮,弹出"修改视图 库存地点:总览"界面,如图 8-44 所示。

图 8-43 "确定工作区:表目"对话框

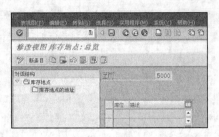
图 8-44 "修改视图 库存地点:总览"界面

STEP 3 在此界面中,可以单击"新条目"按钮新增库存地点。也可以选中某库存地点条目,然后进行修改、删除、复制等操作,完成后单击"💾"按钮保存即可。

19. 定义发运点

配置菜单	企业结构→定义→后勤执行→定义、复制、删除、检查发运点
T-Code	SPRO

具体的配置步骤如下。

STEP 1 在命令栏输入 SPRO 命令,通过菜单选择"企业结构→定义→后勤执行→定义、复制、删除、检查发运点"选项,在弹出的"选择活动"对话框中选择"定义发运点"选项,如图 8-45 所示。

STEP 2 在弹出的"修改视图发运点"界面中,可以新增发运点。首先单击"新条目"按钮,系统会弹出如图 8-46 所示的界面。在此界面中,需要填写发运点编号、描述、工厂日历、工作时间、确定装载时间、确定拣配/包装时间等信息,完成后单击"💾"按钮保存即可。

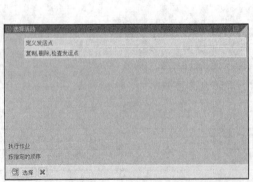
图 8-45 选择"定义发运点"选项

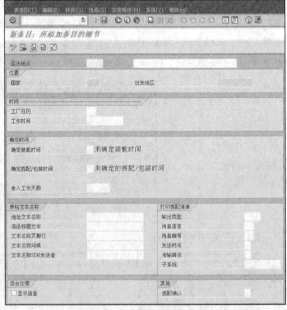
图 8-46 "新条目:所添加条目的细节"界面

20. 分配运送地点

配置菜单	后勤执行→装运→基本发运功能→装运点和收货点确认→分配运送地点
T-Code	SPRO

销售与分销管理（SD）模块的配置 第 8 章

具体的配置步骤如下。

STEP 1 在命令栏输入 SPRO 命令，通过菜单选择"后勤执行→装运→基本发运功能→装运点和收货点确认→分配运送地点"选项，进入"修改视图 装运点确定：总览"界面，如图 8-47 所示。

图 8-47 "修改视图 装运点确定：总览"界面

STEP 2 在此界面中，可以看到每个工厂都可以选择对应的运送地点信息，而且每个工厂可以填写多个运送地点。如果要新增运送地点，可以单击"新条目"按钮，填写相应的工厂和运送地点信息，然后单击"💾"按钮保存即可。

 注　意：每个工厂必须要分配至少一个运送地点，否则无法下达销货单。

21. 定义装载点

配置菜单	企业结构→定义→后勤执行→维护装载点
T-Code	SPRO

具体的配置步骤如下。

STEP 1 在命令栏输入 SPRO 命令，通过菜单选择"企业结构→定义→后勤执行→维护装载点"选项，弹出"确定工作区：表目"的对话框，如图 8-48 所示。

STEP 2 从中输入"装运点/接收点"对应的"工作范围"，然后单击"✓"按钮，弹出"修改视图 装载点：总览"界面，如图 8-49 所示。

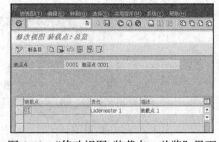

图 8-48 "确定工作区：表目"对话框　　　图 8-49 "修改视图 装载点：总览"界面

STEP 3 在此界面中，可以单击"新条目"按钮新增装载点。也可以选中某装载点条目，然后进行修改、删除、复制等操作，完成后单击"💾"按钮保存即可。

22. 定义维护运输计划点

配置菜单	企业结构→定义→后勤执行→维护运输计划点
T-Code	SPRO

225

具体的配置步骤如下。

STEP 1 在命令栏输入 SPRO 命令,通过菜单选择"企业结构→定义→后勤执行→维护运输计划点"选项,弹出"修改视图 运输计划点:总览"界面,如图 8-50 所示。

STEP 2 在此界面中,可以单击" 新条目 "按钮新增运输计划点。也可以选中某运输计划点条目,然后进行修改、删除、复制等操作,完成后单击" 💾 "按钮保存即可。

23. 定义装运类型

配置菜单	后勤执行→仓库管理→作业→转账→定义装运类型
T-Code	SPRO

具体的配置步骤如下。

STEP 1 在命令栏输入 SPRO 命令,通过菜单选择"后勤执行→仓库管理→作业→转账→定义装运类型"选项,弹出"修改视图 装运类型:总览"界面,如图 8-51 所示。

STEP 2 在此界面中,可以单击" 新条目 "按钮新增装运类型。也可以选中某装运类型条目,然后进行修改、删除、复制等操作,完成后单击" 💾 "按钮保存即可。

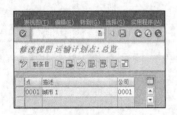
图 8-50 "修改视图运输计划点:总览"界面

图 8-51 新建运输计划点

24. 定义定价过程

配置菜单	销售和分销→基本功能→定价→定价控制→定义并分配定价过程
T-Code	SPRO

具体的配置步骤如下。

STEP 1 在命令栏输入 SPRO 命令,通过菜单选择"销售和分销→基本功能→定价→定价控制→定义并分配定价过程"选项,弹出"选择活动"对话框,如图 8-52 所示。

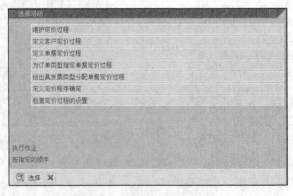
图 8-52 "选择活动"对话框

STEP 2 从中选择"维护定价过程"选项,弹出"修改视图 过程:总览"界面,如图 8-53 所示。

销售与分销管理（SD）模块的配置 第 8 章

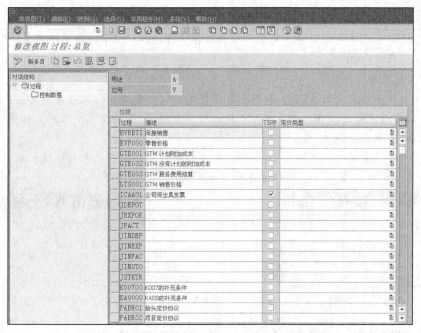

图 8-53 "修改视图 过程 总览"界面

STEP 3 从图 8-53 中可以看到，针对每个定价过程，都会选择具体的定价类型。在此选择某条定价过程，然后双击左树中的"控制数据"选项，弹出"修改视图 控制数据：总览"界面，如图 8-54 所示。

STEP 4 在此界面中，可以针对每个定价过程修改设置其参数。修改完成，单击"[img]"按钮保存即可。

图 8-54 "修改视图 控制数据：总览"界面

25. 定义客户组

配置菜单	销售与分销→主数据→业务合作伙伴→客户→销售→定义客户组
T-Code	SPRO

具体的配置步骤如下。

STEP 1 在命令栏输入 SPRO 命令，通过菜单选择"销售与分销→主数据→业务合作伙伴→客户→销售→定义客户组"选项，弹出"修改视图 客户组：总览"界面，如图 8-55 所示。

STEP 2 在此界面中，可以单击"新条目"按钮新增客户组。也可以选中某客户组条目，然后进行修改、删除、复制等操作，完成后单击"[img]"按钮保存即可。

227

26. 定义公司性质

配置菜单	销售与分销→主数据→业务合作伙伴→客户→市场营销→定义法律状态
T-Code	SPRO

具体的配置步骤如下。

STEP 1 在命令栏输入 SPRO 命令，通过菜单选择"销售与分销→主数据→业务合作伙伴→客户→市场营销→定义法律状态"选项，弹出"修改视图 合法状态（客户主记录）：总览"界面，如图 8-56 所示。

STEP 2 在此界面中，可以单击"新条目"按钮新增合法状态。也可以选中某"合法状态"，然后进行修改、删除、复制等操作，完成后单击"💾"按钮保存即可。

图 8-55 "修改视图客户组：总览"界面   图 8-56 "修改视图合法状态（客户主记录）：总览"界面

8.5 典型案例：医药企业分销管理模型分析

北京某公司是一个典型的医药行业分销商，包括城市的分销网络和城市物流配送。公司总部设在北京。由于当前医药企业竞争加剧，为了能够快速地对企业销售进行管理，公司希望实施分销、物流管理的电子化。首先在某个分公司进行试点，然后再向全国其他分公司推广，逐步建立起跨地区、全国性的分销体系。

8.5.1 项目背景

该分公司是该企业最大的医药行业分销和物流配送中心，拥有自己的专用仓库和运输车队，以及一批专业化的、高素质的管理人员，但是并没有分销管理信息系统，主要依靠人工操作对分销体系进行管理。公司自有直营店业务操作现在是在公司分部的指导下，进行近似独立的销售工作，也没有计算机系统与公司分部系统相连，处于信息"孤岛"状态，所以不能进行有效的控制和管理。而加盟店和其他经销商则完全是独立核算，和公司分部只是客户和供应商的关系，双方基本上没有什么信息联系，这使得现有的分销资源形成了极大的浪费，不能得到有效的利用。

从中可以看出，分公司职责包括：与总公司协调，完成总公司安排的任务，负责管理直营店和经销商，同时进行直营店和大客户的商品配送。由于分公司职能多、直营店和经销商分布分散、产品品种较多而且具有特殊性、仓库和库存以及配送管理制约条件多、直营店与分公司信息流不畅等，致使分公司的整个分销、物流管理体系效率低下。

1. 分公司组织结构

该试点分公司的销售主要设有两大部门：配送中心和业务现场。其中配送中心包含有物流部、仓储部、配送部；业务现场主要分为经营中心、结算中心、信息中心。同时销售机构还包括直营店和其他经销商。具体的结构如图 8-57 所示。

2. 管理与控制

（1）业务现场。

主要负责公司的行政事务及与总公司的协调工作；负责供应、销售和库存的计划、控制和分析，以及直营店账目的核对；负责自有直营店的业务指导和管理；负责经销商及郊区直营店的业务指导和管理；负责公司财务账目的管理与核对。

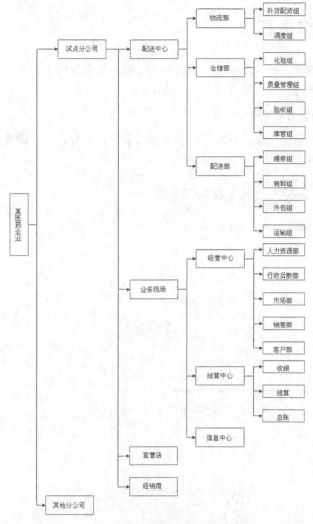

图 8-57　销售组织结构图

（2）配送中心。

负责公司商品的质量管理、仓库和库存管理、对自有直营店及经销商/客户的产品配送。

3. 业务流程

该公司主要以药品的采购、配送和销售为主，根据其业务模式，其主要业务流程包括：

- 分公司药品采购进货流程（含退货）
- 分公司药品销售出库流程（含销售退货）
- 分公司药品出库入库流程
- 分公司药品流通加工流程
- 分公司药品送货流程
- 分公司药品配货流程
- 直营店药品销售流程

- 直营店药品补货流程
- 客户药品补货流程

8.5.2 项目需求分析

根据对该分公司业务现场和配送中心的描述和分析，结合总公司的发展战略，参照 SAP 系统的分销和物流管理理念，可以确立以下一些需求。

1. 整体业务范围的重新划分

根据该分公司的现状，需要重新对当前的业务范围进行划分，以达到最大的资源整合力度。具体的划分情况如图 8-58 所示。

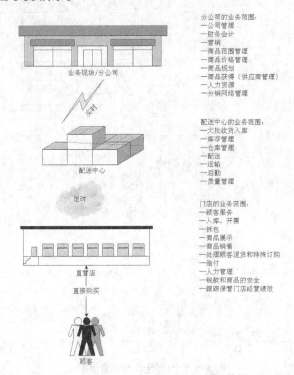

图 8-58　分销的主要业务范围

2. 业务现场

在新建立的分销系统中，业务现场主要包含以下一些职能。

（1）商品进销。

商品进销的业务实现和配送中心紧密相关，如订单处理作业、商品退货等作业都需要配送中心的支持，所以业务现场和配送中心的功能是紧密集成的。

① 订单处理作业。

- 接收订单，调查客户信用额度，调查现有库存量及各项配送资源能否满足此订单出货，进行订单数据输入与维护。
- 进行订单数量统计，预计出货日期，进行出货批次调度。
- 统计商品需求量、检查库存量，以便在出货日以前采购。

- 在出货当日需打印各种单据、发票,并将出货数据转入应收账款文件中,以便在定期的结账日期制作催款单据。
- 经由账款的请领至账款入账才算是买卖交易的完整结束。

② 商品退货作业。商品退货作业内容本身比较复杂,作业量也比较大,尤其是退货商品检验、退货数量核查等工作需耗费大量的时间和人力。退货作业除了退货商品检验、退货数量核查外,还需将可用商品重新入库,可修复商品送往流通加工区处理,不可用商品予以报废/退回,并且统计各种送修、报废/退回数量,以供检查库存、出货流通加工和配送过程中的问题。

③ 市场开发、规划、管理作业。除了实际销售商品的作业外,还需要进行商品促销,让消费者了解各项商品的特色,并获知消费者的需求。一般促销要考虑下列内容:
- 销售预测。
- 现有销售数据分析。
- 商品管理。
- 客户管理。
- 其他。

④ 商品采购议价作业。商品必须购入后才能出货,因此议价功能对配送中心非常重要。议价则需要配送中心多方询价,统计定购量;同时建立厂商管理系统,以便对供货价格、商品质量、交货日期等进行管理。

(2) 渠道管理。

对于该公司分销体系来说,未来分销渠道的透明化和信息流通性是非常重要的。解决了这两个问题,也就奠定了公司向规模化、高效率分销模式发展的基础。

① 分公司管理。分公司在总部的协调和管理下独立运行,实现进销存管理。分销商面向一个地区,对地区内的经销商、专卖店、客户等进行管理,同时具有配送功能。

② 厂商管理。

厂商管理在分销管理中有很重要的作用。厂商管理包括:
- 厂商的资格认证机制。
- 厂商的激励机制。
- 合理的厂商评价方法和手段。
- 信息交流与共享机制。

③ 经销商管理。

在未来的分销体系中,经销商管理包括:
- 经销商的资格认证机制。
- 经销商的激励机制和服务机制。
- 快速响应和有效顾客响应(ECR)。
- 信息交流与共享机制。

3. 配送中心

配送中心是为了满足各直营店的需求而产生的,基本上以集合多家直营店的作业量来达到大量采购、节省运输成本的目的,因此厂商管理和采购管理是重点。同时,由于这种配送中心注重服务质量和配送时效,为了达到快速响应的目的,按时到达送货的目标,配送时间安排、派车计划、路线选择等方面也是重点。由于配送中心还需针对个别直营店或者客户的要求进行拣货、分类包装、重新包装、组合包装以及粘贴标签等流通加工作业,所以集货、理货、拣货也应作为重点。在未来的分销管理中,配送中心的职能包括以下 4 个方面。

（1）质量检验和仓储保管。

商品交易完成后，除了直接送货外，均将商品经实际入库、保管、流通加工、包装后出库，因此配送中心需要具有仓储保管的功能。仓储保管功能分为有形的仓库管理作业和无形的仓库管理作业两种。

① 仓库管理。包括商品从入库到出库之间的装卸、搬运、流通加工、区域规划等一切与商品实务操作设备、人力资源相关的作业。

其中入库作业内容包括：
- 预定入库的数据输入；
- 入库厂商、车次调度；
- 入库商品装卸规划；
- 入库商品检验、质量管理；
- 入库商品输入；
- 商品搬运上架时的搬运工具及人力规划、批次和货位批示与管理。

商品储存作业内容包括：
- 商品检验；
- 货位的调整；
- 搬运；
- 库存数量清点；
- 库存跟踪。

订单在确定排定日期后，商品必须提领出库。按照库存要求加以分类、包装、流通加工的作业内容包括：
- 拣货批次的规划；
- 流通加工包装批次规划；
- 拣货单、包装单、流通加工单的打印和分派工作；
- 拣货、流通加工的补货调度及规划；
- 补货单打印及分派工作；
- 拣货单、包装单、流通加工单数据输入；
- 出货数据打印；
- 出货商品在出货区堆叠。

② 库存管理。

除了商品出入库的各项实际作业外，库存量的变化则显示配送中心的资金积压状况。另外商品进出量的准确性也会影响库存损失金额，因此配送中心需做好库存管理工作。其作业包括以下内容。
- 商品分类。
- 经济采购批量。
- 订购时点的确定。
- 库存盘点作业。
- 商品周转率分析。
- 货位使用率。

③ 商品接运。仓库商品接运就是对运达仓库的商品的件数和外观质量进行检查核对，然后安置在收料处的作业过程。商品接运按其特点可分为到货接运和提货接运。商品接运是商品入库的第一步，它的主要任务是及时而准确地从交通运输或供货单位那里接收入库的商品。

在接货前要做好准备工作,包括到货时间、数量和保管要求,确定存放场所;安排好装卸机具、车辆和人员等内容。提货或接货时,要进行凭证核对和外观质量检查,如发现问题,要促请承运人员或送货人员复查,并做相应的记录。卸车时要分清品种、规格和批次,有问题的要单独存放,临时保管好,以备处理。卸车后要做卸车记录,连同有关凭证,与保管人员办清内部手续。

④ 质量检验。质量检验包括两种:验收入库(数量验收和质量验收)和常规质量检验。

(2)商品配送。

从业务的角度出发,配送即是商品拣取包装处理好之后,由运输设备送达客户手中或者直营店;从信息的角度出发,配送涉及供应商信息、进货信息、储存信息、分拣信息、配货方式、配装方式、运输路线、运力信息、送达服务、信息反馈等。所以商品配送时需包括配货作业、车辆配装、装车调度、派车计划及出货路线选择,而它们实现的基础则是车辆管理或者运力的管理。其中主要有以下一些作业。

① 配货作业。配货是配送工作的第一步。根据各个直营店/用户的需求情况,首先确定需要配送药品的种类和数量,然后在配送中心将所需药品挑选出来,即所谓的分拣,分拣工作可以采用自动化的分拣设备,也可以采用手工方法。

② 车辆配装。配装工作的车辆一般为汽车,一般可考虑以下一些因素来确定如何配装:

- 需配送的药品的重量、体积、包装形式等;
- 车辆的载重量的有效利用;
- 车辆的容量或者容积的有效利用;
- 配送路线的选择。

具体车辆配装则要根据需配送的药品的具体情况以及车辆情况,主要是依据计算公式来选择最优的装车方案。

③ 派车计划。派车计划应包括该批次出货商品所需配送车辆的品种及数量。

④ 路线选择。可根据路线选择来决定配送顺序,装车人员可以根据此顺序装载商品。配送路线合理与否对配送速度、成本、效益的影响很大,采用科学的合理的方法来确定配送路线,是配送活动中非常重要的一项工作。配送路线选择和配送目标、配送路线的约束条件紧密相关。

⑤ 运输监控。即配送途中的配送状况的信息传输,以便在商品配送途中进行商品的跟踪、运送设备的监控管理以及意外状况的处理。

⑥ 物流成本管理。物流成本管理对于分清物流活动中不合理环节的责任者、制订物流计划、调整物流活动效果、以便通过统一管理和系统优化降低物流费用,具有十分重要的作用。它主要由三方面因素决定:起止范围(物流范围)、物流活动环节、费用性质。物流成本管理主要包含以下一些内容。

- 物流成本预测和计划:作为物流活动成本控制的指导和依据。
- 物流成本计算:以适当的算法计算成本。
- 物流成本控制:对日常物流成本支出进行严格的控制和管理。
- 物流成本分析:分析各种因素和计划完成情况,总结原因。
- 物流成本信息处理和反馈:用于决策。

(3)流通加工。

配送中心的流通加工作业包括:

- 分类;
- 磅秤;
- 大包装拆箱改小包装;
- 商品组合包装;

- 商标；
- 标签粘贴作业。

（4）信息提供。

配送中心除了进销、配送、流通加工、储存保管功能外，还能为配送中心提供各种信息，为配送中心经营管理政策、商品路线开发、商品销售促销政策的制定提供参考。未来分销系统可以提供3种信息：绩效管理、经营规划、配送资源计划。

① 绩效管理。为经营业务绩效管理与各项管理政策的制定提供参考根据。包括商品销售绩效管理、作业处理绩效管理、仓库保管效率管理、配送效率管理、机具设备使用管理等。

② 经营规划。为配送中心经营规划提供参考。由各种实体配送活动及作业所产生的各项信息足以为经营规划人员提供以下一些参考。

- 由现有设备使用率及使用需求比率，来考虑使用自动化机具设备的可能性租用分析及其使用的成本效益。
- 由现有商品销售量分析或者客户反映的商品需求，来调节商品品种或者新商品开发的可能性分析。
- 由现有人力分配及使用状况，来拟订未来的人力资源计划。
- 参考自有车辆、租赁车公司的各项费用及可用车数、可调派人力及其他外雇车辆条件，来衡量自有车辆、租赁车辆的比率及所需费用，并制定租赁管理条例。
- 统计分析现有各项活动所需费用，以作为运费、仓库保管费、支出预算等成本控制的根据。

③ 配送资源计划。为多库配送中心的配送资源规划提供参考，包括：

- 多库配送中心的产品线规划分析；
- 多库调货计划及执行；
- 人力资源的规划配置；
- 机具设备的需求分析；
- 实际配送的运作规划。

4. 直营店

直营店是支撑企业销售管理的重要组织单位，它直接面对零散客户进行销售。从图8-58中可以知道它的业务范围主要包括：

- 顾客服务。
- 入库、开票。
- 拆包。
- 商品展示。
- 商品销售。
- 处理顾客退货和特殊订购。
- 偿付。
- 人力管理。
- 款项和商品的安全。
- 跟踪保管门店经营绩效。

根据直营店的业务范围，可以明确直营店的功能主要包括以下一些。

（1）商品进销。

商品采购：直营店可以实时访问总部的库存数据，根据自己的销售和库存情况下达补货订单。

（2）查询价格。

价格标签的粘贴，价格的显示、查询、更新、修改等。

（3）库存管理。

① 自动补货作业。自动补货业务的基础是确定仓库补货所需的订货量。数据的来源是直营店的库存和销售数据；分公司的库存、销售计划等数据；分公司和直营店之间的补货和要货的库存报表等。

② 库存盘点：对于直营店，要求了解仓库或店面的商品数量。

③ 收货验货与记账：通过扫描器（条形码）进行收货管理，应使货物数据、分公司的送货通知、运输到货数据三者保持一致。

（4）配送请求。

直营店负责人通过访问总部的商品数据库来确定配货数量，并能够在一定的条件下要求更改配货数量。

8.5.3　系统功能结构

根据该企业的管理体系，同样的系统结构也分为直营店、分公司、总部三个层级。具体的结构如图 8-59 所示。

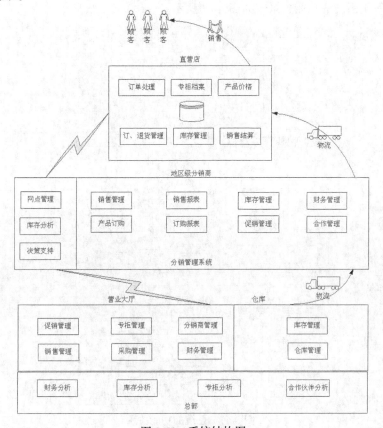

图 8-59　系统结构图

从图 8-59 中可以清楚地看到，在分销管理系统中，事实上将库存管理、财务管理也纳入了它的管理范围。由此不难理解，任何一种销售活动，都脱离不了采购和财务。

8.5.4 系统实施方案

知道了系统的整体结构，接下来介绍分销管理模块实施的具体方案。针对分公司的业务特点，结合 SAP 系统销售与分销模块与其他模块的高度集成性，该公司的分销管理模块主要实现以下功能：销售管理、库存管理、财务管理、产品订购、促销管理、合作管理、销售报表统计、订购报表统计。同时，在渠道管理上，将物流配送渠道和分销渠道进行了整合，如图 8-60 所示。

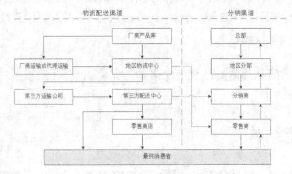

图 8-60　整合配送渠道和分销渠道

接下来看一下系统的功能关系，如图 8-61 所示。

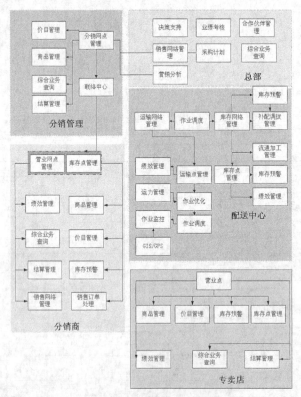

图 8-61　系统的功能关系

1. 销售与分销管理流程

销售和分销模块主要管理企业的销售分销网络，通过对商品销售、采购和库存业务的一体化管理，实现对商品从采购到销售整个商品流通链的管理和监控。主要实现以下一些功能。
- 销售网络管理：包括各级销售组织管理、销售计划管理、合同管理、销售管理等功能。
- 销售订单处理：处理各级销售订单，产生订单执行的各级指令。
- 商品管理：管理和维护商品的基本信息资料。
- 价目管理：核定商品定价、调价和进价，变更销售价格，管理商品销售策略。
- 采购管理：包括采购计划、合同管理、订货管理、退货管理等模块。
- 财务管理：应付款管理与应收款管理模块。
- 业绩考核：对各级销售组织员工的工作业绩和工作效益进行考核评估，掌握销售业务状况以及客户的反馈信息。

2. 渠道管理流程

渠道管理系统通过加强客户服务的经销商管理功能和供应商管理功能，完善分销企业的客户服务、综合业务处理和营业网点管理，以保证企业对客户分销业务的快速响应和最优服务。主要包括以下一些功能。
- 供应商管理：进行供应商资格认证、采购追踪、质量反馈等管理。
- 经销商管理：提供经销商开拓和经销商评价等管理。
- 分公司管理：分公司在总公司的协调和管理下对分销网络的控制管理。
- 网上订货系统：网上分销系统。
- 合作伙伴系统：建立面向供应链管理的合作伙伴关系的管理。
- 业绩考核：对供应商、经销商和各级营业点及人员的工作业绩和工作效益进行考核评估，分析企业的业务状况以及客户的反馈信息。

3. 库存管理流程

系统支持自动补货时确定订货量，对进货商品、商品损耗限度、库存水平等进行严格的控制，库存管理流程实现的目标为"零库存"。它与商品管理的关系如图8-62所示。

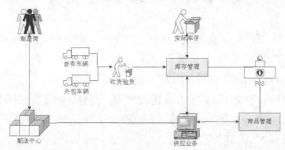

图8-62 库存管理与商品管理的关系

它包括以下一些功能。
- 辅助订货：该模块生成的订单可直接发送给分公司或者配送中心。
- 商品入库、出库、调拨管理：对商品的入库、出库、调拨进行严格的控制和管理，以保证账面库存和实际库存的一致性。
- 收货验货：该模块支持无线射频扫描、接收入库模块的运输通知，从而加速商品上货架的速度。
- 库存盘点：定期检查商品数量，以保证实际库存和账面库存相符。

4. 商品管理流程

商品管理流程主要用于综合反映特定商品的销售报价、销售状况，并集成关于特定商品及为准备这些商品所需包装材料、库存特性等数据，进行商品的销售规划，以保证顾客采购时这些商品有现货，并且性价比最优。它包括以下一些功能。

- 商品档案：支持无线射频扫描，主要实现对商品的各种特性进行详细的描述。
- 商品规划：打印各种商品规划、销售报表和定制销售规划。
- 报价管理：对商品的价格进行控制。
- 促销管理：对商品的促销进行统一的管理，包括商品的组合、优惠价、促销价等设置。

5. 销售管理流程

销售管理流程主要用于跟踪顾客采购数据，包括采购商品的种类、数量和采购时间。这是最精确的，也是最及时的顾客需求数据。它包括以下一些功能。

- 顾客服务：提供顾客档案管理、顾客服务卡、管理级别管理以及顾客信用额度的管理。
- 销售计划：针对商品、厂商、部门、人员、时间等，根据总部提供的信息设置的销售计划，并且对销售过程进行跟踪、监控。
- 订单管理：对直营店的销售进行记录。

6. 财务管理流程

支持直营店的财务管理，并合并财务管理数据，通过快报系统将财务数据发送给分部以生成财务报表。其中牵涉一个合并账户的问题，即将各个直营店的现金存款合并到一个银行账户上。财务管理流程主要包括以下一些功能。

（1）应收账款管理。

- 销售应收账款管理：对销售收入进行管理。包括销售应收账款信息的查询，销售应收账款的审核和废除，销售应收账款信息综合查询，销售发票的制作、核对及对账单的核对，销售应收票据档案和报表管理。
- 损耗账管理：主要对所发生的需记入损耗账目的账款进行管理。包括损耗账录入、修改和取消，损耗账的审核和废除，损耗账的档案和报表管理。

（2）应付账款管理。

- 货运商应付账款管理：对货运商的应付账款进行管理。包括货运商应付账款信息的查询，货运商应付账款的审核和废除，货运商应付账款信息综合查询，货运商应付票据（运单和/或报价合同/协议）档案和报表管理。
- 采购应付账款管理：对采购应付账款进行管理。包括采购应付账款信息的查询，采购应付账款的审核和废除，采购应付账款信息综合查询，采购应付票据（采购合同、提货单和/或退换货单证）档案和报表管理。
- 应收账款坏账管理：通过盘点信息对无法兑付的应收账款（即坏死账款）进行管理。包括坏账录入、修改和取消，坏账的审核和废除，坏账的档案和报表管理。

（3）收支平衡统计和分析。

主要对发生的收入和支出的账款进行统计，继而进行分析。

- 财务信息汇总查询：对所有的财务信息进行汇总整理，以供查询。包括基本收支情况，各科目明细信息等。
- 财务收支平衡管理：在收到各种财务信息的基础上（包括配送信息、采购信息、销售信息等），对整个财务的平衡情况进行管理。包括总体收支情况查询，总体收支盈亏的处理和审核，档案和报表功能。
- 财务统计分析：对基本收支情况进行整理，分析各个业务环节的支出、收入及利润报表，并形成直观的图形，提供决策支持。

第 9 章

项目管理（PS）模块的配置

项目管理模块（ProjectSystem）是 SAP 系统针对项目管理提供的一种集成解决方案，它的目的是帮助企业执行项目管理中的所有任务，因此它包括了项目所有阶段的各种功能。SAP 系统的项目管理模块涵盖了两类项目：客户项目和成本投资项目。客户项目是指以销售为目的，根据客户需求执行的项目。这类项目和销售模块有很强的联系和集成，在船舶业、建筑、工程、服务、军工等各行业有着广泛的应用。成本投资项目是指企业内部各种类型的项目，这些项目的成本在项目完成后或者资本化或者费用化，包括研发项目、投资项目、IT 项目、设备维护项目等，这类项目在各行业的应用更为广泛。

9.1 项目管理模块基本概念

项目是一个特殊的将被完成的有限任务，它是在一定时间内，满足一系列特定目标的多项相关工作的总称。项目的定义包含三层含义：
- 项目是一项有待完成的任务，且有特定的环境与要求；
- 在一定的组织机构内，利用有限资源（人力、物力、财力等）在规定的时间内完成任务；
- 任务要满足一定的性能、质量、数量、技术指标等的要求。

这三层含义对应着项目的三大约束：时间、费用和性能。项目的目标就是满足客户、管理层和供应商在时间、费用和性能（质量）上的不同要求。

下面先简单了解一下项目管理模块中涉及的一些基本概念，主要包含以下一些内容。

1. 项目定义（ProjectDefinition）

项目定义是一个总括的项目描述。项目定义为将来项目计划阶段所要创建的所有项目管理对象提供了一个框架。

2. 工作细分结构（WorkBreakdownStructure）

工作细分结构是以层次结构的形式,将完成一个项目所要执行的任务层层细分所形成的项目结构。它提供了关于项目的概览，并且构筑了项目的组织结构和协调合作的基础，同时显示了项目在工作、时间和金钱上的花费，可以应用它来计划时间、成本和分配预算。

3. 成本计划

针对某个 WBS 元素要获取计划成本，必须指明该 WBS 元素是一个计划元素。

4. 成本对象

如果想将实际成本和承诺记录到某个 WBS 元素，必须指明该 WBS 元素是一个成本对象。如果这个标志没有打开，该项目中其他能够分配成本和承诺的对象（比如内部定单、网络或采购定单）就不能分配给该 WBS 元素。

5. 开票

如果想将收入确认到某个 WBS 元素，则必须指明该 WBS 元素是一个开票元素。还有很多项目数据被分别组织在项目基础信息、控制数据、凭证、开票计划、结算规则、在建工程、资本投资计划等其他视图中。

6. 网络（Network）

和 WBS 不同，网络描述的是项目执行过程。网络是一种在项目进度安排，成本和资源安排的计划，分析和控制工作中很有用的技术。

7. 里程碑（Milestones）

里程碑是项目中有特殊重要性或者会触发某些事先定义功能的一类事件。一般来说它们显示了项目各阶段或各部门间的衔接点。

注　意：在 SAP 系统项目结构的建立中，有两种可以增强工作效率的功能：
- 标准项目结构和复制功能
- 图形功能

9.2 项目管理模块结构体系

了解了项目管理模块的基本概念后，接下来需要进一步熟悉项目管理模块的结构体系。

9.2.1 组织结构

在 SAP 系统中，PS 模块是一个集成性非常高的模块，几乎与所有的模块都有或多或少的联系。对 PS 模块来说，并没有自己的组织结构，它是依赖财务模块和后勤模块而建立的。这两个模块的组织结构如图 9-1 所示。

从财务的组织结构上看，一个项目必须归属于一个公司代码下，而在该项目上发生的成本或者收入应归集到一个利润中心。同时，公司代码和利润中心同属于一个成本控制范围，且一个利润中心可以分配给多个公司代码。

从后勤的组织结构上看，一个公司代码下可以建立多个工厂，一个工厂下可以建立多个存储地点。此组织结构主要是用来定位项目上所发生

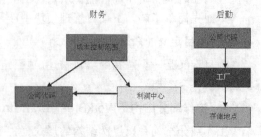

图 9-1　项目管理模块对应的组织结构

的组件,比如物料、生产资源工具等。而对于项目的库存,则可根据此组织结构指明到某一工厂下的某一存储地点。

9.2.2 项目定义和 WBS 元素结构

项目定义是项目的唯一标识。通过项目定义,决定了包含于其中的所有 WBS 元素的组织结构、计划方法、预算方式以及结算方法等信息。而项目定义中的数据,则主要来源于"项目参数文件",所以创建项目定义时必须选择好适当的"项目参数文件"。

WBS 是项目管理中的工作分解结构,其 WBS 元素即为工作分解结构单元,是项目细分的结果。WBS 元素之间具有层次关系,通过层次建立起它们的时间关系和成本关系。另外,根据 WBS 元素的属性,可以定义该 WBS 元素是否作为成本对象或是统计对象、是否有项目库存或是无项目库存。

在项目比较复杂的情况下,可以在 WBS 元素上创建相应的"重大事件"作为工程进度的转折点。同时,工程中有许多的工程图纸和项目资料,也可以通过 PS 文本或文档的形式挂接在对应的 WBS 元素上,供有关人员查询。项目定义和 WBS 元素等的关系如图 9-2 所示。

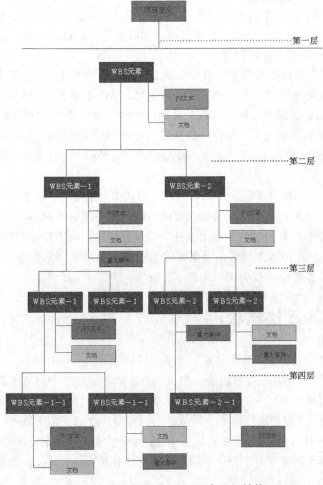

图 9-2 项目定义和 WBS 元素组织结构

9.2.3 网络和网络活动

网络在 SAP 系统中是一个独立存在的实体。通过选择的"网络参数文件",决定了该网络的网络类型、组织架构、计划、实际成本核算变式以及时间上排产的方法等。网络包含了网络活动的所有属性,但网络可以有网络活动,也可以无网络活动。如果有网络活动,则为一个工程进度施工的完整网络;如果没有网络活动,则此网络只是一个网络头结构,从项目管理的角度来说没有实际的意义。

网络活动也叫做网络作业,就是通常人们所理解的施工工序。通过对工序作业的排列,施工过程就按照排列好的网络活动完成一个项目。网络活动可以分为以下 4 种类型。

- 内部作业:指通过公司内部人员完成的活动。一般由选定的工作中心,根据其作业的性质来完成该活动的成本估价。
- 外部采购作业:指由外包施工单位承包该公司的业务来完成的活动。可以通过建立采购订单的形式,向外部"购买"。
- 服务作业:指外包施工单位承包的作业。它比外部采购作业更明细,其采购的金额可以具体到每个条款发生的金额。
- 一般成本作业:指除了前面 3 种作业之外的作业。例如工程中组织的会议活动,既不是公司内部通过工作中心完成,又不是向外部采购的,可以将该种作业定义为一般成本作业,只需要直接对它计价即可。

在网络活动中,根据业务的需要,也可以建立相应的活动要素。活动要素是从属网络活动的补充说明,但不是网络活动的细分。活动要素可分为内部作业要素、外部采购作业要素、服务作业要素和一般成本作业要素等几种。并不是说什么样的活动类型下只能建立什么样的活动要素,而是在每个网络活动的类型之下,都可以建立以上 4 种活动要素。在 SAP 系统中,活动要素独立占有网络中的网络活动号,但活动要素不参与整个网络的排产,其主要功能还是用来作为成本归集的对象。

在工程项目中,为了能具体反映出每一道作业中所需要的物料,在系统中可以直接在相应的网络活动下添加所需要的物料,以此构成项目成本计划的一部分。同 WBS 元素一样,在每个网络活动中,也可以建立各自相应的"重大事件"以及挂接对应的文档。不同的是,WBS 元素没有所谓的关系,而网络中的各个网络活动则可建立起各自的关系,通过这些关系排出整个工程网络的施工计划。网络中各个组件的关系如图 9-3 所示。

9.2.4 WBS 和网络结构

一般来说,在 PS 模块中,WBS 元素和网络共同组建一个完整的项目。但如果项目的结构比较简单,也可以单独通过 WBS 或者网络完成项目的搭建。事实上,WBS 元素主要规定项目中应该做什么,而网络则指明项目中的工作应该怎么做,并具有一定的先后次序。如果一个完整项目中既包括 WBS 元素,又包括网络作业,则两者之间需要建立起一定的联系。网络作业可以通过"分配"的方法挂接到某一 WBS 元素上,但 WBS 元素不能挂接在某一网络作业上;一个 WBS 元素上可以挂接若干个网络作业,但一个网络作业只能挂接在一个 WBS 元素上,WBS 元素与网络作业的关系比例为 1:N。

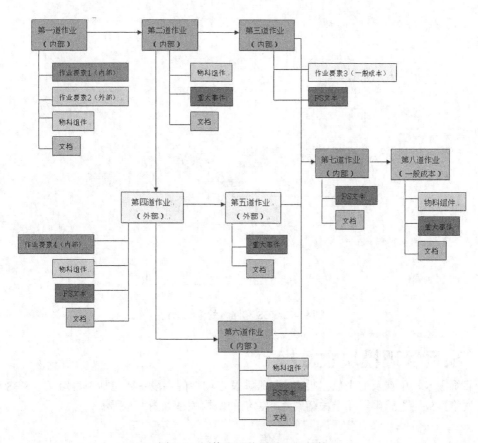

图 9-3　网络和网络活动组织结构

在 SAP 系统中，往往在创建网络作业之前，都会先创建一个网络，此时的网络仅仅是一个网络头的概念。通过网络头的分配功能，可以将此网络头挂接到某一项目定义之下，也可以挂接到某一项目定义之下的具体的 WBS 元素上。如果网络头挂接在某一具体的 WBS 元素上，那么在此网络之下创建的网络作业，系统会默认将这些网络作业分配到网络头所指定的 WBS 元素上。当然，按照各种业务的需要，也可以将网络作业分配到各自所属的 WBS 元素上。同理，作业要素也可以分配到各自所属的 WBS 元素上。

从时间管理的角度，WBS 元素的日期包含在其下的网络作业日期中。在排产过程中，SAP 系统会考虑挂接在该 WBS 元素下网络作业的相关日期，通过汇总得到 WBS 元素的日期。

从成本管理的角度，WBS 元素和网络作业都是成本对象，它们之间可以通过"结算规则"这一桥梁建立起相互间的成本转移。由于网络作业往往都是挂接在 WBS 元素之下，为了明确成本的来源或者去向，系统中可以将网络作业上发生的实际成本通过网络作业的"结算规则"结转到其所属的 WBS 元素上，这样就可以清楚地通过 WBS 元素查看项目中发生的实际成本。

WBS 元素与网络作业都是项目的主数据，在系统中都有各自的组织结构。如果网络作业挂接在 WBS 元素上，两者共同完成一个项目的话，系统也支持 WBS 元素和网络作业在不同组织结构下的成本结转。但从凭证上而言，这两个成本对象之间的成本转移只有 CO 凭证，并无 FI 凭证。WBS 和网络作业的关系如图 9-4 所示。

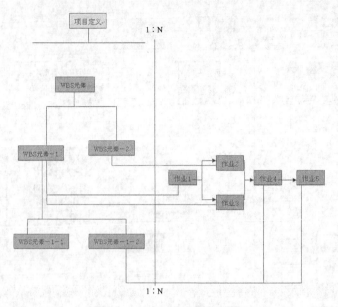

图 9-4　WBS 和网络的组织结构

9.3　项目管理模块主数据

项目管理模块中涉及的主数据很多,但是涉及结构性的字段主要包括项目定义、WBS 元素、网络、网络作业、里程碑等几个关键属性,它们的结构关系如图 9-5 所示。

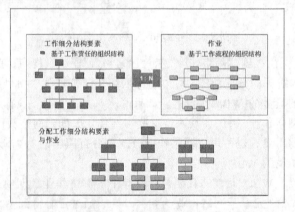

图 9-5　主数据结构及关系

1. 项目定义

之前我们介绍过项目定义是一个项目活动的整体框架。同时,项目定义自身也是一个主数据。它圈定了这个项目的结构,项目的发生、实施、完结只能在这个项目定义的活动范围内,这一点可以通过项目参数文件来实现。项目定义层所设置的项目参数文件是整个项目活动的核心。

2. WBS 元素

工作细分结构中的每一项任务被称为 WBS 元素(WBS)。说它是主数据,是因为它在项目运转过程中是唯一指向某任务的标识。它与项目定义、工作结构间的关系如图 9-6 所示。和别的项目结构对象一样,SAP 系统在 WBS 元素中维护了很多信息,比如有关于组织结构关系的信息:

公司代码、业务范围、工厂（物流模块）、设备或功能地点（工厂维护模块）、利润中心等，其实这些信息也可以作为主数据使用。

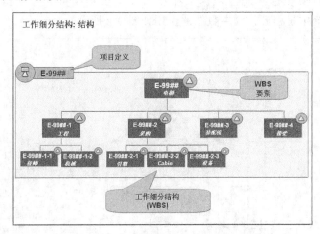

图9-6　WBS元素与项目定义间的关系

3. 网络

同项目定义、WBS 元素一样，网络本身也是主数据，因为它也包含了参数文件信息。网络还可以作为主数据分配给项目定义、WBS 元素或者销售凭证。

4. 网络活动（或网络作业）

构成网络的关键元素是活动（Activity）和活动之间的关系。活动具有以下一些特征。

- 持续一定的时间。
- 有明确的开始和结束时间。
- 执行的过程不被中断（指如果有中断，则应定义多个分开的活动）。
- 执行过程中需要一定的资源。
- 引起成本。

网络和网络作业这两种主数据的维护方式如图 9-7 所示。

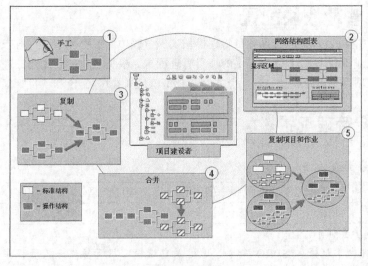

图9-7　网络和网络作业维护

5. 里程碑

里程碑作为项目阶段性标志主数据，在项目实施过程中可以分配给 WBS 元素和活动（Activity）。SAP 系统中里程碑作为主数据的作用如图 9-8 所示。

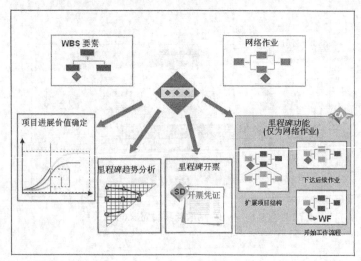

图 9-8　里程碑的主要作用

里程碑用于实现以下 4 种任务。

（1）实现趋势分析。在不同报表日期，里程碑日期被用于比较分析，使项目管理人员能够立刻发现项目趋势和任何的延误。

（2）实现价值分析。里程碑技术是众多计算实现价值技术中的一种，每一个里程碑代表了活动或 WBS 元素所完成的这部分工作。

（3）决定开票计划的日期。将里程碑和开票计划的日期相连，当项目进度到达某个里程碑时，里程碑的实际日期将被自动复制到开票计划中。

（4）触发预定义的里程碑功能。通过触发一系列事件，用于处理某些特定的业务流程。

9.4　项目管理模块配置

SAP 系统中的项目管理配置是项目管理模块实施过程中的关键环节。一般来说，在业务明确以后，接下来就应该利用 SAP 软件提供的项目管理配置，根据企业的具体业务进行项目管理结构及应用的配置。项目管理的配置包含两个方面：投资管理（IM）配置和项目管理（PS）配置。

9.4.1　投资管理配置

1. 定义程序类型

配置菜单	投资管理→投资程序→主数据→定义程序类型
T-Code	SPRO

具体的配置步骤如下。

STEP 1　在命令栏输入 SPRO 命令，通过菜单选择"投资管理→投资程序→主数据→定义程序类型"选项，进入"显示视图'投资程序类型'：总览"界面，如图 9-9 所示。

项目管理（PS）模块的配置　第 9 章

STEP 2　双击右边的程序类型，弹出"程序类型明细"界面，如图 9-10 所示。在此界面中，可以针对程序类型描述、参数文件、对象种类等信息进行配置。

图 9-9　"显示视图'投资程序类型'：总览"界面

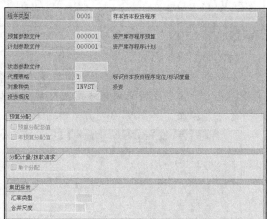
图 9-10　"程序类型明细"界面

STEP 3　双击图 9-9 中左栏的"可分配的操作对象"菜单，可以增加/修改/删除程序类型所包含的操作对象，如图 9-11 所示。

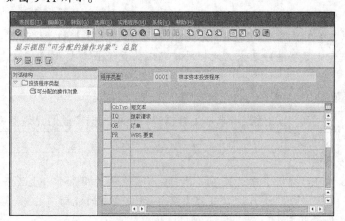
图 9-11　配置"可分配的操作对象"

2．定义投资原因

配置菜单	投资管理→投资程序→主数据→特定主数据字段的允许值→定义投资原因
T-Code	SPRO

具体的配置步骤如下。

在命令栏输入 SPRO 命令，通过菜单选择"投资管理→投资程序→主数据→特定主数据字段的允许值→定义投资原因"选项，进入"修改视图投资原因：总览"界面，如图 9-12 所示，从中可以定义投资原因。

注　意：投资原因是项目管理模块中的一个关键主数据，主要用于区分项目的投资种类。在配置的过程中，一定要结合公司项目管理业务的现状，将现有公司项目类型按照投资种类进行划分，然后维护在"投资原因"中。

3. 定义环境保护标识符

配置菜单	投资管理→投资计量项目→主数据→WBS 元素→特定主数据字段的允许值→定义环境保护标识符
T-Code	SPRO

具体的配置步骤如下。

在命令栏输入 SPRO 命令，通过菜单选择"投资管理→投资计量项目→主数据→WBS 元素→特定主数据字段的允许值→定义环境保护标识符"选项，进入"修改视图环境投资的视图维护：总览"界面，如图 9-13 所示，从中可以定义环境保护标识符。

图 9-12　"修改视图投资原因：总览"界面

图 9-13　定义"环境投资保护标识符"

注　意：环境投资保护标识符同样也是一个重要的项目管理主数据。一般来说，此主数据主要针对客户化项目分类统计需求，来定义维护的一个字段。例如可以将项目按照专业类型进行划分，此字段就可以维护专业类型数据。

4. 定义投资范围

配置菜单	投资管理→适用请求→主数据→特定主数据字段的允许值→定义范围
T-Code	SPRO

具体的配置步骤如下。

在命令栏输入 SPRO 命令，通过菜单选择"投资管理→适用请求→主数据→特定主数据字段的允许值→定义范围"选项，进入"修改视图度量/适应请求的级别：总览"界面，如图 9-14 所示，从中可以定义投资范围。

图 9-14　"修改视图度量/适应请求的级别：总览"界面

注　意：项目范围主要是根据项目影响范围设置的用于区分项目跨度区间的一个主数据。例如项目可以分为跨省项目、省级项目、市级项目等。

5. 为投资程序定义预算配置文件

配置菜单	投资管理→投资程序→在程序编制预算→为投资程序定义预算配置文件
T-Code	SPRO

具体的配置步骤如下。

在命令栏输入 SPRO 命令，通过菜单选择"投资管理→投资程序→在程序编制预算→为投资程序定义预算配置文件"选项，进入"修改视图'预算参数文件修改视图'：细节"界面，如图 9-15 所示，从中可以为投资程序定义预算配置文件。

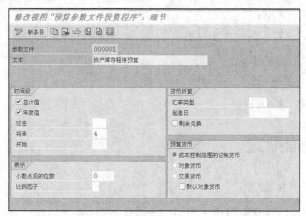

图 9-15 "修改视图'预算参数文件投资程序'：细节"界面

6. 预算参数文件分配

配置菜单	投资管理→投资程序→在程序编制预算→将预算配置文件分配至程序类型
T-Code	SPRO

具体的配置步骤如下。

在命令栏输入 SPRO 命令，通过菜单选择"投资管理→投资程序→在程序编制预算→将预算配置文件分配至程序类型"选项，进入"修改视图将预算概况分配至投资程序类型：总览"界面，如图 9-16 所示。在此界面中，即是将先前定义的"投资程序预算参数"分配给投资程序。

图 9-16 "修改视图将预算概况分配至投资程序类型：总览"界面

7. 为用户字段定义可选择值

配置菜单	投资管理→投资程序→主数据→用户字段→定义用户字段 3 和 4
T-Code	SPRO

具体的配置步骤如下。

STEP 1 在命令栏输入 SPRO 命令，通过菜单选择"投资管理→投资程序→主数据→用户字段→定义用户字段 3 和 4"选项，在弹出的"选择活动"对话框中选择"定义用户字段 3 的许可条目"选项，如图 9-17 所示。

STEP 2 双击"定义用户字段 3 的许可条目"选项，进入"用户字段 3 检查表"中。同样，双击"定义用户字段 4 的许可条目"选项，进入"用户字段 4 检查表"中。一般来说，这两张表主要用于定义项目对应的客户化字段，例如项目的立项单位、项目的专业类型等，如图 9-18 所示。

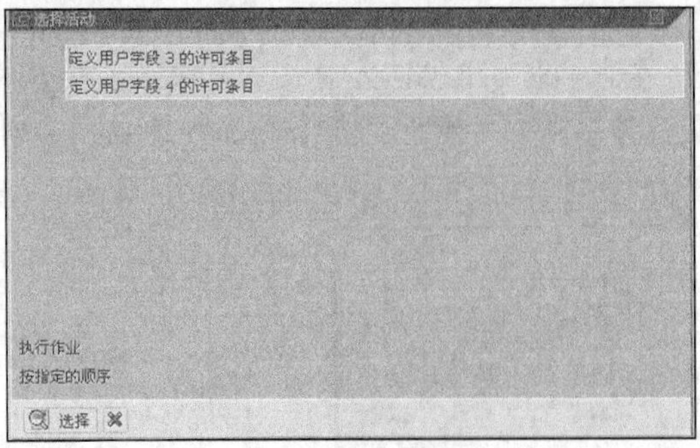

图 9-17 "选择活动"对话框

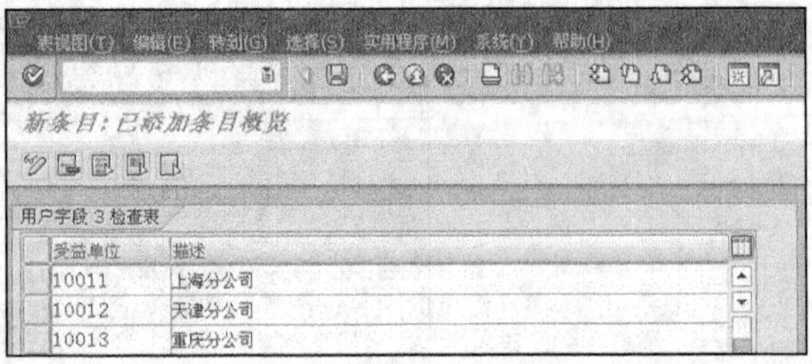

图 9-18 用户字段检查表

9.4.2 项目管理配置

1. 为项目定义特殊特性

配置菜单	项目系统→结构→实施结构→工作分解结构（WBS）→项目编码屏蔽→为项目定义特殊特性
T-Code	OPSK

具体的配置步骤如下。

在命令栏输入 SPRO 命令，通过菜单选择"项目系统→结构→实施结构→工作分解结构（WBS）→项目编码屏蔽→为项目定义特殊特性"（或者在命令栏中输入"OPSK"命令），进入"修改视图项目编号中的特殊字符：总览"界面，如图 9-19 所示，从中可以为项目定义特殊特性。

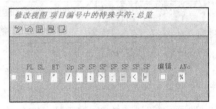

图 9-19 "修改视图项目编号中的特殊字符：总览"界面

2. 定义 WBS 元素细节屏幕的布局

配置菜单	项目系统→结构→实施结构→工作分解结构（WBS）→用户接口设置→WBS 元素细节屏幕的布局定义→WBS 元素细节屏幕的布局
T-Code	SPRO

具体的配置步骤如下。

STEP 01 在命令栏输入 SPRO 命令，通过菜单选择"项目系统→结构→实施结构→工作分解结构（WBS）→用户接口设置→WBS 元素细节屏幕的布局定义→WBS 元素细节屏幕的布局"选项，进入"修改视图规划细节屏幕布局：总览"界面，如图 9-20 所示。

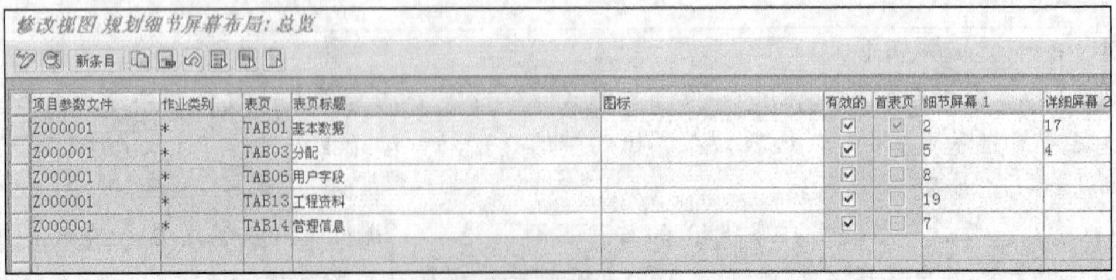

图 9-20 "修改视图规划细节屏幕布局：总览"界面

STEP 2 双击"项目参数文件"行项目,进入"修改视图'规划细节屏幕布局':细节"项的修改界面,如图 9-21 所示。在这个屏幕中可以看到,上半部分是针对表页的设置,可以设置表页的标题、图标,以及该表页是否是有效的表页或首表页。

STEP 3 在"表页细节屏幕"栏中,可以设置表页中具体的屏幕布局细节。左边是屏幕的分布,右边是屏幕项目。例如要将"屏幕 1"中设置为"WBS Element Bsaic Data",在右边屏幕项目中选择顺序编号 2 的行项目,然后将其移动到左边即可。

3. 设置"包括用户定义细节"屏幕

配置菜单	项目系统→结构→实施结构→工作分解结构(WBS)→用户接口设置→WBS 元素细节屏幕的布局定义→包括用户定义细节屏幕
T-Code	SPRO

具体的配置步骤如下。

在命令栏输入 SPRO 命令,通过菜单选择"项目系统→结构→实施结构→工作分解结构(WBS)→用户接口设置→WBS 元素细节屏幕的布局定义→包括用户定义细节屏幕"选项,进入"修改视图 WBS 细节屏幕子屏幕:总览"界面,如图 9-22 所示,从中可以设置"包括用户定义细节"屏幕。

图 9-21 "修改视图'规划细节屏幕布局':细节"界面

图 9-22 "修改视图 WBS 细节屏幕子屏幕:总览"界面

注 意:这个配置主要是用于客户化定义开发的屏幕配置。在此配置中,将自开发的屏幕补充在此视图中,然后在"WBS 元素屏幕布局细节设置"中,可以选择将自开发的屏幕放置在各表页中。

4. 为工作细分结构定义字段选择

配置菜单	项目系统→结构→实施结构→工作分解结构(WBS)→用户接口设置→为工作细分结构定义字段选择
T-Code	SPRO

具体的配置步骤如下。

STEP 1 在命令栏输入 SPRO 命令,通过菜单选择"项目系统→结构→实施结构→工作分解结构(WBS)→用户接口设置→为工作细分结构定义字段选择"选项,弹出"选择活动"对话框,如图 9-23 所示。

STEP 2 双击"字段选择:项目定义"选项,进入"项目定义屏幕字段选择"界面,如图 9-24 所示。在此屏幕中,对于可修改字段,通过选择后面的输入、需要、显示、隐藏、高亮等不同的选项，可使字段在屏幕呈现不同的状态。例如对于"创建日期"字段选择"输入"，在屏幕中此字段就会显示出输入框，供用户输入数据。

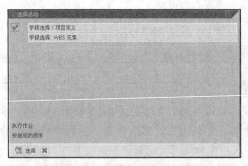

图 9-23 "选择活动"对话框

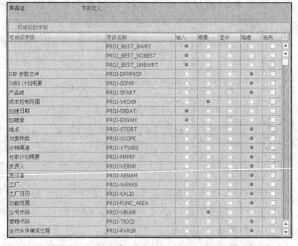

图 9-24 "项目定义屏幕字段选择"界面

STEP 3 在"选择活动"对话框中双击"字段选择：WBS 元素"选项，进入"WBS 元素屏幕字段选择"界面，如图 9-25 所示，从中可以进行具体的设置。

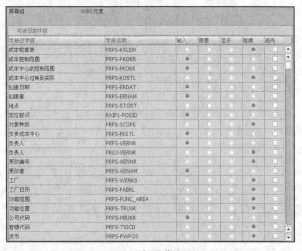

图 9-25 "WBS 元素屏幕字段选择"界面

 注　意：由于项目定义层和 WBS 层的层次不同，所以虽然可修改字段有重叠，但是出于统计的需要，最好还是按照不同的层面进行选择，以避免抽取数据的时候不在同一层次的数据字段不好对应。

5. 为 WBS 元素创建用户定义字段

配置菜单	项目系统→结构→实施结构→工作分解结构（WBS）→用户接口设置→为 WBS 元素创建用户定义字段
T-Code	SPRO

项目管理（PS）模块的配置 第 9 章

具体的配置步骤如下。

STEP 1 在命令栏输入 SPRO 命令，通过菜单选择"项目系统→结构→实施结构→工作分解结构（WBS）→用户接口设置→为 WBS 元素创建用户定义字段"选项，弹出"修改视图用户字段：总览"界面，如图 9-26 所示。在此界面中，可以新增、删除 WBS 元素用户定义层次，例如本例中就将 WBS 元素分为了两层："主项目用户字段"层和"单项工程用户字段"层。

STEP 2 双击"主项目用户字段"选项，进入"修改视图'用户字段'：细节"界面，如图 9-27 所示。在此界面中，可以对主项目用户字段进行更改。例如本例中设置"财务核算人"用户字段，类型为"文本"。

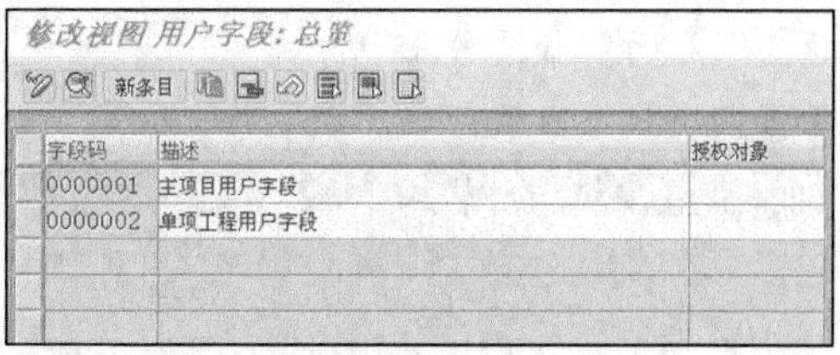

STEP 3 同样，在图 9-26 中双击"单项工程用户字段"选项，进入单项工程用户字段细节修改界面，如图 9-28 所示。在此界面中，可以对单项工程用户字段进行更改。例如本例中设置"实际开工日期"、"实际完工日期"用户字段，类型为"日期"。

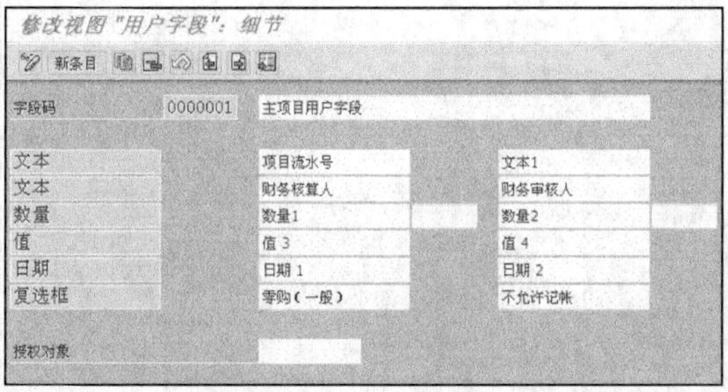

图 9-26 "修改视图用户字段：总览"界面

图 9-27 "修改视图'用户字段'：细节"界面

图 9-28 单项工程用户字段细节修改界面

6. 创建项目参数文件

配置菜单	项目系统→结构→实施结构→工作分解结构（WBS）→创建项目参数文件
T-Code	OPSA

具体的配置步骤如下。

STEP 1 在命令栏输入 SPRO 命令，通过菜单选择"项目系统→结构→实施结构→工作分解结构（WBS）→创建项目参数文件"选项（或者直接在命令栏中输入"OPSA"命令），弹出"修改视图'项目参数文件'：细节"界面，如图 9-29 所示。在此界面中，可以对项目参数文件中的相关字段进行创建及修改设置。选择"控制"页，从中可以设置项目"基本数据"、"项目库存"、"项目状态"等信息。

STEP 2 选择"组织结构"页，从中可以设置项目的"成本控制范围"、"公司代码"、"业务范围"、"工厂"、"功能范围"、"利润中心"及"项目货币"等，如图 9-30 所示。

STEP 3 同样，在"计划板/日期"页中可以设置时间单位、网络参数、项目计划模版等内容；在右侧的"控制"页中可以设置计划参数文件、预算参数文件、成本核算表等内容。

7. 创建状态参数文件

配置菜单	项目系统→结构→实施结构→工作分解结构（WBS）→WBS 用户状态→创建状态参数文件
T-Code	SPRO

具体的配置步骤如下。

STEP 1 在命令栏输入 SPRO 命令，通过菜单选择"项目系统→结构→实施结构→工作分解结构（WBS）→WBS 用户状态→创建状态参数文件"选项，弹出"修改状态参数文件：概况"界面，如图 9-31 所示。

STEP 2 本例中选择"单项工程用户状态"选项，双击后进入"修改状态参数文件：用户状态"界面，如图 9-32 所示。在此界面中，可以设置单项工程层的用户状态参数，例如本例中设置两个状态参数："正常"和"取消"。

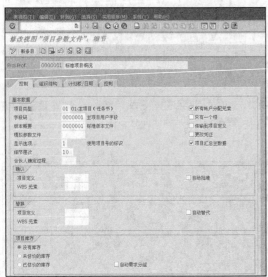

图 9-29 "修改视图'项目参数文件'：细节"界面　　图 9-30 设置"组织结构"页

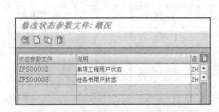

图 9-31 "修改状态参数文件：概况"界面　　图 9-32 "修改状态参数文件：用户状态"界面

8. 维护项目替代规则

配置菜单	项目系统→结构→实施结构→工作分解结构（WBS）→维护替代
T-Code	OPSN

具体的配置步骤如下。

STEP 1 在命令栏输入 SPRO 命令，通过菜单选择"项目系统→结构→实施结构→工作分解结构（WBS）→维护替代"选项（或者直接在命令栏中输入"OPSN"命令），弹出"更改替代"界面，如图 9-33 所示。

STEP 2 本例中选择"用户字段替代"，双击"先决条件"菜单，可以看到右边显示栏目分为上下两层，上层显示当前的先决条件，下层为先决条件编辑菜单。编辑菜单分为 3 个页，分别为表字段、规则、退出。在编辑先决条件时，在表字段中选择要作为条件的字段，然后通过单击旁边的"AND"、"OR"等按钮设置条件逻辑，通过单击"常量"等按钮设置条件值。例如在本例中显示的条件"PRPS-PRART = '01'"即是通过选择"PRPS-PRART"字段后单击"="按钮，然后单击"常量"按钮，输入"01"后设置完成的，如图9-34所示。

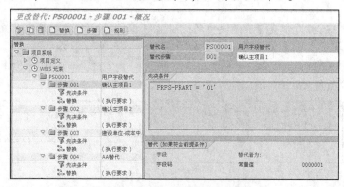

图9-33 "更改替代"界面

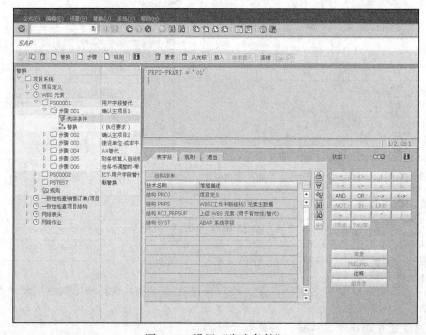

图9-34 设置"先决条件"

 注 意：替代操作是SAP系统一种客户化开发的功能，便于客户根据自己企业的特点，设置不同的替代规则，通过规则在业务处理环节中方便业务的自动转换处理。这种功能适用于SAP系统其他的各个模块，一般财务模块应用的较多。

9. 创建WBS元素项目类型

配置菜单	项目系统→结构→实施结构→工作分解结构（WBS）→创建WBS元素项目类型
T-Code	SPRO

具体的配置步骤如下。

在命令栏输入 SPRO 命令，通过菜单选择"项目系统→结构→实施结构→工作分解结构（WBS）→创建WBS元素项目类型"选项，弹出"修改视图'项目类型'：总览"界面，如图9-35所示，从中可以创建WBS元素项目类型。

注 意：项目类型是PS模块中的关键主数据。可从种类、层次、属地等维度对项目进行划分，例如本例中就是按照层次对项目进行了划分。

10. 设置项目负责人

配置菜单	项目系统→结构→实施结构→工作分解结构（WBS）→指定WBS元素的负责人
T-Code	OPS6

具体的配置步骤如下。

在命令栏输入 SPRO 命令，通过菜单选择"项目系统→结构→实施结构→工作分解结构（WBS）→指定WBS元素的负责人"选项（或者在命令栏中输入"OPS6"命令），弹出"修改视图 项目负责人/首要投资计划：总览"界面，如图9-36所示，从中可以指定WBS元素的负责人。

图9-35 "修改视图'项目类型'：总览"界面　　图9-36 "修改视图项目负责人/首要投资计划：总览"界面

11. 维护网络参数文件

配置菜单	项目系统→结构→实施结构→网络→网络的设置→维护网络参数文件
T-Code	OPUU

具体的配置步骤如下。

STEP 1 在命令栏输入 SPRO 命令，通过菜单选择"项目系统→结构→实施结构→网络→网络的设置→维护网络参数文件"选项（或者直接在命令栏中输入"OPUU"命令），弹出"修改视图 网络默认值：总览"界面，如图9-37所示。

STEP 2 本例中选择"网络参数文件 01"选项，双击后弹出"修改视图'网络默认值'：细节"编辑界面，如图9-38所示。可以看到细节分为3个页面，其中在"网络"页中，可以编辑修改"网络参数"，例如"工厂"、"网络类型"等信息；在"图形"页中，可以编辑网络的图形概要，包括子网络层次界面颜色、文档背景颜色、重大事件标注颜色等信息；在"作业"页中，可以编辑作业参数、服务控制码、网络层物料组、网络层采购组等信息。

12. 设置网络的编号

配置菜单	项目系统→结构→实施结构→网络→网络的设置→设置网络的编号范围
T-Code	CO82

具体的配置步骤如下。

项目管理（PS）模块的配置 第 9 章

在命令栏输入 SPRO 命令，通过菜单选择"项目系统→结构→实施结构→网络→网络的设置→设置网络的编号范围"选项（或者直接在命令栏中输入"CO82"命令），弹出"维护号码范围间隔"界面，如图 9-39 所示。在此界面中，可以针对网络编号的范围进行设置。

图 9-37 "修改视图网络默认值：总览"界面　　图 9-38 "修改视图'网络默认值'：细节"编辑界面

图 9-39 "维护号码范围间隔"界面

13. 定义网络细节屏幕

配置菜单	项目系统→结构→网络→用户接口设置→作业细节屏幕的布局→定义作业细节屏幕的布局
T-Code	SPRO

具体的配置步骤如下。

STEP 1 在命令栏输入 SPRO 命令，通过菜单选择"项目系统→结构→网络→用户接口设置→作业细节屏幕的布局→定义作业细节屏幕的布局"选项，弹出"修改视图规划细节屏幕布局：总览"界面，如图 9-40 所示。同 WBS 屏幕布局维护一样，此界面主要用于网络层次的屏幕布局设置。

图 9-40 "修改视图规划细节屏幕布局：总览"界面

STEP 2 双击一条"网络参数文件",弹出"修改视图'规划细节屏幕布局':细节"编辑界面,如图 9-41 所示。可以看到细节分为"表页设置"、"表页细节屏幕"、"屏幕页"3 个层次。在"表页设置"层中,可以设置"表页标题",同时也可以设置该表页是否有效、是否为首表页;在"表页细节屏幕"层中,可以设置所选择屏幕中的页面字段;在"屏幕页"中可选择屏幕分层。

14. 定义网络的字段选择

配置菜单	项目系统→结构→网络→用户接口设置→定义网络的字段选择
T-Code	OPUA

具体的配置步骤如下。

在命令栏输入 SPRO 命令,通过菜单选择"项目系统→结构→网络→用户接口设置→定义网络的字段选择"选项(或者直接在命令栏中输入"OPUA"命令),弹出"字段选择:可修改的字段"界面,如图 9-42 所示。同 WBS 字段选择一样,此界面主要用于网络层次的屏幕字段设置。

图 9-41 "修改视图'规划细节屏幕布局':细节"编辑界面

15. 定义标准里程碑组

配置菜单	项目系统→结构→模板→标准里程碑→定义标准里程碑的里程碑组
T-Code	OPT6

具体的配置步骤如下。

在命令栏输入 SPRO 命令,通过菜单选择"项目系统→结构→模板→标准里程碑→定义标准里程碑的里程碑组"选项(或者直接在命令栏中输入"OPT6"命令),弹出"修改视图 重大事件组:总览"界面,如图 9-43 所示。"重大事件组"是项目实施过程中,对于关键环节或者阶段设置的一个重大事件记录。在此界面中,可以进行具体的设置。

16. 激活控制范围的项目管理

配置菜单	项目系统→成本→激活控制范围的项目管理
T-Code	OKKP

具体的配置步骤如下。

STEP 1 在命令栏输入 SPRO 命令,通过菜单选择"项目系统→成本→激活控制范围的项目管理"选项(或者直接在命令栏中输入"OKKP"命令),弹出"修改视图 基本数据:总览"界面,如图9-44所示。在此界面中,首先选择"激活组件/控制标识"选项,用于配置项目管理过程中的成本控制范围。

STEP 2 单击"新条目"按钮,弹出"控制范围细节修改"界面,如图9-45所示。在此界面中,首先输入"控制范围"中的编码以及描述、负责人信息,然后在"分配控制"页中设置"公司→CO范围"。

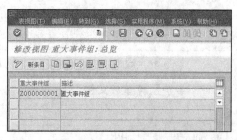

图9-42 "字段选择:可修改的字段"界面　　图9-43 "修改视图 重大事件组:总览"界面

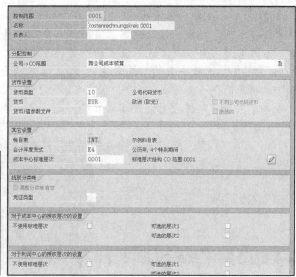

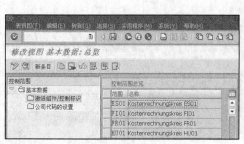

图9-44 "修改视图 基本数据:总览"界面　　图9-45 "控制范围细节修改"界面

STEP 3 上述字段创建完成,再次双击"激活组件/控制标识"选项,弹出"控制范围细节"编辑界面,在"激活组件"页,可以选择"成本中心"、"订单管理"、"承诺管理"、"获利能力分析"、作业成本法,以及"利润中心"、"销售订单"等组元是否可用。其中"成本中心"、"订单管理"、"承诺管理"、"获利能力分析"、"作业成本法"等为财务关键数据,一般均应设置为"组元可用",如图9-46所示。

STEP 4 设置完"控制范围"以后，双击"公司代码的设置"选项，然后为新创建的"控制范围"分配公司代码，如图9-47所示。

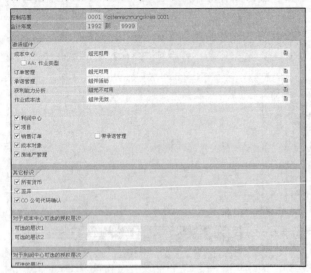

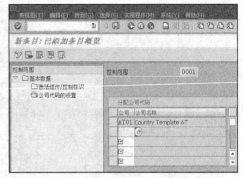

图9-46 编辑"控制范围 细节"界面　　　　　图9-47 分配公司代码界面

17. 维护预算参数文件

配置菜单	项目系统→成本→预算→维护预算参数文件
T-Code	SPRO

具体的配置步骤如下。

STEP 1 在命令栏输入 SPRO 命令，通过菜单选择"项目系统→成本→预算→维护预算参数文件"选项，弹出"修改视图项目的预算参数文件：总览"界面，如图9-48所示。在此界面中，可以看到当前项目系统中设置的项目预算参数文件清单。

STEP 2 选择一条"参数文件"，双击后即可进入"修改视图'项目的预算参数文件'：细节"编辑界面，如图9-49所示。在此界面中，需要编辑预算参数文件的描述、时间段、投资管理程序类型、可用性控制、预算货币等，设置完成单击"保存"按钮"🖫"保存即可。

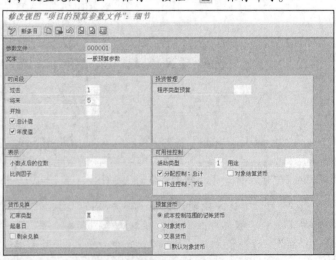

图9-48 "修改视图 项目的预算　　　　　图9-49 "修改视图'项目的预算
　　　　参数文件：总览"界面　　　　　　　　　　参数文件'：细节"界面

18. 规定项目定义的缺省预算参数文件

配置菜单	项目系统→成本→预算→规定项目定义的缺省预算参数文件
T-Code	SPRO

具体的配置步骤如下。

在命令栏输入 SPRO 命令，通过菜单选择"项目系统→成本→预算→规定项目定义的缺省预算参数文件"选项，弹出"修改视图 将预算概况分配给项目项目概况：总览"界面，如图 9-50 所示。在此界面中，即可将之前创建好的项目预算参数文件分配给指定的项目层次或者项目类型。

图 9-50 "修改视图 将预算概况分配给项目项目概况：总览"界面

19. 创建分配结构

配置菜单	项目系统→成本→自动和周期分配→结算→结算概况→创建分配结构
T-Code	SPRO

具体的配置步骤如下。

STEP 1 在命令栏输入 SPRO 命令，通过菜单选择"项目系统→成本→自动和周期分配→结算→结算概况→创建分配结构"选项，弹出"更改视图'分配结构'：概览"界面，如图 9-51 所示。在此界面中，可以创建各种预算的"分配结构"。例如在本例中，选择创建"项目结算结构"。

STEP 2 选择"项目结算结构"以后，在左边栏目中选择菜单中的"分配"项，双击后即可看到右边栏目中会显示关于"项目结算结构"中所对应的分配项，如图 9-52 所示。

图 9-51 "更改视图'分配结构'：概览"界面　　图 9-52 "项目结算结构"对应分配项

STEP 3 在图 9-52 中的"分配结构"选择指定的分配结构，然后在左边栏目中选择菜单中的"源文件"项，双击后即可看到右边栏目中会显示关于"001 项目结算"中所对应的源文件细节内容，如图 9-53 所示。在此界面中，可以为"分配结构"选择成本控制域及成本要素。

STEP 4 同样在图 9-52 中的"分配结构"选择指定的分配结构，然后在左边栏目中选择菜单中的"结算成本要素"项，双击后即可看到右边栏目中会显示关于"001 项目结算"中所对应的"结算成本要素"内容，如图 9-54 所示。在此界面中，可以为"分配结构"根据指定的"接收方类型"设置"结算成本要素"。

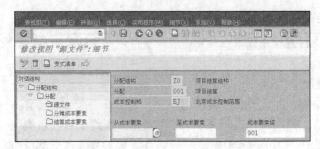

图 9-53 "源文件"细节内容

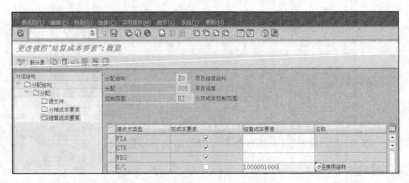

图 9-54 设置"结算成本要素"

20. 定义源结构

配置菜单	项目系统→成本→自动和周期分配→结算→结算概况→定义源结构
T-Code	SPRO

具体的配置步骤如下。

STEP 1 在命令栏输入 SPRO 命令，通过菜单选择"项目系统→成本→自动和周期分配→结算→结算概况→定义源结构"选项，弹出"更改视图'源结构'：概览"界面，如图 9-55 所示。在此界面中，可以创建、修改、删除源结构及相应的设置内容。

STEP 2 创建完结构后，在右栏中选择新创建的"项目源结构"选项，在左边栏目中选择菜单中的"源设置"项，双击后即可看到右边栏目中会显示关于"Z9 项目源结构"中所对应的分配项，如图 9-56 所示。

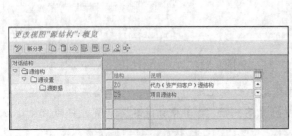

图 9-55 设置"源结构"

图 9-56 设置"源结构"中的分配项

STEP 3 在图 9-56 中的分配结构选择指定的分配项，然后在左边栏目中选择菜单中的"源数据"项，双击后即可看到右边栏目中会显示关于"1 在建工程支出源"中所对应的源文件细节内容，如图 9-57 所示。在此界面中，可以为分配项选择对应的"成本要素"。

图9-57 设置分配内容中对应的"成本要素"

21. 定义结算参数文件

配置菜单	项目系统→成本→自动和周期分配→结算→结算概况→定义结算参数文件
T-Code	SPRO

具体的配置步骤如下。

在命令栏输入 SPRO 命令，通过菜单选择"项目系统→成本→自动和周期分配→结算→结算概况→定义结算参数文件"选项，弹出"修改视图'结算参数文件'：细节"界面，如图9-58所示。在此界面中，可以设置项目结算参数文件，例如上面所创建的分配结构、源结构都可以在这里进行设置。

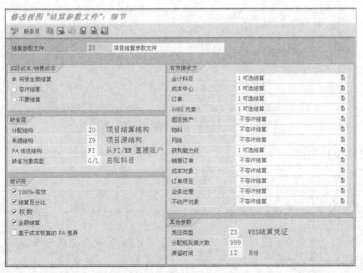

图9-58 "修改视图'结算参数文件'：细节"界面

22. 指定项目定义的默认结算参数文件

配置菜单	项目系统→成本→自动和周期分配→结算→指定项目定义的默认结算参数文件
T-Code	SPRO

具体的配置步骤如下。

在命令栏输入 SPRO 命令，通过菜单选择"项目系统→成本→自动和周期分配→结算→指定项目定义的默认结算参数文件"选项，弹出"修改视图 将结算参数文件分配到项目参数文件：总览"界面，如图9-59所示。在此界面中，可以将设置好的项目结算参数文件与其他参数文件进行对应。

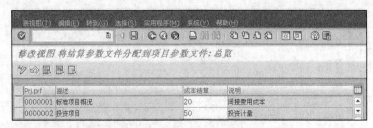

图 9-59 指定项目定义的默认结算参数文件

23. 定义结算凭证的编号范围

配置菜单	项目系统→成本→自动和周期分配→结算→定义结算凭证的编号范围
T-Code	SPRO

具体的配置步骤如下。

在命令栏输入 SPRO 命令,通过菜单选择"项目系统→成本→自动和周期分配→结算→定义结算凭证的编号范围"选项,弹出"显示号码范围间隔"界面,如图 9-60 所示。在此界面中,可以设置结算凭证的编号范围。

图 9-60 "显示号码范围间隔"界面

24. 定义日期排产类型

配置菜单	项目系统→日期→排产→定义排产类型
T-Code	OPJN

具体的配置步骤如下。

在命令栏输入 SPRO 命令,通过菜单选择"项目系统→日期→排产→定义排产类型"选项(或者直接在命令栏中输入"OPJN"命令),弹出"修改视图 计划类型:总览"界面,如图 9-61 所示,从中可以定义日期排产类型。

25. 指定网络计划参数

配置菜单	项目系统→日期→排产→为网络计划指定参数
T-Code	OPU6

具体的配置步骤如下。

在命令栏输入 SPRO 命令,通过菜单选择"项目系统→日期→排产→为网络计划指定参数"选项(或者直接在命令栏中输入"OPU6"命令),弹出"修改视图"指定计划参数":细节"界面,如图 9-62 所示。在此界面中,可以设置网络计划的参数。

项目管理（PS）模块的配置　第 9 章

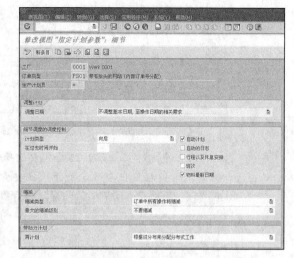

图 9-61　"修改视图 计划类型：总览"界面　　图 9-62　"修改视图'指定计划参数'：细节"界面

26. 定义 WBS 计划参数

配置菜单	项目系统→日期→WBS 中的日期计划→为 WBS 计划定义参数
T-Code	SPRO

具体的配置步骤如下。

在命令栏输入 SPRO 命令，通过菜单选择"项目系统→日期→WBS 中的日期计划→为 WBS 计划定义参数"选项，弹出"修改视图"WBS 计划的控制参数"：细节"界面，如图 9-63 所示。在此界面中，可以设置 WBS 计划的参数。

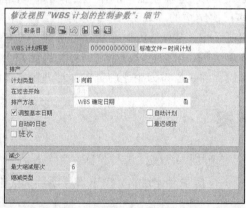

图 9-63　"修改视图"WBS 计划的控制参数"：细节"界面

27. 定义信息系统的选择参数文件

配置菜单	项目系统→信息系统→选择→定义信息系统的选择参数文件
T-Code	BS42

具体的配置步骤如下。

STEP 1　在命令栏输入 SPRO 命令，通过菜单选择"项目系统→信息系统→选择→定义信息系统的选择参数文件"选项（或者直接在命令栏中输入"BS42"命令），弹出"修改视图 状态选择计划：总览"界面，如图 9-64 所示。

图 9-64 "修改视图 状态选择计划:总览"界面

STEP 2 在右栏中选择要修改的选择要素选项,在左边栏目中选择菜单中的"选择条件"项,双击后即可看到右边栏目中会显示关于选择要素所对应的"状态参数文件",如图 9-65 所示。

图 9-65 配置"状态参数文件"

9.5 典型案例:电信企业项目管理模型分析

目前某电信企业本身处于高速发展时期,以现有的管理手段已不足以支撑越来越庞大的企业,尤其是针对繁多的工程项目,迫切需要通过信息化的管理,实现对工程项目需求、审批、立项、设计、计划、排程、资源分配、过程监控、预算、成本等环节的全方位管理,并利用工作分级结构元素(WBS)实现多层次结构的逐级明细管理。项目结束后,能够对项目进行全面的结果及收益分析以及实时查询项目相关数据,及时了解项目进度,提高效率、降低风险。

为了进一步提高企业管理水平,增强企业竞争力,SAP 系统作为一种先进的管理工具,已经为该电信企业管理层所认识,并迅速作为企业的重点项目进行方案的讨论。

9.5.1 整体设计方案

依照该电信企业针对项目管理的相关规定,整体设计方案综合考虑了以下几个方面的业务需求。

- 实现对项目立项阶段(包括季度计划、立项申请、项目审批流转与项目立项下达等)的全过程管理。
- 实现项目投资预算控制,包括批次计划下达与上报过程管理,并进行批次计划下达值、上报值、工程实际进度值与财务列账值的比较。
- 实现项目下达后的工程项目实施的全过程管理,包括项目设计、项目施工、工程采购、项目竣工、决算交资等环节。
- 按照职能划分的项目管理模式进行项目管理模块设计。
- 实现项目管理模块、物料管理模块、财务管理模块的集成。
- 在流程设计过程中完成最终用户操作权限的管理。
- 在进行客户化程序的界面设计时,考虑用户的操作习惯,便于用户使用。

基于以上几点需求的考虑,将在一个集成的平台上实现项目生命周期的全过程管理。整体设计流程如图 9-66 所示。

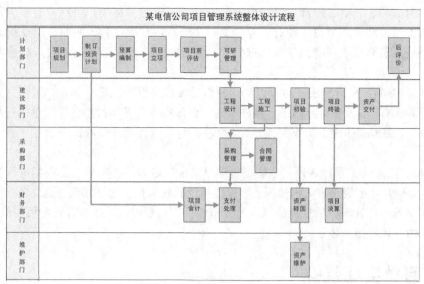

图 9-66　整体设计流程

（1）项目规划：项目规划主要依据市场现状、市场预测及企业发展目标，按照固定年份进行滚动规划，具体规划以企业业务量、网络能力、财务指标、往年滚动规划、往年项目情况等作为参考依据。

（2）制订投资计划：投资计划是实现投资预算形成的一个审批过程。投资计划是企业全年总的项目计划，对各建设部门的项目建设具有指导意义。

（3）预算编制：预算编制是根据企业当年总的投资预算为基础进行的项目预算编制，编制的结果要纳入到 SAP 系统（投资预算模块-IM）进行统一管理。

（4）项目立项：根据项目分级分类的管理方式，可按照不同的项目制定不同的审批工作流程，实现项目多个环节、层次的授权审批模式。

（5）项目前评估：项目前评估是由计划部门对上报的项目建议书进行全面审核的再评价工作，是对拟实施项目在技术上是否可能、经济上是否有利、建设上是否可行所进行的综合分析和全面科学评价，以达到提高投资的效益和综合效果的目的。

（6）可研管理：对于确定要进行可行性研究的项目，由计划部门针对该项目进行可行性研究报告的编制工作，并对可研报告进行预审、会审、批复的相关环节管理。

（7）工程设计：项目可研批复后，建设单位项目负责人负责编写设计委托书，经过相应的流程审批后，及时向具有相关资质的设计单位委托该项目的设计工作。设计分为一阶段、二阶段设计。

（8）工程施工：工程管理是一个相当重要的过程。这是把建设单位的需求变成实际生产能力的一个过程。施工建设管理包括：工程启动管理、施工委托管理、监理委托管理、工程进度管理、工程初验管理、工程质量管理、工程终验管理、工程付款管理、查询统计等。施工建设过程关注的阶段和信息点是通过配置实现，并在施工建设过程中融入问题管理的思路，实现项目管理过程中的沟通有效性管理。

（9）采购管理：实行总部集中采购与省级分（子）公司自行采购相结合的原则，分类管理，分级审批。

（10）合同管理：合同管理主要实现采购需求的管理，对合同重要信息及合同执行情况进行管理。

（11）项目初验：工程项目建设完成以后，施工单位按规定提供全套的竣工技术文件，由建设部门组织财务部、计划管理部、运行维护部门以及其他相关部门，组成初验小组，并召集设计单位、施工单位和监理单位（如有）等参加，共同对项目进行初步验收，形成初验纪要（纪要附初验小组成员名单）草稿，经流程审批后交财务、运行维护等部门相关人员会签，完成初验工作。

（12）项目终验：项目完成试运行以后，网络建设部门根据试运行报告，组织财务部、运行维护部门、需求部门，及设计、施工、器材供应、设备集成商等项目建设相关单位进行终验，审核决算初稿，审阅拟定的竣工验收文件之后，终验参与单位代表在验收证书上签字确认该项目通过竣工验收。

（13）项目后评估：项目后评估主要指对项目建设所带来的各项效益、指标进行客观的、科学的评估，为项目评审提供有力的依据，尽可能减少投资失误，用好建设资金，在工程项目的管理上形成完整的闭环管理。项目评估可分为目标评价、过程评价、效益评价和可持续性评价等，建立项目评估、评价指标体系。

9.5.2 系统实现架构

根据整体设计方案，可以基本确定 SAP 系统的实现架构，如图 9-67 所示。

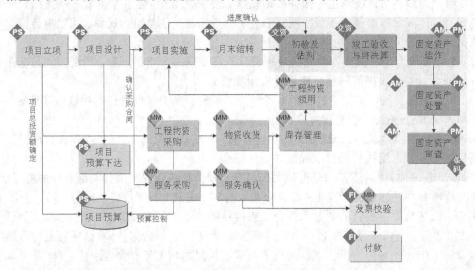

图 9-67　SAP 系统实现架构

在 SAP 系统中，每一个 WBS 都可以拥有自己的独立的组织结构，因此针对不同的项目，可以根据该项目所涉及的范围，给该项目的 WBS 赋予不同的组织结构，包括公司代码等。对于该电信公司而言，根据业务情况需要设置 3 个公司代码，按照之前介绍的配置步骤，首先在 SAP 系统中对公司代码进行配置。

9.5.3 主数据

同本章第 3 节所介绍的内容一样，任何一家公司在实施 PS 的过程中，都必然要涉及众多的主数据，其中一些主数据是在 PS 模块中起关键作用的，例如项目编码（WBS 元素）、投资结构、建设单位、规模能力等。

1. 项目编码

该电信企业的项目编码方案如下。

（1）集团工程项目编码方式。

编码方式：JT+9 位流水号（JT000000001-JT999999999）

例如：华北区骨干网管道项目，编码方式 JT000000001。

如果该项目过大，则需要按照某类型进行拆分，拆分后的单个项目编码方式如下：

JT+9 位流水号+2 位流水号

例如把刚才的 JT000000001 拆分成两个单个项目：

JT000000001-01、JT000000001-02

（2）省份工程项目编码方式。

编码方式：SF000000001-SF99999999

例如，北京 SOHO 大厦长途管道项目，编码方式 SF000000001。

如果该项目过大，则需要按照某类型进行拆分，拆分后的单个项目编码方式如下：

SF+9 位流水号+2 位流水号

例如把刚才的 SF000000001 拆分成两个单个项目：

SF000000001-01、SF000000001-02

2. 投资结构

该电信企业的投资结构以年度为单位，每年年底根据下一年度的企业发展计划进行下一年度的投资结构编制工作，并在 SAP 系统中建立投资结构树形结构。具体结构模型如下。

- 第 1 层：集团公司
- 第 2 层：省份公司
- 第 3 层：地市公司

根据这种投资结构，可以在 SAP 里面创建投资程序，然后将投资程序作为主数据与每个项目进行绑定，投资结构中设置的预算值对项目的预算进行控制，如图 9-68 所示。

创建完投资程序之后，接着就可以完成结构的创建，如图 9-69 所示。

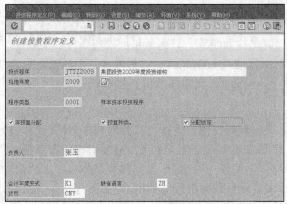

图 9-68　SAP 系统创建投资程序

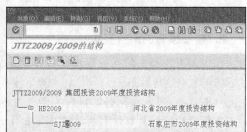

图 9-69　SAP 系统创建投资结构

完成结构创建后，就可以根据层次结构，为每一层次分配预算金额，如图 9-70 所示。

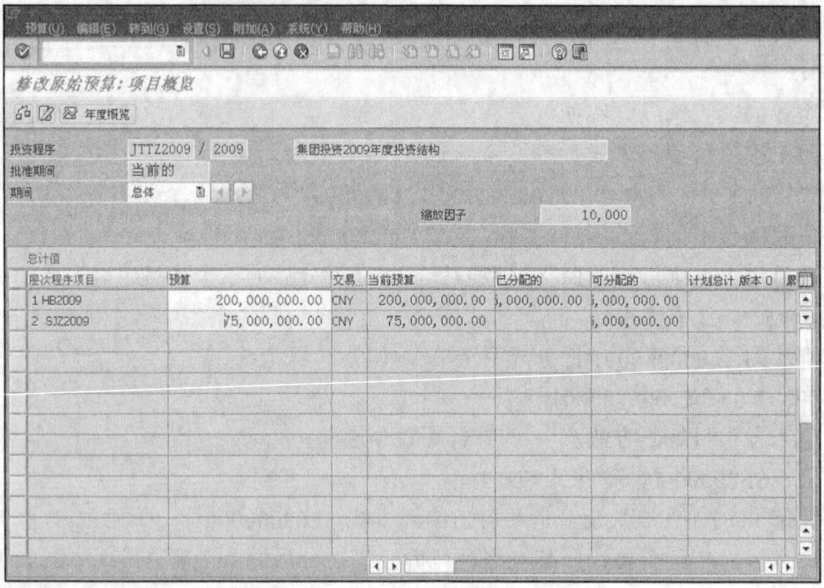

图 9-70　SAP 系统预算分配

9.5.4　业务流程清单

1. 年度投资预算编制流程

（1）流程主要控制点。
- 年度投资预算要求按集团、省份、地市等三个层次形成钩稽关系，以便更好地控制资本性支出进度。
- 按投资收益分类与相对应的业务收入形成钩稽关系，以明确这两个维度的资本性支出与业务收入间的配比。
- 按建设单位与相对应的项目投资统计数据形成钩稽关系，以便得到预算完成率考核数据。
- 年度预算每年年底由集团计划部在 SAP 系统维护投资程序、投资结构及投资预算。

（2）业务流程主要改进和变化。
- 年度投资预算结果纳入 SAP 系统进行统一管理，实时统计年度预算执行情况。
- 由集团计划部专人负责维护年度投资预算结构及预算，以保证年度投资预算的准确性。
- 年度投资预算最终确定的项目作为计划项目纳入 SAP 系统，对将来项目立项时是否为预算外项目起到一定的控制作用。

2. 投资预算的调整流程

投资预算的调整包括投资预算整体目标的调整和投资预算整体目标内的调整。投资预算整体目标的调整，是指因集团公司目标调整、业务市场发生重大变化等重大因素而对投资预算整体目标进行的调整。投资预算整体目标的调整可根据实际需要适时进行。投资预算整体目标内的调整，是指在年度投资预算整体目标不变的前提下对投资项目预算进行的调整。它主要包括以下两个方面的内容。
- 根据实际形象进度或预测的形象进度对投资项目预算进行调整。

- 根据实际情况对已分配投资预算项目的投资进行调整。

(1) 流程主要控制点

计划部根据下层公司报上来的调整需求进行初步预审，判断调整的类型是属于预算整体目标调整，还是投资预算目标内调整，然后提交给预算管理委员会进行审核。预算管理委员会审核通过后，由计划部在 SAP 系统维护投资结构与投资预算，并通知下层公司调整。

(2) 业务流程主要改进和变化

- 调整的结果发布至 SAP 系统（投资预算变化或者投资结构变化），以便计划部工作人员及时判断项目是否立项和及时调整项目批次计划。
- 统一的权限管理，保证信息维护的准确性及安全性。
- SAP 提供相关报表，按照不同的维度实时查询年度投资预算。

3. 项目立项流程

在确定投资计划后，各分公司即可提出项目建设需求，所有需建设的项目都需要先立项，并经审批通过后才能进行项目设计、设备采购和施工。

分公司将项目申请表提交给项目技术支撑管理部门做方案，完成后提交给计划部进行审批，由计划部进行项目立项审查。主要内容包括：是否为投资计划中确认的项目需求、技术方案可行性评估和审核。审核通过后，由计划部在 SAP 系统中立项并建立项目层次。

(1) 流程主要控制点。

- 分公司提出项目需求，需求内容包括：项目申请描述、项目紧急程度、项目类型、投资回报率等。计划部对项目需求进行审批（计划项目是否为年度计划内的项目）。
- 项目需求申请完成后，由项目支撑管理部门对项目做技术方案，项目方案信息维护完成提交计划部审查。
- 审核通过，计划部在 SAP 系统完成项目的立项及项目结构的创建。根据项目的情况，分别创建项目定义层、第 1 层 WBS、第 2 层 WBS。

(2) 业务流程主要改进和变化。

- 规范项目立项流程，统一填报项目需求申请，便于后续进行业务审查。
- 清晰项目支撑管理部门工作，维护项目申请信息及方案能力信息。
- 计划部工作人员通过 SAP 系统可随时查询项目立项申请信息，并准确做出反应。
- 计划部创建项目并挂接投资结构，系统可以自动检查投资预算是否准确，以减少错误的发生。
- SAP 系统自动创建项目编码等相关信息，减少人为干预输入，保证数据准确性，减少计划人员工作量。
- SAP 系统提供相关报表查询项目信息，支持项目预算、项目能力、项目完成情况信息的统计和分析。
- SAP 系统提供项目预算自动控制功能。项目下达后，项目预算一旦超出，系统自动报警或者错误的信息，可使后续操作无法实现，除非调整投资预算。项目预算的事前控制功能可使计划由被动变主动。

4. 工程实施准备流程

建设单位接到项目后，委托设计单位进行初步设计，得到初步设计后，如果是第一阶段设计，就直接进入设备、服务采购流程。如果是第二阶段设计，就先委托进行施工图设计，然后再进入设备、服务采购流程。

（1）流程主要控制点。

计划部立项后，建设单位项目负责人在 SAP 系统中领取项目。

（2）业务流程主要改进和变化。

- 项目负责人在 SAP 系统中领取项目后，在系统中填写项目负责人姓名。同时，施工图设计信息由项目负责人填入到 SAP 系统，并通过 SAP 系统的网络功能制订项目实施进度计划。
- 在 SAP 系统记录项目设计（含第 1 阶段设计、第 2 阶段设计）相关信息，以作为后续统计查询的数据来源。

5. 工程实施流程

本流程是从工程开工开始至工程初步验收结束的建设流程，本流程涉及工程实施阶段的全过程。工程启动后，建设单位组织各相关单位参加工程交底，并在实施过程中进行施工各方面的管理。在实施过程中，项目负责人需要根据施工进度在系统中确认相应的进度，并上报各种报表，同时收集档案资料。

（1）流程主要控制点。

建设单位应在施工合同中明确验收规定以及施工质量规范，参与验收的部门应根据验收规定对验收中存在的问题提出整改要求，由建设单位监督整改。

项目负责人根据工程进度在系统中进行施工分步确认的操作，财务部同时自动进行列账，以保持工程进度与财务列账的统一。

（2）业务流程主要改进和变化。

- 在项目实施过程中，进行预算的实时控制。
- 根据工程实施进度，项目负责人在 SAP 系统中确认施工情况，SAP 系统实时记录项目成本信息。
- 项目管理员在 SAP 系统中记录项目进度信息，可将项目完成情况与计划完成情况进行实时比较。
- 在任何时间点都可通过 SAP 系统查询项目完成情况，包括投资完成情况和进度完成情况。

6. 项目初验流程

本流程描述的是工程完工后，若具备验收条件，则由建设单位组织相关部门参加的工程验收阶段的流程。在工程实施过程中，建设单位组织阶段验收，完工后建设单位组织相关部门进行验收。验收合格后，把设备移交维护单位。

（1）流程主要控制点。

- 维护部门对建设单位提供的资产进行现场清点，确认负责建设部门交接材料齐全，确认完工验收记录表与固定资产交接表并签字。
- 项目负责人将固定资产交接电子表格提交财务人员，由财务人员在 SAP 系统中进行工程决算交资。

（2）业务流程主要改进和变化。

- SAP 系统提供实时准确的项目成本信息，以作为项目验收时查询的支撑信息。
- 在 SAP 系统中记录项目验收相关信息，以作为后续统计查询的数据来源。

7. 项目决算交资流程

（1）流程主要控制点。

- 工程完工后，建设单位组织初验，与资产接收单位共同对"工程固定资产签收表"进行签字确认，并将工程结算资料（包括设计、相关合同、施工结算、工程交接固定资产签收明细表、工程完工预留款清单和其他与工程相关的文件等）交给财务人员。
- 工程与资产财务部工程财务人员编制工程决算表。
- 建设单位在工程竣工通过后，需及时将相关工程资料送交审计部门进行工程项目审计。审计部门与建设单位交换审计意见并达成一致后，下达正式审计意见。建设单位执行审计意见，财务部按照审计意见调整初步决算，形成正式决算，并正式交资。
- 整体项目正式交资时，在竣工决算中注明原资产估列信息。工程正式竣工决算完成后，按决算数调整原估列资产价值，并对已提折旧做相应的调整。

（2）业务流程主要改进和变化。

财务人员进行决算操作时，可在 SAP 系统中实时查看工程成本。

8. 年度投资评价处理流程

年度投资评价是基本建设程序的重要组成部分。年度投资评价是指投资项目完成后，对项目目的、执行过程、效益和影响等所进行的全面而又系统的分析。通过后评价，检查项目预期的目标是否达到、主要的效益指标是否实现，并分析项目成败的原因、总结经验教训。旨在从投资活动中吸取经验教训，为未来项目的决策提供参考，为提高投资管理和决策水平提出建议，从而达到提高投资效益的目的。年度评价内容包括投资结构与经营方向的对比分析、年度投资完成情况、重点项目进展、投资效益分析等。

（1）流程主要控制点。
- 年度投资评价报告模板。
- 年度投资评价报告的主要数据，为 SAP 系统导出的投资预算结构的各阶段信息。
- 对应投资结构中的项目信息，指的是年度内的新建项目和上一年度的结转项目。
- 当各个部门的预评估信息、工程信息、财务信息填报后，计划部根据以上信息完成年度的投资评价报告。
- 集团公司根据年度评价报告的结论，为公司的管理、决策、考核提供依据。

（2）未来业务流程主要改进和变化。

由于评价报告需要根据项目相关信息进行填报，所以需要从 SAP 系统中收集以下基础数据用于分析统计。
- 年初预算投资结构及投资分配。
- 实际投资结构及投资分配。
- 年度新下达项目的建设目的、建设内容、投资规模，以及建设规模、预期效益、实际预算及完成投资。
- 结转项目的总投资额、当年预算及完成投资、累计预算及完成投资。
- 年度产生的总收入、总成本报表。

第10章

资产/设备管理(AM/PM)模块的配置

面对众多上市公司越来越复杂的资产和设备管理形式,以及对于生产自动化方面日益增长的需求,SAP R/3 系统提供了资产/设备管理模块。该模块不仅能涵盖所有主要工业国家在法定报表和对资产价值评估方面的要求,而且对于设备的管理也非常的精细,通过设备分类、设备卡片的建立,可以实现资产与设备的信息共享。

10.1 资产/设备管理模块基本概念

要了解资产/设备管理模块,首先要从基本概念入手。我们先从 SAP 功能模块中找到资产管理和设备管理所处的位置,如图 10-1 所示,可以看到资产管理对应的 AM 模块和设备管理(工厂维护)对应的 PM 模块。

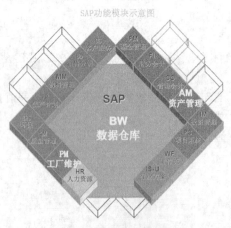

图 10-1 SAP 总体架构

那什么是资产管理(AM)和设备管理(PM)呢?

(1)资产管理又叫资产会计,它在 SAP 系统中主要处理以下事务。

- 管理资产的价值信息、折旧方法。
- 与 ERP 财务管理等其他模块合作，实现在资产管理领域满足核算、管理会计、资产预算管理、税务核算的要求。
- 实现在资产新增、调拨、报废、调整暂估、计提减值准备等流程中进行方便快捷的价值核算。
- 支持多套准则的管理要求。
- 具有批量调整功能，能够批量调整资产暂估价值，适应灵活的资产调整暂估。

（2）设备管理（Plant Maintenance，工厂维护或称设备管理），就是专门用于生产设备、固定资产的维修保养及管理的功能模块，它和 MM、FICO、HR、固定资产等模块集成协作，共同完成设备的维修成本控制、备件的采购与翻修、设备的使用与运行纪录、维修技工的能力计划及工时确认、大中小修的计划与实施等业务。它在 SAP 系统中主要管理资产的技术特征、实物信息，建立与资产主数据的对应关系。

接下来介绍资产管理的结构概念。在资产管理过程中，有 3 个基本概念必须要掌握，那就是资产负债表、总账科目、资产分类。总账科目的概念之前在财务管理模块已经介绍过，下面介绍资金负债表和资产分类的概念。

1. 资产负债表

一般来说，公司的固定资产包括多种不同的资产。通过将其分配到资产负债表总分类账中，从而指定到相应的固定资产负债表项目。资产负债表中常见的项目主要包括无形资产、有形资产、金融资产 3 个方面。每个资产负债表项目都是数个总账科目的汇总，资产管理将资产负债表项目用做评估的层次代码。

2. 资产分类

资产分类支持固定资产的结构和分类。它是资产管理中的一个重要的关键值，有很多资产信息，例如分类标准、折旧代码和使用寿命、净资产评估数据、保险相关数据等都存储在资产类别中。根据资产负债表分类，SAP 系统可自由定义资产分类。通过资产分类特征，用户可表示各种资产类型。一方面，它是固定资产的主要分类标准。另一方面，通过其科目分配参考，建立财务会计统驭科目与固定资产主记录之间的联系，可在系统中定义任意多个账户分配以及相应的统驭科目。一般来说，资产分类是集团层次，高于所有的公司代码，即使是公司代码有不同的折旧表，如图 10-2 所示。

图 10-2 资产分类层次说明

资产分类科目分配确保类别中分配到相关资产的账户是统一的。由于多个资产分类可参考同一科目分配，因而可根据科目分配以外的附加标准分类固定资产。

资产负债表、总账会计科目、资产分类及资产主数据间的关系如图 10-3 所示。

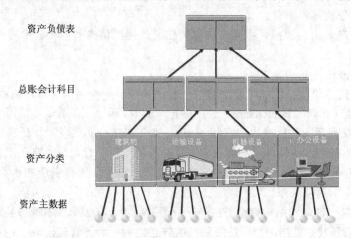

图 10-3 资产管理层级关系

下面介绍资产管理过程中常见的术语及概念。

1. 资产组

一般来说，折旧是在资产组件等级上进行计算和记账的，因而 R/3 系统的资产管理模块是按照主资产号码或资产子号码来进行计算折旧。但由于下列原因，可能有必要在汇总表格中计算多个资产的折旧。

- 从管理会计的角度，对每个复杂经济单元的组件要分别评估和折旧。但从账面折旧角度，则可将资产看做为整体。
- 法律规定要求在高于经济单元等级上进行折旧。

因此 R/3 系统的资产管理模块允许用户自己定义资产组。这些自定义的资产组会将多个资产进行汇总以便计算和记账折旧，然后用户可将资产分配到每个折旧范围的集团中。

2. 经济单元（主资产号码）

经济单元是独立的生产性资产，在 SAP 系统中表示一个必须独立评估的单元。实际上，用户可以使用资产主记录表示简单的经济单元，也可以在资产组件等级上维护所有的评估参数和一般主数据，还可以为每一个折旧范围定义自己的折旧参数。

3. 资产组件（资产子号码）

如果经济单元有数个资产组件，那么由于业务和技术的原因，而按资产子号码主记录分别评估个别资产组件是非常有用的。将经济单元分成资产子号码的主要原因如下。

- 后续年度中购置值的更改。
- 组件合计值中的更改。
- 由于不同成本会计分配（成本中心）而引起的资产分配。
- 从技术角度考虑的资产分配。

此外，用户可采用 R/3 系统的资产管理模块处理单个组件对象（资产子号码）、属于一个经济单元的所有资产子号码或基于资产子号码清单显示的选择。对于个别资产组件，用户可分别评估过去会计年度的累积折旧和账面值。

4. 业务数据（行项目）

每一条资产主记录均按照折旧范围和会计年度的功能来管理资产值，并根据记入资产的行项目（如购置或报废）进行更新。但 R/3 系统资产管理模块生成的行项目主要是反映个别业务往来的资产会计折旧前景。资产管理模块除了财务会计记录外，还为个别资产的每一个折旧范围生成行项目。

对主记录中的行项目数是不限制的，这样就能将所有后续购置和整个资产有效期的其他更改都记入资产主记录。通过分别选择和分析行项目，用户可为每一折旧范围显示每一资产主记录的业务记录。

5. 折旧表

折旧表是为了更好地管理资产的原值、折旧和评估，根据不同国家的特性和法律要求而设置的。折旧表中包含一个或多个折旧范围，并要将公司代码分配给折旧表。一个折旧表可以分配给多个公司代码，但一个公司代码只能有一个折旧表。例如，它可以包括特定国家或使用相同折旧表的特定经济范围中的所有公司代码。这对于个别国家或其他组织来说，就可以进行不同评估规则的系统管理和统一管理。SAP 系统为许多国家提供了具有预定义折旧范围的正常折旧表。

6. 折旧范围

折旧表根据不同国家的特定需求分别设置不同的折旧范围和折旧方法。折旧范围使基于不同目的（如账面折旧、成本核算、基于其他会计准则折旧等）计算资产的平行折旧成为可能。一般来说，折旧范围中需要定义下列内容。

- 所需折旧类型（正常折旧、利息等）。
- 要使用的评估率（购置/生产成本、替换值、投资支持量等）。
- 其他特殊规则（负折旧等）。

7. 利润中心

利润中心是企业中任意一个内部考核的运营与盈利单位，往往处于成本中心的上层。一个经营单位的细分（如分公司）可以设置为利润中心，以便适应内部管理的需要。每一个工厂、成本中心、物料、订单和项目都可以指定相应的利润中心，这样，所有的收入和费用就都可以绑定到利润中心上。

资产管理模块和成本管理模块共用利润中心，不需另外增加，即采用 CO 模块的利润中心。资产管理利润中心是由资产卡片上的成本中心派生而来，在成本中心主数据上指派利润中心，而资产卡片上必须输入成本中心，进而自动决定卡片所属的利润中心。在发生资产价值业务、产生会计凭证时，就能自动取得利润中心，同时产生利润中心凭证，从而满足按利润中心进行内部核算的要求。

8. 基金中心

基金中心是系统中的预算责任部门。和预算管理相关的过账需过账到基金中心。基金中心一般由其他成本对象派生，如由成本中心、利润中心、订单、WBS 等元素派生而来。

9. 维护工厂

维护工厂指的是设备被维护的工厂，它是公司内的设备维护地点，如炼油厂、橡胶厂等，而不是进行维护工作的工厂。

10. 工厂区域

从生产的角度和责任来划分维护工厂，则定义为生产车间。

11. 计划工厂

计划工厂指的是制订维护计划的工厂或部门，是一个为维护做计划工作，控制维护成本的组织。

12. 计划组

针对计划工厂的一个细分，每个独立制订维修计划的单位都对应为 SAP 系统中的一个计划组。

13. 工作中心

在 SAP 系统中，工作中心是具体完成某项工作的组织单位，既可以是一组机器，也可以是一组维修技术工人（如维修车间或班组）。维修工作的组织和管理都是通过工作中心来实现，工作中心是维护计划的执行单位。工作中心建立在计划工厂下，而不是在维护工厂下。

14. 设备功能位置

功能位置是设备安装的位置，一般来说会有一个或多个设备安装在每个功能位置上。对于每一个需要进行维修或巡检的地点，都应该设定一个功能位置，功能位置是按层次结构组织的。比如说，最高层的功能位置是公司，然后下一个层次的功能位置是公司的区域，接下来的层次是区域内的装置。可以按逻辑关系来设定功能位置（生产部的打印机、计算机等），也可以按照物理位置来设定功能位置（如 1 单元常减压装置区域、2 单元催化裂化装置区域等），还可以将以上方法相结合来设定功能位置。

设置功能位置的好处是可以追踪设备安装地点的历史记录，以及每个安装地点的维修记录。功能位置在系统中创建后，其编码既不能修改，也不能物理删除。在需要删除某一功能位置时，只能对其打上删除标记，使功能位置处于不可用状态。被打上删除标记的功能位置可以通过取消删除标记使其恢复为可用状态。功能位置的编码必须遵从统一的规则。

10.2 资产/设备管理模块结构体系

资产/设备管理模块的结构体系相对来说比较简单，下面看一下它们与其他模块间的关系是如何构成的，如图 10-4 所示。

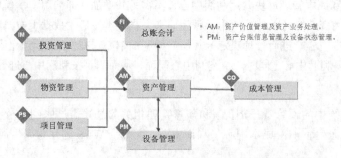

图 10-4 资产/设备管理模块与其他模块间的关系

从图中可以看到，资产/设备管理模块不仅互相有数据交互，而且与财务、采购、投资、物资、项目等均有数据交互。由此也可以看出 SAP 系统模块间的高度集成性。

下面再来看一下资产管理中各个组件间的关联关系，如图 10-5 所示。

从图中可以看到前面介绍的那些基本概念，事实上它们都是资产管理中非常重要的组件，它们间形成了相互关联、相互制约的关系。

最后来看一下资产管理与设备管理间的组织单元关系，如图10-6所示。

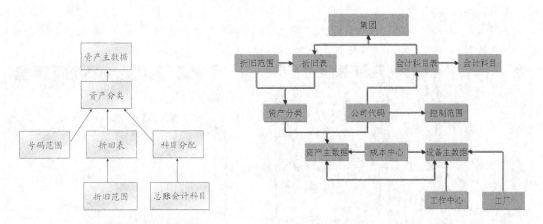

图10-5 资产管理组件间的关联关系　　　图10-6 资产管理与设备管理间的组织单元关系

从图10-6中可以看到，资产管理与设备管理通过不同的组织单元链接在一起，形成一个共同体，其中一些组织单元信息可以使得在资产管理模块和设备管理模块共享信息。

10.3 资产/设备管理模块主数据

本节介绍资产管理模块和设备管理模块中所包含的主数据信息。

在SAP系统中主要是通过资产模块（AM）和设备模块（PM）共同来记录与资产相关的信息。

AM模块中的资产卡片，主要记录与资产财务相关的一些信息；PM模块中的设备卡片，主要记录与资产实物相关的一些信息。

- 资产卡片信息包括：公司代码、主资产号、资产状态、折旧状态、应用领域、资产目录、资产分类、资产大类、业务范围、功能范围、专业属性、原值、累计折旧、净值、残值、残值率、减值、折旧年限、剩余折旧年限、折旧方法、折旧状况、资产化日期、首次购置日期、不活动日期等。
- 设备卡片信息包括：设备编号、设备描述、资产编号、设备状态、创建日期、上一级设备编号、技术对象类型（专业分类）、分类名称、固定资产名称、计量单位及数量、制造商、型号、工程项目、工程名称、资产管理单位、保管部门、维护部门、管理部门、功能位置、街道、购置日期、使用日期、附属设备及附件、设备验收人、资产责任人、备注等。

10.3.1 资产管理模块主数据

1. 定义资产主数据的屏幕格式

配置菜单	资产会计→主数据→屏幕格式→定义资产主数据的屏幕格式
T-Code	SPRO

定义维护资产主数据时的屏幕格式，比如屏幕上可显示哪些字段，哪些字段是可修改的，哪些是不能修改的。具体的配置步骤如下。

STEP 1 在命令栏输入 SPRO 命令,通过菜单选择"资产会计→主数据→屏幕格式→定义资产主数据的屏幕格式"选项,在弹出的"选择活动"对话框中选择"定义资产主数据的屏幕格式"选项,如图 10-7 所示。

STEP 2 单击"选择"按钮,进入"修改视图 屏幕格式:总览"界面。在此界面中,可以在右栏中看到已经创建好的屏幕格式,如图 10-8 所示。

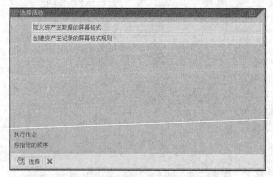
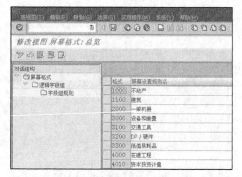

图 10-7 选择"定义资产主数据的屏幕格式"选项　　图 10-8 "修改视图 屏幕格式:总览"界面

STEP 3 选择某条格式项目,然后双击左栏中的"逻辑字段组"选项,将显示该格式下的"逻辑字段组"信息,如图 10-9 所示。

STEP 4 在右栏中选择某条"逻辑字段组"行项目,然后双击左栏中的"字段组规则"选项,右栏中将显示屏幕格式中所有字段的参数信息,如图 10-10 所示。在此字段中,用户可以定义屏幕中哪些字段需要显示、哪些字段可选等信息。

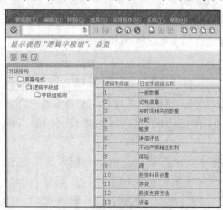
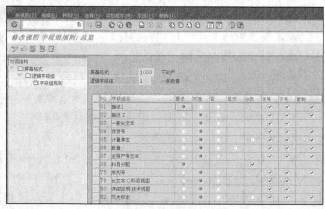

图 10-9 逻辑字段组　　图 10-10 字段组规则

2. 定义资产折旧范围的屏幕格式

配置菜单	资产会计→主数据→屏幕格式→定义资产折旧范围的屏幕格式
T-Code	AO21

此功能主要用于定义折旧范围的字段选择,如折旧年限、折旧码为必输项目。具体的配置步骤如下。

STEP 1 在命令栏输入 SPRO 命令,通过菜单选择"资产会计→主数据→屏幕格式→定义资产折旧范围的屏幕格式"选项,或者在命令栏中输入"AO21"命令,弹出折旧范围界面,如图 10-11 所示。在右栏可以看到折旧范围有两个屏幕格式,一个是"资产主号层的折旧",一个是"资产分号层的折旧"。

资产/设备管理（AM/PM）模块的配置 第 10 章

STEP 2 选择"资产主号层的折旧"屏幕格式，然后双击左栏中的"字段组规则"选项，将显示该格式下的逻辑字段信息，如图 10-12 所示。

图 10-11 折旧范围"屏幕格式"　　　　图 10-12 定义折旧范围"字段组规则"

3. 指定资产主记录的标签格式

配置菜单	资产会计→主数据→屏幕格式→指定资产主记录的标签格式
T-Code	AOLA

此功能主要用于定义资产主数据的标签格式，可以根据需求，在每个资产分类定义标签的先后顺序及是否显示。具体的配置步骤如下。

STEP 1 在命令栏输入 SPRO 命令，通过菜单选择"资产会计→主数据→屏幕格式→指定资产主记录的标签格式"选项，或者在命令栏中输入"AOLA"命令，在弹出的"修改视图屏幕：总览"界面中，右栏显示了当前已存在的标签格式，如图 10-13 所示。

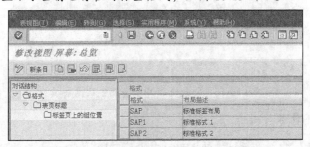

图 10-13 "修改视图 屏幕：总览"界面

STEP 2 选择某条标签格式，然后双击左栏中的"表页标题"选项，将显示该格式下的表页标题信息，如图 10-14 所示。

STEP 3 选择某条"表页"，然后双击左栏中的"标签页上的组位置"选项，将显示该"表页"下的组定位，如图 10-15 所示。

 注　意：在图中，可以增加开发增强的屏幕位置。

281

图 10-14 定义"表页标题" 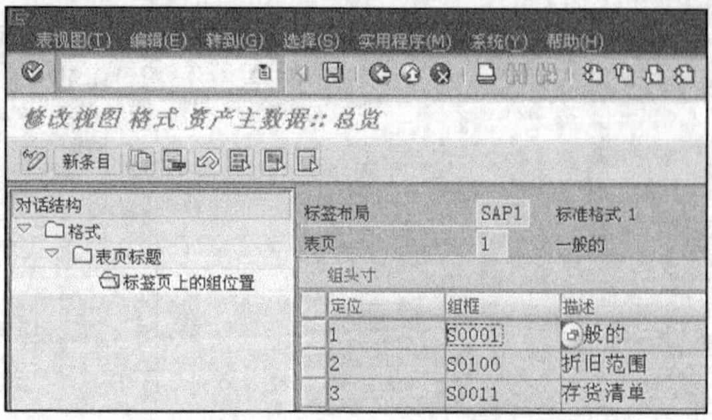　　　　　图 10-15 "表页"下的组定位

4. 分配资产和设备的主数据字段

配置菜单	资产会计→主数据→设备主记录的自动创建→分配资产和设备的主数据字段
T-Code	SPRO

此功能主要用于定义资产管理模块和设备管理模块直接字段的对应关系。例如,创建资产主数据时自动同步创建设备主数据,将把此步骤定义的同步字段作为设备主数据的字段。具体的配置步骤如下。

在命令栏输入 SPRO 命令,通过菜单选择"资产会计→主数据→设备主记录的自动创建→分配资产和设备的主数据字段"选项,在弹出的字段分配界面中,在"AA 字段"列填写需要数据同步的资产管理相关字段,在"PM 字段"列填写需要数据同步的设备管理相关字段,然后保存即可,如图 10-16 所示。

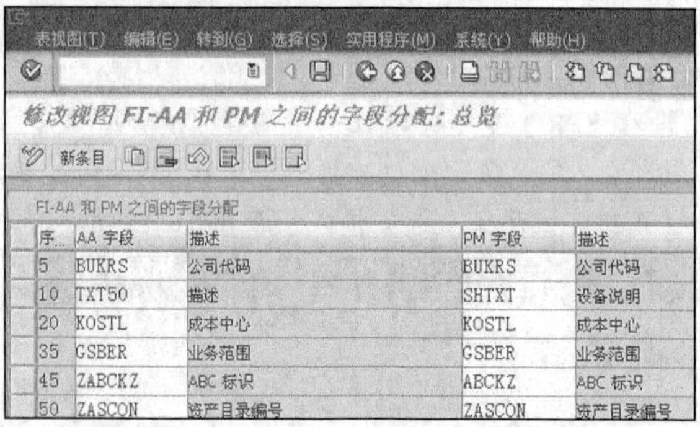

图 10-16 分配资产和设备的主数据字段

5. 资产主数据的修改

配置菜单	会计→财务会计→固定资产→资产→修改
T-Code	AS02

具体的配置步骤如下。

STEP 1 在 SAP 系统通过菜单选择"会计→财务会计→固定资产→资产→修改"选项,或者直接在命令栏中输入"AS02"命令,弹出"更改资产:初始屏幕"界面,如图 10-17 所示。

STEP 2 系统默认显示最后一个创建或者修改的记录,可以直接输入资产编号和公司代码,或单击"⊡"按钮进入资产选择窗口,在此输入一条资产信息,然后回车,进入"更改资产:主数据"界面,如图 10-18 所示。在此界面中,可以修改资产主数据的相关信息。

资产/设备管理（AM/PM）模块的配置　第 10 章

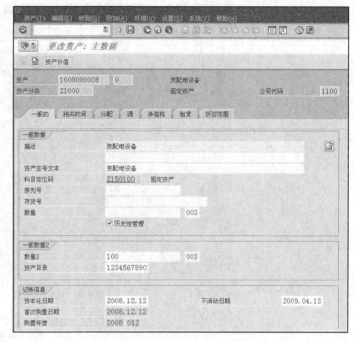

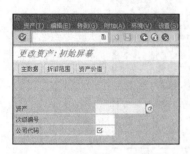

图 10-17 "更改资产：初始屏幕"界面　　　图 10-18 "更改资产：主数据"界面

10.3.2 设备管理模块主数据

1. 为功能位置定义字段选择

配置菜单	工厂维护和客户服务→工厂维护和客户服务中的主数据→技术对象→功能位置→为功能位置定义字段选择
T-Code	SPRO

具体的配置步骤如下。

STEP 1 在命令栏输入 SPRO 命令，通过菜单选择"工厂维护和客户服务→工厂维护和客户服务中的主数据→技术对象→功能位置→为功能位置定义字段选择"选项，在弹出的"选择活动"对话框中选择"功能位置的字段选择（设备/FL 的公用字段）"选项，如图 10-19 所示。

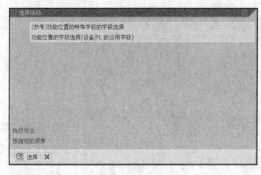

图 10-19　选择"功能位置的字段选择（设备/FL 的公用字段）"选项

STEP 2 双击"功能位置的字段选择（设备/FL 的公用字段）"选项，弹出"字段选择：可修改的字段"界面，如图 10-20 所示。在此界面中，可以设置功能位置的字段选择内容。

283

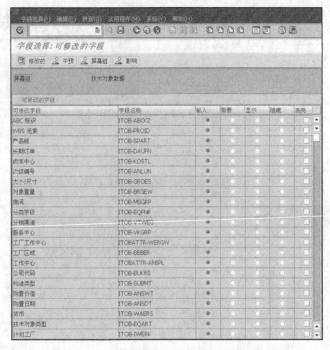

图 10-20 "字段选择：可修改的字段"界面

2. 创建功能位置

配置菜单	后勤→工厂维护→技术对象管理→功能位置→创建
T-Code	IL01

具体的配置步骤如下。

STEP 1 在 SAP 系统通过菜单选择"后勤→工厂维护→技术对象管理→功能位置→创建"选项，或者直接在命令栏中输入"IL01"命令，弹出"建立功能位置：初始屏幕"界面，如图 10-21 所示。

STEP 2 在"结构标识"字段单击"□"按钮，进入结构标识选择窗口，如图 10-22 所示。

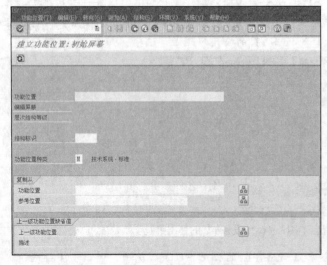

图 10-21 "建立功能位置：初始屏幕"界面

图 10-22 选择结构标识

STEP 3 选择一个功能位置结构,单击"✓"按钮返回选择的结构标识,然后回车,系统会根据所选择的结构标识自动显示模板,如图10-23所示。

STEP 4 填写完"功能位置描述"后,单击"位置"页,从中填写"维护工厂"、"位置"、"房间"、"工厂区域"、"工作中心"等信息,如图10-24所示。

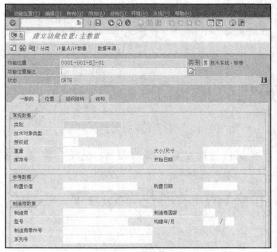 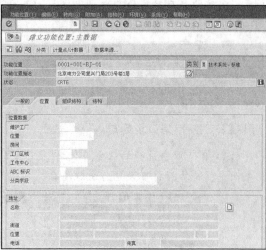

图 10-23 建立"功能位置"模板　　　　　图 10-24 填写"功能位置"信息

STEP 5 相关信息填写完成,单击"🖫"按钮保存,功能位置创建完成。

注 意:(1)功能位置是用来组织设备,计划和执行维修任务的一种层次结构,相当于安装地点或存放地点的概念。

(2)可使用设备的安装功能位置来跟踪设备的安装和拆卸历史。

(3)在"功能位置"结构中,N表示只可以输入数字,X表示可输入字母或数字,A表示只可输入字母。

10.4 资产管理模块配置

本节介绍资产管理模块中常用的后台配置,这些配置在资产管理模块的搭建过程中是必不可少的。

10.4.1 全局设置

全局设置中的定义公司代码、分配控制范围、定义会计期间等在前几章已经做过详细介绍,这里不再重复。本小节重点讲解配置统驭科目和激活公司代码的方法。

1. 设置统驭科目

配置菜单	财务会计→资产会计→为生产开始做准备→正式启动→设置统驭科目
T-Code	OAMK

具体的配置步骤如下。

STEP 1 在命令栏输入 SPRO 命令，通过菜单选择"财务会计→资产会计→为生产开始做准备→正式启动→设置统驭科目"选项，或者直接在命令栏输入"OAMK"命令，在弹出的"选择活动"对话框中选择"手动设置统驭科目"选项，如图 10-25 所示。

STEP 2 单击"✓"按钮，进入"修改视图 选择公司代码：总览"界面。在此界面中，选择要设置统驭科目对应的"公司代码"，如图 10-26 所示。

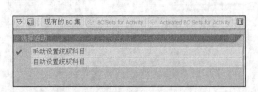

图 10-25　选择"手动设置统驭科目"选项　　　　图 10-26　选择对应的"公司代码"

STEP 3 双击选择的"公司代码"，弹出"修改视图更改对账科目的控制：总览"界面。在此界面中，将资产科目设置为统驭科目，不允许手工记账到该科目，如图 10-27 所示。

图 10-27　设置资产科目为统驭科目

2. 激活公司代码

配置菜单	财务会计→资产会计→为生产开始做准备→正式启动→激活公司代码
T-Code	SPRO

具体的配置步骤如下。

STEP 1 在命令栏输入 SPRO 命令，通过菜单选择"财务会计→资产会计→为生产开始做准备→正式启动→激活公司代码"选项，弹出"修改视图 FI-AA：公司代码的组状态：总览"界面，如图 10-28 所示。

图 10-28　"修改视图 FI-AA：公司代码的组状态：总览"界面

STEP 2 在此界面中，针对每个公司代码下都有设置"状态"的选项，当前有以下3种状态。
- 状态0：标识资产上线数据转换完成，不允许对上线资产数据作修改、删除。
- 状态1：标识资产上线数据转换未完成，允许修改、删除资产数据，不允许过账。
- 状态2：标识资产上线数据转换在测试状态，允许修改、删除、过账资产数据

注 意：一般来说该状态都应设置为0，以防止对资产数据进行修改、删除。

10.4.2 组织结构设置

1. 复制参考折旧表/折旧范围表

配置菜单	财务会计→资产会计→组织结构→复制参考折旧表/折旧范围表
T-Code	EC08

为了更好地管理资产的原值、折旧和评估，需要根据不同国家的特性和法律要求，设置折旧表。折旧表中包含一个或多个折旧范围，并要将公司代码分配给折旧表。SAP系统中为不同国家设置了具有国家法律需求特性的折旧表，可以参考中国折旧表来进行复制。具体的配置步骤如下。

STEP 1 在命令栏输入SPRO命令，通过菜单选择"财务会计→资产会计→组织结构→复制参考折旧表/折旧范围表"选项，或者直接在命令栏中输入"EC08"命令，弹出"组织对象：折旧表"界面。在此界面中，可以复制参考折旧表，即从折旧表样本0CN复制折旧表1CN，如图10-29所示。

STEP 2 对复制后的折旧表"描述"进行修改，如图10-30所示。

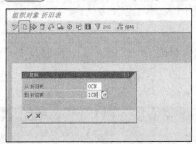

图10-29 复制折旧表

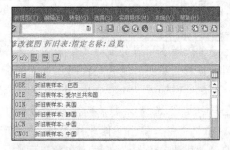

图10-30 修改"描述"信息

STEP 3 双击该折旧条目，进入折旧表的折旧范围编辑界面。因为是按照模板进行的复制，所以在此界面中可以将一些不用的"折旧范围"删除，如图10-31所示。

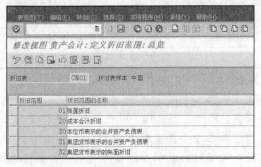

图10-31 修改"折旧范围"

STEP 4 双击选中某条"折旧范围",进入折旧范围参数修改界面,如图10-32所示。在此界面中,可以修改"折旧范围"的参数值。

STEP 5 选择"实际折旧范围"选项,可以在"过入到总账"字段中填写 0,以便对资产账单独统计分析,不过账到总账,如图10-33所示。

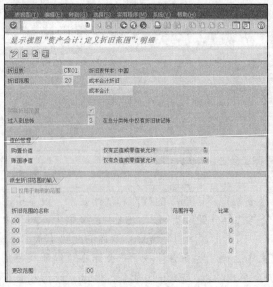
图10-32 修改折旧范围参数

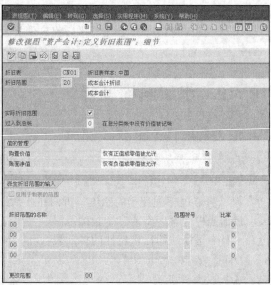
图10-33 定义是否"过入到总账"

2. 将折旧表分配至公司代码

配置菜单	财务会计→资产会计→组织结构→将折旧表分配至公司代码
T-Code	OAOB

一个折旧表可以分配给多个公司代码,但一个公司代码只能有一个折旧表。前面复制出来的折旧表将分配给所有的公司代码。具体的配置步骤如下。

在命令栏输入 SPRO 命令,通过菜单选择"财务会计→资产会计→组织结构→将折旧表分配至公司代码"选项,或者直接在命令栏中输入"OAOB"命令,弹出"修改视图 维护资产会计中的公司代码:总览"界面。在此界面中,可将前面复制出来的参考折旧表分配给相应的公司代码,如图10-34所示。

图10-34 给公司代码分配折旧表

3. 指定跨公司代码的号码分配

配置菜单	财务会计→资产会计→组织结构→指定跨公司代码的号码分配
T-Code	AO11

在资产管理模块,可以指派资产编码范围在多个公司代码共用,每个公司代码也可以独立使用资产编码范围。具体的配置步骤如下。

在命令栏输入 SPRO 命令,通过菜单选择"财务会计→资产会计→组织结构→指定跨公司代码的号码分配"选项,或者直接在命令栏中输入"AO11"命令,弹出给公司代码分配编码范围界面。在此界面中,可将编码范围对应至本身的公司代码上,如图10-35所示。

资产/设备管理（AM/PM）模块的配置 第 10 章

4. 指定账户确定

配置菜单	财务会计→资产会计→组织结构→资产分类→指定账户确定
T-Code	SPRO

账户确定作为资产分类的参数之一，通过账户确认链接某类资产分类下的资产主数据到财务总账过账，以确保财务总账和资产明细账保持一致。一般来说，都是根据资产总账科目分别定义账户确定，然后与资产分类一一对应。具体的配置步骤如下。

在命令栏输入 SPRO 命令，通过菜单选择"财务会计→资产会计→组织结构→资产分类→指定账户确定"选项，弹出科目确定界面。在此界面中，可根据资产分类创建、修改相应的资产科目，如图 10-36 所示。

图 10-35 给公司代码分配编码范围

图 10-36 确定科目

5. 创建屏幕格式规则

配置菜单	财务会计→资产会计→组织结构→资产分类→创建屏幕格式规则
T-Code	SPRO

屏幕格式规则作为资产分类的参数之一，可以为每个资产分类分别定义不同的资产主数据格式。可以为每类资产分类分别定义对应的屏幕格式规则，以便日后能灵活调整。具体的配置步骤如下。

在命令栏输入 SPRO 命令，通过菜单选择"财务会计→资产会计→组织结构→资产分类→创建屏幕格式规则"选项，弹出"修改视图资产会计：主记录的屏幕格式：总览"界面。在此界面中，可根据资产分类定义不同资产的屏幕格式规则，如图 10-37 所示。

图 10-37 定义屏幕格式规则

6. 定义号码范围间隔

配置菜单	财务会计→资产会计→组织结构→资产分类→定义号码范围间隔
T-Code	AS08

为每个公司代码定义一套资产编码范围，把每个单独编号段对应的资产分类。一般来说，固定资产和其他资产分别适用不同的资产编码范围。具体的配置步骤如下。

STEP 1 在命令栏输入 SPRO 命令，通过菜单选择"财务会计→资产会计→组织结构→资产分类→定义号码范围间隔"选项，弹出"资产号码范围"界面，如图 10-38 所示。

STEP 2 在图中填写对应的"公司代码"，然后单击"间隔"按钮，即可编辑资产的号码,如图10-39所示。编辑完成,单击"💾"按钮保存即可。

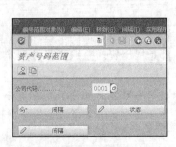

图10-38 "资产号码范围"界面

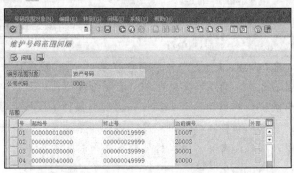

图10-39 定义资产号码范围间隔

7. 定义资产分类

配置菜单	财务会计→资产会计→组织结构→资产分类→定义资产分类
T-Code	OAOA

资产分类是资产会计中重要的组成部分,每一个资产都必须分配给一个资产分类。在资产分类中会储存该类资产的相关控制信息,如资产对应的账户、一般数据和默认的折旧方法等。资产分类是在集团层次定义的,该集团下所有的公司代码将共用一套资产分类,此外,资产分类还对应每类资产的编号范围。资产分类定义应和资产科目保持对应关系。具体的配置步骤如下。

STEP 1 在命令栏输入 SPRO 命令,通过菜单选择"财务会计→资产会计→组织结构→资产分类→定义资产分类"选项,或者直接在命令栏中输入"OAOA"命令,弹出"修改视图 资产级别:总览"界面,如图10-40所示。

STEP 2 在图中,可以通过单击"新条目"按钮新增一个资产级别,也可以双击某个资产分类修改明细信息,如图10-41所示。在此界面中,可以将之前定义好的科目、屏幕规则、号码范围分配给它。

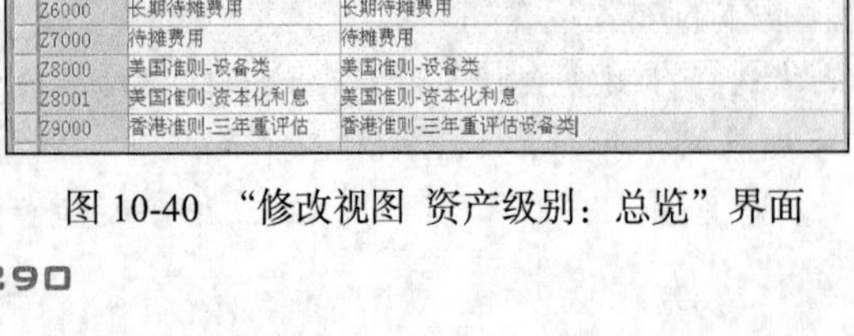

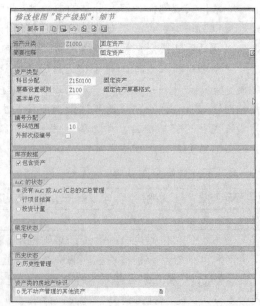

图10-40 "修改视图 资产级别:总览"界面

图10-41 编辑"资产分类"细节

10.4.3 总账集成设置

1. 定义折旧范围过账到总账的方式

配置菜单	财务会计→资产会计→总账集成→定义折旧范围过账到总账的方式
T-Code	OADX

SAP 系统可以为每个折旧范围定义过账到总账的方式。系统默认设置折旧范围 01 为实时自动过账到总账。对于其他折旧范围，可以定义为周期过账到总账，或不过账到总账的方式。例如，现在只需定义折旧范围为 01 的过账到总账，其他折旧范围不过账到总账，只作为分析对比参考。具体的配置步骤如下。

在命令栏输入 SPRO 命令，通过菜单选择"财务会计→资产会计→总账集成→定义折旧范围过账到总账的方式"选项，或者直接在命令栏中输入"OADX"命令，弹出在折旧范围设置过账到总账标志界面，如图 10-42 所示，从中可以定义折旧范围过账到总账的方式。

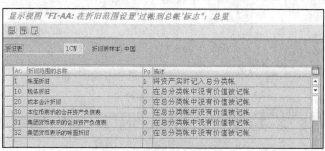

图 10-42 设置过账到总账标志

2. 分配总账科目

配置菜单	财务会计→资产会计→总账集成→分配总账科目
T-Code	AO90

对每类资产分类指定相应的总账科目，可以实现资产模块实时集成到总账。具体的配置步骤如下。

STEP 1 在命令栏输入 SPRO 命令，通过菜单选择"财务会计→资产会计→总账集成→分配总账科目"选项，或者直接在命令栏中输入"AO90"命令，弹出"修改视图科目表：总览"界面，如图 10-43 所示。

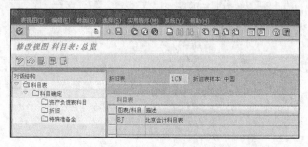

图 10-43 "修改视图 科目表：总览"界面

STEP 2 选择"科目表"后，在左栏中单击"科目确定"选项，右栏中将显示该"科目表"下具体科目分配信息，如图 10-44 所示。

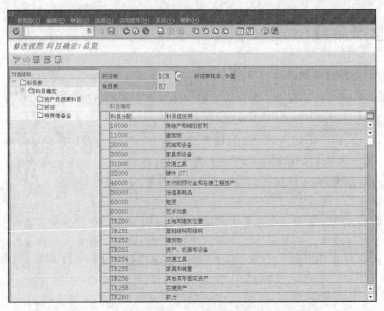

图 10-44 科目分配清单

STEP 3 选择某一条"科目分配"记录,然后单击左栏中的"资产负债表科目"选项,就可以在右栏中定义对应的总账科目分配,如图 10-45 所示。

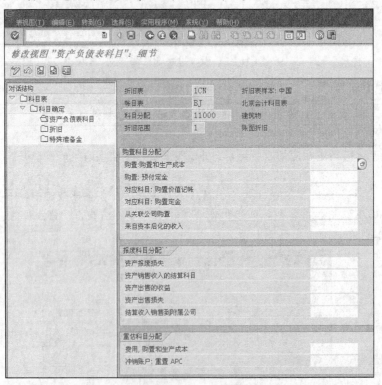

图 10-45 为"资产负债表科目"定义对应的总账科目分配

STEP 4 同样选择某一条"科目分配"记录,然后单击左栏中的"折旧"选项,就可以在右栏中定义对应的总账科目分配,如图 10-46 所示。

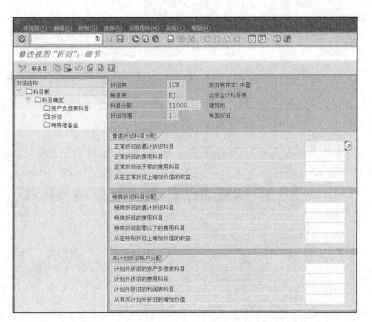

图 10-46 为"折旧定义"对应的总账科目分配

3. 指定折旧过账的凭证类型

配置菜单	财务会计→资产会计→总账集成→将折旧计入总账→指定折旧过账的凭证类型
T-Code	AO71

具体的配置步骤如下。

在命令栏输入 SPRO 命令,通过菜单选择"财务会计→资产会计→总账集成→将折旧计入总账→指定折旧过账的凭证类型"选项,或者直接在命令栏中输入"AO71"命令,弹出记账折旧的凭证类型界面,如图 10-41 所示。在此界面中,按照公司代码填写"凭证类型",就可以为月末资产折旧过账指定会计凭证类型。

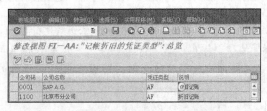

图 10-47 指定折旧过账的"凭证类型"

4. 指定间隔和过账规则

配置菜单	财务会计→资产会计→总账集成→将折旧计入总账→指定间隔和过账规则
T-Code	OAYR

具体的配置步骤如下。

STEP 1 在命令栏输入 SPRO 命令,通过菜单选择"财务会计→资产会计→总账集成→将折旧计入总账→指定间隔和过账规则"选项,或者直接在命令栏中输入"OAYR"命令,弹出"修改视图 公司代码选择:总览"界面,如图 10-48 所示。在此界面中,可以定义折旧过账到总账的周期(如每月、每季等)。

图 10-48 "修改视图 公司代码选择：总览"界面

STEP 2 选择某个"公司代码"，然后单击左栏中的"记账规则"选项，右栏中将显示该"公司代码"下对应账面折旧的期间和方法，一般定义为"月记账"，如图 10-49 所示。

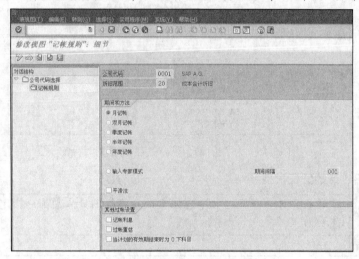

图 10-49 编辑"记账规则"

5. 有效科目分配目标

配置菜单	财务会计→资产会计→总账集成→附加账户分配对象→有效科目分配目标
T-Code	SPRO

具体的配置步骤如下。

在命令栏输入 SPRO 命令，通过菜单选择"财务会计→资产会计→总账集成→附加账户分配对象→有效科目分配目标"选项，弹出"显示视图"关于资产会计核算的科目分配元素"：总览"界面，如图 10-50 所示。在此界面中，可以对资产过账时需要自动记入的记账要素（如成本中心、内部订单等）进行激活。

图 10-50 激活记账要素

6. 详细说明科目分配目标的科目分配类型

配置菜单	财务会计→资产会计→总账集成→附加账户分配对象→详细说明科目分配目标的科目分配类型
T-Code	ACSET

具体的配置步骤如下。

STEP 1 在命令栏输入 SPRO 命令，通过菜单选择"财务会计→资产会计→总账集成→附加账户分配对象→详细说明科目分配目标的科目分配类型"选项，或者直接在命令栏中输入"ACSET"命令，弹出"显示视图'折旧范围'：总览"界面，如图 10-51 所示。在此界面中，可以基于公司代码、折旧范围、业务类型维度，定义资产过账的记账要素，同时还可以通过双击"折旧范围"修改。

STEP 2 选择某条"折旧范围"，然后单击左栏中的"科目分配对象"选项，右栏中将显示该"折旧范围"下对应的"科目分配对象"清单，如图 10-52 所示，从中可以进行编辑。

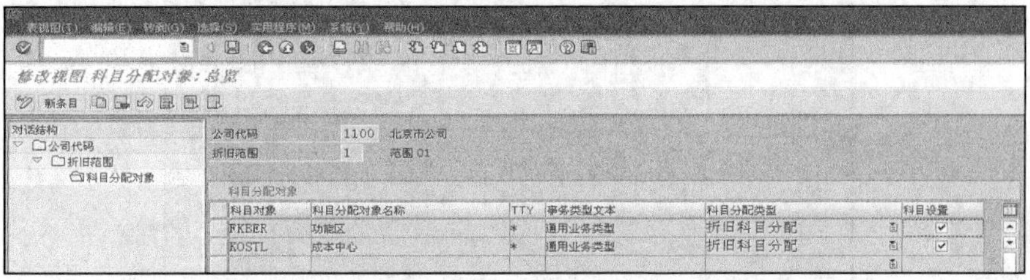

图 10-51 "显示视图'折旧范围'：总览"界面

图 10-52 编辑"科目分配对象"

10.4.4 评估设置

1. 定义折旧范围

配置菜单	财务会计→资产会计→评估→折旧范围→定义折旧范围
T-Code	OADB

折旧范围使基于不同准则或目的（如账面折旧、成本核算、基于其他会计准则折旧等）平行折旧计算成为可能，可根据折旧范围制定各项资产的所有必要折旧期限和折旧价值。每个公司代码至少需要一个折旧范围，用以记录账面折旧。系统提供在不同折旧范围下设置不同的折旧方法、折旧期限、残值率等；可以分别记录不同折旧范围下的资产原值、累计折旧和账面净值。具体的配置步骤如下。

STEP 1 在命令栏输入 SPRO 命令，通过菜单选择"财务会计→资产会计→评估→折旧范围→定义折旧范围"选项，或者直接在命令栏中输入"OADB"命令，在弹出的"选择活动"对话框中选择"定义折旧范围"选项，如图 10-53 所示。

STEP 2 弹出"修改视图 资产会计：定义折旧范围：总览"界面，从中可以针对之前定义的折旧表进行折旧范围的修改，如图 10-54 所示。

STEP 3 双击某个"折旧范围"，还可以进行"折旧范围"细节修改，如图 10-55 所示。具体操作与之前介绍的一样，将"实际折旧范围"打上钩，并将"过入到总账"字段选择为"0"即可。

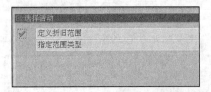
图 10-53 选择"定义折旧范围"选项

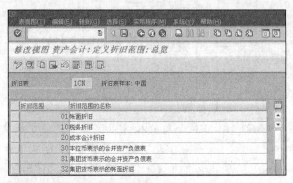
图 10-54 "修改视图 资产会计:定义折旧范围:总览"界面

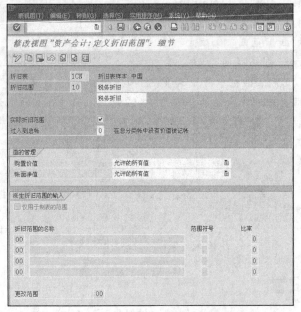
图 10-55 定义"折旧范围"细节

2. 定义资产分类中的折旧范围

配置菜单	财务会计→资产会计→评估→定义资产分类中的折旧范围
T-Code	OAYZ

这个配置项用于定义每个资产分类中默认的折旧方式(如折旧码、年限等)。可以在此设置固定资产和其他资产的默认折旧码,例如固定资产采用直线法有残值,无形资产采用直线法无残值。具体的配置步骤如下。

STEP 1 在命令栏输入 SPRO 命令,通过菜单选择"财务会计→资产会计→评估→定义资产分类中的折旧范围"选项,或者直接在命令栏中输入"OAYZ"命令,弹出如图 10-56 所示的界面。

STEP 2 双击选择某条"折旧范围",即可对该"折旧范围"的属性进行修改,如图 10-57 所示。

3. 指定账面净值/或折旧的舍入

配置菜单	财务会计→资产会计→评估→金额说明→指定账面净值/或折旧的舍入
T-Code	OAYO

该配置项主要用于定义账面净值和折旧金额小数点的舍入方式。具体的配置步骤如下。

在命令栏输入 SPRO 命令，通过菜单选择"财务会计→资产会计→评估→金额说明→指定账面净值/或折旧的舍入"选项，或者直接在命令栏中输入"OAYO"命令，弹出"修改视图"取整说明"：细节"界面，如图 10-58 所示，从中可以指定账面净值/或折旧的舍入。

图 10-56　选择"折旧范围"

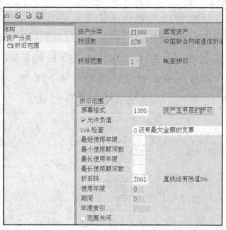

图 10-57　修改"折旧范围"属性

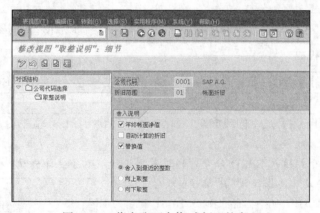

图 10-58　指定账面净值/或折旧的舍入

10.4.5　折旧设置

1. 定义基本方法

配置菜单	财务会计→资产会计→折旧→评估方法→折旧码→计算方式→定义基本方法
T-Code	SPRO

该配置项主要用于定义折旧计算的基本方法，后续指派该基本方法给适用的折旧码。具体的配置步骤如下。

在命令栏输入 SPRO 命令，通过菜单选择"财务会计→资产会计→折旧→评估方法→折旧码→计算方式→定义基本方法"选项，弹出"修改视图"基本方法"：详细内容"界面，如图 10-59 所示。在此界面中，可以修改"基本方法"的"计算类型"和"计算方式"。一般来说，"计算类型"选择"N 普通折旧"，"计算方式"选择"D 使用期限的百分比"。

2. 维护期间控制方法

配置菜单	财务会计→资产会计→折旧→评估方法→折旧码→计算方式→维护期间控制方法
T-Code	AFAMP

该配置项主要用于定义发生购置、后续购置、报废、转账业务时折旧开始计算日期的确定方式。后续指派该期间控制方法给适用的折旧码。具体的配置步骤如下。

在命令栏输入 SPRO 命令，通过菜单选择"财务会计→资产会计→折旧→评估方法→折旧码→计算方式→维护期间控制方法"选项，弹出"修改视图"期间控制方法"：概览"界面，如图 10-60 所示，从中可以进行具体的设置。

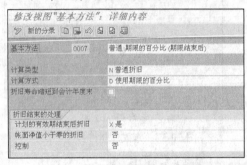

图 10-59 "修改视图"基本方法"：详细内容"界面 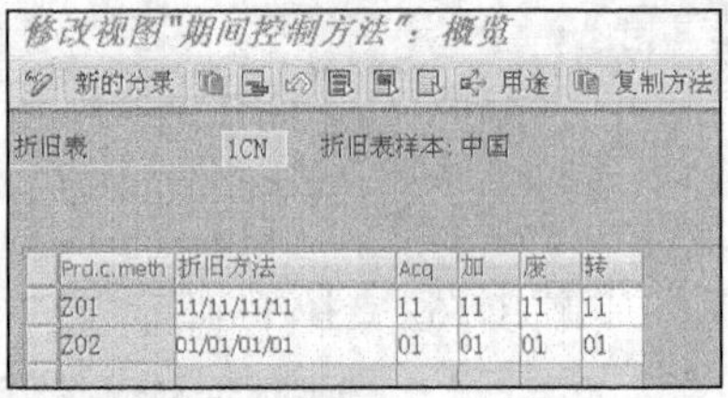　　图 10-60 "修改视图"期间控制方法"：概览"界面

3. 定义终止值代码

配置菜单	财务会计→资产会计→折旧→评估方法→进一步的设置→定义终止值代码
T-Code	ANHAL

该配置项主要用于定义适用的残值率，如 3%等。后续指派该残值率给适用的折旧码。具体的配置步骤如下。

STEP 1 在命令栏输入 SPRO 命令，通过菜单选择"财务会计→资产会计→折旧→评估方法→进一步的设置→定义终止值代码"选项，或者直接在命令栏中输入"ANHAL"命令，弹出如图 10-61 所示的界面，从中可以定义"截止值码"。

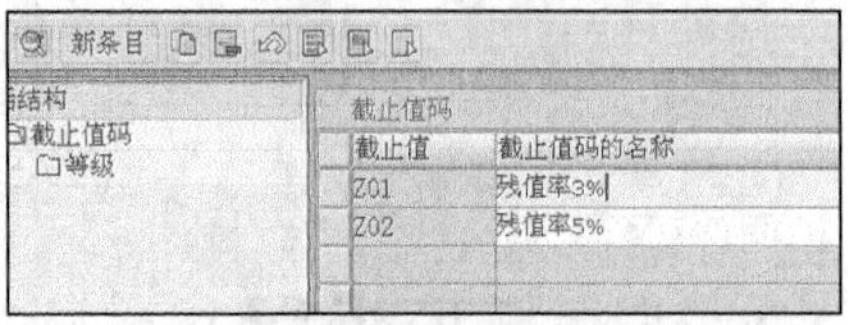

STEP 2 双击选择某条创建好的"截止值"，可以看到该"截止值码"的细节配置，如图 10-62 所示。

图 10-61 定义截止码

STEP 3 同样选择某条已经创建好的"截止值"，单击左栏中的"等级"选项，可以编辑该"截止值码"对应的有效期及"截止百分率"，如图 10-63 所示。

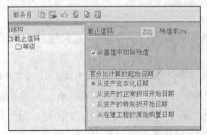

图 10-62 设置"截止值码"细节

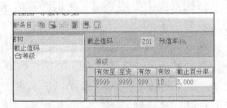

图 10-63 设置"截止值码"等级

4. 维护折旧码

配置菜单	财务会计→资产会计→折旧→评估方法→折旧码→维护折旧码
T-Code	AFAMA

折旧码包含了资产折旧的计算方法以及相关的控制参数，如资产是否有残值及残值率，资产折旧开始的期间控制等。具体的配置步骤如下。

STEP 1 在命令栏输入 SPRO 命令，通过菜单选择"财务会计→资产会计→折旧→评估方法→折旧码→维护折旧码"选项，或者直接输入"AFAMA"命令，弹出如图10-64所示的界面，从中可以自定义折旧码。

STEP 2 双击选择某条创建好的折旧码，可以看到该"折旧码"的细节配置，如图 10-65 所示。其中可以在"截止值码"中选择之前定义好的"截止值码"。

图 10-64　自定义折旧码

图 10-65　定义"折旧码"中的"截止值码"

STEP 3 同样选择某条已经创建好的"折旧值码"，单击左栏中的"计算方法的分配"选项，可以在右栏中编辑该"折旧码"对应的"折旧类型"、"阶段"、"基本方法"、"期间控制"、"分类"、"残值"等相关信息，如图10-66所示。

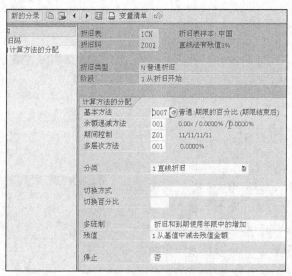

图 10-66　定义"折旧码"中"计算方法的分配"

10.5　设备管理模块配置

本节介绍设备管理模块的相关配置。设备管理模块的配置主要分为基本设置、常规数据设置、功能位置设置、设备设置、分类系统设置等。

10.5.1 基本设置

配置菜单	工厂维护和客户服务→工厂维护和客户服务中的主数据→基本设置→定义用户状态
T-Code	OIBS

定义设备用户状态的具体配置步骤如下。

STEP 1 在命令栏输入 SPRO 命令，通过菜单选择"工厂维护和客户服务→工厂维护和客户服务中的主数据→基本设置→定义用户状态"选项，或者直接在命令栏中输入"OIBS"命令，在弹出的界面中单击"⊕"按钮进入定义用户状态参数界面，如图 10-67 所示。

STEP 2 单击"🗋"按钮，可以新建用户"状态参数文件"，如图 10-68 所示。

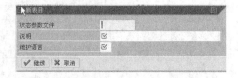

图 10-68 新建用户"状态参数文件"

STEP 3 选中一行，单击"🗐"按钮，可以复制用户"状态参数文件"，如图 10-69 所示。

STEP 4 双击选定的项目或单击"🔍"按钮，可以查看、修改"用户状态"参数，如图 10-70 所示。

STEP 5 单击"对象类型"按钮，在弹出的界面中可以选择"容许的对象类型"，如图 10-71 所示。

图 10-67 定义用户状态参数界面

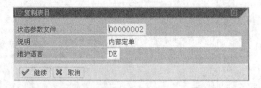

图 10-69 复制用户"状态参数文件"

注意：可以通过用户"状态参数文件"来定义设备的状态。每个用户"状态参数文件"包括任意多个用户定义状态。每个用户状态的基本配置包括状态编号、状态编码、描述等。用户状态的最低状态和最高状态表示从当前状态能直接转移到的下一个状态，在所有的用户状态中可以选择一个作为初始状态。

资产/设备管理（AM/PM）模块的配置　第 10 章

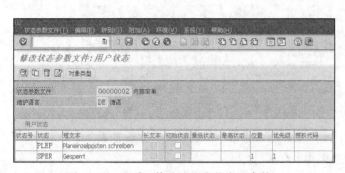

图 10-70　查看、修改"用户状态"参数　　　图 10-71　选择"容许的对象类型"

10.5.2　常规数据设置

1．定义技术对象类型

配置菜单	工厂维护和客户服务→工厂维护和客户服务中的主数据→技术对象→常规数据→定义技术对象类型
T-Code	SPRO

具体的配置步骤如下。

在命令栏输入 SPRO 命令，通过菜单选择"工厂维护和客户服务→工厂维护和客户服务中的主数据→技术对象→常规数据→定义技术对象类型"选项，在弹出的界面中单击 按钮，进入"修改视图 技术对象类型：总览"界面，如图 10-72 所示，从中可以定义技术对象类型。

图 10-72　"修改视图 技术对象类型：总览"界面

2．定义技术对象的视图参数文件

配置菜单	工厂维护和客户服务→工厂维护和客户服务中的主数据→技术对象→常规数据→定义技术对象的视图参数文件
T-Code	SPRO

具体的配置步骤如下。

STEP 1　在命令栏输入 SPRO 命令，通过菜单选择"工厂维护和客户服务→工厂维护和客户服务中的主数据→技术对象→常规数据→定义技术对象的视图参数文件"选项，在弹出的界面中单击" "按钮，进入"修改视图 视图参数文件的定义：总览"界面，如图 10-73 所示。

图 10-73 "修改视图 视图参数文件的定义：总览"界面

STEP 2 单击"新条目"按钮，可以新建一个视图参数文件。或者选中某个参数文件，然后单击"□"按钮，可以复制生成新的视图参数文件。

STEP 3 选定某条"屏幕组"，然后单击左栏中的"视图的作业格式"或"视图的图标和文本"选项，可以查看、修改视图参数文件，如图 10-74、图 10-75 所示。

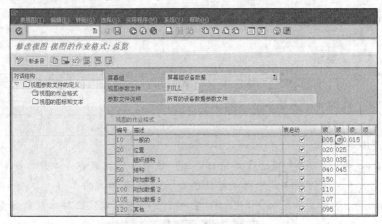

图 10-74 定义"视图的作业格式"

图 10-75 定义"视图的图标和文本"

10.5.3 功能位置设置

1. 创建功能位置的结构标识

配置菜单	工厂维护和客户服务→工厂维护和客户服务中的主数据→技术对象→功能位置→创建参考位置/功能位置的结构标识
T-Code	OIPK

具体的配置步骤如下。

STEP 1 在命令栏输入 SPRO 命令，通过菜单选择"工厂维护和客户服务→工厂维护和客户服务中的主数据→技术对象→功能位置→创建参考位置/功能位置的结构标识"选项，或者直接在命令栏中输入"OIPK"命令，在弹出的界面中单击" "按钮，进入"修改视图 功能位置结构标识：总览"界面，如图 10-76 所示。

STEP 2 单击" 新条目 "按钮，可以新建一种功能位置结构标识。

STEP 3 双击选定项目或者单击" "按钮，可以查看、修改功能位置结构标识，如图 10-77 所示。

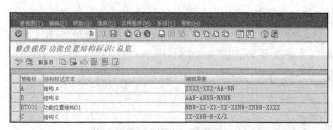

图 10-76 "修改视图 功能位置结构标识：总览"界面　　图 10-77 功能位置"结构标识"细节信息

注　意：功能位置"结构标识"定义了系统中功能位置的结构以及层次。通过功能位置可以层层查询设备信息、归集设备成本。X 表示可输入字母或数字，N 表示只可输入数字，A 表示只可输入字母。

2. 定义功能位置的种类

配置菜单	工厂维护和客户服务→工厂维护和客户服务中的主数据→技术对象→功能位置→定义功能位置的种类
T-Code	SPRO

具体的配置步骤如下。

STEP 1 在命令栏输入 SPRO 命令，通过菜单选择"工厂维护和客户服务→工厂维护和客户服务中的主数据→技术对象→功能位置→定义功能位置的种类"选项，在弹出的界面中单击" "按钮，进入"修改视图 功能位置种类：总览"界面，如图 10-78 所示。

STEP 2 双击选定项目或者单击" "按钮，可以查看、修改"功能位置种类"，如图 10-79 所示。

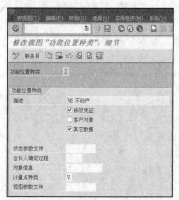

图 10-78 "修改视图 功能位置种类：总览"界面　　图 10-79 "功能位置种类"细节信息

10.5.4 设备设置

1. 设备种类

配置菜单	工厂维护和客户服务→工厂维护和客户服务中的主数据→技术对象→设备→设备种类→维护设备种类
T-Code	SPRO

具体的配置步骤如下。

STEP 1 在命令栏输入 SPRO 命令，通过菜单选择"工厂维护和客户服务→工厂维护和客户服务中的主数据→技术对象→设备→设备种类→维护设备种类"选项，在弹出的界面中单击"⊕"按钮，进入"修改视图 设备种类：总览"界面，如图10-80所示。

图10-80 "修改视图 设备种类：总览"界面

STEP 2 单击"新条目"按钮，可以新建一种"设备种类"。

2. 设备编号范围

配置菜单	工厂维护和客户服务→工厂维护和客户服务中的主数据→技术对象→设备→设备种类→定义编号范围
T-Code	OIEN

具体的配置步骤如下。

STEP 1 在命令栏输入 SPRO 命令，通过菜单选择"工厂维护和客户服务→工厂维护和客户服务中的主数据→技术对象→设备→设备种类→定义编号范围"选项，或者直接在命令栏中输入"OIEN"命令，在弹出的界面中单击"⊕"按钮，进入"设备的内部号码"界面，如图10-81所示。

STEP 2 单击"🖉 组"按钮，进入"维护号码范围组"界面，如图10-82所示。

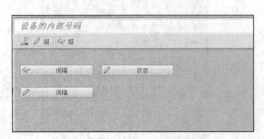

图10-81 "设备的内部号码"界面

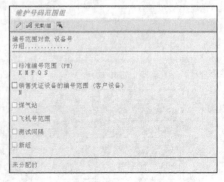

图10-82 "维护号码范围组"界面

STEP 3 选中一个编号范围,单击"✎"按钮,可以修改"起始号"和"终止号",新建间隔,如图10-83所示。在此界面中可以建立多个设备编码范围,但要注意区分维护的编码范围是内部编码还是外部编码。

3. 定义功能位置的安装

配置菜单	工厂维护和客户服务→工厂维护和客户服务中的主数据→技术对象→设备→设备使用周期→定义功能位置的安装
T-Code	SPRO

具体的配置步骤如下。

在命令栏输入 SPRO 命令,通过菜单选择"工厂维护和客户服务→工厂维护和客户服务中的主数据→技术对象→设备→设备使用周期→定义功能位置的安装"选项,在弹出的界面中单击"⊕"按钮,进入"修改视图在功能位置,依据设备种类安装:总览"界面,如图10-84所示,从中可以定义"在功能位置安装"。

图10-83 "维护号码范围间隔"界面　　图10-84 定义"在功能位置安装"

4. 分配用户状态参数文件至设备类别

配置菜单	工厂维护和客户服务→工厂维护和客户服务中的主数据→技术对象→设备→分配用户状态参数文件至设备类别
T-Code	SPRO

具体的配置步骤如下。

在命令栏输入 SPRO 命令,通过菜单选择"工厂维护和客户服务→工厂维护和客户服务中的主数据→技术对象→设备→分配用户状态参数文件至设备类别"选项,在弹出的界面中单击"⊕"按钮,进入"修改视图设备的状态参数文件:总览"界面,如图10-85所示,从中可以分配用户状态"参数文件"至设备类别。

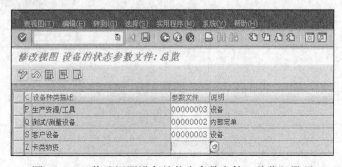

图10-85 "修改视图设备的状态参数文件:总览"界面

5. 定义设备主数据的字段选择

配置菜单	工厂维护和客户服务→工厂维护和客户服务中的主数据→技术对象→设备→定义设备主记录的字段选择
T-Code	SPRO

具体的配置步骤如下。

STEP 1 在命令栏输入 SPRO 命令，通过菜单选择"工厂维护和客户服务→工厂维护和客户服务中的主数据→技术对象→设备→定义设备主记录的字段选择"选项，在弹出的界面中单击"🕘"按钮，弹出"选择活动"对话框，如图 10-86 所示。

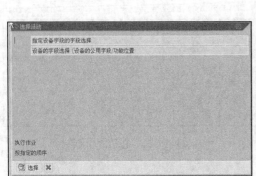

图 10-86　"选择活动"对话框　　　　图 10-87　"字段选择：可修改的字段"界面

STEP 2 双击"指定设备字段的字段选择"选项，进入"字段选择：可修改的字段"界面，如图 10-87 所示，从中单击"干预"按钮。

STEP 3 在弹出的"字段选择：影响的字段"界面中双击"设备种类"字段，如图 10-88 所示。

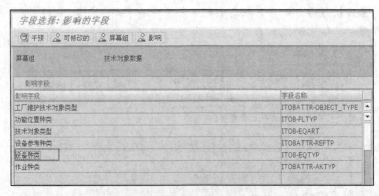

图 10-88　"字段选择：影响的字段"界面

STEP 4 在弹出的"字段选择：影响字段"界面中输入"设备种类"（如"M"），然后即可修改相应字段的属性，如图 10-89 所示。

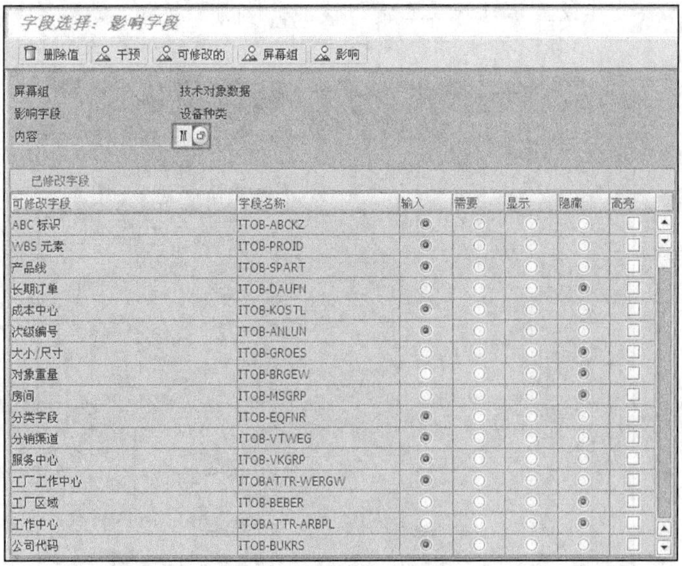

资产/设备管理（AM/PM）模块的配置　第 10 章

图 10-89　修改相应字段的属性

10.5.5　分类系统设置

在设备主数据中可通过"类别"来定义特定的设备，如房屋土地和车辆。"特性"用来定义除了主数据中常用字段以外的特殊字段，如对于房屋土地这个设备类别需要记录房产／土地证号、土地级别等信息。

1. 特性维护

配置菜单	组件→分类系统→主数据→特性
T-Code	CT04

具体的配置步骤如下。

STEP 1　在命令栏输入 SPRO 命令，通过菜单选择"组件→分类系统→主数据→特性"选项，或者直接在命令栏中输入"CT04"命令，进入"特性"界面，如图 10-90 所示。

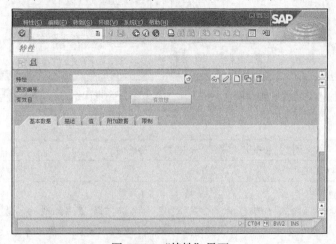

图 10-90　"特性"界面

307

STEP 2 输入要创建或显示或修改的特征，单击"□"按钮，进入"创建特性"界面，如图 10-91 所示。

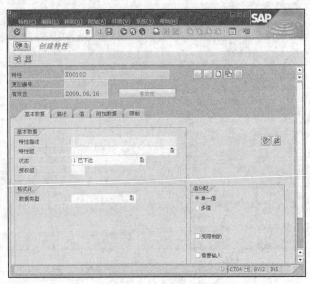

图 10-91 "创建特性"界面

STEP 3 输入"特征描述"，选择"特征组"、"数据类型"、"值分配"等信息，然后单击"□"按钮保存"特性"信息，如图 10-92 所示。

STEP 4 单击"值"标签页，输入"特性值"和对应的"描述"，如图 10-93 所示，然后单击"□"按钮保存，"特性"建立完毕。

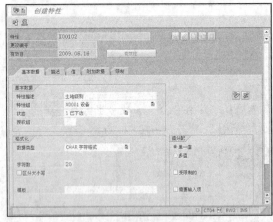

图 10-92 输入"特性"属性信息　　　　图 10-93 "更改特性"界面

2. 类别维护

配置菜单	跨应用组件→分类系统→主数据→分类
T-Code	CL02

具体的配置步骤如下。

STEP 1 在命令栏输入 SPRO 命令，通过菜单选择"跨应用组件→分类系统→主数据→分类"选项，或者直接在命令栏中输入"CL02"命令，进入"类别"界面，如图 10-94 所示。

STEP 2 输入要创建的"类别"、"类种类",单击"□"按钮进入"创建类别:"界面,从中输入类别描述等信息,如图10-95所示。

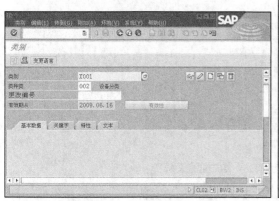

图10-94 "类别"界面

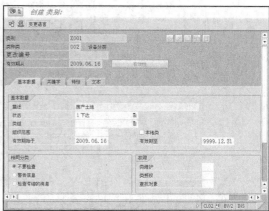

图10-95 "创建类别:"界面

STEP 3 转到"特性"标签页,分配属于这一类别的"特性",如图10-96所示,然后单击"□"按钮完成"类别"的创建。

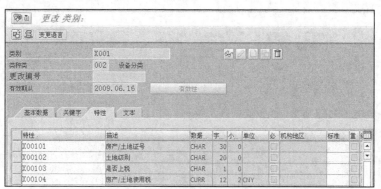

图10-96 "更改类别:"界面

10.6 典型案例:某大型国企资产管理模型分析

某电力企业是国内一家大型国企,在全国各省份均有分公司。由于集团公司设在北京,因此从集团层面出发,要对整个企业的资产及设备进行管理是一项非常复杂的工程。考虑到该企业的分布广、资产设备分散不集中、资产管理层级不明晰等特点,该企业集团公司决定通过实施SAP系统的资产/设备管理模块,完成整个企业的资产、设备的统一管理。

10.6.1 整体模型功能

该企业要管理的资产设备技术对象主要包括变电站、线路、变电所、变压器、线路、管道、导线等设施。所以根据技术对象的特征,要完成相应技术对象特性及类的创建。创建方法在10.5.5小节中已经提到,创建完成后的特性及类与技术对象间的关系如图10-97所示。

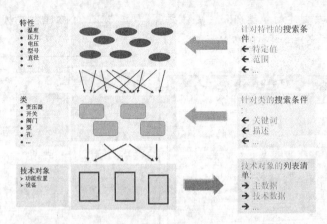

图 10-97　技术对象与特性及类之间的关系

下面看一下该公司资产/设备管理模块建立以后能够提供的一些功能。

1. 以设备为中心的组织结构管理

该公司由于资产设备众多,所以组织结构的管理主要以设备为中心,如图 10-98 所示。从图中可以看到,从工程的设计开始,围绕着设备的建设、运行、维护、改造、退役和报废,展开了整个生命周期过程。

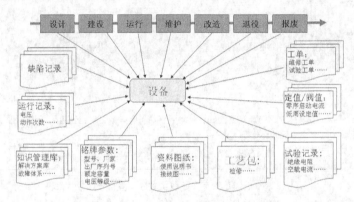

图 10-98　以设备为中心的组织结构管理

2. 设备信息管理

根据不同设备的属性,可将设备信息分为静态信息和动态信息两种,对于设备信息,主要是按照图 10-99 中的结构进行管理。

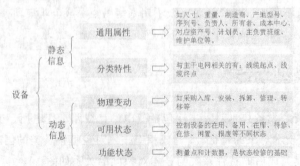

图 10-99　设备信息管理

3. 资产报废管理

公司中对于按照国家资产报废规定需要报废的资产，需要进行报废操作。其中需要更改设备状态为"已报废"状态，并取消上一级设备/功能位置挂接，如图 10-100 所示。

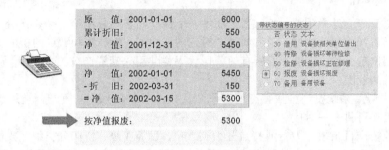

图 10-100　资产报废管理

4. 资产调拨

资产调拨分为资产内部调拨和资产公司间调拨两种，其中资产内部调拨主要是设备层级关系变更，成本中心由固定资产更新时自动刷新，如图 10-101 所示。

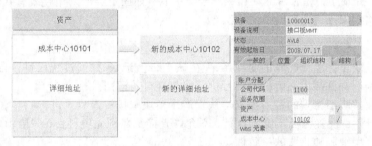

图 10-101　资产内部调拨

资产公司间调拨主要是资产重新在新的公司代码编号，同时修改设备主数据对应新的资产编号，设备主数据的工厂数据也会相应地发生变化，如图 10-102 所示。

5. 资产年末结转

资产在年底都要进行结转工作。主要的操作是在每个新年度之前打开新的资产年度，并在年底进行余额结转，如图 10-103 所示。

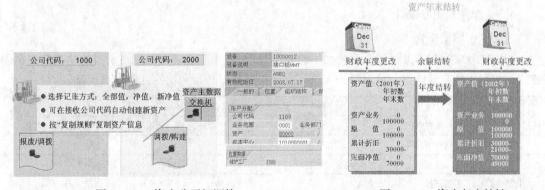

图 10-102　资产公司间调拨　　　　　　图 10-103　资产年末结转

10.6.2　整体设计方案

1. 资产分类设计

资产分类是资产会计中重要的组成部分,每一个资产都必须分配给一个资产分类,在资产分类中会储存该类资产的相关控制信息,如资产对应的账户、一般数据和默认的折旧方法等。资产分类是在集团层次定义的,该集团下所有的公司代码将共用一套资产分类,此外,资产分类还对应每类资产的编号范围。

资产分类是 SAP 系统资产模块特有的字段。在 SAP 标准应用中,资产分类用于定义资产的类别,一般和资产科目一一对应。

由于该企业资产目录按电力行业特点分为类、项、目等 3 级,资产分类细、数量大,如果资产分类按资产目录设置,因资产分类在 SAP 系统为后台配置的内容,涉及资产科目、屏幕格式等,数量较大会造成后期维护极为不便,故不按资产目录设置资产分类,而将资产目录定义为资产和设备主数据的属性字段,将资产分类定义为和资产科目保持一一对应。固定资产在资产交付过程中通过资产类别推导带出资产分类。

为此需要开发资产目录的字段增强,定义在创建资产卡片时根据资产目录字段带出计量单位、折旧年限。折旧方法在后台配置和资产分类关联,如固定资产采用直线有残值折旧方法,无形资产采用平均年限摊销无残值折旧方法等。

2. 资产科目设计

资产管理模块作为总分类账的明细账,发生资产价值记账时,通过统驭科目自动更新到总账。和资产相关的资产科目都定义为统驭科目,不能直接对其记账。

当前该企业按明细出具的资产报表均从资产子模块中按资产目录进行归类。未来在 SAP 系统中,会把资产科目设置为资产统驭科目,不允许直接记账到此类科目,只能由资产交易自动更新,以保持资产明细账和总账的一致性。

3. 资产成本中心设计

SAP 系统中资产卡片上的成本中心为折旧记入的成本对象,在此将成本中心对应到资产管理部门,折旧记入资产管理部门费用,即成本中心由资产管理部门在资产交付时自动带出,如果是直接在 SAP 系统创建卡片,以及长期待摊费用的,则手工选择成本中心。

按此设计满足了内部管理进行费用核算的要求,对于该公司财务核算上要求按管理类别进行费用核算的要求,则从另一卡片属性(应用领域)上进行区分,和卡片成本中心所属的功能范围并无关系。应用领域在资产交资时由资产接收部门进行选择。

4. 资产月末记账设计

(1)记账要素设置。

对资产月末过账涉及的记账要素如下表中的说明,其中固定资产和无形资产的功能范围在创建时由应用领域自动映射,月末财务人员可直接根据折旧科目和功能范围出具损益表。

资产分类	资产主数据记账要素设置				
	成本中心	功能范围	基金中心	承诺项目	折旧/摊销科目
固定资产	交资时填入	由应用领域映射	N/A	N/A	N/A
无形资产	手工选择	由应用领域映射	N/A	N/A	N/A
长期待摊	手工选择	N/A	手工选择	手工选择	N/A
待摊费用	手工选择	N/A	手工选择	手工选择	N/A

（2）月末折旧记账。

月末财务人员运行折旧过账，系统自动计提公司代码下所有资产的当月折旧，同时生成会计凭证，包括固定资产、无形资产、投资性房地产、改良支出、长期待摊费用、待摊费用等。

（3）后续调整记账。

长期待摊和待摊费用在折旧过账时记入摊销过渡科目，后续还须运行摊销程序，取得该卡片的基金中心、承诺项目、摊销科目，以进行调整过账。

5. 资产和设备自动创建关系

资产分类为固定资产、无形资产和投资性房地产的卡片，在创建 AM 主数据的同时会自动创建对应的设备主数据，为一一对应的关系。

改良支出、长期待摊和摊销费用只有 AM 卡片主数据，没有 PM 主数据。

无价值的备件只有 PM 主数据，没有 AM 主数据。在 SAP 系统中只创建设备主数据。

6. 资产业务类型设计

根据该公司的运营特点，在 SAP 系统中业务类型主要用于记录资产价值的每次变动情况，如购置、增值、减值、报废、盘亏等业务，分别定义为不同的业务类型。

7. 折旧范围设计

折旧范围使基于不同准则或目的（如账面折旧、成本核算、基于其他会计准则折旧等）平行折旧计算成为可能，根据折旧范围制定各项资产的所有必要折旧期限和折旧价值。每个公司代码至少需要一个折旧范围，用以记录账面折旧。

该公司根据实际需求使用账面折旧、税务折旧两个折旧范围。SAP 系统提供了在不同折旧范围下设置不同的折旧方法、折旧期限、残值率等，可以分别记录不同折旧范围下的资产原值、累计折旧和账面净值。

8. 资产和设备编码范围

（1）资产编号范围。

资产卡片作为主数据存储在 SAP 系统，必然有一套完整的编码范围。在 SAP 系统里可以灵活地定义资产编码范围，可以多个公司代码共用一套编码范围，每个公司代码也可以单独定义自己的编码范围。资产编码在每个公司代码下统一编码，在公司代码内发生资产转移时，编码保持不变。如果发生公司代码间资产的调拨，资产编码则会发生变化。

（2）设备编号范围。

设备卡片作为主数据存储在 SAP 系统，必然有一套完整的编码范围。在 SAP 系统里可以灵活地定义设备编码范围。设备编码在 SAP 客户端下统一编码，在该公司范围内发生资产转移时，设备编码保持不变。

9. 资产凭证类型

凭证类型用以区分不同业务种类的记账凭证，同时定义该类记账凭证的编号范围，用户可以使用凭证类型作为查询某类业务发生情况的搜索字段。在 SAP 系统中，提供了两个标准的凭证类型处理资产业务。当需要新增资产凭证类型的时候，可通过使用 X、Y、Z 字母作为开头建立新的凭证类型。

10. 资产过账码

过账码由两位数字组成，用于控制凭证输入的行项目，例如账户种类、借方过账或者贷方过账、录入的屏幕布局等。

11. 折旧码

折旧码包含了资产折旧的计算方法以及相关的控制参数，如资产是否有残值及残值率、资产折旧开始的期间控制等。

目前，该公司对固定资产和无形资产的折旧是根据原始价值和预计使用年限，采用年限平均法（直线法）分类逐项按月计提；如果有做过重新评估的资产，则按评估值和尚可使用年限进行直线法折旧。其中固定资产的预计净残值率为 5% 和 3%，无形资产则没有预计净残值率。为此，在 SAP 系统中，配置了 3 种不同的折旧码来对应上述提到的 3 种不同的折旧方法。

10.6.3 业务流程

根据该企业的管理现状及模式，通过对业务流程的梳理，决定在资产设备管理模块中创建以下业务流程。

1. 维护功能位置流程

考虑到该企业资产分布地域广的特点，根据企业资产的功能位置编码规则，按照空间位置进行编码，如图 10-104 所示。

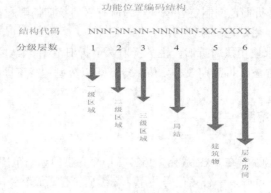

图 10-104　功能位置编码结构

其中：

- 一级区域：省/直辖市
- 二级区域：地区/市
- 三级区域：县区
- 局站：变电所/站等端点单位
- 建筑物：设备所在建筑物名称，例如变压器所处建筑物
- 层/房间：设备所在房间

（1）流程主要控制点。

要求建设部门必须按照编码结构信息，填写设备的详细安装地点。资产管理部门必须根据建设部门提供的信息进行核对。

（2）未来业务流程主要改进和变化。

- 增加了设备类资产的功能位置编码，能够实现按照地点进行分类操作、分析、统计的功能，方便一线资产管理人员的工作，进一步加强了管理。
- 制定了功能位置编码流程，增强了资产管理工作的规范性。
- 功能位置第 4 级采用资源系统局站编码，促进了局站等端点单位的数据统一与共享。

2. 维护资产主数据流程

在日常巡检和年度盘点工作中，如果发现有资产信息与系统中记录的资产主数据或设备主数据不一致的情况，可以通过维护主数据流程申请修改。资产主数据的修改范围仅限于：资产名称、资产目录；设备主数据可以维护（对于交资时没有的字段信息）或修改的字段为：上一级设备、功能位置、技术对象类型（专业分类）、内部注释、详细地址、资产制造商、生产商开始保修日、生产商结束保修日、资产责任人、对应资源系统编号、长文本（附属设备及附件）、专业分类明细等字段。

（1）流程主要控制点。

资产主数据的维护重点要落实维护人员的权限管理。因为资产主数据是资产管理过程中非常核心的数据，一旦变动，影响范围就非常大，所以要完善资产主数据维护审批流程的建设，加强各环节的审批力度。

（2）未来业务流程主要改进和变化。

固定/无形资产主数据的修改先经过资产管理部门审批，以审批结果作为主数据修改的依据，确保主数据修改的结果和审批的结果相一致。

3. 资产交付流程

本流程适用于工程的资产交付整个过程，是资产生命周期中从资产形成的过程，包括建设部门《资产签收表》的形成、工程资产交付相关工程核算的处理、资产主数据及设备主数据的生成等。

（1）流程主要控制点。

《资产签收表》在建设、资产管理、财务等 3 个部门间顺序流转，建设部门负责填写《资产签收表》，资产管理部门、财务部门负责对《资产签收表》进行审核及信息补录，审批确认的《资产签收表》将作为工程项目交付资产的依据。《资产签收表》直接关系到资产移交、结算、资产主数据、设备主数据的准确性，因此在《资产签收表》的审批过程中，各环节的审批必须非常严格。

（2）未来业务流程主要改进和变化。

经过多个部门审批签字确认的《资产签收表》，将直接作为生成资产主数据和设备主数据的依据，以免资产数据接收的不准确。在 SAP 系统中导入《资产签收表》时，会自动创建资产卡片和设备卡片信息。

4. 资产转移流程

本流程适用于公司范围内单位间的固定资产转移和单位内部固定资产转移。

（1）流程主要控制点。

固定资产须内部转移，在公司部门间内部转移的情况下，由资产转出部门的固定资产管理责任人提出固定资产转移申请，经转入部门的资产管理责任人确认后，由固定资产管理员查找出所转移资产的固定资产卡片。

（2）未来业务流程主要改进和变化。

- 实现固定资产转移全过程流程审批控制，实现了对固定资产卡片信息变动的自动更新，在资产卡片上记录了完整的调拨资产信息。

- 在 SAP 系统中单位间转移只涉及卡片信息的变更，不会发生卡片的增加、减少，卡片编号也不会改变，从而保持了卡片生命周期的连贯性。

5. **资产报废流程**

本流程适用于公司达到报废条件的资产。包含正常报废和非正常报废两种情况。具体的报废范围应根据资产的使用状况、设备的性能、损毁的程度、折旧的计提来判断是否满足报废条件，然后根据实际情况提出报废申请。

（1）流程主要控制点。

固定资产的报废必须符合国家的有关规定，报废资产须满足集团固定资产管理办法规定的报废条件。

（2）未来业务流程主要改进和变化。

实现固定资产报废全过程流程化审批控制，实现了财务对报废资产自动记账处理，在资产卡片上记录了完整的报废资产信息。

6. **资产年末结账流程**

适用于公司年末对资产的财务处理，包括总账与资产明细账的核对、资产余额的结转、资产年度期间的关闭、已摊销完毕其他资产账务处理等。

（1）流程主要控制点。

- 财务部负责在 SAP 系统中打开下一年账期，对总账、应收、应付、资产等模块做年度结转工作及其他资产的年末结账工作
- 财务部负责月末结算凭证审核以及出具 SAP 报表后的会计信息审核。

（2）未来业务流程主要改进和变化。

固定资产和其他资产年结工作在 SAP 系统中实现年结，控制资产业务期间的开启与关闭。

开 发 篇

▶ 第 11 章　ABAP 语言基础
▶ 第 12 章　ABAP 报表设计

第11章

ABAP语言基础

ABAP（Advanced Business Application Programming）语言是一种高级企业应用编程语言，是面向对象语言的一种。经过不断的发展，现在的版本为ABAP/4。ABAP语言支持封装性和继承性。封装性是面向对象的基础，而继承性则是建立在封装性基础上的重要特性。在SAP R/3系统中，很多应用程序都是通过ABAP/4语言编写的。

11.1 ABAP语言概述

ABAP语言是整个SAP系统的基础开发工具和技术平台，包含事件驱动（Evet-Driven）、机制和模块化技术（Modularization）、完整的面向对象概念及实现方法（Object Oriented）等。

11.1.1 ABAP程序结构

ABAP程序的源代码结构主要包括数据定义和处理块两部分。
- 数据定义：整个程序中可见的全局数据类型和数据对象、选择屏幕元素以及ABAP Object中自定义的类和接口。
- 处理块（Processing Blocks）：是ABAP的主要结构单元，定义程序在不同状态下执行的具体功能，在编译运行中，每一块都是一个独立的实体。

数据（包括选择屏幕元素）定义和声明语句是独立于任何处理块的，其他的所有语句都必须隶属于某个处理块。

1. ABAP程序包含3种类型的处理块

（1）事件块（Event Blocks）：每一个事件都需要有一个时间关键字引导，并单独构成一个语句，其后续语句隶属于该关键字代表的时间块，直到下一个关键字出现为止，包括报表事件、列表事件、屏幕事件等。
- 初始化：INITIALIATION

- 数据选择开始：START-OF-SELECTION
- 列表行选择：ATLINE-SELECTION
- 屏幕输出前处理：PROCESS BEFORE OUTPUT
- 屏幕输入后处理：PORCESS AFTER INPUT

（2）对话模块（Dialog Modules）：开始和结束都有相关的关键字作为标志，是相对独立的程序单元。

（3）过程（Procedures）：代码部分的开始和结束都有相关的关键字，也是相对独立的程序单元。过程包括功能模块和子程序，以及对象中的类方法。可以被其他的模块调用，实现程序模块化和代码复用。

2. 处理块调用

处理块是程序代码模块，也是运行期间的单元，其具体出现的顺序与其在程序代码中的先后顺序无关。

3. 事件驱动

在各种处理块中，系统对事件块的调用过程有其特殊性：其调用总是与某事件地发生相关，也称为事件的触发。

4. 处理块与工作过程

通过调度机（Dispatcher）把应用程序的各个代码模块分解成许多对话步骤，并通过工作过程（Work Processes，是系统的软件元素）在系统的应用层的虚拟机上进行处理，这保证了 ABAP 程序运行时的系统硬件平台无关性。

11.1.2 ABAP 程序类型

ABAP/4 语言所开发的程序主要分为应用程序和其他程序两种。

（1）应用程序类型。

- 可执行程序（Executable Program，类型代码 1）：整个程序由 Report 关键字语句进行引导，可以包含自定义的屏幕，在 ABAP 编辑器中进行编辑，并可直接在 ABAP 编辑器中执行。此外，还可以通过 Submit 语句或者分配报表事务代码来运行。
- 模块池（Module pool，类型代码 M）：出案件时由系统自动生成，由 PROGRAM 关键字进行引导，一般包含程序自定义的屏幕和对话模块，必须通过事务代码运行。

习惯上，应用程序往往是按照报表程序和对话程序（又称动态程序、事务程序）进行划分的。在可执行程序中可以处理报表事件，也可以加入屏幕和对话模块，而模块池程序一般只用于事务程序的设计。

- 报表程序：报表程序用于分析数据库表中的数据，分析的结果可显示在屏幕上或发送到打印机上。逻辑数据库支持报表程序，它是一种特殊的 ABAP/4 程序，使开发者不必编码即可对所有的数据库进行访问。
- 对话程序：对话程序组织为包含对话模块的模块池。每个动态程序（由一个屏幕及其流逻辑组成的"动态程序"）都基于一个 ABAP/4 对话程序。流逻辑包含对 ABAP/4 对话模块的调用。

（2）其他程序类型。

其他程序不能直接执行，但这种类型的程序可作为代码容器，为 ABAP 程序提供各种各样的模块化代码单元。主要有以下几种类型。

- 功能组（Function groups，类型代码 F）：由 Function-pool 语句引导，包含一个或多个功能模块，可包含自己的屏幕，一般不能直接运行功能。功能模块是模块化的代码段，不能用来直接执行，而需要在普通程序中调用。
- ABAP 类库（Class pools，类型代码 K）：由 Class-pool 语句引导，是系统 ABAP 对象类和多个局域类。类库在 ABAP 工作台工具 Class Builder 进行创建。
- ABAP 接口库（Interface pools，类型代码 J）：由 Interface-pool 语句引导，与类型 K 程序相似，用于定义 ABAP 对象的接口，可被人以全局类和局部类实现，不能直接运行。
- 子程序池（Subroutine pools，类型代码 S）：由 Program 语句引导，包含一个或者多个程序代码模块或类方法，允许被普通程序调用，不可包含自定义的用户屏幕，在 ABAP 编辑器中进行编辑。
- 类型组（Type Groups，无类型代码）：由 Type-pool 语句引导，在数据字典中定义，不包含任何屏幕和处理块，用于定义全局数据类型。
- 包含程序（Include Programs，类型代码 I）：不需要任何语句引导，也无须包含完整的处理块。无须独立编译，包含程序只是代码复用，在 ABAP/4 中编辑，可直接插入其他程序中。包含程序可通过 Include 语句被多个程序引用，与其他程序之间不存在参数接口。

11.1.3 ABAP 语言特性

ABAP/4 语言具备以下几种特性。
（1）具备多种元素。
- 各种类型和结构的声明元素
- 数据制作的操作元素
- 控制程序流的控制元素
- 反映外部事件的事件元素

（2）支持多语言。

文本摘要根据程序代码分别存储。开发人员可随时在不改变程序代码的情况下更改、转换和维护文本摘要，如图 11-1 所示。

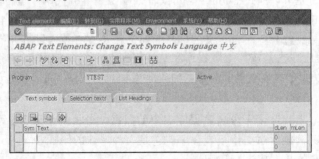

图 11-1　ABAP 文本摘要

（3）ABAP/4 支持商业数据类型和操作。
开发人员可使用特殊日期和时间字段进行计算。系统会自动提供必需的类型转换。
（4）ABAP/4 提供功能处理字符串。
（5）ABAP/4 可通过 OpenSQL 工具直接访问数据库表。

（6）ABAP/4 允许自定义及处理内部表。

内部表只在运行程序时存在，并对底层数据库进行帮助处理，以及完成建立程序中的复杂数据结构。

（7）ABAP/4 允许自定义及调用子程序。

通过调用指定程序的子程序，使得参数能够以各种方式从子程序传递或传递给子程序。

（8）ABAP/4 具备功能模块这种特殊的子程序。

开发人员可以自己创建及维护功能模块，还可以对调用程序和子程序之间的功能模块明确定义一个或多个数据接口，它们能够以调用程序的独立模式进行单独测试。

11.2 数据定义

数据类型和数据对象是 ABAP/4 类型概念的基本组件，二者均可由用户声明和维护。这与其他编程语言，如 C、FORTRAN 或 PASCAL 不同，在这些语言中用户可以声明数据对象，但仅限于预定义的数据类型。而在 ABAP/4 中，可以使用与标准数据声明相似的语法处理数据类型，而与数据对象无关。特殊程序以外的数据类型集中存储也是可能的。

11.2.1 数据类型和数据对象基础

数据类型和数据对象的主要特征如下。

（1）数据类型（包括基本数据类型或结构化数据类型）。
- 数据类型是数据对象的类型；
- 数据类型不占用物理内存；
- 数据类型描述数据对象的技术属性。

（2）数据对象（文字、变量、常量等）。
- 数据对象是程序在运行时使用的物理单元；
- 每个数据对象都有分配给它的特定数据类型；
- 每个数据对象占据一定的物理内存；
- ABAP/4 程序根据数据对象的数据类型处理数据对象。

在创建一个程序的开始，必须声明要使用的全部数据对象。声明过程中还必须给数据对象分配相应的属性，其中最重要的属性就是数据类型。在 ABAP/4 程序开发的过程中，可以使用与其他程序语言类似的预定义数据类型，或者使用用户自己定义的数据类型。ABAP/4 程序分为 3 个层次级的数据类型和对象：

- ABAP/4 程序字典中定义的独立于程序的数据；
- 独立程序中要全局使用的内部数据；
- 单独过程（子程序和功能模块）中要局部使用的数据。

1. **数据类型**

在 ABAP/4 程序中按结构和定义对数据类型分类。一般划分为：

- 基本的（非结构化的）或结构化的；
- 预定义的或用户定义的。

具体数据类型如图 11-2 所示。

	预定义	用户定义
基本数据类型	共8个预定义的基本数据类型：C、D、F、I、N、P、T和X。	用户定义的基本数据类型基于预定义的基本数据类型。
结构化数据类型	TABLE：预定义的结构化数据类型仅用于形式参数和字段符号的键入。	字段串和内表；此类结构化数据类型可用于数据对象，并且可作为用户定义的。

图 11-2　数据类型的划分

其中 ABAP/4 程序中的基本数据类型主要包括 C、D、F、I、N、P、T、X 这 8 个类型，它们的区别如图 11-3 所示。

数据类型	默认大小	有效大小	初始值	说明
C	1	1 - 65535	空值	字母、数字、字符
D	8	8	'00000000'	日期（格式：YYYYMMDD）
F	8	8	0	浮点数
I	4	4	0	整型
N	1	1 - 65535	'00...0'	数字文本
P	8	1 - 16	0	压缩号
T	6	6	'000000'	时间（格式：HHMMSS）
X	1	1 - 65535	'00'	十六进制

图 11-3　基本数据类型的划分

用户定义的基本数据类型完全是以预定义的基本数据类型为基础的。要定义自己的基本数据类型，需要在程序开发中通过使用 TYPES 语句来定义，如下例所示：

```
TYPES: NUM TYPE I,
       LENGTH TYPE P DECIMALS 2,
       ID(3) TYPE C.
```

示例中通过 TYPES 语句，将字段 NUM 定义为 I 整型数值；将字段 LENGTH 定义为小数点后两位的 P 类型；将字段 ID 号定义为长度为 3 位的 C 字符型。此命令的具体语法在下一小节讲解。

2. 数据对象

在 ABAP/4 程序中，可以使用以下几种数据对象。

（1）内部数据对象。

创建内部数据对象供在特定的程序中使用，但在该程序之外无效。

（2）外部数据对象。

外部数据对象独立于程序。不能直接使用外部数据对象，但能将其复制到内部数据对象，并在完成后将它们回写。可以在整个系统环境中全局使用外部数据对象。ABAP/4 程序将外部数据对象保存在 ABAP/4 词典中定义的表中。要从程序内部访问该数据，须通过 TABLES 语句对表进行定义。

（3）系统定义的数据对象。

除用户定义的数据对象外，还有一些数据对象由系统自动定义。

（4）特殊数据对象。

ABAP/4 程序中还包括一些具有特殊特征的数据对象。

- 参数：指链接到选择屏幕的变量，它可以在程序启动后接收及传送数值。

- 选择标准：用于指定数值范围的特殊内表，它与选择屏幕相链接。

11.2.2 创建数据类型和数据对象

在 ABAP/4 程序中创建数据对象和数据类型必须通过声明语句。一般来说，在声明语句中定义数据对象的数据类型采用以下两种方式。

- 直接声明方式。例如：A TYPE <datatype>，通过 TYPE 选项可直接将数据类型<datatype>分配给已声明的数据对象。
- 间接声明方式。例如：B LIKE <dataobject>，通过 LIKE 选项可将另一个数据对象<dataobject>的数据类型分配给已声明的数据对象。

在 ABAP/4 程序中可使用数据声明语句静态创建数据对象，也可利用操作语句动态创建数据对象。用于静态创建数据对象和数据类型的关键字如下表所示。

DATA 语句	用于创建变量
CONSTANTS 语句	用于创建常量
STATICS 语句	用于创建变量，这些变量在程序运行期间一直存在，但仅在过程中可见
TABLES 语句	用于创建表工作区
TYPES 语句	用于创建用户定义的数据类型

另外，在内表环境中还可以使用操作语句 APPEND、COLLECT 和 INSERT 等动态创建内表的行。

下面简单了解一下静态创建数据类型和数据对象的方法。

1．DATA 语句

（1）语法 1：DATA <f> [(<length>)] <type> [<value>] [<decimals>]

其中<f>是为变量进行命名，变量名 <f> 最长可达 30 个字符；<length> <type>是指定变量的"数据类型"和"变量的长度"；<value>为变量指定初始值；<decimals>是当变量有小数位的时候指定小数位位数。

（2）语法 2：DATA <f> LIKE <g>

在使用 LIKE 参数时，根据与数据对象<g>完全相同的类型和结构创建字段<f>，此语法可将任何数据对象用于<g>。下面通过例子来展示使用的方法。

```
DATA NUM01 TYPE P.
DATA NUM02 LIKE NUM01.
```

在示例中，第 1 条语句通过刚才介绍的第 1 种语法为将变量 NUM01 设置为 P 型；第 2 条语句则根据语法 2 也将 NUM02 设置为 P 型，只是设置的方式是将 NUM01 的类型及结构通过 LIKE 赋给了 NUM02。

（3）语法 3：DATA <f > ..... VALUE <val>

此语法通过 DATA 命令将字段<f>的初始值设为<val>，其中<val>可以是常量。

（4）语法 4：

```
DATA: BEGIN OF <abcd>,
      <component declaration>,
      ............
      END OF <abcd>.
```

这些语句定义了字段串<abcd>，在语法<component declaration>中，可以指定长度、类型、初始值或小数位数。具体示例如下：

```
DATA: BEGIN OF ABC,
      NAME(20)    TYPE C,
      STREET(20)  TYPE C,
      NUMBER      TYPE P,
    END OF ADDRESS.
```

2. CONSTANTS 语句

在编写 ABAP/4 程序时，如果要频繁地使用某常量，可以利用 CONSTANTS 语句，将其声明为具有固定值的变量，如下所示：

语法：CONSTANTS <c>[<length>] <type> <value> [<decimals>].

如果要将字段串定义为常量，则如下所示：

```
CONSTANTS: BEGIN OF <abcd>,
           <component declaration>,
           ..............
           END OF <abcd>.
```

注　意：对于 CONSTANTS 语句，必须使用<value>参数，而在 DATA 语句中此参数是可选的。另外，利用<value>参数指定的初始值，在程序的执行期间不能更改。

3. STATICS 语句

在开发过程中，如果要在过程的运行时间之外仍保留某变量的数值，可在该过程中利用 STATICS 语句定义该变量。STATICS 语句是 DATA 语句的变异。具体语法如下：

```
STATICS <s>[<length>] <type> [<value>] [<decimals>].
```

如果要在程序中多次调用某过程，对于利用 STATICS 定义的变量，过程总是使用该变量的最新值，而不能从过程外部定址静态变量。

4. TYPES 语句

上一小节简单介绍了一下 TYPES 语句，使用 TYPES 语句可以创建用户定义的基本数据类型和结构化数据类型。对于由 TYPES 语句定义的数据类型，可以按与使用预定义数据类型声明数据对象相同的方法使用。具体语法如下：

```
TYPES <a>[<length>] <type> [<decimals>].
```

在该语句中定义了数据类型 <a>。那么如果要定义结构化的数据类型，则需要通过以下语法：

```
TYPES: BEGIN OF <abc >,
       <component declaration>,
       ..............
       END OF <abc>.
```

注　意：由于没有与数据类型相关联的内存，所以无法在 TYPES 语句中使用<value>参数。因此，TYPES 语句不能给数据类型分配值。

11.3 ABAP 开发基础

要创建 ABAP 程序，首先要了解应该从什么地方入手。前面已介绍了基本概念和数据定义，本节介绍如何去命名一个 ABAP 开发程序、开发程序中主要包含哪些基本元素。

11.3.1 创建新程序及其属性

1. 创建新程序

要创建一个新的 ABAP/4 程序，首先要想好给这个程序起什么名字。一般来说，程序名只要设置在 8 个字符内都是允许的，但是还得注意以下规范。

- 程序不得使用特殊字符，包括下划线、空格等符号。
- 报表程序（Yaxxxxxx 或 Zaxxxxxx）：一般以 Y 或 Z 作为首字母，然后用应用程序区的分类字母替换 a，用任何有效字符替换 x。
- 其他 ABAP/4 程序（SAPMYxxx 或 SAPMZxxx）：使用有效字符替换 x。

命名完程序名后，下面就要进入到 ABAP 程序的编辑界面。打开 ABAP 编辑器的具体步骤如下。

STEP 1 在 SAP 系统菜单中选择"工具→ABAP/4 工作台"菜单（或者在命令栏中输入 SE38 命令），出现"ABAP 编辑器：初始屏幕"界面，如图 11-4 所示。

STEP 2 在"程序"字段中输入要创建的程序名，然后单击"□"按钮，系统会弹出"程序属性设置"对话框，要求开发人员设置程序的相关属性，如图 11-5 所示。程序属性决定程序属于哪种应用程序，以及程序所链接的逻辑数据库。

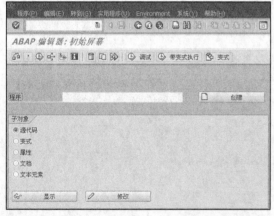

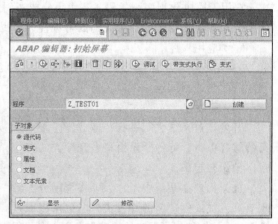

图 11-4 "ABAP 编辑器：初始屏幕"界面 　　　　图 11-5 创建程序

STEP 3 首先需要在"程序属性设置"对话框中的"Title"文本框输入程序标题。创建完标题后，再进行程序类型的设置。如果创建报表程序，则在"类型"字段中选择"可执行程序"选项；如果创建模块存储，则在"类型"字段中选择"模块池"选项。设置完成后，接着在"应用程序"字段中为应用程序输入分类字母，例如财务会计程序就输入 F。

STEP 4 所有属性设置完成后，单击"✓保存"按钮以保存属性，系统弹出"维护对象目录条目"对话框，如图 11-6 所示。在这个对话框中可以输入开发类和开发负责人员。完成后单击"□"按钮以保存开发类并返回"ABAP/4：程序属性"屏幕，然后单击"◎"按钮离开屏幕。

如果要直接转到 ABAP/4 编辑器，选择"转向→源代码"即可。

STEP 5 对于某些程序初始界面有筛选条件的字段，可以在图 11-4 中选择"文本元素"选项，然后单击"修改"按钮，系统会弹出"文本要素"编辑界面，如图 11-7 所示。在此界面中，选择"Selection texts"选项页即可针对筛选条件字段进行文本描述的编辑。

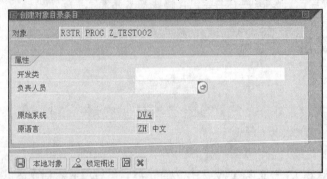
图 11-6 "创建对象目录"对话框

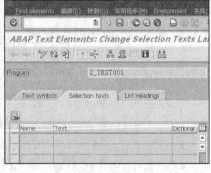
图 11-7 设置屏幕筛选字段属性

STEP 6 如果对于已经创建完的程序要更改标题，也可以在图 11-4 中选择"ABAP/4 编辑器初始屏幕"中的"属性"选项，然后单击"修改"按钮即可重新进入到"程序属性设置"界面。

2. 重要的程序属性

（1）类型。

除了类型"可执行程序"和"模块池"之外，还应该注意类型 I（Include 程序）。包含程序是个独立的程序，它有两个主要特征。首先，它包含程序代码，不同的程序都可使用该代码。其次，它用于模块化程序源代码，该代码分成逻辑相关部分，其中每个部分都存储在不同的包含程序中。包含程序用于改善源代码的可读性并有助于维护。

（2）应用程序。

"应用程序"字段包括应用程序的缩写，例如财务会计可缩写为 F。此字段可以使系统能将程序分配给适当的业务区。

（3）开发类。

开发类对系统之间进行传输非常重要。执行传输任务时，可将分配给某个开发类的工作台对象组合起来。

如果用户在某组中工作，可将程序分配给现有开发类或创建新的开发类。但也可以通过选择"ABAP 编辑器：初始屏幕"界面上的"程序→其他对象"更改已分配给程序的开发类，如图 11-10 所示。

（4）应用程序中的逻辑数据库。

这些属性决定报表应该使用哪个逻辑数据库去检索数据，以及逻辑数据库属于哪个应

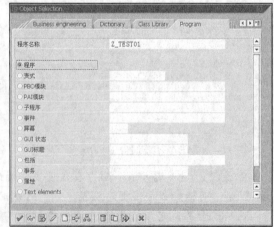
图 11-8 修改程序属性

用程序。应用程序中的数据库名称必须是唯一的。如果报表程序直接读取数据，而未使用逻辑数据库，就应该像通常一样指定应用程序，但必须将"逻辑数据库"字段置为空。

11.3.2 编写程序及检查

本小节介绍如何在 ABAP/4 编辑器中编写 ABAP/4 程序。首先要知道如何进入 ABAP/4 编辑器，具体的操作步骤如下。

STEP 1 在 "ABAP：程序属性"界面上选择 "转向→源代码"或 "源代码"。

STEP 2 选则 "源代码"选项后，单击 "ABAP 编辑器：初始屏幕"界面上的 "🗋"按钮，进入 "ABAP/4 编辑器编辑程序"界面。此时系统会自动输入第 1 个 ABAP/4 语句，例如：

```
REPORT <reportname> or PROGRAM <programname>.
```

这里的<report/programname>，系统一般会自动使用在 "ABAP 编辑器：初始屏幕"界面上输入的名称，如图 11-9 所示。语句 REPORT 和 PROGRAM 实际上具有相同的功能。它们使系统能识别 ABAP/4 程序并允许为输出列表设置一定的标准，一般来说 REPORT 或 PROGRAM 语句有不同的参数，如 LINE-SIZE、LINE-COUNT 或 NOSTANDARDPAGEHEADING。这些参数主要适用于报表程序，用来分析数据并输出结果列表。

STEP 3 在编辑器中开始输入程序代码。完成编辑后单击 "检查"按钮进行程序的语法检查。系统会自动扫描程序代码，以寻找语法错误及不相容处。如果检查出错误，在编辑器的下方则会出现消息报告，有可能的话，系统还会提示建议解决方案或更改操作，如图 11-10 所示。

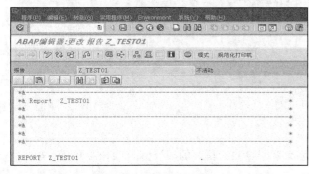

图 11-9 REPORT 语句

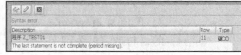

图 11-10 检查后报错信息

STEP 4 编辑完程序后，单击 "💾"按钮将源程序的文本存储在程序库中。

STEP 5 同样，如果要对程序进行修改，在 "ABAP 编辑器：初始屏幕"界面的 "程序"字段中输入要更改的程序名称，选择 "源代码"选项并单击 "显示"或 "修改"按钮即可。

11.3.3 分配事务代码给程序

程序创建完成，如果要运行程序，必须要给程序分配一个事务代码才能通过命令栏或者菜单运行程序。具体的操作步骤如下。

STEP 1 在 "ABAP/4 开发工作台"界面上选择 "开发→其它工具→事务"选项（或者直接在命令栏输入 "SE93"命令），进入 "维护事务"界面，如图 11-11 所示。

STEP 2 填入事务名称并选择 "🗋"按钮，然后在对话界面上选择 "报表事务"选项。同时在 "建立事务"界面中填入所需条目的 "事务文本"和 "程序"，最后单击 "💾"按钮将事务代码保存在开发类中，如图 11-12 所示。

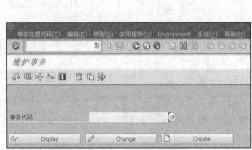
图 11-11 "维护事务"界面

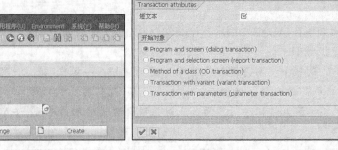
图 11-12 "建立事务"界面

11.3.4 程序测试及运行

开发及分配事务代码完成以后，则需要对程序进行测试，以及检查代码是否能够正确运行。

STEP 1 在"ABAP 编辑器：初始屏幕"的"程序"字段中输入要更改的程序名称，然后单击"ABAP/4 编辑器编辑程序"界面上的"执行"按钮。

STEP 2 系统执行该程序，如同从"ABAP 编辑器：初始屏幕"界面中启动的一样。例如，创建报表程序之后，则首先出现从中输入条件的选择界面，然后是结果列表。

11.3.5 程序语法元素

ABAP/4 编程语言包括下列元素类型。

（1）语句。

示例：PROGRAM TEST.
　　　　WRITE 'First Program'.

该示例中的语句是通过关键字 PROGRAM 和 WRITE 写入的。定义了 TEST 程序，并在程序中写入了'First Program'的文本。

（2）关键字。

关键字是语句的第 1 个词，它决定整个语句的意义。有以下 4 种不同类型的关键字。

- 说明性关键字：这些关键字定义数据类型，或者说明程序可以访问的数据对象，例如 TYPES、DATA、TABLES。系统只在生成程序期间处理说明性关键字。一般来说，所有的说明性关键字都是在程序开头的"说明部分"中去指定。
- 事件关键字：这些关键字在 ABAP/4 程序中定义处理块。处理块是当特定事件发生时进行处理的语句组。示例如下：AT SELECTION SCREEN、START-OF-SELECTION、AT USER-COMMAND。
- 控制关键字：控制关键字按照特定条件控制 ABAP/4 程序流。示例如下：IF、WHILE、CASE。
- 操作关键字：当事件或者条件发生时，操作关键字开始处理相关数据。示例如下：WRITE、MOVE、ADD。

（3）注释。

注释是写在 ABAP/4 程序语句之间，用来向读者解释其程序或者模块功能的文本摘要。注释由系统定义的特殊字符标记"*"号来作为引导。一个好的程序一定要有丰富的注释去帮助其他用户理解和更改程序，示例如下：

```
***************************************************
*   PROGRAM SAPMTZST                               *
*   LAST CHANGE BY RITA DIGIT, 01/01/2000          *
*   PURPOSE: DEMONSTRATION                         *
***************************************************
```

11.4 结构控制

ABAP/4 程序是具有特定结构的不同语句的顺序。可以在语句间插入注释。分开的但相似的语句顺序可以组成链语句。常用的结构主要有以下几种。

（1）语句结构。

ABAP/4 没有格式限制，可以按照任意自由格式输入语句。既可以缩排语句、在一行中写几条语句，也可以一条语句跨越几行。但是，在语句中必须至少要使用一个空格分开词，系统本身也将行结束符解释为空格。例如以下程序

```
PROGRAM SAPMZTST.
WRITE 'This is a file'.
```

也可以编写成一行：

```
PROGRAM SAPMTEST. WRITE 'This is a file'.
```

或者如下所示：

```
PROGRAM
SAPMTEST.
WRITE
'This is
A file'.
```

虽然可以跨行写编码，但是从程序的规范性来说，应该使用尽量规范的格式，以提高程序的可读性，而避免使用复杂格式。

（2）注释结构。

注释结构可以在程序的任意位置插入注释行，一般程序中可使用以下两种方法标明注释。

- 如果要将整行变为注释，则在行开始处输入星号（*）。
- 如果要将某行的一部分变为注释，则在注释之前输入双引号（"），系统将由双引号标明的注释解释为空格。

示例如下：

```
PROGRAM TEST.
* The following line contains a WRITE file.
WRITE 'First Program'.          " Output on List
```

示例中，程序的第 2 行是不执行的注释，注释由行开始处的星号（*）标明；程序的第 3 行，双引号（"）之后全部都是注释，并且不被程序执行。

（3）连接相似语句（链语句）。

ABAP/4 编程语言允许将带有相同起始部分的连续语句作为链语句。要连接分开的语句，

只要写一次相同部分,并且在其后设置冒号":",冒号后列出语句的其余部分并用逗号(,)分开,并在最后结尾设置句号"。"作为系统链的结束处。具体示例如下:

```
WRITE SPFLI-TEST01.
WRITE SPFLI-TEST02.
WRITE SPFLI-TEST03.
```

通过链语句修改后如下:

```
WRITE: SPFLI- TEST01,SPFLI-TEST02, SPFLI-TEST03.
```

在链语句中,冒号将语句的开始部分与可变部分分开,可以在冒号(或逗号)之前或之后插入任意个空格。

11.5 使用内表

在 ABAP/4 程序中,表格是系统中的关键数据结构。长期使用的数据都是存储在关系数据库表格中。但除了数据库表格,还可以创建仅在程序运行时间内存在的内表。ABAP/4 程序提供了针对内表的不同操作,例如搜索、附加、插入或删除行等。

内表中的行数并不固定。根据需求,系统可实时增加内表的大小。如果想将某个数据库表格读入内表,也不必事先知道数据库表格的大小。该特征项使得内表使用起来十分方便,同时还支持动态编程。

ABAP/4 程序还支持使用内表在数据库表格的子集上进行表格计算。例如,可以将数据库表格的某个部分读入内表,然后可以从内表中计算总和或生成次序表。

内表关键字有以下两种类型。

- 自定义关键字:使用 READ 语句从内表中读取行时,可以指定自定义关键字。
- 缺省关键字:根据定义,内表的关键字段是非数字(类型 F、I 和 P)和非内表的字段。这些关键字段形成内表的标准关键字。要获得带嵌套结构(包含字段串作为组件的表格行)的内表标准关键字,系统将子结构分为基本字段层次。

11.5.1 访问内表

内表是按行进行访问的。必须使用某个工作区域作为与表格互相传输数据的接口。

从内表中读取数据时,已定址的表格行内容覆盖工作区域的内容,然后可以在程序中引用工作区域的内容。将数据写入内表时,必须首先在工作区域(系统可以将数据传输给内表)中输入数据。

为了避免不一致,最好是工作区域与内表行有相同的数据类型。创建与内表兼容的工作区域的一种安全步骤,是在说明内表和工作区域时使用相同的数据类型。在该环境中,可以区分 ABAP/4 中两种类型的内表的差别。

- 带表头行的内表:如果创建带表头行的内表,系统自动创建与内表行数据类型相同的工作区域。该工作区域称为表头行或表格工作区域,对内表的作用与由 Tables 语句创建的数据库表格工作区域相同。表格工作区域和内表本身同名。
- 不带表头行的内表:不带表头行的内表没有可以隐式使用的表格工作区域。要访问没有表头行的内表,必须在相应的 ABAP/4 语句中显式指定工作区域。决定创建的内表是否带表头行时,必须考虑是喜欢隐式还是显式用于内表访问的工作区域。

11.5.2 创建内表

创建内表时，可以决定是先用 TYPES 语句创建内表数据类型，然后再创建具有该类型的数据对象，还是直接使用 DATA 语句创建内表数据对象。或者决定创建带表头行的内表数据对象，以及创建不带表头行的内表数据对象。

1. 创建内表数据类型

要创建内表数据类型，需要使用 TYPES 语句。

语法：

```
TYPES <t> <type> OCCURS <n>.
```

该语句通过使用 TYPES 语句的 OCCURS 选项创建一个内表数据类型<t>。内表中行的数据类型在<type>中指定。要指定行的数据类型，可以使用 TYPE 或 LIKE 参数。

通过使用 LIKE 参数引用 ABAP/4 词典中定义的对象，可以创建内表。其行结构与存储在词典中的对象相同，且反映数据库表格的结构，在读取和处理数据库表格时这种结构非常重要。指定行的初始号，将第 1 行写入用类型<t>创建的内表数据对象之后，就为指定行保留了内存。如果添加到内表中的行比<n>指定的要多，则自动扩展保留的内存；如果内存中没有足够的空间可用于内表，则将其写入缓冲区或磁盘。

2. 创建内表数据对象

创建内表数据对象，对于用新的行结构创建的表格，则必须要有表头行。如果是用另一个表格来创建内表，则要通过引用现有内表数据类型或数据对象来创建内表数据对象，可使用 DATA 语句，语法如下：

语法：

```
DATA <f> <type> [WITH HEADER LINE].
```

通过使用 TYPE 或 LIKE，可以使用<type>选项来引用表格数据类型或表格数据对象，将数据对象<f>说明为结构相同的内表。如果使用 WITH HEADER LINE 选项，创建的内表则带工作区域<f>。

3. 通过引用结构来创建内表

要通过引用现有行结构创建内表数据对象，则要使用 DATA 语句的另外一种语法结构。

语法：DATA <f> <type> OCCURS <n> [WITH HEADER LINE].

该语句通过使用 DATA 语句的 OCCURS 选项创建内表<f>，内表中行的数据类型在<type>中指定。要指定数据类型，可以使用 TYPE 或 LIKE 参数。

通过使用 LIKE 参数引用 ABAP/4 词典中定义的对象，可以创建内表。其行结构与存储在词典中的对象相同，并反映数据库表格的结构，这在读取和处理数据库表格时非常重要。

其中参数<n>用于指定行的初始号。将第 1 行写入用类型<t>创建的内表数据对象之后，就为指定行保留了内存。如果添加到内表中的行比<n>指定的要多，则自动扩展保留的内存。如果内存中没有足够的空间可用于内表，则将其写入缓冲区或磁盘。

4. 创建带新结构的内表

要创建既不引用现有对象，也不引用现有行结构的内表数据对象，则可使用 DATA 语句，

语法如下:

```
DATA:BEGIN OF <f> OCCURS <n>,
     <componentdeclaration>,
     ..............
     END OF <f>.
```

在这里定义内表<f>并在<componentdeclaration>中说明其行组件。除 CCURS 参数外,语法与定义字段串相同。该语句通常用于创建表格工作区域<f>,因此,其作用与先创建字段串<f>,然后再创建与该字段串行结构相同的内表<f>相同。其中参数<n>用于指定行的初始号。将第 1 行写入用类型<t>创建的内表数据对象之后,就为指定行保留了内存。如果添加到内表中的行比<n>指定的要多,则自动扩展保留的内存。如果内存中没有足够的空间可用于内表,则将其写入缓冲区或磁盘。

11.5.3 使用内表

内表的使用方法很多,主要包含内表填充、读取内表、更改内表行、初始化内表等操作。

1. 内表填充

要填充内表,既可逐行添加数据,也可复制另一个表格的内容。
- 如果是逐行填充内表,可以使用 APPEND、COLLECT 或 INSERT 语句。
- 如果要将内表仅用于存储数据,出于性能方面的考虑,建议使用 APPEND,而且 APPEND 语句还可用于创建序列清单。
- 如果要计算数字字段之和,或要确保内表中没有出现重复条目,建议使用 COLLECT 语句,它可以根据标准关键字处理行。
- 如果要在内表现有行之前插入新行,建议使用 INSERT 语句。
- 如果要将内表内容复制到另一个内表中,建议使用 APPEND、INSERT 或 MOVE 等语句的变式。
- 如果要将内表行附加到另一个内表中,建议使用 APPEND 语句的变式。
- 如果要将内表行插入另一个内表中,建议使用 INSERT 语句的变式。
- 如果要将内表条目内容复制到另一个内表中,并且覆盖该目标表格,建议使用 MOVE 语句。

(1)附加行

如果要将行附加到内表中,需要使用 APPEND 语句,语法如下:

```
APPEND [<wa> TO | INITIAL LINE TO] <itab>.
```

此语句将新行附加到内表<itab>中,并且通过使用<wa>TO 选项,指定要附加的源区域<wa>。对于带表头行的表格,可以忽略 TO 选项,这样,表格工作区域就成了源区域。

在这里也可以使用 INITIAL LINE TO 选项替代<wa>TO,将用其类型的正确值初始化的行添加到表格中。

 注 意:由于 APPEND 不考虑是否存在标准关键字相同的行,所以有可能出现相同条目。

（2）插入行。

如果要在内表行之前插入新行，需要使用 INSERT 语句，语法如下：

```
INSERT [<wa> INTO|INITIAL LINE INTO] <itab> [INDEX <idx> ].
```

该语句通过使用 INTO 选项指定想插入的源区域<wa>。如果表格有表头行，则可忽略 INTO 选项。这样，表格工作区域就成了源区域。同时也可以使用 INITIAL LINE INTO 选项替代<wa>TO，将用其类型的正确值初始化的行添至表格中。

如果使用 INDEX 选项，则将新行插入到有索引<idx>的行之前。插入之后，新条目索引为<idx>，下行索引加 1；如果表格包含<idx>-1 条目，系统将新条目附加到最后的现有表格行之后；如果表格的条目小于<idx>-1，系统无法插入条目并将 SY-SUBRC 设置为 4。如果操作成功，将 SY-SUBRC 设置为 0。

如果使用不带 INDEX 选项的 INSERT 语句，系统只能在 LOOP-ENDLOOP 循环内通过在当前行前插入新条目来处理它。

（3）附加内表行。

如果要将部分或全部内表附加到另一个内表中，则需要使用 APPEND 语句，语法如下：

```
APPEND LINES OF <itab1> [FROM <n1> ] [TO <n2>] TO <itab2>.
```

如果没有 FROM 和 TO 选项，该语句将整个表格 ITAB1 附加到 ITAB2 中。如果使用这些选项，则可通过索引<n1>或<n2>指定 ITAB1 中要附加的第一或最后一行。

如果要将部分或全部内表插入到另一个内表中，则需要使用 INSERT 语句，语法如下：

```
INSERT LINES OF <itab1> [FROM <n1> ][ TO <n2> ] INTO <itab2> [INDEX <idx> ].
```

如果没有 FROM 和 TO 选项，该语句将整个表格 ITAB1 附加到 ITAB2 中。如果使用这些选项，则可通过索引<n1>或<n2>指定 ITAB1 中要附加的第一或最后一行。

如果使用 INDEX 选项，将<itab1>的行插入到<itab2>中索引为<idx>的行之前。如果不使用 INDEX 选项，系统则只能在 LOOP-ENDLOOP 块中通过在当前行（例如，其索引在 SY-TABIX 中返回的行）之前插入新条目来处理它。

（4）复制内表。

如果想一次将内表的全部内容复制到另一内表中，则需要使用 MOVE 语句或赋值操作符(=)，语法如下：

```
MOVE <itab1> TO <itab2> .或者<itab2> = <itab1> .
```

也可进行多重赋值，例如：

```
<itab4> = <itab3> = <itab2> = <itab1> .
```

上面的句子也可以写成：

```
<itab2>=<itab1>.
<itab3>=<itab2>.
<itab4>=<itab3>.
```

2. 读取内表

在程序中要读取内表的内容以便进一步操作，可以使用 LOOP 或 READ 语句。其中使用 LOOP 语句可逐行读取内表，使用 READ 语句则选定单行，还可以使用 DESCRIBE 语句确定内表属性。

（1）逐行读取内表。

要将内表逐行读入工作区域，可以使用 LOOP 语句编一个循环。语法如下：

```
LOOP AT <itab> [INTO <wa>] [FROM <n1>][TO <n2>] [WHERE <condition>].
......
ENDLOOP.
```

这里用 INTO 选项指定目标区域<wa>。如果表格有表头行，则可忽略 INTO 选项。这样，表格工作区域就成了目标区域。逐行将内表<itab>读入<wa>或表格工作区域<itab>。对于读取的每一行，系统都以 LOOP 作为开始，以 ENDLOOP 作为结束，还可以用控制关键字 AT 在 LOOP-ENDLOOP 块内控制语句块流。

在语句块内，系统字段 SY-TABIX 包含当前行的索引。处理完表格的所有行之后循环结束。在 ENDLOOP 语句之后，如果至少读取了一行，则将系统字段 SY-SUBRC 设置为 0。否则，将其设置为 4。

另外，还可以使用 FROM、TO 或 WHERE 选项限制要在循环中进行处理的行数。

- 使用 FROM 选项，可以用<n1>指定要读取的第 1 行。
- 使用 TO 选项，可以用<n2>指定要读取的最后一行。
- 使用 WHERE 选项，可以指定<condition>的任何逻辑表达式。第一个操作数必须是内表行结构的组件。如果在循环中使用控制关键字 AT，则不能使用 WHERE 选项。

（2）用索引读取单行。

要用索引从内表中读取单行，可使用 READ 语句，语法如下：

```
READ TABLE <itab> [INTO <wa>] INDEX <idx>.
```

用 INTO 选项指定目标区域<wa>。如果表格有表头行，则可忽略 INTO 选项。这样，表格工作区域就成了目标区域。系统用索引<idx>从表格<itab>中读取行，这比用关键字访问表格要快。如果找到有指定索引的条目，则将系统字段 SY-SUBRC 设置为 0，而且 SY-TABIX 包含该行的索引。否则，SY-SUBRC 包含非 0 值。

（3）用自定义关键字读取单行。

如果要从有自定义关键字的内表中读取单行，则需要使用 READ 语句的 WITHKEY 选项，语法如下：

```
READ TABLE <itab> [INTO <wa>] WITH KEY <key> [BINARYSEARCH].
```

用 INTO 选项可以指定目标区域。如果表格有表头行，则可忽略 INTO 选项。这样，表格工作区域就成了目标区域。系统读取<itab>中匹配<key>中所定义的关键字的第 1 个条目。如果找到有适当关键字的条目，则将系统字段 SY-SUBRC 设置为 0，并且 SY-TABIX 包含该行的索引。否则，将 SY-SUBRC 设置为非 0 值。

3. 更改内表行

在程序中要修改已填充的内表内容，可以使用更改行、删除行的方法。

（1）用 MODIFY 更改行。

要用 MODIFY 语句更改行，具体语法结构如下：

```
MODIFY <itab> [FROM <wa>][INDEX <idx>].
```

用 FROM 选项中指定的工作区域<wa>代替<itab>中的行。如果表格有表头行，则可忽略 FROM 选项。这样，表格工作区域就代替行。如果使用 INDEX 选项，则新行代替索引为<idx>

的现有行。如果替换成功，则将 SY-SUBRC 设置为 0。如果内表包含的行少于<idx>，则不更改任何行，并且 SY-SUBRC 包含 4。如果使用没有 INDEX 选项的 MODIFY 语句，则系统只能在 LOOP-ENDLOOP 块中通过更改当前行（例如由 SY-TABIX 返回其索引的行）来处理它。

（2）用 WRITETO 更改行。

如果要用 WRITETO 语句更改行，则需要使用如下的语法结构：

```
WRITE <f> [+ <o1>] [(<l1>)] TO <itab>[ +<o2> ] [(<l2>)] INDEX <idx>.
```

将字段<f>中偏移量为<o1>、长度为<l1>部分的内容复制到索引为<idx>的表格行中，覆盖偏移量为<o2>、长度为<l2>的部分。请注意，即使对于有表头行的表格，带 INDEX 选项的 WRITETO 语句也不访问表格工作区域，而是访问表格的某一行。

（3）用索引删除行。

要使用索引删除行，需要使用有 INDEX 选项的 DELETE 语句，语法如下：

```
DELETE <itab> INDEX <idx>.
```

如果使用 INDEX 选项，则从 ITAB 中删除索引为<idx>的行。删除行之后，下面行的索引减 1。如果操作成功，则将 SY-SUBRC 设置为 0。否则，如果不存在索引为<idx>的行，则 SY-SUBRC 包含 4。

4. 初始化内表

（1）如果要初始化有或没有表头的内表，则可使用 REFRESH 语句，语法如下：

```
REFRESH <itab>.
```

该语句将内表重置为填充它以前的状态，这意味着表格将不包含任何行。

（2）如果使用没有表格工作区域的内表，则可使用 CLEAR 语句代替 REFRESH 语句，语法如下：

```
CLEAR <itab>.
```

（3）如果使用有表头行的内表，CLEAR 语句如重置为缺省值，则仅清除表格工作区域。如重置整个内表而不清除表格工作区域，则可使用 REFRESH 语句或 CLEAR 语句，语法如下：

```
CLEAR <itab> [].
```

内表名称之后的方括号指内表体。

（4）使用 REFRESH 或 CLEAR 初始化内表后，系统保持在内存中保留的空间。可以用 FREE 语句释放内存，语法如下：

```
FREE <itab>.
```

也可以使用 FREE 语句重置内表，并直接释放其内存，而不必先使用 REFRESH 或 CLEAR。与 REFRESH 一样，FREE 在表格体上，而不在表格工作区域上工作。在 FREE 语句之后，可以再次定位内表。这样，系统就会再次保留内存空间。

11.6 简单报表开发实例

本节通过一个简单报表实例，演示一下如何运用 ABAP 开发程序创建报表。

11.6.1 程序测试及运行

一般来说，对于纯报表程序，SAP 系统会预定义一系列的报表事件。

- INITIALZATION：初始化事件，常用来填充选择屏幕的默认值。
- AT SELECTION-SCREEN OUTPUT：选择屏幕的 PBO 事件，显示选择屏幕之前触发。
- AT SELECTION-SCREEN：选择屏幕的 PAI 事件，用户在选择屏幕中执行某些功能后触发，通常用来接收用户输入，并给用户出错提示。
- START-OF-SELECTION：选择开始事件，一般在屏幕处理结束后触发。
- END-OF-SELECTION：选择结束时间，通常在该事件中输出报表。
- AT-LINE-SELECTION：交互式报表中，用户选择某行时触发。
- AT-USER-COMMAND：交互式报表中，用户选择某个功能时触发。
- TOP-OF-PAGE：页眉控制，每个新页面开始时触发，通常输出页眉、报表标题行。
- END-OF-PAGE：页脚控制，在当前页结束前触发。

11.6.2 事件处理次序

在 ABAP/4 程序中，都会对事件设置处理次序，所以一个事件的 ABAP 代码，总是开始于事件关键字，结束于下一个事件关键字。一般来说，ABAP/4 程序中的事件处理次序关键字主要有以下几种（按先后顺序）。

（1）SELECTION-SCREEN OUTPUT
（2）INITIALIZATION
（3）AT SELECTION-SCREEN
（4）START-OF-SELECTION
（5）END-OF-SELECTION
（6）LOAD-OF-PROGRAM

11.6.3 报表格式

在 SAP 系统中，ABAP/4 开发报表的时候都有一个常用的格式，大部分报表都是套用这种格式来进行语句的编排。程序主要包含以下几个部分。

（1）程序说明。包括：程序名称、作者、日期等相关信息。
（2）关键字 Report。
（3）数据定义。内表、参数文件都是在这里定义。
（4）Include 部分。指定包含文件。
（5）定义选择屏幕。利用 SELECT-OPTIONS 和 PARAMETERS 声明多个选择参数，系统会自动产生一个屏幕号为 1000 的选择屏幕。
（6）INITIALIZATION 事件。完成对选择屏幕参数的默认值填充。
（7）AT SELECTION-SCREEN 事件。对用户的输入参数作校验。
（8）START-OF-SELECTION 事件。在这里完成数据的处理。
（9）END-OF-SELECTION 事件。在这里定义报表的输出。

（10）如果报表没有采用 ALV 的方式输出报表，而是采用 WRITE 语句输出，则还有 TOP-OF-PAGE 和 END-OF-PAGE 事件。

11.6.4　报表选择屏幕

在报表程序开发中，经常需要定义选择屏幕。下面介绍几个常用来定义选择屏幕的关键字。
（1）PARAMETERS。用来定义单值参数。
（2）SELECT-OPTIONS。用来定义单值、多值、范围参数。
（3）SELECTION-SCREEN。用来格式化选择屏幕。
定义选择屏幕时，用的最多的是 SELECT-OPTIONS 这个关键字，该参数能够接受单值、多值、范围。实际上，该参数是一个内表，它定义的选择参数能够直接用在 Opensql 语句中。
另外，我们常用的屏幕格式化语句如下。
（1）在选择屏幕上产生空行：SELECTION-SCREEN SKIP.
（2）定义屏幕块：

```
SELECTION-SCREEN BEGIN OF A WITH FRAME TITLE B.
SELECTION-SCREEN END OF A.
```

11.6.5　报表屏幕文本

定义完选择屏幕以后，测试运行程序。此时，我们看到的只是各个参数的名称，通常还要用文本来替换裸露显示的参数名。

STEP 1　选择菜单"转到→文本元素→选择文本"选项，显示界面如图 11-13 所示

STEP 2　在 Text 栏中输入希望显示的选择文本。如果参数定义来源于数据字典元素或数据元素，则需要在"Dictionaryref."栏中打上勾，Text 栏会自动显示数据字典中定义的文本。

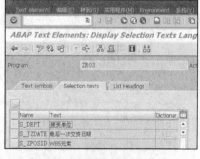

11.6.6　报表实例

图 11-13　数据类型的划分

首先运行 SE38 命令创建一个报表，报表名称为 z_test01，单击"创建"按钮后开始编辑程序代码。具体代码如下。

```
============================================================
REPORT z_test01.
*&---------------------------------------------------------------------*
* 声明全局变量
*&---------------------------------------------------------------------*
DATA: BEGIN OF itab OCCURS 0,
      nd LIKE bkpf-gjahr,
      qj LIKE bkpf-monat,
      pzbh LIKE bkpf-belnr,
      pzlx LIKE bkpf-blart,
```

```abap
            jzrq LIKE bkpf-budat,
            cz LIKE bkpf-xblnr,
            hb LIKE bkpf-waers,
            hl LIKE bkpf-kursf,
            ttwb LIKE bkpf-bktxt,
            yhm LIKE bkpf-usnam,
            hxm LIKE bseg-buzei,
            jzdm LIKE bseg-bschl,
            zhlx LIKE bseg-koart,
            tbzz LIKE bseg-umskz,
            jfdf LIKE bseg-shkzg,
            je LIKE bseg-wrbtr,
            bwbje LIKE bseg-dmbtr,
            zzkm LIKE bseg-hkont,
            kmmc(50) TYPE c,
            kh LIKE bseg-kunnr,
            khmc(40) TYPE c,
            gys LIKE bseg-lifnr,
            gysmc(40) TYPE c,
            cbzx LIKE bseg-kostl,
            cbzxmc(20) TYPE c,
            xmwb LIKE bseg-sgtxt,
         END OF itab.

DATA: BEGIN OF bmte OCCURS 0,
        sign(1) TYPE c,
        option(2) TYPE c,
        low(10) TYPE c,
        high(10) TYPE c,
      END OF bmte.
DATA: i_count TYPE i,
      c_tmp(50) TYPE c,
      i_tmp TYPE i.
TABLES: bkpf, bseg.
INCLUDE zincform.
*&---------------------------------------------------------------------*
* 选择屏幕
*&---------------------------------------------------------------------*
SELECTION-SCREEN BEGIN OF BLOCK wy WITH FRAME TITLE text01.
SELECTION-SCREEN SKIP.
SELECT-OPTIONS p_year FOR bkpf-gjahr.
SELECT-OPTIONS p_period FOR bkpf-monat.
SELECT-OPTIONS p_pzbh FOR bkpf-belnr.
SELECT-OPTIONS p_pzlx FOR bkpf-blart.
SELECT-OPTIONS p_jzrq FOR bkpf-budat.
SELECT-OPTIONS p_hb FOR bkpf-waers.
SELECT-OPTIONS p_yhm FOR bkpf-usnam.
SELECTION-SCREEN SKIP.
SELECTION-SCREEN END OF BLOCK wy.
SELECTION-SCREEN BEGIN OF BLOCK blk1 WITH FRAME TITLE text-020.
SELECTION-SCREEN SKIP.
SELECT-OPTIONS p_jzdm FOR bseg-bschl.
SELECT-OPTIONS p_zhlx FOR bseg-koart.
SELECT-OPTIONS p_zzkm FOR bseg-hkont.
SELECT-OPTIONS p_kh FOR bseg-kunnr.
```

```abap
SELECT-OPTIONS p_gys FOR bseg-lifnr.
SELECTION-SCREEN SKIP.
SELECTION-SCREEN END OF BLOCK blk1.
*&---------------------------------------------------------------------*
* 初始化选择屏上的变量
*&---------------------------------------------------------------------*
INITIALIZATION.
*&---------------------------------------------------------------------*
* 初始化全局变量,检查用户的输入
*&---------------------------------------------------------------------*
AT SELECTION-SCREEN.
REFRESH bmte.
SELECT belnr AS low
INTO CORRESPONDING FIELDS OF TABLE bmte
FROM bkpf
WHERE gjahr IN p_year AND monat IN p_period
AND belnr IN p_pzbh AND blart IN p_pzlx
AND budat IN p_jzrq AND waers IN p_hb AND usnam IN p_yhm.
IF sy-dbcnt = 0.
MESSAGE e846(so) WITH '无符合条件的会计凭证！'.
ENDIF.
IF sy-dbcnt > 100.
MESSAGE e846(so) WITH '超过100条会计凭证分录！'.
ENDIF.
LOOP AT bmte.
bmte-sign = 'I'.
bmte-option = 'EQ'.
MODIFY bmte.
ENDLOOP.
*&---------------------------------------------------------------------*
* 主要数据处理逻辑
*&---------------------------------------------------------------------*
START-OF-SELECTION.
SELECT gjahr AS nd belnr AS pzbh buzei AS hxm bschl AS jzdm
koart AS zhlx umskz AS tbzz shkzg AS jfdf wrbtr AS je
dmbtr AS bwbje hkont AS zzkm kunnr AS kh lifnr AS gys
kostl AS cbzx sgtxt AS xmwb
INTO CORRESPONDING FIELDS OF TABLE itab
FROM bseg
WHERE belnr IN bmte AND gjahr IN p_year AND bschl IN p_jzdm
AND koart IN p_zhlx AND hkont IN p_zzkm AND kunnr IN p_kh
AND lifnr IN p_gys.
LOOP AT itab.
SELECT SINGLE monat blart budat xblnr waers kursf bktxt usnam INTO (itab-qj,
itab-pzlx, itab-jzrq, itab-cz, itab-hb, itab-hl, itab-ttwb, itab-yhm)
FROM bkpf
WHERE gjahr = itab-nd AND belnr = itab-pzbh.
PERFORM get_acctname USING itab-zzkm CHANGING itab-kmmc.
PERFORM get_custname USING itab-kh CHANGING itab-khmc.
PERFORM get_supplyname USING itab-gys CHANGING itab-gysmc.
PERFORM get_ccname USING itab-cbzx CHANGING itab-cbzxmc.
MODIFY itab.
ENDLOOP.
PERFORM display_data.
*&---------------------------------------------------------------------*
```

```abap
*  行选择时的处理
*&---------------------------------------------------------------------*
AT LINE-SELECTION.
*&---------------------------------------------------------------------*
*  页眉
*&---------------------------------------------------------------------*
TOP-OF-PAGE.
LOAD-OF-PROGRAM
*&---------------------------------------------------------------------*
*  页脚
*&---------------------------------------------------------------------*
END-OF-PAGE.
*&---------------------------------------------------------------------*
*&  显示数据
*&---------------------------------------------------------------------*
FORM display_data.
TYPE-POOLS slis.
DATA: ws_fieldcat TYPE slis_t_fieldcat_alv WITH HEADER LINE,
      ws_fieldgroups_tab TYPE slis_t_sp_group_alv,
      ws_layout TYPE slis_layout_alv,
      ws_sortfields_tab TYPE slis_t_sortinfo_alv WITH HEADER LINE,
      ws_events TYPE slis_t_event.
DATA: nn TYPE i VALUE 0.
    DEFINE hout.
    nn = nn + 1.
    ws_fieldcat-tabname = 'itab'.
    ws_fieldcat-fieldname = '&1'.
    ws_fieldcat-seltext_m = &2.
    ws_fieldcat-col_pos = nn.
    ws_fieldcat-outputlen = &3.
    ws_fieldcat-datatype = '&4'.
    ws_fieldcat-do_sum = '&5'.
    ws_fieldcat-lzero = 'X'.
    ws_fieldcat-no_zero = 'X'.
    append ws_fieldcat.
    clear ws_fieldcat.
END-OF-DEFINITION.

CALL FUNCTION 'SAPGUI_PROGRESS_INDICATOR'
EXPORTING
percentage = 100
text = '正在进行数据处理,请稍等...'.
  hout nd '年度' 4 numc ''.
  hout qj '期间' 2 numc ''.
  hout jzrq '记账日期' 10 dats ''.
  hout xmwb '项目文本' 20 char ''.
  hout kh '客户' 10 char ''.
  hout khmc '客户名称' 40 char ''.
  hout gys '供应商' 10 char ''.
  hout gysmc '供应商名称' 40 char ''.
  hout cbzx '成本中心' 10 char ''.
  hout cbzxmc '成本中心名称' 20 char ''.
  hout pzlx '凭证类型' 2 char ''.
  hout pzbh '凭证编号' 10 char ''.
  hout hxm '行项目' 6 numc ''.
```

```
    hout zzkm '总账科目' 10 char ''.
    hout kmmc '科目名称' 50 char ''.
    hout hb '货币' 5 char ''.
    hout hl '汇率' 8 numc ''.
    hout jfdf '借方/贷方' 5 char ''.
    hout je '金额' 11 curr ''.
    hout bwbje '本位币金额' 11 curr ''.
    hout cz '参照' 10 char ''.
    hout yhm '用户名' 10 char ''.
    hout jzdm '记账代码' 5 char ''.
    hout zhlx '账户类型' 5 char ''.
    hout tbzz '特别总账标识' 5 char ''.
    hout ttwb '抬头文本' 20 char ''.
    ws_layout-zebra = 'X'.
    ws_layout-get_selinfos = 'X'.
    ws_layout-colwidth_optimize = 'X'.
    ws_layout-detail_popup = 'X'.
    ws_layout-no_keyfix = 'X'.
    ws_layout-no_totalline = 'X'.

CALL FUNCTION 'REUSE_ALV_GRID_DISPLAY'
EXPORTING
   is_layout = ws_layout
   it_fieldcat = ws_fieldcat[]
   it_special_groups = ws_fieldgroups_tab[]
   it_sort = ws_sortfields_tab[]
   it_events = ws_events[]
   i_grid_title = ''
TABLES
   t_outtab = itab
EXCEPTIONS
   program_error = 1
OTHERS = 2.
ENDFORM.
```

第12章

ABAP报表设计

上一章介绍了 ABAP/4 编程语言的语法部分,本章介绍 ABAP 编制报表的具体步骤。ABAP 报表是 SAP 系统应用过程中非常重要的一个环节,大部分 SAP 系统实施的项目中,都有不少客户化报表是需要通过 ABAP 语言编写的。

12.1 ABAP 报表简介

上一章最后一节介绍了,典型的 ABAP 报表程序是由多个代码区域组成,各代码区的存放位置以下列顺序为准,报表的标准格式如下:

```
*--------------------------------------------------------------
* REPORT NAME : 报表名称及格式
*--------------------------------------------------------------
REPORT Z (_____)   "程序名称
NO STANDARD PAGE HEADING
MESSAGE-ID (_____)   "所使用的 MESSAGE
LINE-COUNT (_____)   "输出时每页报表行数
LINE-SIZE  (_____).  "输出时每页报表的宽度
*--------------------------------------------------------------
* TABLES: 声明报表中使用到的数据表
*--------------------------------------------------------------
TABLES:            "数据表名
[STATMENTS]
*--------------------------------------------------------------
* DATA: 定义报表中使用到的变量及内表
*--------------------------------------------------------------
DATA:
*--------------------------------------------------------------
* CONSTANTS:定义常量
*--------------------------------------------------------------
CONSTANTS:
*--------------------------------------------------------------
```

```
* SELECTION-SCREEN：定义选择屏幕中的选择字段
*----------------------------------------------------------------
SELECTION-SCREEN BEGIN OF BLOCK ( ____ )
SELECT-OPTIONS:
PARAMETERS:
SELECTION-SCREEN END OF BLOCK ( ___ )
*----------------------------------------------------------------
* INITIALIZATION：程序初始化时所执行的代码
*----------------------------------------------------------------
INITIALIZATION.
[CODE]

* AT SELECTION-SCREEN：在选择屏幕上执行的代码
*----------------------------------------------------------------
AT SELECTION-SCREEN :
[CODE]
*----------------------------------------------------------------
* START-OF-SELECTION：程序运行所处理的代码
*----------------------------------------------------------------
START-OF-SELECTION.
[CODE]
*----------------------------------------------------------------
* DEFINE：定义宏
*----------------------------------------------------------------
DEFINE .
[STATMENTS]
END-OF-DEFINITION..
*----------------------------------------------------------------
* END-OF-SELECTION：程序输出时所运行的代码
*----------------------------------------------------------------
END-OF-SELECTION.
[CODE]
*----------------------------------------------------------------
* TOP OF PGAE：输出屏幕的页眉
*----------------------------------------------------------------
TOP OF PGAE.
[CODE]
*----------------------------------------------------------------
* END OF PGAE：输出屏幕的页脚
*----------------------------------------------------------------
END OF PGAE.
[CODE]
*----------------------------------------------------------------
* FORM：定义子程序
*----------------------------------------------------------------
FORM
[STATMENTS]
ENDFORM.
```

  基本上大部分的 ABAP 报表都是按照上述格式编写的。其实 ABAP 语言是个非常直观的语言，按照标准的格式编写程序，基本上都能顺利地得到最终的结果。初学者可以首先按照格式编写一些简单的报表，然后多看看其他的报表程序，慢慢就可以提高 ABAP 报表的编程水平。

  ABAP 报表编程还可以使用很多其他的方法来实现。接下来介绍 ABAP 报表编辑过程中一些直观的编辑方法。

12.2 Quick Viewer

SAP 系统提供有 Quick Viewer 和 Quick Query 这两个列表生成工具。Quick Viewer 与 Quick Query 的区别在于：Quick Viewer 不能创建包含统计、排序等功能的列表，只能创建基本列表。在使用这两个工具的过程中，用户只需有少量的数据库知识即可，而不需要有程序开发的知识。图 12-1 说明了使用这两个工具生成列表的过程。

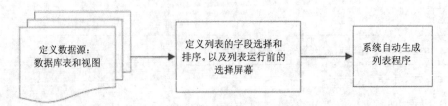

图 12-1　生成报表过程

QuickView 的创建步骤如下。

STEP 1　通过菜单选择"工具→ABAP 工作台→实用程序→SQVI→快速查看"，或者在命令栏中输入"SQVI"命令，弹出 Quick View 编辑界面，如图 12-2 所示。

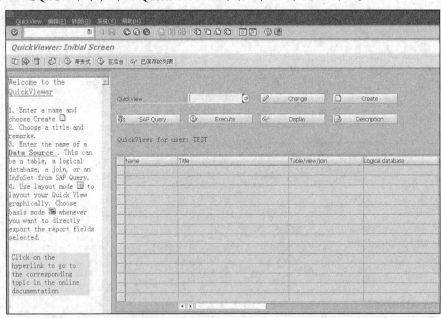

图 12-2　QuickView 编辑界面

STEP 2　在命名栏中输入准备创建的 QuickView 名称，然后单击"Create"按钮，弹出"Create QuickView"对话框，如图 12-3 所示。

STEP 3　在该对话框中输入对于报表的描述，Data Source 有 4 个选择：表、表连接、逻辑数据库、SAP QueryInfoSet。此例中选择"表连接"选项（从多个关联表中取数），然后单击"确认"按钮，弹出 QuickView 设计界面，如图 12-4 所示。

STEP 4　在菜单中选择"编辑→插入表"选项，在弹出的"添加表"对话框中输入要加入的基本表表名，此例中选择 PRPS、MESG、BKPF 等 3 张表。由于这 3 张表系统已经设置完整的外键，所以，系统会自动设定表之间的关系。但是，系统自动增加的表之间的关系是依据插入表的先后顺序而定，这种关系往往是错误的，为此可以根据需要对表的链接做出调整。在调整完关联表以后，单击"返回"按钮，返回到 QuickView 细节编辑界面，如图 12-5 所示。

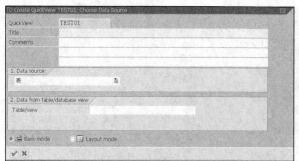

图 12-3 "Create QuickView"对话框

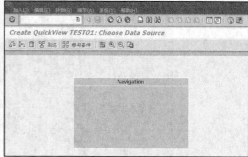

图 12-4 QuickView 设计界面

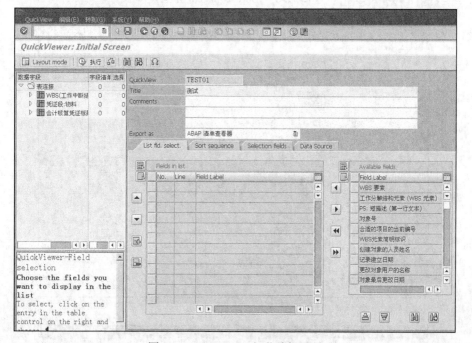

图 12-5 QuickView 细节编辑界面

STEP 5 在此界面中，右边的"Available Fields"栏目包括了上一步选择的数据库表中的所有字段，"Fields in list"包括在列表中将会显示的字段。根据需要将字段从"Available fields"移至"Fields in list"，通过"向上"按钮▲或者"向下"按钮▼，可调整选择字段的输出顺序。

STEP 6 然后选择"Sort sequence"视图，在这张视图中可以指定列表的排序规则，如图 12-6 所示。

STEP 7 再选择"Selection fields"视图，在这张视图中可以指定选择屏幕上将出现的字段，如图 12-7 所示。

STEP 8 以上工作完成后，单击"💾"按钮，然后单击"执行"按钮测试运行该列表，如图 12-8 所示。

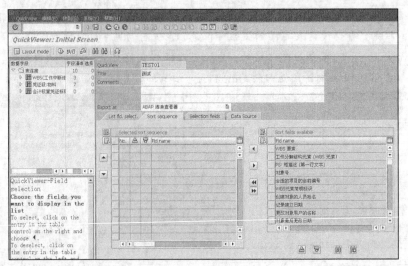

图 12-6 "Sort sequence" 视图

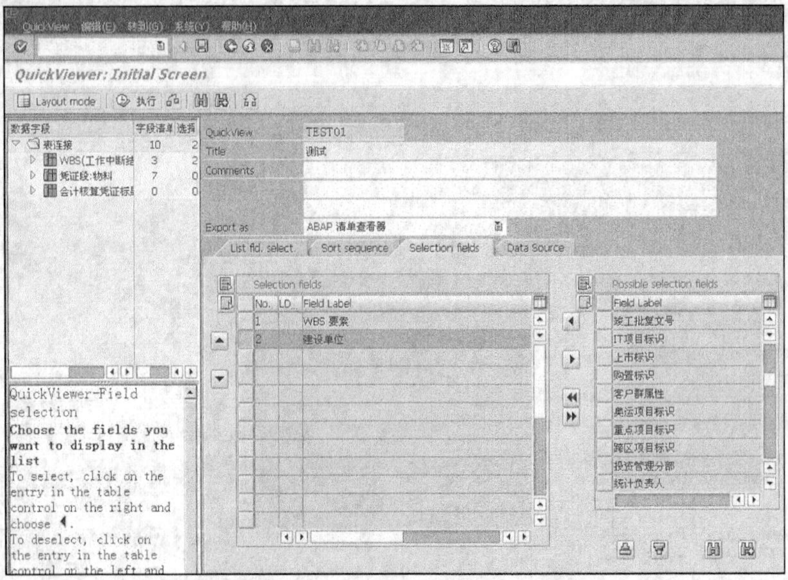

图 12-7 "Selection fields" 视图

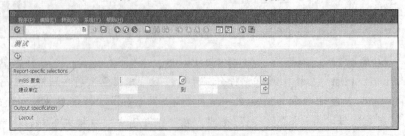

图 12-8 测试运行报表

STEP 9 运行 TCode：SQVI，输入 QuickView 名称，选择菜单"QuickView→其他功能→显示报表名"。知道了报表名称，就能够在 ABAP 编辑器中查看系统自动生成的代码，也能够为该列表分配一个事物代码，如图 12-9 所示。

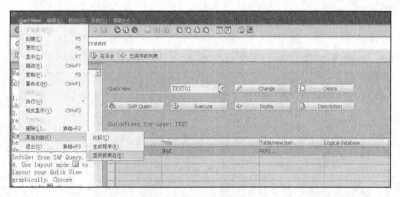

图 12-9 查询报表名称

 注　意：由于 SAP 系统中没有将 QuickView 作为传输系统中的组件（即创建的 QuickView 不会出现在传输对象列表中），所以 QuickView 不能进行传输。

12.3 Query 的创建和生成

事实上可以将 Query 理解为 QuickView 的高级版本，它在 QuickView 的基础上主要增加了以下一些功能：

- 能够实现统计、排序、计算等功能；
- 提供标准的图形形式显示列表；
- 用户间共享；
- 系统间可进行传输。

我们开始创建 Query，该示例中的 Query 主要用于列表显示物料凭证，并且能够根据料号对物料凭证的数量进行统计。首先需要创建一个功能区，它的主要作用是定义查询的数据源。

1. 创建功能区

STEP 1　在命令栏中输入"SQ02"命令，进入如图 12-10 所示的界面。

STEP 2　在功能区中输入准备创建的功能区名称，然后单击"□"按钮，弹出如图 12-11 所示的对话框。

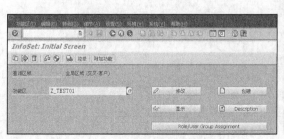

图 12-10　功能区创建界面

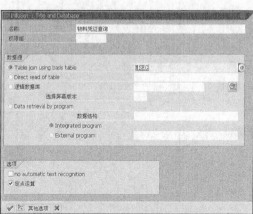

图 12-11　功能区表头内容

STEP 3 在"名称"和"数据源"中分别输入名称及要取数的基础表名,然后单击"☑"按钮,进入数据源设定界面,如图 12-12 所示,可以看到该数据源中包括了 MSEG(物料凭证明细表)和 MKPF(物料凭证抬头表)两个数据库表。

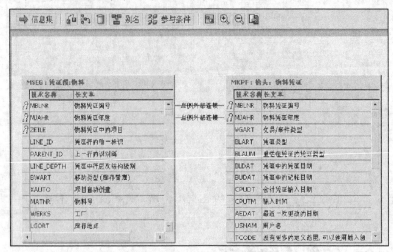

图 12-12 功能区数据库表内容

STEP 4 数据源设置完成后单击"返回"按钮,在弹出的"字段组"对话框中选择"包含所有表字段"、"包含关键字段"或"不包含字段"等选项,系统将进入"生成数据源"界面,如图 12-13 所示。在此界面中用户可以从左边的数据库表中选择字段,拖到右边的"Field Group /data Fields"中,在界面右下栏中能够设定字段的显示标题。将需要的字段添加到字段中后,保存并生成该数据源。

2. 创建用户组

接下来创建用户组,需要用户根据业务情况自定义。通过定义的用户组,可以将用户包含在用户组中,然后将功能区分配给用户组使用。用户组与用户、用户组与功能区都是多对多的关系。

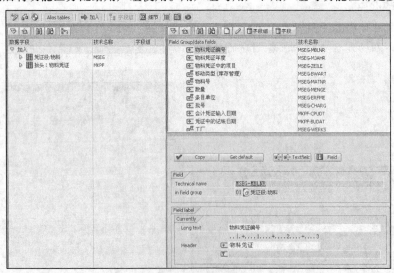

图 12-13 生成数据源

STEP 1 在命令栏中输入"SQ03"命令,进入"用户组:初始屏幕"界面,如图 12-14 所示。

STEP 2 在"用户组"栏中输入准备创建的用户组名称,单击"□"按钮,弹出"用户组创建或修改"对话框,如图 12-15 所示。

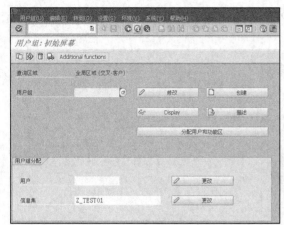

图 12-14 "用户组:初始屏幕"界面　　　　图 12-15 "用户组创建或修改"对话框

STEP 3 在输入用户组的描述后,单击"□"按钮。接下来系统会要求输入"开发类"和"传输请求号",完成后同样单击"□"按钮创建完成。此时单击"分配用户和功能区"按钮,会显示刚才创建用户组的"分配用户"界面,如图 12-16 所示。

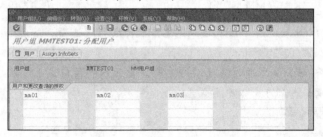

图 12-16 "分配用户"界面

STEP 4 输入属于该用户组的用户名,然后单击"Assign InfoSets"按钮,选中之前创建的功能区"Z_TEST01"后保存并返回,至此,用户组的用户分配和数据源分配完成。

3. 创建 Query

创建完功能区和用户组后,接下来就可以正式创建 Query 了。

STEP 1 在命令栏中输入"SQ01"命令,进入"来自用户组查询:初始屏幕"界面,如图 12-17 所示。

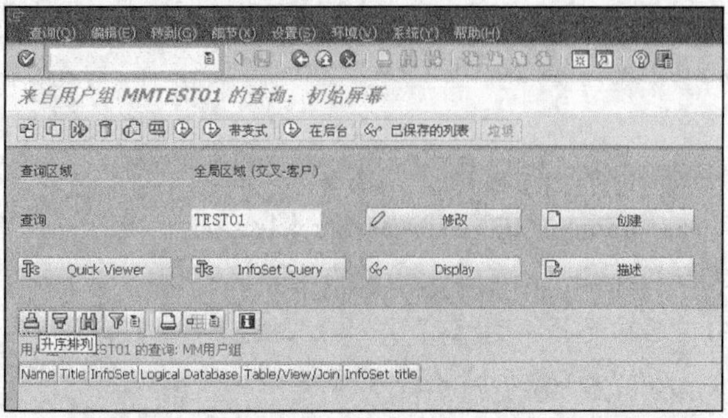

图 12-17 "来自用户组查询:初始屏幕"界面

STEP 2 输入准备创建的 SAP Query 名称,单击"□"按钮,弹出"变更查询"窗口,从中选择数据源,如图 12-18 所示。

STEP 3 输入"标题"后,在"Output format"栏中选择"SAP List Viewer"选项,然后单击"□"按钮进入下一个界面,如图 12-19 所示。

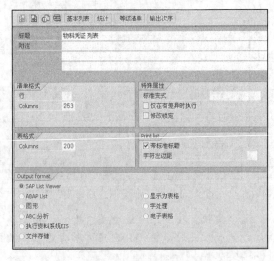

图 12-18 "变更查询"窗口　　　　　　　　图 12-19 选择文件组

STEP 4 在"Field groups"栏中选择"凭证段:物料"选项,然后继续单击"□"按钮,进入下一个界面,如图 12-20 所示。

STEP 5 在"字段"栏中将准备出现在选择屏幕上的字段勾选上,然后继续单击"□"按钮,进入下一个界面,如图 12-21 所示。

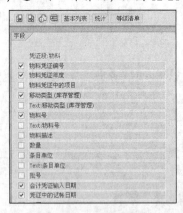

图 12-20 选择字段　　　　　　　　　　图 12-21 建立查询选择字段

> **注　意**:各个选项的介绍如下。
> (1) Do not use parameter IDs to preassign selections:是否自动带出默认值。
> (2) No:选择参数在选择屏幕上的输出次序。
> (3) SV:勾选后该选择参数只有一个输入框。
> (4) 1Z:勾选后该选择参数没有"多项选择"按钮。

STEP 6 在查询界面中单击"基本列表"按钮,弹出"数据字段列表"界面,如图 12-22 所示。在左栏中双击需要出现在列表中的字段,然后选中需要设定格式的列表字段,在左下栏中修改字段的显示格式。设定完成后单击"返回"按钮,回到 Query 的主界面。

图 12-22 "数据字段列表"界面

STEP 7 在查询界面中单击"统计"按钮,弹出"变更查询:统计机构"界面,如图 12-23 所示。在此界面中可以对"数量"和"金额"字段进行条目数统计、平均值统计、百分比统计。

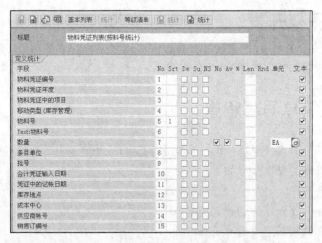

图 12-23 "变更查询:统计机构"界面

STEP 8 在查询界面中单击"输出次序"按钮,弹出"创建查询:子-列表的输出序列"界面,如图 12-24 所示。在"否"列中填入各界面显示次序的数字。

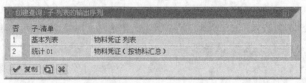

图 12-24 "创建查询:子-列表的输出序列"界面

STEP 9 最后单击"运行"按钮，依次看一下刚才配置的Query报表运行情况，如图12-25、图12-26和图12-27所示。

图12-25 "物料凭证列表"界面

图12-26 基本列表

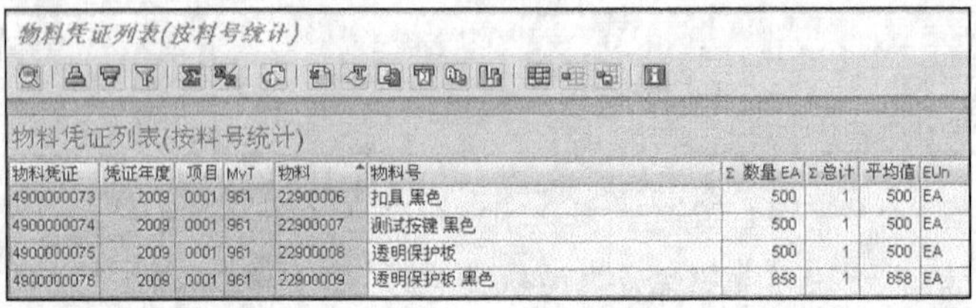

图12-27 统计列表

12.4 报表屏幕开发

屏幕（Screen）是ABAP程序设计非常重要的工作之一，SAP的单据、输出报表、各种业务主数据的维护界面等操作都会使用到屏幕，而且一个程序也可以包含多个屏幕。

12.4.1 创建简单屏幕程序

本小节将建立一个屏幕，屏幕包含一个文本字段和一个"退出"按钮，单击"退出"按钮则可退出整个程序。具体的操作步骤如下。

（1）建立一个新程序。
（2）设计Screen，处理控件、逻辑流。
（3）调整程序，调用新建立的Screen。

STEP 1 在命令栏中输入"SE38"命令，然后输入程序名"Z_TEST01"，单击"🗋"按钮，如图12-28所示。

STEP 2 在标题栏中输入程序标题以及选择程序类型等信息后，单击"💾"按钮，如图12-29所示。

STEP 3 系统会要求输入"开发类"和"传输请求号"，完成后同样单击"💾"按钮创建完成。系统进入程序设计界面，直接保存后退回，如图12-30所示。

STEP 4 在命令栏中输入"SE51"命令，进入"屏幕制作器：初始屏幕"界面，在"程序"栏中输入刚建立的程序名"Z_TEST01"，输入"屏幕编号"100后单击"🗋"按钮，如图12-31所示。

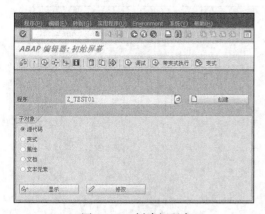

图 12-28 创建新程序　　　　　　　　　　图 12-29 设置新程序属性

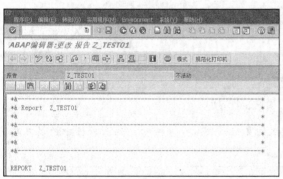 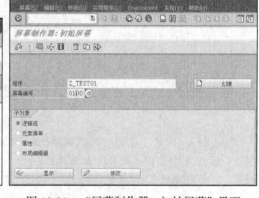

图 12-30 新程序设计界面　　　　　　　　图 12-31 "屏幕制作器：初始屏幕"界面

STEP 5　在弹出的界面的"属性"页中输入屏幕描述后单击"💾"按钮，如图 12-32 所示。

STEP 6　单击工具条上的"格式"按钮进入设计界面，从中添加一个"文本字段"控件，输入"名称"和"文本"，如果控件显示红色，则表示未正确设置属性，如图 12-33 所示。

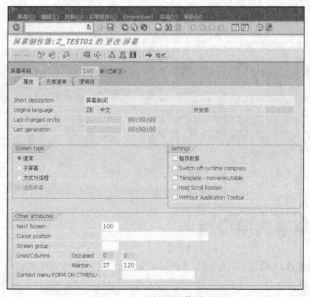

图 12-32 填写屏幕描述

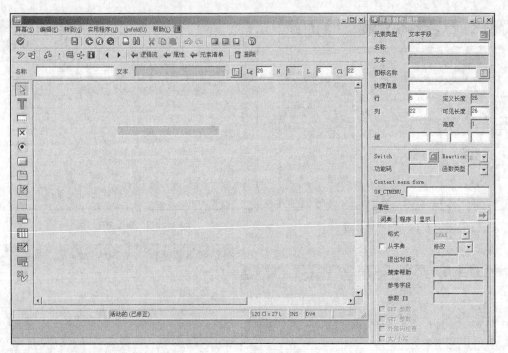

图 12-33 屏幕设计界面

STEP 7 设置"退出"按钮,"退出"按钮的属性如图 12-34 所示。注意属性中的功能码为 EXIT,函数类型"E"表示退出函数。

图 12-34 设置"退出"按钮

12.4.2 在程序中调用屏幕

编辑程序 Z_TEST01,调整后程序如下:

```
REPORT Z_TEST01.
*直接调用窗口
```

```
CALL SCREEN 100.
*--------------------------------------------------------------*
* MODULE cancel INPUT
*--------------------------------------------------------------*
*CANCEL MODULE 与屏幕逻辑流对应
MODULE CANCEL INPUT.
LEAVE PROGRAM.
ENDMODULE.              "cancel INPUT
```

执行程序,输出结果如图 12-35 所示,单击"退出"按钮即可退出程序。

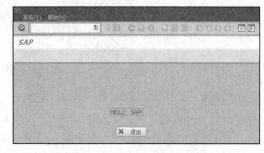

图 12-35 执行屏幕测试程序

12.4.3 使用屏幕

在上一小节创建的屏幕程序的基础上,本小节介绍如何在屏幕上建立菜单、工具条按钮、系统按钮,以及添加编辑框;在程序启动时,将程序中的变量传递到窗口的编辑框中;在单击菜单、工具条按钮、系统按钮时,将选中对象的功能码传递到文本框;离开屏幕时,将两个编辑框内容输出,表示窗口变量正确传递回主程序。

本小节主要介绍以下内容:菜单编辑器,应用工具条设计,菜单设计,系统按钮设计,逻辑流程设计,加班编辑框,加入 OK_CODE,代码设计,输出结果。

1. 菜单编辑器

要进行工具条和菜单设计,需要使用菜单编辑器功能(在命令栏中输入"SE41"命令),也可以在屏幕设计界面通过单击"工具条"按钮进入。

STEP 1 单击工具条的"其他对象"按钮,如图 12-36 所示。

STEP 2 在弹出的"Object Selection"对话框中,在"GUI 状态"名称后面填入要创建的状态名,然后单击"🗋"按钮,如图 12-37 所示。

图 12-36 "其他对象"按钮

图 12-37 "Object Selection"对话框

STEP 3 在弹出的对话框中输入"短文本"描述,"状态类型"选择"联机状态"选项,然后单击"✓"按钮,如图 12-38 所示。

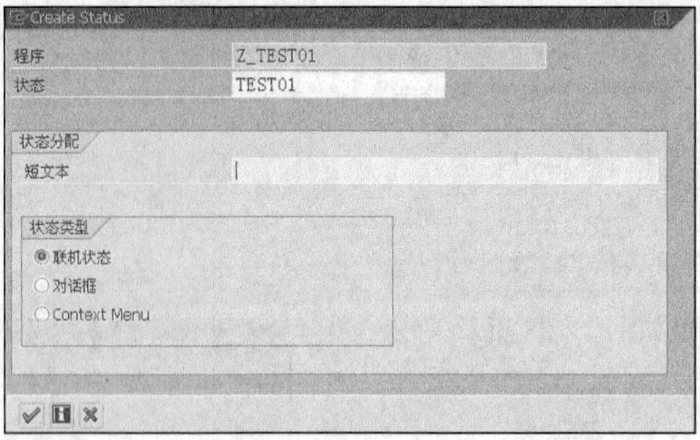

图 12-38 创建"GUI 状态"对话框

STEP 4 在弹出的界面中展开"应用工具条",在"项目 1-7"的第 1 个栏目中输入"BIN1"后双击,如图 12-39 所示。

STEP 5 在弹出的对话框中选择"静态文本"选项,然后单击"确认"按钮继续,如图 12-40 所示。

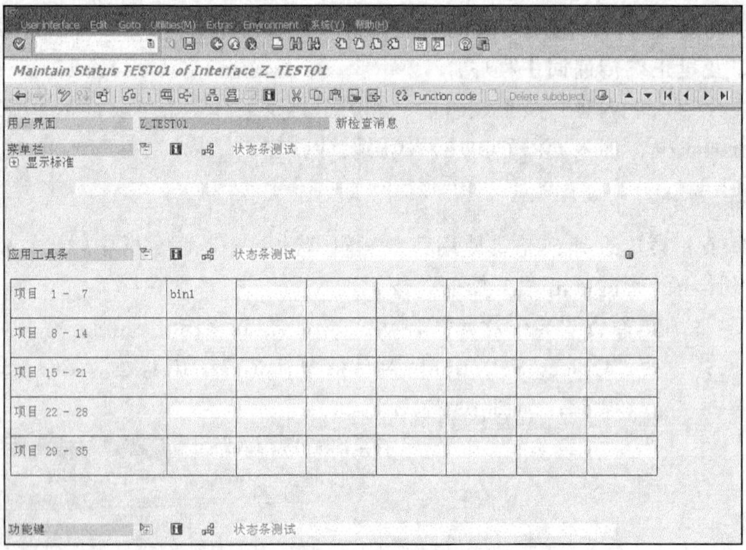

图 12-39 设置菜单栏

STEP 6 在弹出的对话框中输入"函数文本",可以选择图标,但在选择图标后,该按钮仅显示图标,文本则做提示,如图 12-41 所示。

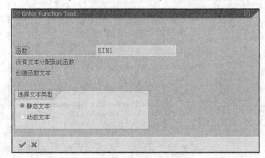

图 12-40 选择"静态文本"选项

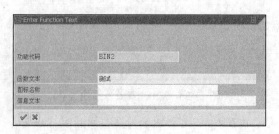

图 12-41 设置"函数文本"

ABAP报表设计　第 12 章

STEP 7　设置完成单击"✓"按钮继续，为按钮分配一个功能键，如图 12-42 所示。

STEP 8　在弹出的按钮属性对话框中输入"图标文字"，如图 12-43 所示。

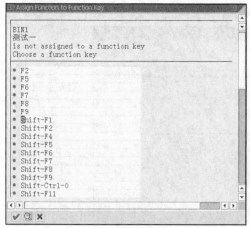

图 12-42　分配功能键

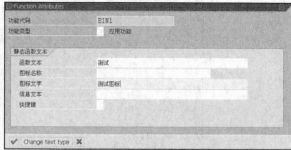

图 12-43　输入"图标文字"

STEP 9　用同样的方式添加第 2 个按钮，完成后单击工具条上的"▣"按钮，输出结果如图 12-44 所示。

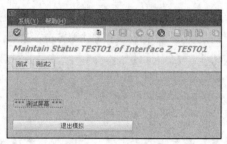

图 12-44　模拟测试

2. 菜单设计

刚才我们看到了菜单编辑器的主要操作，接下来开始进行菜单设计。具体的操作步骤如下。

STEP 1　在图 12-39 中单击"菜单栏"后将其展开，输入主菜单名称后双击，然后输入相应的菜单项，如图 12-45 所示。

STEP 2　单击"测试"按钮，输出界面如图 12-46 所示。

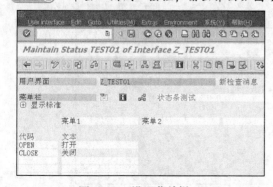

图 12-45　设置菜单栏

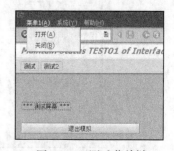

图 12-46　测试菜单栏

3. 系统按钮设计

刚才介绍了工具条、菜单栏的编辑，现在介绍一下系统按钮的设计。具体的操作步骤如下。

STEP 1 在图 12-40 中单击"功能键"后将其展开，如图 12-47 所示。

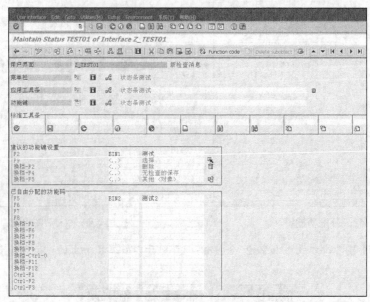

图 12-47 设置"功能键"

STEP 2 在标准工具条中输入功能代码，测试界面如图 12-48 所示。

图 12-48 测试功能键

STEP 3 设计完成保存后，单击工具条上的"┊"按钮激活状态条。然后单击"┆"按钮回到 Screen 设计界面，单击"← 逻辑流"按钮设计逻辑流。

4. 逻辑流设计

单击"← 逻辑流"按钮进入设计逻辑流界面后，将程序中默认的 PAI 和 PBO 两个 MODULE 设为有效（去掉*注释），如图 12-49 所示。

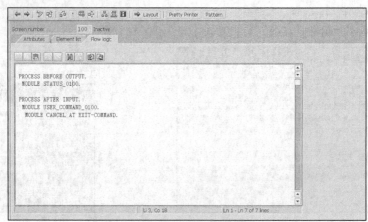

图 12-49 设置逻辑流

可以看到程序中有两个 MODULE，其中在 MODULE STATUS_0100 中调用设计的状态条，在 MODULE USER_COMMAND_0100 中处理各类按钮事件。

5. 设置输入输出字段

进入屏幕设计界面，添加两个文本字段和两个输入字段。选择输入字段时，设定属性为输入输出字段，如图 12-50 所示。

6. 设置 OKCODE 属性

在图 12-50 中单击"元素清单"按钮，可以定义 OK_CODE 变量来处理屏幕交互，如图 12-51 所示。

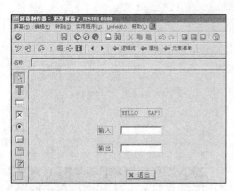

图 12-50 设置输入输出字段

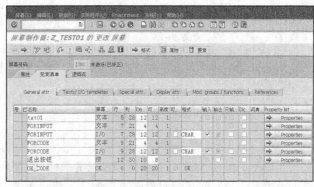

图 12-51 设置 OKCODE

在最下面的"名称"中输入 OK_CODE，然后单击"📄"按钮保存，按"激活"按钮将所有的配置激活以后，可以进行整体的测试。

7. 屏幕程序设计

上述配置讲了很多，但是最终要回归到屏幕程序的设置上。下面以一个简单的屏幕程序为例，介绍 ABAP/4 的屏幕程序设计。

```
REPORT Z_TEST01.
DATA: FORINPUT(20) TYPE C VALUE '北京',
FORCODE(20) TYPE C.
*功能码返回值
DATA: OK_CODE TYPE SY-UCOMM,
SAVE_OK TYPE SY-UCOMM.
*直接调用窗口
CALL SCREEN 100.
*输出返回变量
WRITE: FORINPUT, / FORCODE.
*----------------------------------------------------------------*
* MODULE status_0100 OUTPUT
*----------------------------------------------------------------*
* PBO 输入前控制
*----------------------------------------------------------------*
MODULE STATUS_0100 OUTPUT.
*定义状态条、包括菜单、工具条按钮、系统按钮等
SET PF-STATUS 'TESTSTA1'.
*将变量值输出至屏幕字段
FORCODE = SAVE_OK.
ENDMODULE. "STATUS_0100 OUTPUT
```

```
*---------------------------------------------------------------*
* MODULE cancel INPUT
*---------------------------------------------------------------*
* CANCEL MODULE 与屏幕逻辑流对应
*---------------------------------------------------------------*
MODULE CANCEL INPUT.
LEAVE PROGRAM.
ENDMODULE.                 "cancel INPUT
*---------------------------------------------------------------*
* MODULE user_command_0100 INPUT
*---------------------------------------------------------------*
* PAI 输入后控制
*---------------------------------------------------------------*
MODULE USER_COMMAND_0100 INPUT.
SAVE_OK = OK_CODE.
CLEAR OK_CODE.
*分析功能码，如果是工具条上的第 2 个按钮，则退出当前屏幕
CASE SAVE_OK.
WHEN 'BIN2'.
LEAVE TO SCREEN 0.
ENDCASE.
ENDMODULE.                 "user_command_0100 INPUT
```

上述程序在 SE38 程序编辑界面编辑完成后，需要对语法进行检查，没有问题后对程序进行激活，然后单击"测试"按钮进行测试，可以看到如图 12-52 所示的屏幕界面。

12.5 ALV 列表开发

ALV（SAP List Viewer）控件是 SAP 业务中最常用的控件之一，本节通过简单的示例介绍使用 ALV 控件显示数据的方法。

12.5.1 简单的 ALV 控件实例

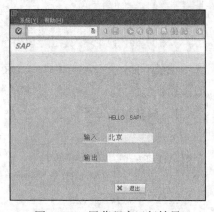

图 12-52 屏幕程序运行结果

下例以销售机构表（B001）为例，使用数据字典定义结构，通过 ALV 控件显示数据。具体程序代码如下。

```
REPORT Z_TEST02.
*定义内表
DATA WA_B001 LIKE TABLE OF B001 WITH HEADER LINE.
*内表赋值
SELECT * INTO TABLE WA_B001 FROM B001.
*通过数据字典结构显示 ALV
CALL FUNCTION 'REUSE_ALV_LIST_DISPLAY'
EXPORTING
I_STRUCTURE_NAME = 'B001'
TABLES
T_OUTTAB = WA_B001
EXCEPTIONS
PROGRAM_ERROR = 1
```

```
      OTHERS = 2.
    IF SY-SUBRC <> 0.
    * MESSAGE ID SY-MSGID TYPE SY-MSGTY NUMBER SY-MSGNO
    *   WITH SY-MSGV1 SY-MSGV2 SY-MSGV3 SY-MSGV4.
    ENDIF.
```

输出结果如图 12-53 所示。

12.5.2 自定义输出字段的 ALV 控件实例

上一小节是通过数据字典定义的结构，本小节通过自己定义输出的字段，来看看 ALV 控件如何编写。具体程序示例如下。

图 12-53 ALV 测试程序运行结果

```
REPORT Z_TEST02.
  *ALV 使用到的类库
TYPE-POOLS: SLIS.
  *一列描述
DATA WA_ALV_FIELD TYPE SLIS_FIELDCAT_ALV.
  *列描述内表，列清单
DATA WA_ALV_FIELDCAT TYPE SLIS_T_FIELDCAT_ALV.
  *定义内表
DATA WA_B001 LIKE TABLE OF B001 WITH HEADER LINE.
  *内表赋值
SELECT * INTO TABLE WA_B001 FROM B001.
  *定义第 1 到第 4 个字段
WA_ALV_FIELD-COL_POS = 1.
WA_ALV_FIELD-FIELDNAME = 'ID'.
WA_ALV_FIELD-SELTEXT_M = '销售负责人'.
APPEND WA_ALV_FIELD TO WA_ALV_FIELDCAT.
WA_ALV_FIELD-COL_POS = 2.
WA_ALV_FIELD-FIELDNAME = 'CONNID'.
WA_ALV_FIELD-SELTEXT_M = '销售线'.
APPEND WA_ALV_FIELD TO WA_ALV_FIELDCAT.
WA_ALV_FIELD-COL_POS = 3.
WA_ALV_FIELD-FIELDNAME = 'CITYFROM'.
WA_ALV_FIELD-SELTEXT_M = '发货城市'.
APPEND WA_ALV_FIELD TO WA_ALV_FIELDCAT.
WA_ALV_FIELD-COL_POS = 4.
WA_ALV_FIELD-FIELDNAME = 'CITYTO'.
WA_ALV_FIELD-SELTEXT_M = '销售城市'.
APPEND WA_ALV_FIELD TO WA_ALV_FIELDCAT.
  *调用 ALV 显示表单数据
CALL FUNCTION 'REUSE_ALV_LIST_DISPLAY'
EXPORTING
IT_FIELDCAT = WA_ALV_FIELDCAT
TABLES
T_OUTTAB = WA_B001.
IF SY-SUBRC <> 0.
ENDIF.
```

从程序中可以看到，我们自定义了 4 个输出字段。程序编辑完成后，首先激活，然后单击"测试"按钮，输出结果如图 12-54 所示。

12.6 打印配置

前面已经介绍了 ABAP 语法及 ABAP 报表的开发,而对于 ABAP 报表,经常会涉及到打印的问题。本节介绍 SAP 系统提供的打印功能。

1. SAP 系统的打印控制

SAP 系统的打印控制一般分为两步,首先生成与打印设备无关的打印请求,然后生成与打印设备相关的输出请求。通过选择菜单"工具→CCMS→Spool→SP01 – Output Controller"选项(或者直接在命令栏中输入"SP01"命令),进入"输出控制器"中。在"输出控制器"中,可以查看"假脱机请求"和"输出请求"。

一般来说,根据需求的不同,SAP 系统会以不同的方式处理 ABAP 列表打印与 SmartForms 的打印,它们的配置过程相似,但实际控制方式不同。具体 ABAP 列表的打印配置过程如图 12-55 所示。

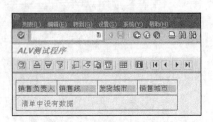

图 12-54 自定义输出字段的 ALV 程序

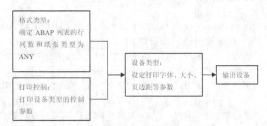

图 12-55 列表打印配置过程

2. 创建终端打印设备

在 SAP 系统中可以自己定义"终端打印设备",自己定义的"终端打印设备"可以由最终用户指定的本地打印机打印。具体创建步骤如下。

STEP 1 通过选择菜单"工具→CCMS→Spool→ SPAD–Spool Administration"选项(或者直接在命令栏中输入"SPAD"命令),进入"假脱机管理:初始屏幕"界面,如图 12-56 所示。

STEP 2 选择"设备/服务器"页,然后在"输出设备"栏中输入要创建的输出设备名称"test",并单击"输出设备"按钮,进入图 12-57 所示的界面。

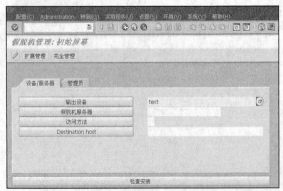

图 12-56 "假脱机管理:初始屏幕"界面

图 12-57 假脱机输出设备清单

STEP 3 单击" "按钮,然后单击" "按钮,进入"假脱机管理:建立输出设备"界面,如图 12-58 所示。

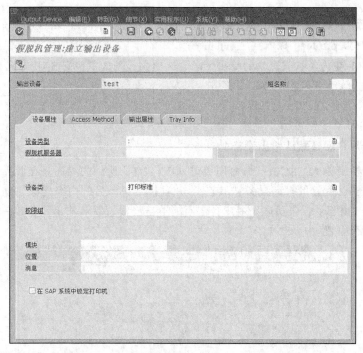

图 12-58 "假脱机管理：建立输出设备"界面

 注 意：在"设备属性"页视图有如下选项。
（1）设备类：选择"打印标准"。
（2）设备类型：将"在 SAP 系统中锁定打印机"选项勾选上。

STEP 4 选择"Access method"页面，从中可以设置"主机假脱机访问方式"及 HOST 地址、"主机名称"等选项，如图 12-59 所示。

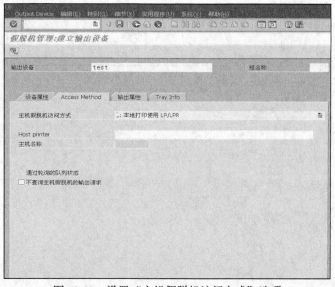

图 12-59 设置"主机假脱机访问方式"选项

注 意:(1)主机假脱机访问方式:选择"F:计算机前台打印"。
(2)Host printer:输入"__default"。
(3)"不查询主机假脱机的输出请求"选项:如果选中,则 SAP 只能利用客户端的默认打印机打印。

STEP 5 完成以上设置后,单击"💾"按钮对配置内容保存即可。

3. 为 SAP 用户设置默认输出设备

通过在命令栏中输入"SU01"命令即可进入图 12-60 所示的界面。在此界面中可以为用户设置输出设备为自己配置的打印设备"test",并且指定打印后的内容能够"立即输出"和"输出后删除"。不过由于受权限所限,用户自己不能给自己设置默认输出设备,一般都是由系统管理员统一授权进行设置。

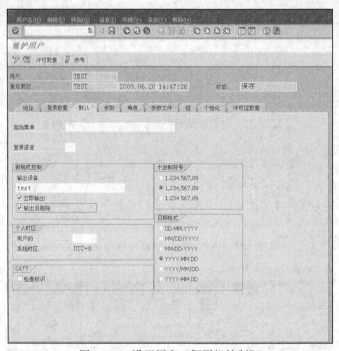

图 12-60 设置用户"假脱机控制"

维 护 篇

▶ 第 13 章　SAP 系统日常维护

▶ 第 14 章　SAP 系统权限管理及参数设置

▶ 第 15 章　SAP 系统常见问题解答

第13章

SAP系统日常维护

SAP 系统的模块搭建起来以后,接下来就要对整个系统进行监控及日常维护。由于 SAP 系统结构功能繁多,所以在维护过程中,需要从很多方面来考虑。本章将从 SAP 系统的监控、日志管理、数据备份、性能管理、变更管理等几个角度,详细阐述 SAP 系统日常维护的相关内容。

13.1　SAP 系统日常监控

我们首先来看一下日常监控。之所以要把日常监控放在第 1 节介绍,是因为作为一名 SAP 系统维护人员,每天要做的事情就是系统的监控。所以本节将从一个系统维护人员的角度,来看看日常都有哪些内容需要我们进行监控。

13.1.1　系统进程监控

系统管理员需要全天监控系统的进程。尤其是对于长时间运行的后台工作、有缺陷的报表程序,如果不进行控制,就会占用大量的系统资源。系统管理员对于进程的监控,一般是通过 SM66/SM50 这两个事务代码来进行检查。当然,在剔除有问题的进程以前,都需要与最终用户进行协商。下面针对这两个事务代码的操作进行介绍。

1. 全局作业进程监控命令(SM66)

STEP 1 在命令栏中输入"SM66"命令,进入全局作业进程监控界面,如图 13-1 所示。

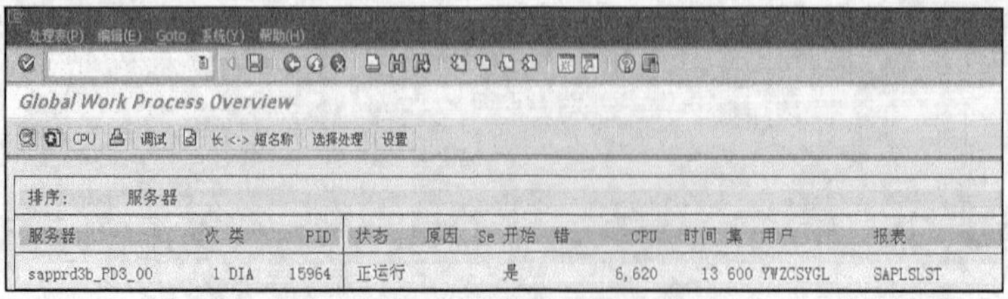

图 13-1　显示 SAP 应用服务器信息

STEP 2 双击选择某条进程记录，可以弹出进程的全部信息，如图 13-2 所示。在此对话框中，可以单击"调试"按钮对程序进程调试，还可以单击"取消程序"按钮取消程序。

STEP 3 单击"选择处理"按钮，在弹出的"选择处理"对话框中可以按照进程的"类型"、"状态"、"CPU 时间"等来选择处理的对象。另外对于应用程序，还可以按照"对话"、"报表"、"用户选择"等来处理对象，如图 13-3 所示。

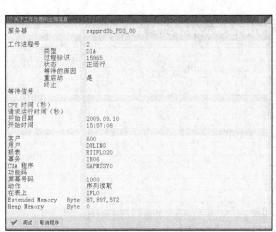

图 13-2 显示进程详细信息　　　　　图 13-3 "选择处理"对话框

2. 进程监控命令（SM50）

STEP 1 在命令栏中输入"SM50"命令，进入进程监控界面，如图 13-4 所示。

STEP 2 双击选择某条进程记录，可以弹出进程的全部信息。另外，单击"⏱"按钮，可以查看该进程的运行时间。

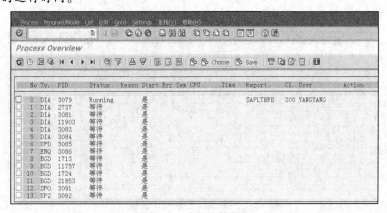

图 13-4 进程监控界面

13.1.2 服务器监控

R/3 服务器的列表可用 SM51 显示，管理员可以用它来监控不同服务器之间的工作进程。具体的操作步骤如下：

STEP 1 在命令栏中输入"SM51"命令,进入服务器监控界面,如图 13-5 所示。

图 13-5 显示 SAP 应用服务器信息

STEP 2 选择某个服务器的名称,然后单击"Release Notes"按钮,系统会显示该应用服务器的信息,如图 13-6 所示。

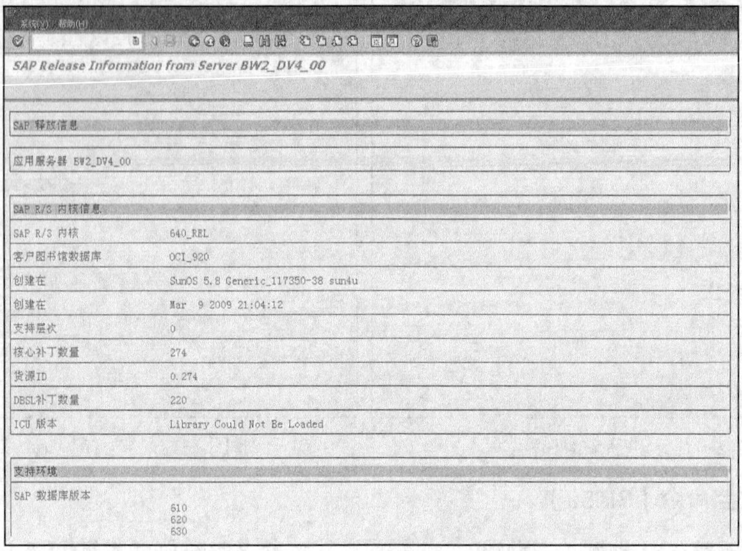

图 13-6 显示 SAP 应用服务器信息

STEP 3 在图 13-5 中选择某个服务器的名称,然后单击"⚙"按钮,即可显示该服务器下的所有工作进程信息,如图 13-7 所示。

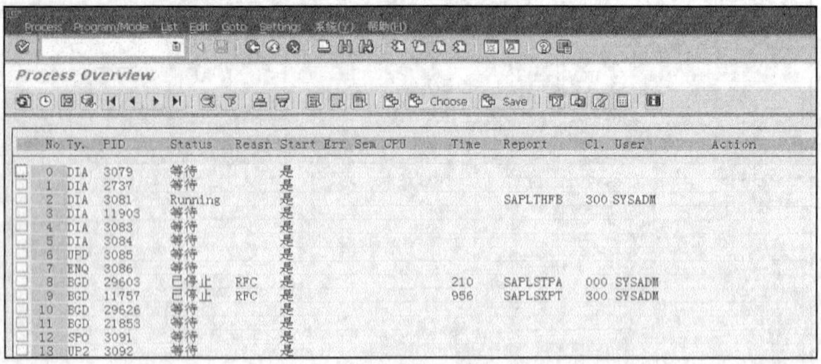

图 13-7 显示服务器工作进程信息

13.1.3 性能监控

1. 系统轨迹分析命令（ST01）

ST01 命令主要用于追踪系统操作的轨迹,事实上,ST01 用得最多的是对于权限操作的追踪。

主要用于对一个有指定权限用户的完整操作，跟踪记录下该用户对应的权限设置，从而对缺失相关权限的用户进行相同的权限设置。

STEP 1 在命令栏中输入"ST01"命令，进入系统轨迹界面，如图 13-8 所示。

STEP 2 在"跟踪组件"中选择"授权检查"选项，单击" 开始跟踪 "按钮，然后切换至要跟踪的用户操作界面，即可完成相应的操作。完成后可单击" 结束跟踪 "按钮结束跟踪。

STEP 3 单击" 文件列表 "按钮，进入跟踪文件列表中。在此界面中，输入被跟踪的用户名及相应时间，如图 13-9 所示，然后单击" "按钮即可看到跟踪结果。

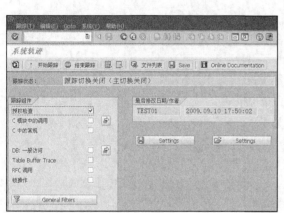

图 13-8　显示系统轨迹界面

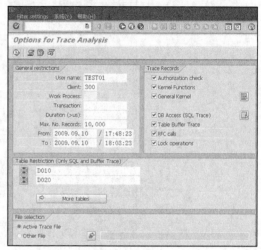

图 13-9　显示跟踪结果

2. ST02 缓存分析

R/3 系统的缓存存储是性能分析中经常要用到的数据。数据缓存中包括了 ABAP/4 程序、屏幕、ABAP/4 字典数据和公司的数据，这些数据在系统操作的过程中是不会改变的。我们应该经常针对缓存、点击率、剩余空间、交换区等进行监控，从而根据监控的结果帮助管理员作性能的调整。具体的操作步骤如下。

STEP 1 在命令栏中输入"ST02"命令，进入缓存分析摘要界面，如图 13-10 所示。

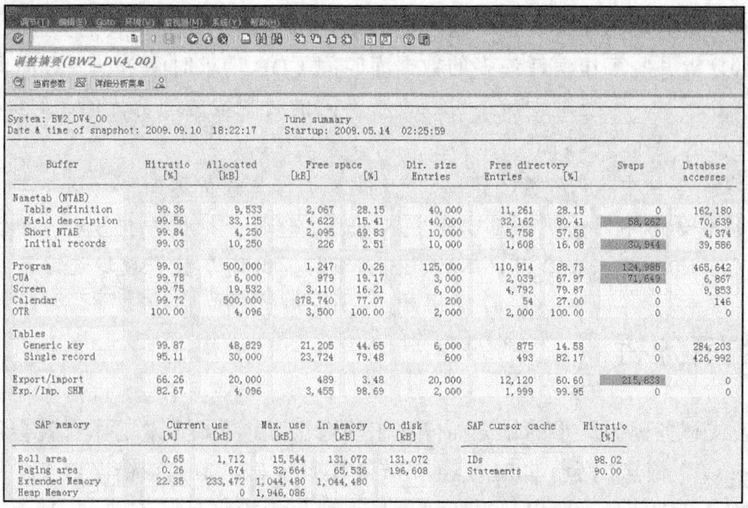

图 13-10　缓存分析摘要界面

STEP 2 在此界面中主要查看 Buffer 中的相关参数信息。其中 Swaps 中的值超过 1000 以后就需要通过 Rz10 命令调整。

STEP 3 单击"详细分析菜单"按钮,进入详细分析菜单,如图 13-11 所示。在此界面中,可以按照不同的方式去查看,例如按照"表格定义"、"字段描述"去查看 NTAB 缓冲区的相关信息。

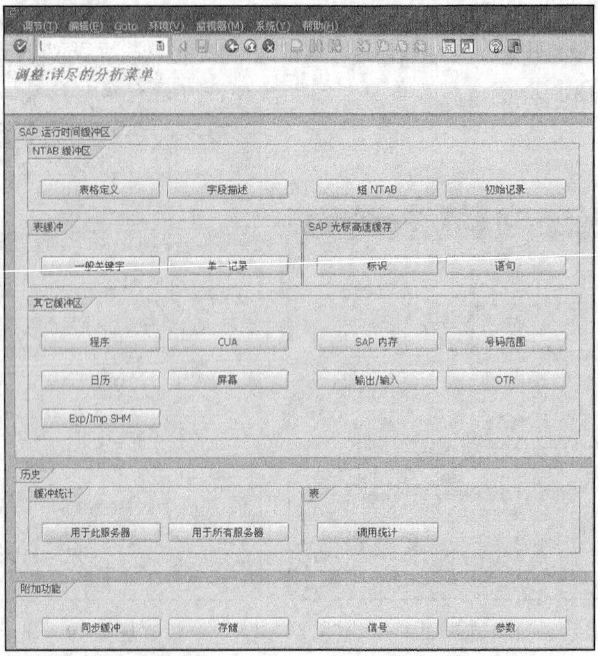

图 13-11 缓存分析详细分析菜单

3. ST03 工作量分析

在 SAP 系统维护中,一旦需要调 R/3 系统性能的时候,由于没有参照,系统管理员一般都会尽可能多地保留平常的工作量分析数据,特别是系统没出现性能问题时的数据。拥有一套系统工作正常时清晰的工作量分析数据,对于性能优化是很有必要的。日常对于系统工作量的分析主要是通过 ST03 进行的。 ST03 主要可以执行负载监控器(workload monitor),它既可以为系统管理员显示总体工作负荷的情况,也可以根据对话、批处理、升级和其他任务类型来分拆显示。系统管理员可以分析哪些工作消耗最多的数据库时间(DB 请求时间)、CPU 时间和其他核心组件响应时间的事务程序。系统管理员还可以查看不同的时间段内的合计值,时间段可以从 15 分钟到 1 个月。具体的操作步骤如下。

STEP 1 在命令栏中输入"ST03"命令,进入工作量分析界面,如图 13-12 所示。

STEP 2 通过选择不同的页,可以查看不同的工作量分析数据。另外,单击左栏中的其他分析视图(左下角),还可以查看用户参数、内存数据、时间参数等数据视图。

13.1.4 出错分析

当一个报表或事务因为严重的错误而停止工作时,ABAP/4 开发工作台就会发出一个"突然出错(short dump)"信息提示,同时 SAP 系统会在系统日志中记录错误信息,并在表 SNAP 中记录程序终止时的出错信息。所以,系统管理员需要每天检查是否有 short dump 出现,如果有,则分析并试图解决问题。一般可以用 ST22 来分析，具体的操作步骤如下。

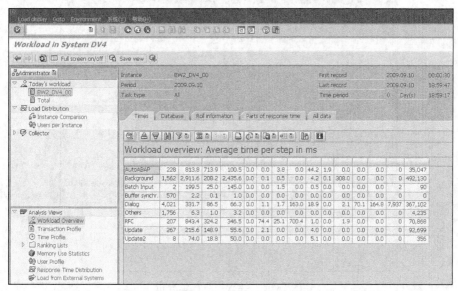

图 13-12　工作量分析界面

STEP 1　在命令栏中输入"ST22"命令，进入 ABAP 错误分析界面，如图 13-13 所示。

STEP 2　单击"Today"按钮，可以查看当天的报错信息；也可以单击"Yesterday"按钮，查看头一天的报错信息。同时还可以在"Own selection"栏中输入具体的选择条件，查询相应的报错信息记录。

STEP 3　单击"Today"按钮，查看当天的报错信息记录时，系统会按照"时间"、"用户"、"报表名称"等对报错信息记录进行归类，如图 13-14 所示。

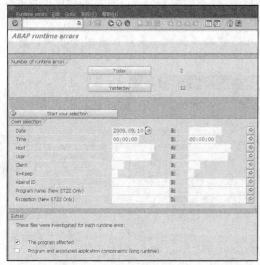

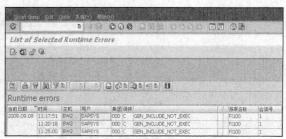

图 13-13　ABAP 错误分析界面　　　　　图 13-14　错误信息记录

STEP 4　双击某条信息记录，或者选中某条记录后单击"　"按钮，可以查看这条报错信息的详细记录及分析，如图 13-15 所示。单击左栏中的"错误分析"选项可以查看具体的报错原因。

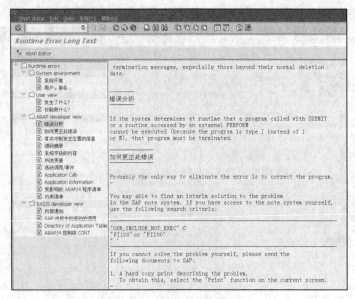

图 13-15　错误信息详细分析

13.1.5　数据库

系统管理员不仅仅需要对应用系统进行监控，还要保证数据库的正常运转。数据库的监控主要是监控存储、性能及报警等信息。

1．数据存储管理（DB02）

数据存储管理主要是监控数据库的扩展，包括监控表和索引的扩展以及碎片的情况。如果有必要，还要监控数据库的优化统计信息。具体的操作步骤如下。

STEP 1　在命令栏中输入"DB02"命令，进入"数据库性能：表格和索引"界面，如图13-16 所示。

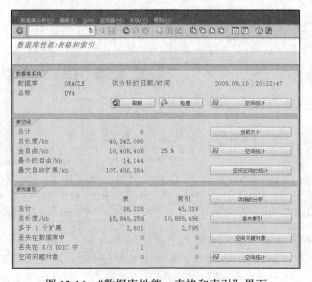

图 13-16　"数据库性能：表格和索引"界面

STEP 2　单击“空间统计”按钮，进入数据库空间视图，如图 13-17 所示。

Scale: Day Date	Values	Database Size/kb	Free/kb	%-Used	Tables Total	Size/kb	Indices Total	Size/kb
2009.09.10	Total	40,242,096	10,408,408	75	38,228	15,849,256	45,319	10,889,496
2009.09.09	Total	40,242,096	10,297,128	75	38,228	15,849,256	45,319	10,889,496
2009.09.08	Total	40,242,096	10,419,704	75	38,228	15,845,096	45,319	10,888,472
2009.09.07	Total	40,242,096	10,429,976	75	38,228	15,836,904	45,319	10,888,472
2009.09.06	Total	40,242,096	10,372,712	75	38,228	15,828,648	45,319	10,888,472
2009.09.05	Total	40,242,096	10,438,232	75	38,228	15,828,648	45,319	10,888,472

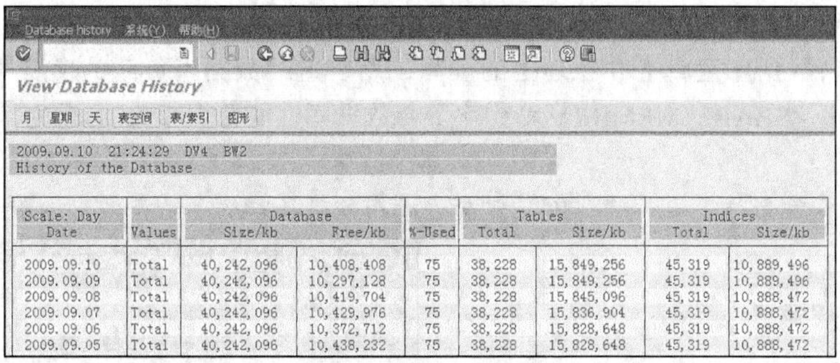

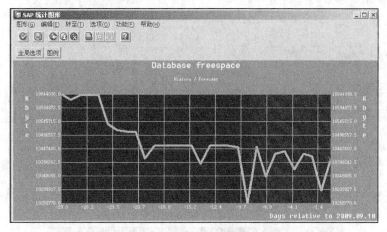

图 13-17　数据库空间视图

STEP 3　单击“月”、“星期”、“天”按钮，可以分别按照时间维度查看数据库空间；还可以单击“表空间”、“表/索引”、“图形”按钮，以不同的展现方式查看空间大小。例如单击“图形”按钮，就会显示空间大小的图形展现界面，如图 13-18 所示。

图 13-18　空间大小图形展现界面

STEP 4　在图 13-16 中，单击“当前大小”按钮，即可弹出当前所有表空间的详细信息，如图 13-19 所示。

Tablespace	Size (kb)	Free (kb)	Used (%)	Tab/ind	Extents	AutoExt (kb)	Used (%)	Status	Backup
PSAPDV4	21,534,696	3,304,192	84	82,337	114,500	57.466.856	32	ONLINE	NOT ACTIVE
PSAPDV4620	15,155,176	4,061,440	73	590	8,286	36.986.856	30	ONLINE	NOT ACTIVE
PSAPDV4USR	20,480	14,144	30	82	98	10.240.000	0	ONLINE	NOT ACTIVE
PSAPROLL	1,980,400	1,938,776	2	20	40	Off	2	ONLINE	NOT ACTIVE
PSAPTEMP	819,192	819,192	0	0	0	Off	0	ONLINE	
SYSTEM	732,152	270,664	63	967	2,806	Off	63	ONLINE	NOT ACTIVE
Total	40,242,096	10,408,408	74	83,996	125,730				

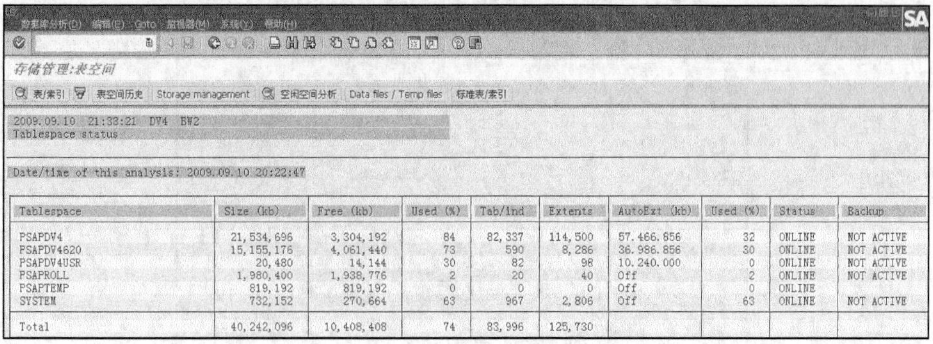

图 13-19　表空间大小信息

STEP 5　选择某一表空间，然后单击“空闲空间分析”按钮，可以查看该表空间当前还有多少空闲空间，如图 13-20 所示。

2. 数据库性能监控（ST04）

系统管理员每天要监控数据库的性能统计值，以观察数据库是否处于良好的运行状态。主要的监控内容是对数据库逻辑上和物理上的读写，用以追踪数据库负载的发展情况，如 DATA BUFFER 命中率、SHARE MEMORY 命中率等与数据库性能密切相关的重要参数值。具体的操作步骤如下。

STEP 1 在命令栏中输入"ST04"命令，进入数据库性能分析界面，如图 13-21 所示。

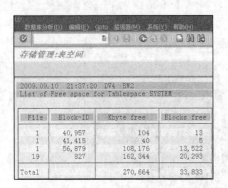

图 13-20　查看表空间中的空闲空间　　　　图 13-21　数据库性能分析界面

STEP 2 在此可以重点查看 Data buffer、Reads、Log buffer 等信息。另外，单击"详细分析菜单"按钮，可以查看数据库活动的详细信息，如图 13-22 所示。

图 13-22　查看数据库活动的详细信息

SAP系统日常维护 第 13 章

STEP 3 在分析数据库活动时，单击" Buffer busy waits "按钮，可以查看Buffer中等待的对象；单击" 文件系统请求 "按钮，可以查看文件系统中的请求对象；另外，还可以单击" 参数修改 "按钮，查看数据库参数改变的情况。

13.1.6 操作系统

系统管理员每天还要监控操作系统的运行是否正常，例如CPU、内存、Swap等信息。对于操作系统的监控，一般可通过OS06命令来实现。OS Monitor（OS06）是一个可以显示大量实时性能数据的SAP事务。它包括了根据用户、系统和空闲时间来进行排序的CPU利用率、CPU进程队列（也称为CPU负荷计数）；另外对内存OS监控还支持检查短期历史数据，有了这些历史数据，系统管理员就可以将在OS和数据库那里所收集到的磁盘性能指标以SAP系统可见的方式进行管理。系统管理员还可以查看过去24小时中每小时CPU的负载情况，这样很容易就可以确定负载峰值。具体的操作步骤如下。

STEP 1 在命令栏中输入"OS06"命令，进入操作系统监视器界面，如图13-23所示。

STEP 2 单击 详细分析菜单 按钮，进入分析操作系统界面，如图13-24所示。在此界面中，重点看一下"快相分析"中的数据。

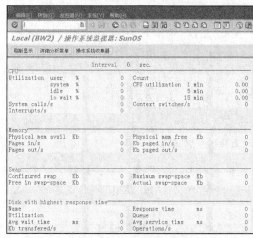

图13-23 操作系统监视器界面　　　　　图13-24 分析操作系统界面

STEP 3 单击" CPU "、" 内存 "、" 磁盘 "、" LAN "和" FileSys "按钮，可以查看系统管理员最为关注的5项信息。另外，如果操作系统的收集器没有打开，还可以单击" 操作系统收集器 "按钮，打开操作系统收集器，如图13-25所示。

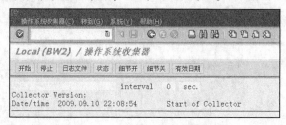

图13-25 操作系统收集器界面

STEP 4 单击" 开始 "按钮，可以开始进行操作系统信息的收集；单击" 停止 "按钮，即可关闭操作系统信息的收集；单击" 日志文件 "按钮，则可查看具体的日志文件。

13.2 SAP 系统日志管理

SAP 系统管理员还要经常对系统日志进行分析统计。一般来说，系统管理员主要是针对系统日志、数据库日志、操作系统日志进行分析。下面重点看一下系统日志和数据库日志的管理。

13.2.1 系统日志管理

R/3 服务器在系统日志中记录系统的事件和问题。所有的警告和错误信息应被分析和解决。SAP 系统提供有 SM21 命令用于分析系统的日志记录，具体的操作步骤如下。

STEP 1 在命令栏中输入"SM21"命令，进入"系统日志：本地分析"界面，如图 13-26 所示。

图 13-26 "系统日志：本地分析"界面

STEP 2 系统管理员可以在"选择"栏中，通过输入时间、使用者、事务处理代码及问题种类，来查询对应的系统日志。例如输入日期后单击"重读系统日志"按钮，即可弹出日志的本地分析文件信息，如图 13-27 所示。

STEP 3 单击"设置"按钮，可以对输出的系统日志列表格式进行设置，如图 13-28 所示。

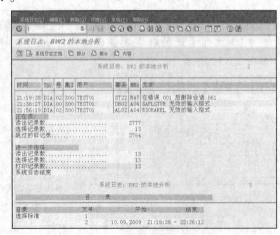

图 13-27 系统日志分析结果

图 13-28 设置输出的系统日志列表格式

13.2.2 数据库日志管理

本小节介绍数据库的日志管理。在 SAP 系统中，数据库的日志管理主要是通过 DB12 命令完成的。具体的操作步骤如下。

STEP 1 在命令栏中输入"DB12"命令，进入"备份日志：概览"界面，如图 13-29 所示。

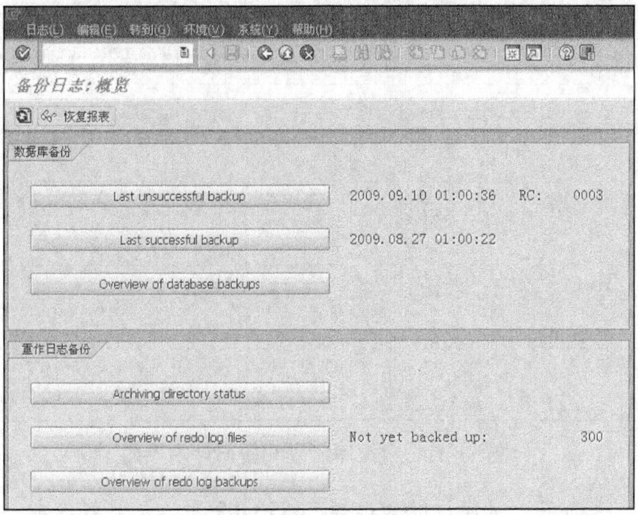

图 13-29 "备份日志：概览"界面

STEP 2 单击" Last unsuccessful backup "按钮，可以查看上一次不成功数据库备份信息；单击" Last successful backup "按钮，可以查看上一次成功数据库备份信息；单击" Overview of database backups "按钮，可以查看数据库备份的整个日志信息，如图 13-30 所示。

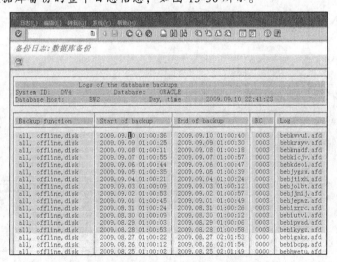

图 13-30 数据库备份日志信息

13.3 SAP 系统数据备份

在对 SAP 系统进行日常维护的过程中，数据备份可以说是每个 BASIS 要经常做的事情。本节针对 SAP 系统的数据备份进行介绍。具体的操作步骤如下。

STEP 1 在菜单栏选择"工具→CCMS→DB Administration→Planning Calendar→DB13-Local"选项，或者直接在命令栏中输入"DB13"命令，进入数据库管理和备份计划界面，如图 13-31 所示。

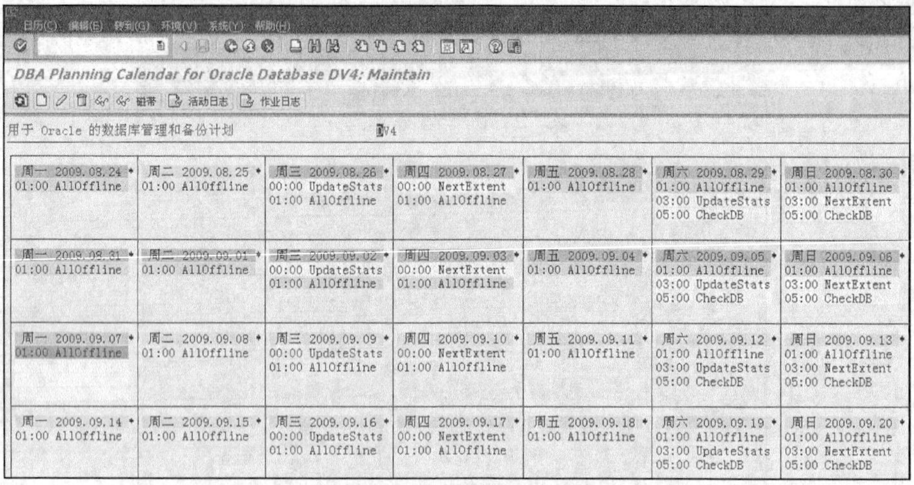

图 13-31 数据库管理和备份计划界面

STEP 2 选择将来的某一时间，例如选择 20090909 周三，然后单击"□"按钮，弹出备份计划任务对话框，如图 13-32 所示。

STEP 3 填入所需要的任务"开始时间"、任务使用的频率以及要选择什么任务（本例中选择"Redo log backup"任务），然后单击"✓"按钮，弹出"重做日志备份磁带"对话框，如图 13-33 所示。

STEP 4 输入备份的名称，然后单击"✓"按钮，弹出日志备份设置对话框，如图 13-34 所示。

图 13-32 备份计划任务对话框

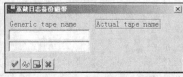
图 13-33 "重做日志备份磁带"对话框

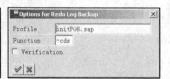
图 13-34 日志备份设置对话框

STEP 5 在"Function"栏中输入"-cds"，单击"✓"按钮，弹出如图 13-35 所示的界面，从中可以看到 20090909 晚上 2 点的日志备份任务。至此，日志数据备份的任务就完成了。

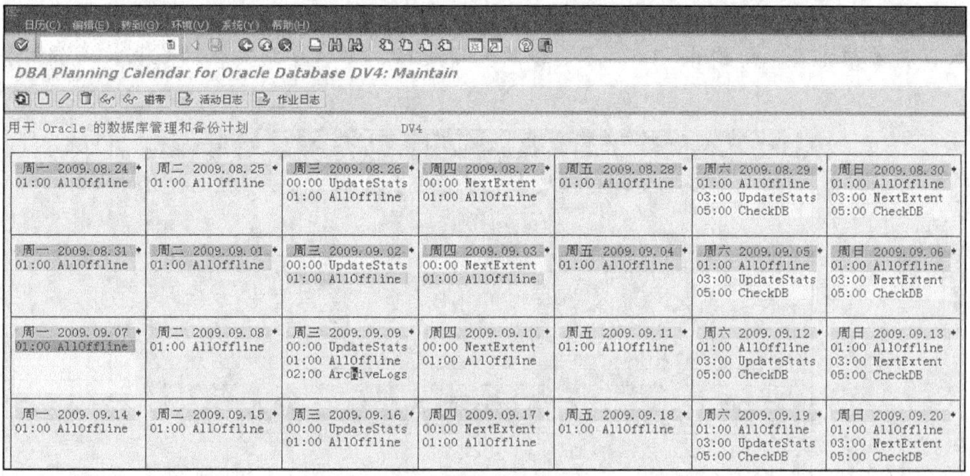

图 13-35 添加完成日志备份任务

13.4 系统管理和组件的性能管理

13.4.1 应用服务器用户管理

系统管理员有时候需要了解包括所有应用服务器在内的整个系统中有多少用户登录进来,这个时候就可以通过 ST07 命令来进行分析,不仅可以根据功能分区进行细化分析,还可以查看具体的历史数据。具体的操作步骤如下。

STEP 1 在命令栏中输入"ST07"命令,进入"应用程序监视器:用户分配"界面,如图 13-36 所示。

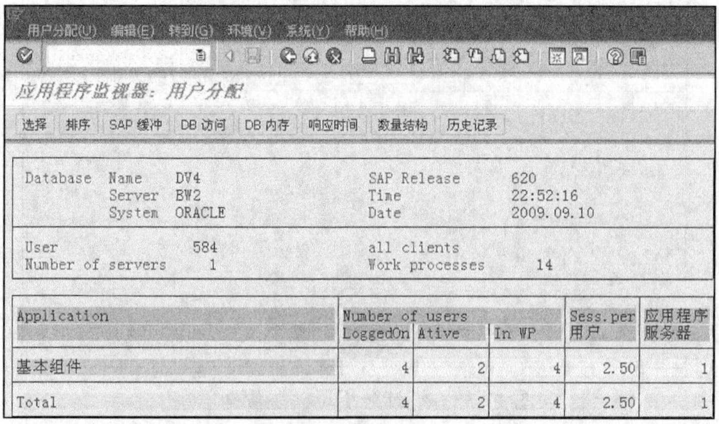

图 13-36 "应用程序监视器:用户分配"界面

STEP 2 从图中可以看到具体的用户分配数量及对应的应用服务器。选择菜单中的"环境→用户列表"选项,可以查看具体的用户清单。

STEP 3 单击" SAP 缓冲 "按钮,可以查看 SAP 系统中各模块的缓存使用信息;单击" DB 访问 "按钮,可以查看各模块对应的数据库访问信息,如图 13-37 所示。

STEP 4 选择"财务会计"模块,然后单击"选择"按钮,弹出财务会计模块下各子模块的数据库访问信息,如图13-38所示。依次向下选择,可以查到具体的数据库存储对象访问数据。

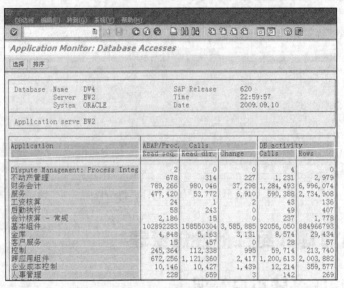

图13-37　按模块分析数据库访问信息

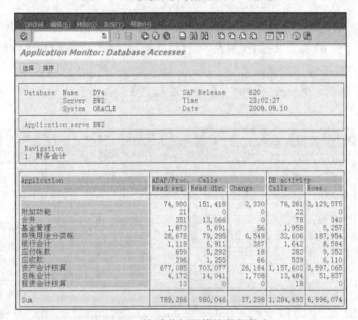

图13-38　统计分析子模块数据信息

13.4.2　系统性能负载均衡管理

接下来通过SMLG命令查看某种登录负载均衡机制的工作情况。此命令可用于设置登录组,还可以监控每个登录组的性能。按F5快捷键后,还可以查看每个登录组的响应时间统计数据。具体的操作步骤如下。

STEP 1 在命令栏中输入"SMLG"命令,进入 CCMS 登录组界面,如图 13-39 所示。

STEP 2 单击"□"按钮,可以创建新的登录组,如图 13-40 所示。在"Logon Group"栏输入新建的登录组名,然后在"Instance"栏中选择对应的对象。

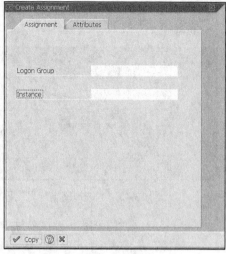

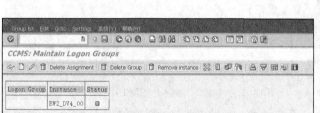

图 13-39 CCMS 登录组界面　　　　　　　　图 13-40 登录组创建界面

STEP 3 选择"Attributes"页,如图 13-41 所示。输入对应的登录组访问 IP 地址,然后单击"Copy"按钮,即可完成新组的创建。

STEP 4 创建完成,可以单击 F5 快捷键,显示登录组响应时间数据,如图 13-42 所示。

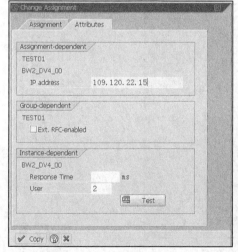

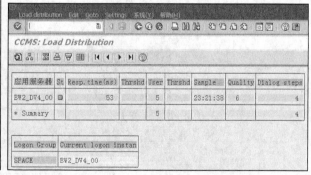

图 13-41 设置访问 IP 地址　　　　　　　　图 13-42 登录组响应时间数据

13.4.3 升级、锁定和磁盘子系统性能

系统管理员如果想要知道具体升级的应用提交到数据库以后,是否存在有锁定项,需要通过 SM12 命令查询(SM12 命令主要用来查询与某个数据库表、用户或客户相关的锁定项),同时需要用 SM13 命令来跟踪和监测实时的数据升级情况。具体的操作步骤如下。

STEP 1 在命令栏中输入"SM12"命令,进入"选择锁定表目"界面,如图 13-43 所示。

STEP 2 如果知道具体的"表名"或者"锁定参数",直接输入后可以单击"清单"按钮,显示具体的锁定信息;如果不知道的话,直接输入"用户名"和查询的"集团"代码,然后单击"清单"按钮,则可显示所有的锁定信息,如图 13-44 所示。如果没有锁定的对象,则显示无锁定对象的提示。

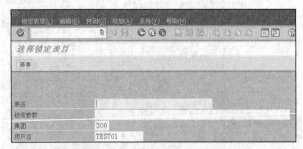
图 13-43 "选择锁定表目"界面

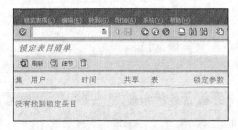
图 13-44 "锁定表目清单"界面

STEP 3 另外,在系统升级的过程中,还可以在命令栏中输入"SM13"命令,用于跟踪系统升级的情况监控追踪,如图 13-45 所示。在该界面中,输入用户、对应的集团代码以及开始时间,然后单击"🕘"按钮,即可开始追踪。

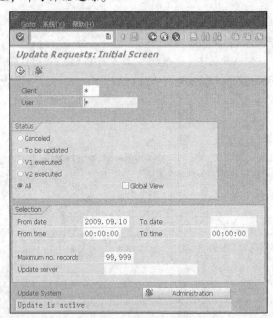
图 13-45 追踪系统升级信息

13.5 SAP 系统变更检查

13.5.1 数据库参数修改记录

在系统变更检查的过程中需要监控所有 R/3 系统数据库参数的修改。系统管理员要经常检查参数是否由经授权的用户修改。主要是通过 DB03 命令来实现,具体的操作步骤如下。

STEP 1 在命令栏中输入"DB03"命令,进入"数据库的参数改变"界面,如图 13-46 所示。

STEP 2 从图中可以看到系统提示最近一次数据库参数的改变日期是在 2007 年,双击这条记录,即可看到具体的参数改变内容,如图 13-47 所示。

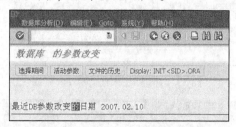

图 13-46 "数据库的参数改变"界面

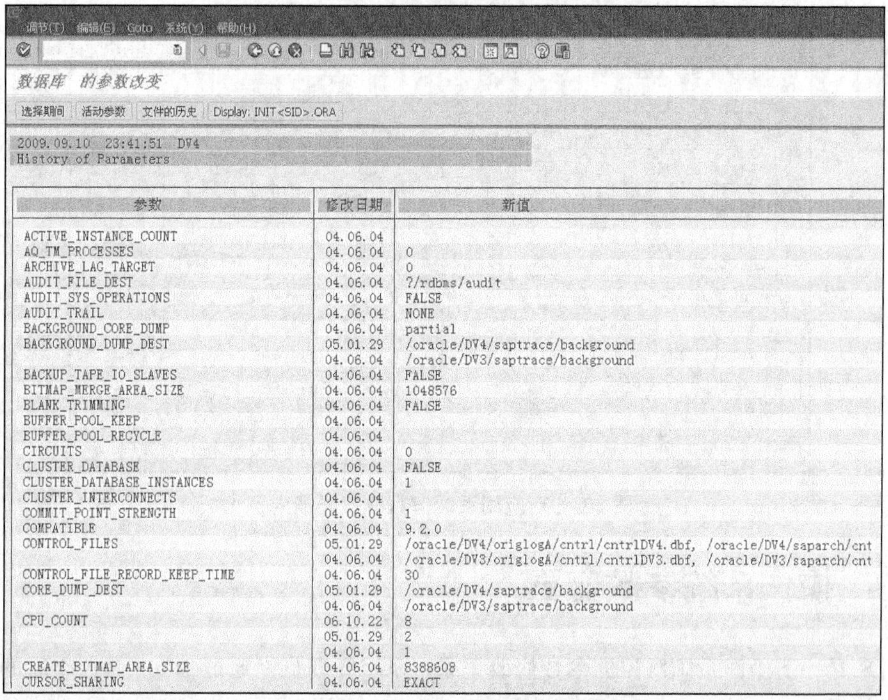

图 13-47 数据库参数改变详细内容

13.5.2 应用系统参数修改记录

接下来看一下 R/3 系统参数的修改记录。系统管理员一般是通过 TU02 命令来查看应用系统的参数修改记录,具体的操作步骤如下。

STEP 1 在命令栏中输入"TU02"命令,进入应用系统参数改变界面,如图 13-48 所示。

STEP 2 从图中可以看到系统按照"主机名"、"修改日期"对参数变更记录进行了排序。选择某个"主机名",然后双击这条记录,即可看到具体的应用系统参数改变内容,如图 13-49 所示。

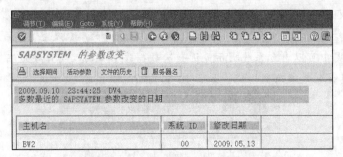

图 13-48 应用系统参数改变界面

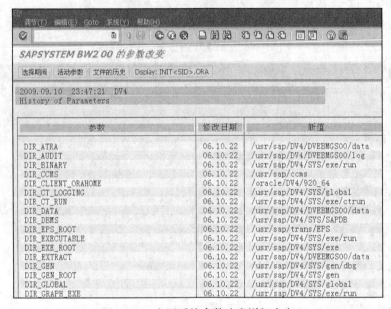

图 13-49 应用系统参数改变详细内容

13.5.3 操作系统参数变更

最后来看一下操作系统监控的参数修改记录。系统管理员是通过 OS03 命令查看的，具体的操作步骤如下。

STEP 1 在命令栏中输入"OS03"命令，进入"操作系统的参数改变"界面，如图 13-50 所示。

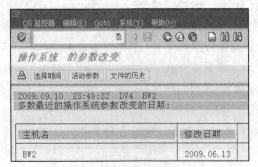

图 13-50 "操作系统的参数改变"界面

STEP 2 从图中可以看到系统按照"主机名"、"修改日期"对参数变更记录进行了排序。选择某个"主机名",然后双击这条记录,即可看到具体的操作系统参数改变内容,如图 13-51 所示。

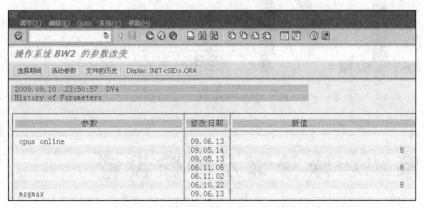

图 13-51　操作系统参数改变详细内容

第14章

SAP系统权限管理及参数设置

SAP 系统中的大部分配置、开发程序及个性化设置都必须赋予到具体的用户身上才能使用。那么这些配置、开发程序、属性、个性化设置又是如何分配到具体用户身上的呢？这就牵涉到 SAP 系统的权限管理。在第 4 章中，已简单介绍过权限的创建和用户的权限分配，本章详细介绍 SAP 系统的权限的定义、架构、配置、权限配置过程中涉及的参数设置，以及权限审查等相关内容。

14.1 事务代码、权限对象及权限

SAP 系统的权限管理主要是通过事务代码、权限对象、权限等 3 个关键对象构筑的。

1. 事务代码（Tcode）

在 SAP 系统中，每个操作命令都唯一对应一个事务代码。事务代码是操作命令的表现形式。用户通过输入相应的事务代码来执行相应的功能，事务代码一般是在 SAP 系统的命令输入栏中输入。如图 14-1 所示，ME22N 即为一事务代码，它主要实现在采购管理模块中的更改"采购订单"操作。

2. 权限对象（Profile）

可以将权限对象看成是权限的一个参数文件，它真正记录权限设定的文件。如果说权限是操作命令和操作命令范围的集合，那它就是控制集合范围的最小单元，用户的操作范围最终都是靠 Profile（权限对象）实现的。

图 14-1 事务代码示例

从权限结构上来讲，权限对象处于权限（Role）和事务代码（Tcode）之间。一个权限一般包含若干个权限对象，并在透明表 AGR_1250 中存储二者之间的关系；而权限对象又包含了若干个权限字段、允许的操作和允许的值，在透明表 AGR_1251 中存储权限（Role）/权限对象（Profile）/权限字段（Field）/允许的值（Value）之间的关系。

有一个特殊的权限对象用来包含若干个事务代码，这个权限对象叫作"S_TCODE"，该权限对象的权限字段叫作"TCD"，该字段允许的值（Field Value）存放的就是事务代码。

有一种特殊的权限字段用来表示可以针对该权限对象做哪些操作,是否允许进行创建、修改、显示、删除或者其他操作。该权限字段叫作"ACTVT",该字段允许的值(Field Value)存放的就是允许操作的代码,其中 01 代表创建、02 代表修改、03 代表显示。

SAP 的权限控制是控制到字段级的,换句话说,其权限控制机制可以检查你是否有权限维护某张透明表的某一个字段。SAP 系统自带有大部分的权限对象及默认控制的权限字段(对应到透明表的某些字段)。可以通过事务代码 SU20 命令来查看权限字段,可以用 SU21 命令来查看权限对象,具体的查看方式将在第 3 节讲解。

由此可以看出事务代码与权限对象的区别。从权限控制的范畴来看,事务代码属于一种特殊的权限对象;一个事务代码在执行的过程中,为了判断某个用户是否有权限执行此事务代码,不仅会检查是否有该事物代码的操作,还要检查是否具备该事务代码对应的权限对象。我们可以通过 SU22 命令来查看某个事务代码包含了哪些权限对象(事务代码与权限对象的对应关系存放在透明表 USOBX 中)。

3. 权限(Role)

SAP 系统中的权限是指分配给用户的操作命令及操作范围。一般来说,同岗位的用户在使用 SAP 系统时,操作及操作范围都是相同的。所以当我们把某个岗位的用户需要的操作命令都归到一个集合中时,这个集合就是"权限(Role)"。在 SAP 系统中,权限(Role)分为单独权限(single role)和复合权限(composite role)两种,后者是前者的集合。

14.2 SAP 系统权限管理结构

上一节中已介绍了 SAP 系统权限中涉及的对象定义,本节介绍这些对象的具体结构,如图 14-2 所示。

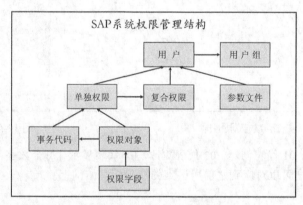

图 14-2 SAP 系统权限管理结构

从图中可以看到,用户的权限主要是通过赋予"单独权限"、"复合权限"或"参数文件"得到的。"用户组"是依照操作范围或者约定岗位形成的用户集合,"复合权限"是"单独权限"的集合。"单独权限"又是由"事务代码"和"权限对象"共同组建而成的,其中"权限对象"限制"事务代码"的操作范围,"权限字段"约定"权限对象"控制范围的属性。下面用一个具体权限的结构来看一下"单独权限"的具体结构。

要创建一个"单独权限",可以在菜单栏选择"工具→系统管理→用户维护→角色管理→角色"选项,或者直接在命令栏中输入"PFCG"命令,进入权限维护界面,如图 14-3 所示。

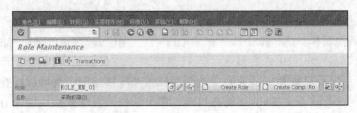

图 14-3 权限维护界面

输入权限"名称"后,单击"Create Role"按钮,即可进入权限维护细节界面,具体细节可以查看第 4 章权限创建部分的内容。下面主要看一下权限创建后的结构部分,如图 14-4 所示。

从图中可以清楚地看到一个权限的体系结构。我们创建的是一个采购权限,这个权限下包含了 3 个事务代码(ME21N、ME22N、ME23N)。权限事务一开始,会去检查权限字段为"TCD"中所包含的事务代码是哪些,然后再去检查对应的权限对象,例如 M_BEST_BSA、M_BEST_EKG、M_BEST_EKO、M_BEST_WRK,这些都是这个权限所包含的权限对象。另外还可以看到,在每个权限对象的下面,还包含有一个权限字段叫"ACTVT",也叫"作业"。可以看到,每个作业的后面都有 01、02、03 等数字选项,单击"✎"按钮,可以看一看这些字段指的是什么内容,如图 14-5 所示。

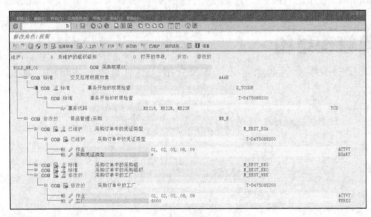

图 14-4 权限结构

图 14-5 "作业"内容选项

从图中可以看到,01 代表创建、02 代表更改、03 代表显示,每个数字都代表了具体的操作。所以从这个例子就完全可以对应到之前所讲到的权限管理结构上。

14.3 事务代码、权限对象的创建及生成

SAP 系统中权限的创建在前面已经介绍过,本节介绍事务代码、权限对象的创建及生成。

14.3.1 权限对象的创建及生成

SAP 系统中有很多系统自带的权限对象,用户也可以自己创建权限对象。本小节介绍权限对象的创建及生成,具体的操作步骤如下。

STEP 1 在菜单栏选择"工具→ABAP 工作台→开发→其他工具→授权对象→字段"选项,

或者直接在命令栏中输入"SU20"命令,进入权限字段界面,如图14-6所示。

STEP 2 单击"□"按钮,弹出创建权限字段界面,如图14-7所示。

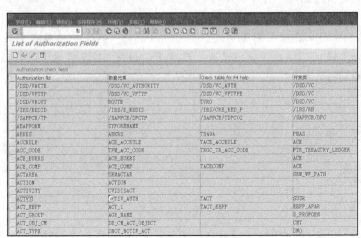

图14-6 权限字段界面　　　　　　　　图14-7 创建权限字段界面

STEP 3 在图中填写要创建的权限字段名及对应的数据元素,然后单击"□"按钮保存。随即会弹出"创建传输请求"的对话框,将该修改分配一个传输请求号传输即可。至此,权限字段创建完成,可以在刚才的权限字段界面中看到新创建的权限字段行项目,如图14-8所示。

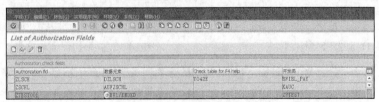

图14-8 新创建的权限字段

权限字段创建完成,接下来需要创建权限对象。具体的操作步骤如下。

STEP 1 在菜单栏选择"工具→ABAP工作台→开发→其他工具→授权对象→对象"选项,或者直接在命令栏中输入"SU21"命令,进入"对象类别清单"界面,如图14-9所示。

STEP 2 单击"□"按钮,弹出"创建授权对象类"对话框,如图14-10所示。

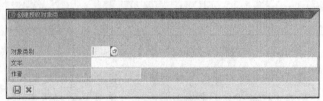

图14-9 "对象类别清单"界面　　　　　图14-10 "创建授权对象类"对话框

STEP 3 在"对象类别"中填写要创建的对象类别,在"文本"中填写该对象类别的具体描述,然后单击" "按钮保存,随即会弹出"创建传输请求"的对话框,将该修改分配一个传输请求号传输即可。至此,对象类别创建完成,可以在刚才的"对象类别清单"界面中看到新创建的对象类别行项目(ZT00),如图 14-11 所示。

STEP 4 对象类别创建完成,接下来在该类别下创建权限对象。在图 14-11 中选择新创建的对象类别,然后单击" "按钮,弹出"维护保证对象类"对话框,如图 14-12 所示。

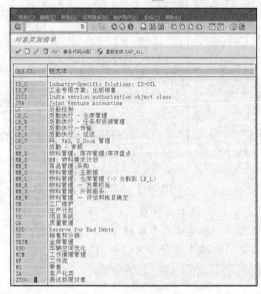

图 14-11 创建对象类别   图 14-12 "维护保证对象类"对话框

STEP 5 单击" 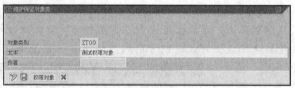 权限对象 "按钮,弹出"授权对象列表"界面,如图 14-13 所示。

STEP 6 单击" "按钮,弹出"创建授权对象"对话框,如图 14-14 所示。

图 14-13 "授权对象列表"界面   图 14-14 "创建授权对象"对话框

STEP 7 在"对象"框中填写要创建的权限对象代码,在"文本"框中填写该权限对象的描述,在"授权字段"中填写该权限对象对应的权限字段(例如填写之前创建的 ZTEST001 权限字段),然后单击" "按钮保存,随即会弹出"创建传输请求"的对话框,将该修改分配一个传输请求号传输即可。至此，权限创建完成。

14.3.2 事务代码的创建及生成

SAP 系统中有很多事务代码是系统自带的，但是对于自开发程序，则需要创建事务代码才能赋予给用户。创建事务代码的具体步骤如下。

STEP 1 在菜单栏选择"工具→ABAP 工作台→开发→其他工具→事务"选项，或者直接在命令栏中输入"SE93"命令，弹出"维护事务"界面，如图 14-15 所示。

STEP 2 在"事务代码"框中输入要创建的事务代码，例如输入"ZT01"，然后单击"Create"按钮，弹出"建立事务"对话框，如图 14-16 所示。

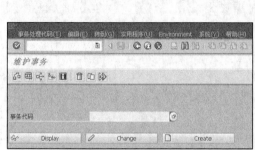

图 14-15 "维护事务"界面　　　　图 14-16 "建立事务"对话框

STEP 3 可以在"短文本"框中填写该事物代码的描述信息，然后针对要创建的事务代码所对应的程序类型，在"开始对象"栏中选择。一般来说，对于自开发程序，默认选择"Program and screen（dialog transaction）"选项，选择完成，单击"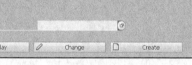"按钮进入"创建对话事务"界面，如图 14-17 所示。

STEP 4 在此界面中，需要针对事务代码选择对应的"程序"，例如 ZT01 事务代码对应的"程序"为"ZTEST01"。然后在"屏幕号码"中选择该事务代码对应的屏幕编码，如果针对该程序创建的有权限对象，则应将创建的权限对象填写在"权限对象"框中（例如前面创建的权限对象 ZTEST01）。最后将"所允许的标准事务变体的维护"选项和"SAPGUI fot Windows"选项勾选上，单击"□"按钮保存。同样，需要保存为传输请求号进行传输。

在 SAP 系统中，很多事务代码都有具体的菜单路径，那么我们自己创建的事务代码能不能也赋予具体的菜单路径呢？答案是肯定的。接下来看一看如何为自己创建的事务代码确定菜单位置。具体的操作步骤如下。

STEP 1 在菜单栏中选择"工具→ABAP 工作台→开发→其他工具→区域菜单"选项，或者直接在命令栏中输入"SE43"或"SE43N"命令，弹出"区域菜单维护"界面，如图 14-18 所示。

STEP 2 选择具体的菜单对象，然后单击"✏"按钮，进入"编辑区域菜单"界面，如图 14-19 所示。

STEP 3 从此界面中选择要放入事务代码的节点位置，然后单击"品"按钮，在该节点下将事务代码作为子节点进行创建；单击"品"按钮，在该节点的同一层级为事务代码创建节点位置。例如现在要将"ZT01"这个事务代码放置在"信息系统"栏的"特定报表"节点下作为子节点,则可选择"特定报表"节点,然后单击"品"按钮,弹出"添加新条目"对话框,如图14-20 所示。

图 14-17 "创建对话事务"界面　　　　图 14-18 "区域菜单维护"界面

图 14-19 "编辑区域菜单"界面　　　　图 14-20 "添加新条目"对话框

STEP 4 在"事务码/菜单"列中填写创建的事务代码,然后回车,系统会自动将该事务代码的文本显示在"文本"列中。单击"✓"按钮,就可以在区域菜单中看到该事务代码显示在"特定报表"路径下,如图14-21所示,这样回到系统菜单界面就可以在"信息系统"中找到该事务代码。至此,事务代码的菜单路径创建完成。

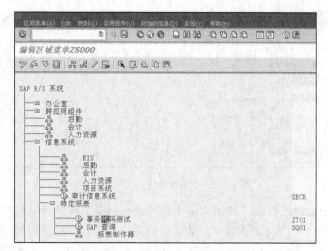

图 14-21　添加事务代码子节点

14.4　权限设计实例

上面几节详细介绍了权限对象、事务代码的创建和生成。本节通过一个实际例子来介绍权限的设计。还是以刚才的"ROLE_MM_01"权限为例，具体的操作步骤如下。

STEP 1　在菜单栏选择"工具→系统管理→用户维护→角色管理→角色"选项，或者直接在命令栏中输入"PFCG"命令，进入权限维护界面，输入"ROLE_MM_01"权限代码，然后单击" "按钮，进入"更改职责"界面。

STEP 2　单击"　事务　"按钮，在弹出的"分配交易"对话框中将之前创建的事务代码"ZT01"输入进去，如图 14-22 所示。

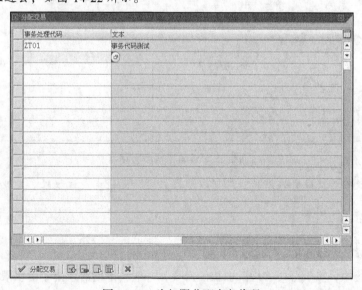

图 14-22　为权限分配事务代码

STEP 3　单击"　分配交易"按钮，角色菜单中会显示该事务代码被分配。然后单击"权限"页，系统自动为权限分配好"Profile Name"后，单击" "按钮进入"修改角色：权限"界面，如图 14-23 所示。

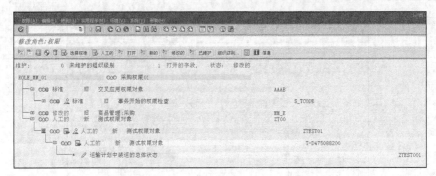

图 14-23 "修改角色:权限"界面

可以看到,由于之前已经为"ZT01"这个事务代码绑定了权限对象"ZTEST01",所以当我们为该权限分配事务代码"ZT01"时,系统就会自动为该事务代码绑定权限对象"ZTEST01"。并且,该权限对象还将我们为该权限对象创建的对象类别(ZT00)、权限字段(ZTEST001)也显示了出来。

STEP 4 虽然系统自动将事务代码本身自带的权限对象带入权限中进行权限范围的限制,但是还可以通过单击"人工的"按钮手工添加,或者单击"选择标准"按钮选择标准的权限对象,为权限进一步分配控制范围。例如单击"人工的"按钮,在弹出的"授权的手工选择"对话框中新增"C_AFKO_AWK"权限对象,然后单击"✓"按钮,系统就会把该权限对象的内容增加到该权限下,如图 14-24 所示。

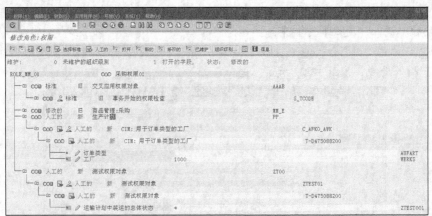

图 14-24 新增权限对象

STEP 5 权限对象设置好以后,就可以单击"🌐"按钮生成该权限。至此,一个权限创建完成。

14.5 SAP 系统权限的审查

在 SAP 系统中,出于公司管理及内控的需要,一般会定期对系统中的权限进行审查。从系统管理的角度来说,如果要挨个去打开权限一个一个地去检查,则显得特别麻烦,尤其是在系统中的权限及用户非常多的情况下。为此,SAP 系统有一套专门针对权限检查的工具。本节详细介绍该工具的使用,具体的操作步骤如下。

在菜单栏选择"工具→系统管理→用户维护→信息系统"选项,或者直接在命令栏中输入

"SUIM"命令，进入用户信息系统界面，如图14-25所示。

1. 审查具备某个权限的用户

当找到某个权限，想要知道该权限下具体有哪些用户时，可以进行如下的操作。

STEP 1 选择"用户→Users by Complex Selection Criteria→By Role"选项，然后单击"🕒"按钮，进入按权限查询用户界面，如图14-26所示。

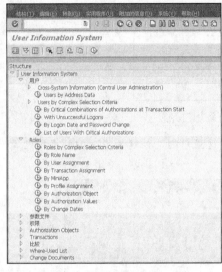

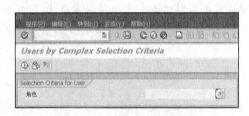

图14-25　用户信息系统界面　　　　　　图14-26　按权限查询用户界面

STEP 2 输入权限代码，然后单击"🕒"按钮。这里以刚才创建的"ROLE_MM_01"权限为例，运行后可以看到该权限仅分配给了TEST01这个用户，如图14-27所示。

2. 审查具备某个权限对象的用户

当知道某个权限对象，但是想知道该权限对象有哪些用户具备时，可以进行如下的操作。

STEP 1 选择"用户→Users by Complex Selection Criteria→ By Authorizations"选项，然后单击"🕒"按钮，进入按权限对象查询用户界面，如图14-28所示。

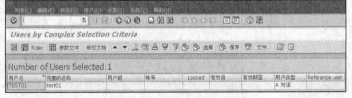

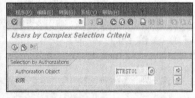

图14-27　按权限查询结果　　　　　　图14-28　按权限对象查询用户界面

STEP 2 输入权限对象代码，然后单击"🕒"按钮。这里以刚才创建的"ZTEST01"权限对象为例，运行后可以看到该权限对象仅分配给了TEST01这个用户，如图14-29所示。

图14-29　按权限对象查询结果

3. 审查具备某个事务代码的用户

当知道某个事务代码，但是想知道该事务代码对应哪些用户可以操作时，可以进行如下的操作。

STEP 1 选择"用户→Users by Complex Selection Criteria→ By Transaction Authorizations"选项，然后单击"🕒"按钮，进入按事务代码查询用户界面，如图14-30所示。

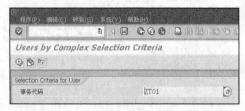

图14-30 按事务代码查询用户界面

STEP 2 输入事务代码，然后单击"🕒"按钮。这里以刚才创建的"ZT01"事务代码为例，运行后可以看到该事务代码仅分配给了TEST01这个用户，如图14-31所示。

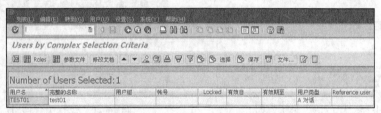

图14-31 按事务代码查询结果

4. 审查具备某个权限对象具体值信息的用户

当需要知道某个权限对象及其具体值信息，想要了解有哪些用户可以在该值信息范围内可运行时，可以进行如下的操作。

STEP 1 选择"用户→Users by Complex Selection Criteria→By Authorization Values"选项，然后单击"🕒"按钮，进入按权限对象值信息查询用户界面，如图14-32所示。

STEP 2 输入权限对象，例如填入刚才创建的"ZTEST01"权限对象，然后单击"Enter Values"按钮，在弹出的"值"字段中填入具体的值信息（本例在此填入*号代表所有），如图14-33所示。

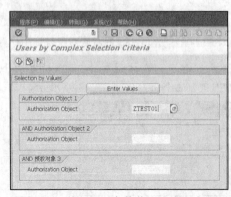 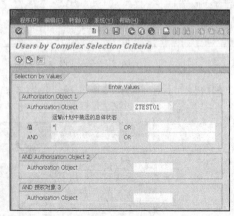

图14-32 按权限对象值信息查询用户界面　　图14-33 在"值"字段中填入具体的值信息

STEP 3 单击 "🕒" 按钮，运行后可以看到该权限对象当值范围为 * 号时，仅分配给了 TEST01 这个用户，如图 14-34 所示。

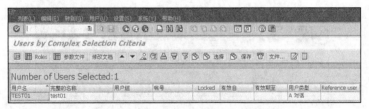

图 14-34　按权限对象值信息查询结果

5. 审查具备某个事务代码的权限

当知道某个事务代码，但是想知道该事务代码包含在哪些权限中时，可以进行如下的操作。

STEP 1 选择 "Roles→By Transaction Assignment" 选项，然后单击 "🕒" 按钮，进入按事务代码查询权限界面，如图 14-35 所示。

STEP 2 输入事务代码，然后单击 "🕒" 按钮。这里以刚才创建的 "ZT01" 事务代码为例，运行后可以看到该事务代码仅分配给了 "ROLE_MM_01" 这个权限，如图 14-36 所示。

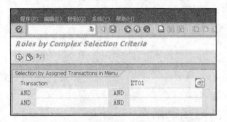 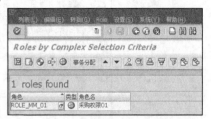

图 14-35　按事务代码查询权限界面　　　　图 14-36　按事务代码查询权限结果

6. 审查具备某个权限对象的权限

当知道某个权限对象，但是想知道该权限对象包含在哪些权限中时，可以进行如下的操作。

STEP 1 选择 "Roles→By Authorization Object" 选项，然后单击 "🕒" 按钮，进入按权限对象查询权限界面，如图 14-37 所示。

STEP 2 输入权限对象，然后单击 "🕒" 按钮。这里以刚才创建的 "ZTEST01" 权限对象为例，运行后可以看到该权限对象仅分配给了 "ROLE_MM_01" 这个权限，如图 14-38 所示。

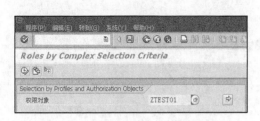 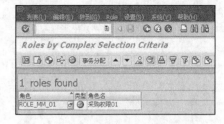

图 14-37　按权限对象查询权限界面　　　　图 14-38　按权限对象查询权限结果

对于以上的审查，主要的操作对象一般都是系统管理员。那么对于普通用户，如何在操作过程中审查自己的权限是否正确呢，下面就来介绍 SU53 这个命令。具体的操作步骤如下。

STEP 1 首先在命令栏中输入要检查的命令，然后单击运行进入到该命令界面，例如输入 ME22N 命令。

STEP 2 然后在命令栏中输入 "/OSU53" 命令，其中 "/O" 表示单开一个新窗口。可以看到在弹出的窗口中，系统会自动检查用户是否具备该操作权限，如果不具备，系统会检查目前用户所有的权限，以及如果要使用该操作命令，还需要增加哪些权限或者哪些权限对象，如图14-39所示。

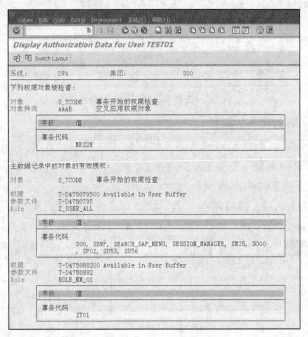

图 14-39　检查用户权限及权限对象

用户看到这些信息之后，就可以了解当前自己的权限现状，如果要具备所输入的操作权限，还需要增加哪些内容。这样就可以完成用户权限自我审查的操作。

第15章

SAP系统常见问题解答

通过前面的学习,我们已经基本掌握了 SAP 系统各种模块的功能和应用操作。事实上,读者在日常的使用过程中,也会同其他软件一样,遇到各种各样的应用问题。本章收集了 SAP 系统日常使用过程中常见的问题,供读者在日常使用 SAP 系统的时候参考。

问题 1　如何修改主界面图片?

STEP 1　在命令栏中输入"smw0"命令,在弹出的界面中选择"WebRFC 应用程序的 HTML 模板"选项,如图 15-1 所示。

图 15-1　选择"WebRFC 应用程序的 HTML 模板"选项

STEP 2　单击"▦"按钮,进入对象选择界面,不用输入任何信息,直接单击"⊕"按钮执行即可,如图 15-2 所示。

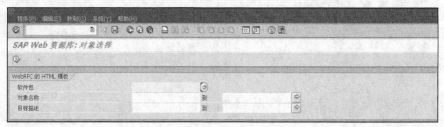

图 15-2　对象选择界面

STEP 3 在弹出的对象显示界面中,单击"□"按钮创建一个对象(注意:命名必须以 Z 开头,例如 ZL001),如图 15-3 所示。

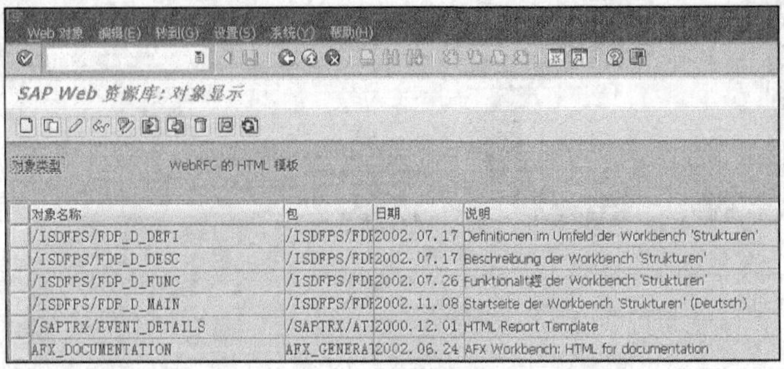

图 15-3 对象显示界面

STEP 4 单击"□"按钮,选择输入图片的路径。单击"transfer"按钮,输入开发类(必须是系统中已有 Z 开头的开发类),然后保存产生一个传输请求即可。

STEP 5 在命令行输入"sm30"命令,维护"ssm_cust"视图参数。将"HIDE_START_IMAGE"修改为 NO(需要自己添加);将"START_IMAGE"修改为自己创建的对象名 ZL001;同时如果显示的图像不清楚,则可将"RESIZE_IMAGE"修改为 NO,然后单击"保存"按钮□即可,如图 15-4 所示。

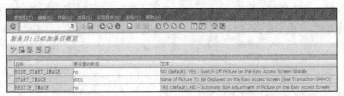

图 15-4 维护"ssm_cust"视图参数

问题 2 如何在 SAP 系统中设置打印设备?

STEP 1 在命令栏中输入"SPAD"命令,进入"假脱机管理:初始屏幕"界面,如图 15-5 所示。

STEP 2 单击"输出设备"按钮,在弹出的"假脱机管理:输出设备清单"界面中单击"□"按钮,进入"假脱机管理:建立输出设备"界面,如图 15-6 所示。

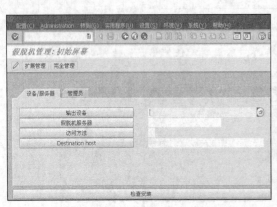

图 15-5 "假脱机管理:初始屏幕"界面

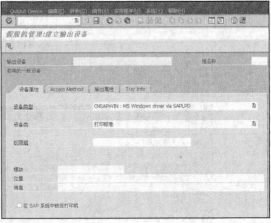

图 15-6 "假脱机管理:建立输出设备"界面

STEP 3 在"输出设备"框中给输出设备命名。在"设备属性"页中的"设备类型"选项中选择输出设备的型号,在"设备类"选项中选择"打印标准"选项,然后单击"保存"按钮 即可。

问题 3　如何创建逻辑系统？

STEP 1 在命令栏中输入"SALE"命令,进入显示 IMG 界面。选择"应用程序连接→发送和接收系统→逻辑系统→定义逻辑系统"选项,然后单击" "按钮,进入"修改视图逻辑系统:总览"界面,如图 15-7 所示。

STEP 2 单击"新条目"按钮,在弹出的窗口中输入逻辑系统的名字及描述。逻辑系统的命名规范为 <SID>CLNT<CLIENTNUMBER>,如 TSTCLNT500。然后单击"保存"按钮 产生传输请求号,逻辑系统定制完成,如图 15-8 所示。

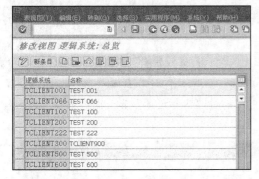

图 15-7　"修改视图逻辑系统:总览"界面

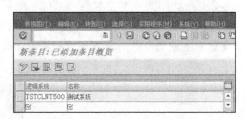

图 15-8　新增逻辑系统条目

问题 4　如何在菜单栏中显示技术名称？

在菜单栏中选择"细节→设置"选项,在弹出的"设置"对话框中选中"显示技术名称"复选框即可,如图 15-9 所示。

问题 5　在财务管理模块中如何删除成本要素组的成本要素？

STEP 1 选择要删除的成本要素,单击菜单栏中的"选择确认"按钮,如图 15-10 所示。

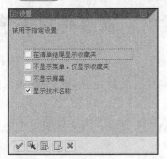

图 15-9　选中"显示技术名称"复选框

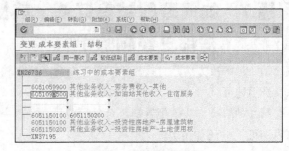

图 15-10　选择成本要素

STEP 2 弹出有"分离"按钮的界面,如图 15-11 所示。

STEP 3 单击"分离"按钮,该成本要素即从成本要素组中被删除,如图 15-12 所示。

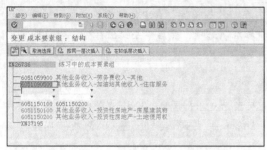
图15-11 显示"分离"按钮

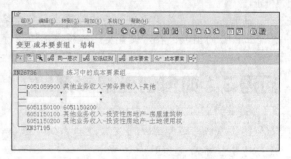
图15-12 成本要素被删除

问题6 如何修改固定资产的成本中心？

SAP系统提供有AS02命令用于对固定资产对应的成本中心进行修改，具体的操作步骤如下。

STEP 1 在命令栏中输入"AS02"命令，进入"更改资产：初始屏幕"界面，如图15-13所示。

STEP 2 输入要修改的"资产"编号及"公司代码"，然后单击 主数据 按钮，进入"更改资产：主数据"界面，选择"相关时间"页，从中可以对"业务范围"和"成本中心"进行修改，如图15-14所示。

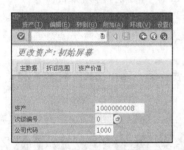
图15-13 "更改资产：初始屏幕"界面

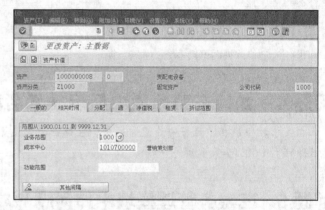
图15-14 "更改资产：主数据"界面

问题7 如何删除销售订单（前提：交货单、发票等相关单据都已经删除）？

第1种解决方法是直接删除订单。在命令栏中输入"va02"命令，然后在菜单栏中单击"删除"选项即可。

第2种解决方法是拒绝销售订单行项目。在命令栏中输入"va02"命令，然后标识一个拒绝原因即可（so还能用）。

问题8 什么是SAP系统中的统驭科目？

统驭科目是连接分类账的总账科目。应收应付和资产相关科目一般设置成统驭科目（有分类账的总账科目），是在创建 GL 主数据的时候指定；当用户在创建客户或供应商主数据的时候，都会提示输入特别总账标准，此时就会用到统驭科目。与会计科目表中的应收、应付、预收、预付等形成对应关系，起到连接总账和分类账的作用。

问题 9　SAP 系统中记账凭证的冲销方法是什么？

1．凭证的更改

（1）已经过账的凭证

在命令栏中输入"FB02"命令，然后在弹出的"修改凭证：初始屏幕"界面中输入要修改的"凭证编号"，如图 15-15 所示，接着在修改界面对凭证的相关字段进行修改。

　注　意：过完账的凭证一般允许更改的地方有限，只有凭证抬头文本、参照、分配、文本、原因代码等可以修改。

（2）预制凭证的更改

在命令栏中输入"FBV2"命令，然后在弹出的"修改预制的凭证：初始屏幕"界面中输入要修改的"凭证编号"，如图 15-16 所示，接着在修改界面对凭证的相关字段进行修改。

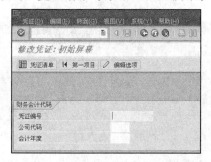　　　　　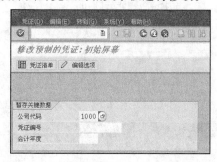

图 15-15　"修改凭证：初始屏幕"界面　　　图 15-16　"修改预制的凭证：初始屏幕"界面

　注　意：预制凭证可以更改的地方很多。只有凭证编码、公司代码、记账码不允许更改。如果某条科目错误，还可以把该科目的金额设置为 0，这样凭证保存后打印出来时就不包含该科目了。

2．凭证冲销

凭证冲销的原则：通过后勤产生的会计凭证只能够通过冲销相应的物料凭证（后勤凭证）来达到冲销会计凭证的目的。另外，固定资产产生的凭证不可冲销，只可做一个相反的会计凭证来进行调整。

（1）财务模块手工输入的凭证的冲销

A．通过 FB08 命令进行冲销

在命令栏中输入"FB08"命令，弹出"冲销凭证：抬头数据"界面，如图 15-17 所示。在此界面中输入"凭证号码"、"会计年度"、"公司代码"、"冲销原因"（如果冲销当月凭证就选择 01，以前月份选择 02，另外如果选择 02 还需要输入记账日期），然后回车即可。

注 意：如果在冲销过程中屏幕下方出现提示"财务中不能冲销的凭证"，则说明这不是通过财务操作做进去的凭证，而是后勤产生的凭证，不可通过FB08命令冲销。当输入的凭证号属于手工输入的凭证时，保存即可，系统会出现"凭证XXXXXXXXXX已经保存"的提示，至此冲销完成。

B．通过F.80命令批量冲销

F.80是SAP系统提供的用于大量凭证冲销使用的命令，具体的操作步骤如下。

在命令栏中输入"F.80"命令，弹出"大量冲销凭证：初始屏幕"界面，如图15-18所示。在此界面中输入"凭证号码"、"会计年度"、"公司代码"、"冲回原因"（如果冲销当月凭证就选择01，以前月份选择02，另外如果选择02还需要输入记账日期），然后单击"🕒"按钮即可。

C．重置已结清项目

SAP系统提供的重置已结清项目为"FBRA"命令，具体的操作步骤如下。

在命令栏中输入"FBRA"命令，弹出"重置已结清项目"界面，如图15-19所示。在此界面中输入"清账凭证"、"公司代码"、"会计年度"后保存，系统会弹出"选择哪种重置方式"的提示。选择"重置并冲销"是完全冲销掉清账动作，"只重置"则只是"已把结清标志"的绿灯变为红灯。选择完成回车即可。

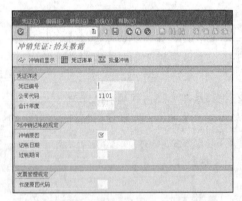

图15-17 "冲销凭证：抬头数据"界面

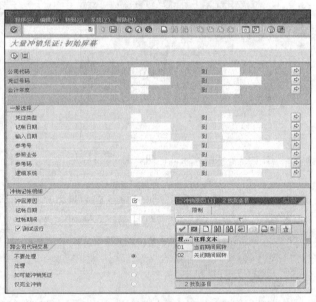

图15-18 "大量冲销凭证：初始屏幕"界面

（2）采购模块的凭证冲销

A．采购模块产生的会计凭证冲销

SAP系统提供的重置已结清项目为"MBST"命令，具体的操作步骤如下。

STEP 1 在命令栏中输入"MBST"命令，弹出"取消物料凭证：初始屏幕"界面，如图15-20所示。在此界面中输入"物料凭证"、"过账日期"和"物料凭证年度"等信息，然后回车即可。

STEP 2 如果在保存时系统提示"凭证XXXXXXXXXX已经记账"信息，则表明冲销完成。同时，之前与物料凭证相关联生成的会计凭证也会相应地被冲销。

图 15-19 "重置已结清项目"界面

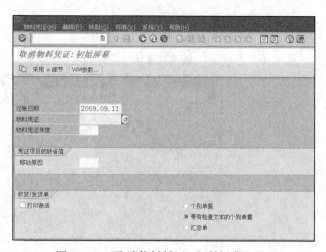

图 15-20 "取消物料凭证：初始屏幕"界面

B．发票校验的取消

SAP 系统提供的发票校验的取消为"MR8M"命令，具体的操作步骤如下。

STEP 1 在命令栏中输入"MR8M"命令，弹出"取消发票凭证"界面，如图 15-21 所示。在此界面中输入"发票凭证号"、"会计年度"、"冲销原因"、"过账日期"等信息，然后保存即可。

STEP 2 系统会提示"需要手工清除会计的凭证"，表明发票校验已经无错误地冲销完成。

（3）销售模块的凭证冲销

A．销售发货凭证的冲销

STEP 1 在命令栏中输入"VL09"命令，弹出"冲销货物移动"界面，如图 15-22 所示。在此界面中输入相应的界定条件，然后单击"✓"按钮即可。

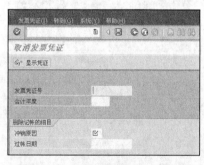

图 15-21 "取消发票凭证"界面

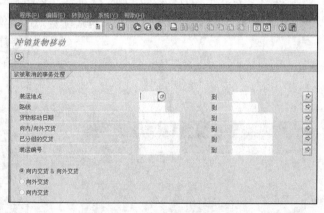

图 15-22 "冲销货物移动"界面

STEP 2 系统会根据用户的输入列出所有的交货凭证。用户选中相应要冲销的凭证后，单击工具条中的"冲销"按钮。

STEP 3 系统弹出"确实需要冲销次发货吗？"提示框，在提示框中单击"OK"按钮确认即可。

 注　意：如果已经在系统中开票了，则必须先冲销开票，然后再冲销发货过账，才能按下列步骤进行 SD 发货凭证的冲销。

B. 发票的取消

STEP 1 在命令栏中输入"VF11"命令，弹出"取消出具发票凭证"界面，如图15-23所示。在此界面中输入"出具发票日期"和具体的"单据"，然后单击"💾"按钮保存即可。

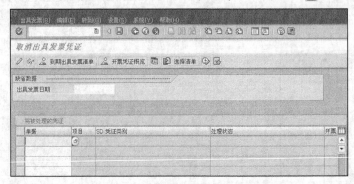

图15-23 "取消出具发票凭证"界面

STEP 2 输入要取消的发票号码（如果要反记账冲销，则在S1类开票类别中的"反记账"栏填写 A/B），然后单击"💾"按钮保存即可。

问题10 如何根据用户的ID查出该用户具备使用权限的所有Tcode？

STEP 1 在命令栏输入"S_BCE_68001426"命令，然后输入用户的ID，单击"🕘"按钮，如图15-24所示。

STEP 2 运行出来的结果如图15-25所示。在此界面中选择某一个"Tcode"后单击"🔍"按钮，即可查看该"Tcode"对应的具体授权对象和权限值。

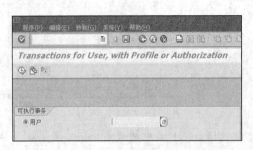

图15-24 输入用户ID查询可用事务

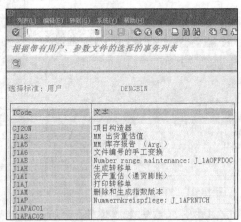

图15-25 查询该用户所有可用的事务代码

问题11 如何更改SAP系统中已有库存的描述？

STEP 1 在命令栏中输入"OX09"命令后单击回车键，系统会弹出如图15-26所示的"确认工作区"对话框。在此对话框中，要求用户选择修改库存对应的"工厂"。

STEP 2 选择"工厂"后,单击"✓"按钮,进入"修改视图库存地点:总览"界面,如图 15-27 所示,从中即可修改库存地点"描述"信息。

图 15-26 选择库存对应的"工厂"

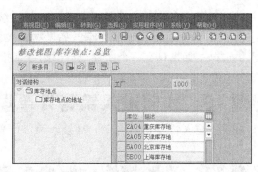
图 15-27 修改库存地点"描述"信息

问题 12 对已经释放的生产订单能否再重读 BOM?

可以,但 SAP 系统会给出警告信息。重读后,系统状态会变为 created 状态,同时还需要再次 Release。

问题 13 如何删除 MM 模块中多余的物料仓位?

STEP 1 在命令栏中输入"MMSC"命令,弹出"汇总条目,库存地点:初始屏幕"界面,如图 15-28 所示,从中输入"物料"信息和"工厂"信息,选择"列出所有可用仓储地点"选项,然后回车。

STEP 2 在弹出的"汇总条目,库存地点:清单"界面中输入要删除的仓储地点,然后单击"删除"按钮即可删除,如图 15-29 所示。

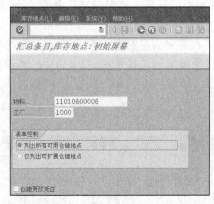
图 15-28 输入"物料"信息及"工厂"信息

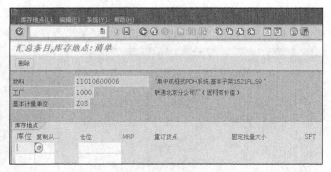
图 15-29 删除仓储地点

问题 14 创建供应商主数据 XK01 时是否必须输入统驭科目和现金管理组?

必须输入。其中统驭科目主要用于决定在做收料操作时所产生的借方科目。

问题 15 MB1A 发货时能否自动带出物料的出库仓库？

通过配置库存确定功能即可实现。SAP 系统的标准功能都应该提供，即在 MB1A 的库存地点字段输入 "*" 星号，然后回车，如果物料在多个库存地点中存在，系统则会列出所有的库存地点供选择；如果只有一个库存地点，则可直接带出该库存地点。

问题 16 如何进入销售订单里的分配特性值界面？

可通过输入 "VA02" 命令，在修改销售订单界面中进行特性值的分配。

问题 17 采购模块中服务条目表的作用是什么？

采购中的服务，主要是指电器安装、土建等劳务输出方提供的服务。
- 物料和服务的区别：物料需要收发货，服务只需要确认完成进度。例如电器安装服务，根据工程进度需要付款 50%（物资可以通过收货产生应付暂估），就可以通过 ML81N 来确认 50%。
- 物料和服务的相同点：都会产生订单和成本。

问题 18 采购模块中 MIRO/MIR7 命令的区别是什么？

MIRO 用来保存后就直接过账，MIR7 可以暂存检查后再过账。具体来说就是 MIRO 是通过发票校验直接过账；而 MIR7 是先做预制发票，然后再过账。

问题 19 如何将同一工厂内的物料从 A 库位移至 B 库位？

STEP 1 在命令栏中输入 "MB1B" 命令，弹出 "输入转移过账：初始屏幕" 界面，如图 15-30 所示。

STEP 2 输入 "移动类型"、"工厂"、"库存地点"。其中 "移动类型" 选择 "311"，然后回车，弹出 "输入转移过账：新项目" 界面，在 "接收库存地" 字段中输入 B 库位即可，如图 15-31 所示。

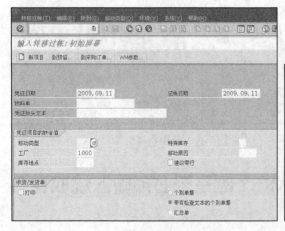

图 15-30 "输入转移过账：初始屏幕" 界面

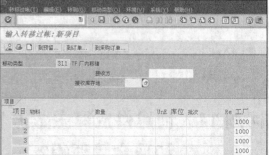

图 15-31 "输入转移过账新项目" 界面

问题 20　如何定义采购订单的默认类型？

在系统后台选择"SPRO→物料管理→采购→定义凭证类型缺省值"选项，然后输入要定义的采购订单类型即可。

问题 21　如何批量检查销售订单的不完整性？

在命令栏中输入"V.02"命令即可实现，如图 15-32 所示。

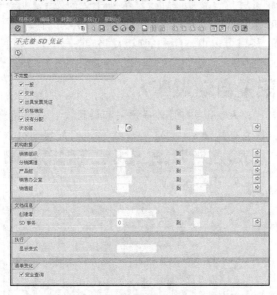

图 15-32　批量对比 SD 凭证的不完整性

问题 22　采购组织可以被分配给多个公司代码吗？

可以，只是不要直接将采购组织分配给公司，将采购组织分配给不同公司下的工厂即可。

问题 23　如何实现会计期间的打开和关闭？

STEP 1　在命令栏中输入"OB52"命令，弹出"修改视图记账期间：指定时间间隔：总览"界面，如图 15-33 所示。

图 15-33　"修改视图记账期间：指定时间间隔：总览"界面

STEP 2 从中设置"起始期间"为需要开账的期间,其他期间就关闭了。另外要注意 OB52 是设置 FI 模块的期间管理,在调整的时候需要与 MM 模块(Tcode:MMPV)、AA 模块(Tcode:AJRW)的期间保持一致。

问题 24 创建总账科目时,为什么总提示"损益报表科目类型在科目表 LXGJ 中未定义"?

需要通过"SPRO→财务会计→总账会计→总账科目→主数据→准备→定义留存收益科目"选项,在后台配置中配置 Retain Earning 科目(或者通过"OB53"命令配置)。要先定义留存收益科目,科目类型可以填"x",科目可以填本年利润或利润分配—未分配利润的编号,然后保存即可。

问题 25 如何配置自动过账?

通过后台配置中选择"SPRO→物料管理→评估和科目设置→科目确定→无向导的科目确定→配置自动过账"选项,或者直接输入"OMWB"命令进行配置即可,如图 15-34 所示。

图 15-34 配置自动过账

问题 26 如何查询某权限中包含的权限对象名称?

STEP 1 在命令栏中输入事务代码"PFCG"。

STEP 2 然后输入要查询的权限代码,单击" "按钮,进入"更改职责"界面后选择"权限"选项。

STEP 3 接着单击" "按钮,进入"修改角色:权限"界面,选择该权限后,单击" "按钮,展开所有的权限对象。

STEP 4 最后在菜单栏中选择"实用程序"/"显示技术名称"选项,即可看到该权限包含的所有权限对象名称。

问题 27 Client 复制时,系统提示源集团是生产性而且是保护性的,如何解决?

通过"SPRO→财务会计→财务会计的全局设置→公司代码→将公司代码设置给生产性的"

选项，在后台配置进行修改即可。

问题 28　采购模块的组织结构是怎么定义的？

（1）一个工厂不可以分配给多个公司代码。
（2）一个工厂可以分配给多个采购组织。
（3）一个采购组织可以分配给多个公司代码。

问题 29　设置用户权限时，权限中的 Tcode 有重复，如何让用户在菜单中不显示重复的 Tcode？

（1）在菜单栏中输入"sm30"命令。
（2）选择"表/视图"选项，输入表"SSM_CUST"，然后单击"维护"按钮。
（3）单击"新条目"按钮，添加：
"CONDENSE_MENU：YES"
"DELETE_DOUBLE_TCODES：YES"
"SORT_USER_MENU：NO"
（4）单击"保存"按钮生效。

问题 30　在采购模块中进行库存盘点操作时，如果 SAP 系统提示对某仓储类型不允许永续盘点应如何设置？

选择"SPRO→后勤执行→仓库管理→作业→实际盘点→定义每种存储类型的类型"选项，弹出"修改视图按库存类型的库存：总览"界面，如图 15-35 所示。在此界面中，在"库存"列针对仓储类型选择"SZ：年度盘点"或者"PZ：连续盘点"选项即可。

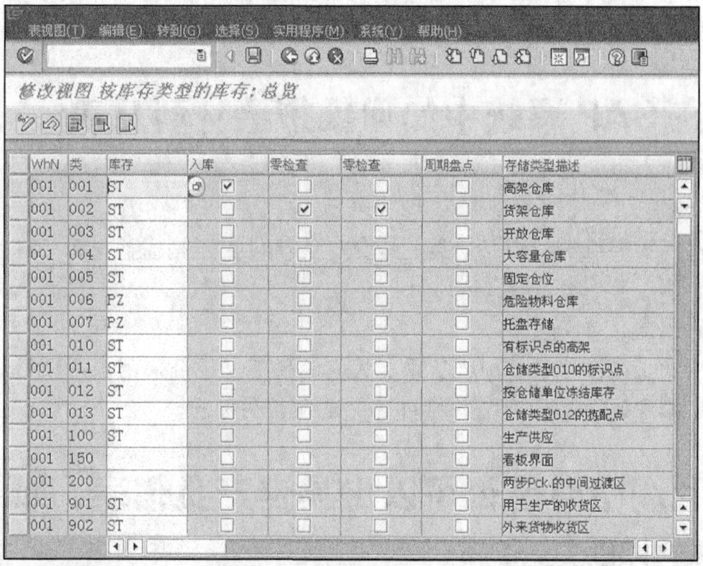

图 15-35　"修改视图按库存类型的库存：总览"界面

问题 31　SAP 系统中通过 LI04 命令打印库存清单时，提示"不支持该仓储类型缺省值"应如何设置？

选择 "SPRO→后勤执行→仓库管理→作业→实际盘点→定义缺省值"选项，弹出"修改视图库存缺省值：总览"界面，如图 15-36 所示。在此界面中，针对需要打印的仓储类勾选"打印物料"选项即可。

图 15-36　"修改视图库存缺省值：总览"界面

问题 32　销售订单中的净值与 VF04 开票中的净价值有什么区别，如果要一样，能否修改？

销售订单和发票的净价值（不含税的价格）应该保持一致，这个要取决于条件类型中"item category"属性的配置。如果配置成从价格主数据取值的话，那么如果物料的价格在生成销售订单之后，开具发票之前发生了改变，就会不一致，这样会造成销售额和应收账款不一致。为此需要做必要的调整。

如果根据需要，想使其不一致，有以下两种途径：
（1）调整价格主数据的值，然后将有效期调至销售订单生成之后，发票生成之前的日期；
（2）在发票凭证中使用条件类型，手动输入数值调整发票的价格，从而使净价值发生改变。

问题 33　在 SAP 系统中如何维护会计科目表？

会计科目表分成以下两种层次。
（1）科目表层次
在科目表层次上需要维护：科目分类、是资产负债科目还是损益科目、科目名称、对应的合并范围的科目。
（2）公司代码层次
在公司代码层次上需要维护：记账货币、相应的税率、是否采用未清项目管理、行项目是否显示字段状态组、排序码、是否为统驭科目等一系列相关标志。

问题 34　利润中心是否可以出具资产负债表，如果可以应如何出具？

可以出具资产负债表，具体的操作步骤如下。

（1）创建利润中心资产负债表模板。
（2）维护利润中心的报表层次，然后做一定的修改。
（3）维护相应的规则，对传输到利润中心中的科目进行维护，主要维护内容包括。应收应付的再调整、总账科目的维护、税金的维护、汇率的维护。
（4）进行资产负债表再调整。
（5）传输应收应付。

问题 35　请概括 SAP 系统中成本核算的主要步骤。

成本中心的核算步骤概括起来主要有以下几步。
（1）成本中心收集相关的费用。
（2）完成成本中心的分配和分摊，使成本费用进入正确的成本中心。
（3）根据实际使用的作业量和计划的作业价格，消耗生产性成本中心的费用。
（4）月底完成实际作业价格的重估。
（5）对已经完工的定单进行结算。
（6）关闭本月并打开下个月的成本控制范围。

问题 36　SAP 系统提供的移动平均价格和标准价格有什么区别？

（1）移动平均价格（Movement）
移动平均价格根据物料采购价格来改变物料主数据的价格。只要有存货物料增加，如果物料采购价格和物料主数据价格有差异，系统就会自动计算并更新物料主数据的价格，一般情况下不会产生差异。
（2）标准价格（standard）
如果物料维护了标准价格，那么不论用户货物采购价格与标准价格的差异有多大，都不会改变物料主数据中的价格，系统会自动把价格差异放到材料价格差异科目，用户在月底可根据物料的使用情况，将相关差异调整到生产成本和销售成本等科目。

问题 37　SAP 系统中对于存货是如何实现账务处理的？

对于存货，具体的操作步骤如下。
（1）移动类型：确定存货记账方向 BSX。
（2）同时系统根据移动类型在 GBB 中确定对应移动类型的事务码，系统自动过账事务码，选择 GBB 找出相关的事务码对应的会计科目。
（3）如果采用估价领域和不同物料，系统则根据物料类别和估价领域确定相关的会计科目。
（4）系统首先定义 BSX 对应的会计科目。
（5）物料记账按不同类型的物料，维护不同的会计科目。

问题 38　如何完成应收（应付）账款的自动清账？

（1）首先在系统中维护国家的付款方法，同时维护公司的付款方法、公司的付款银行，然后进行自动清账，检查客户或供应商的主数据中默认的付款方法，维护相应的客户和供应商的银行代码。

（2）最后通过"F110"命令进行自动清账。

问题 39　如何查找事务代码所在程序的用户出口？

（1）执行该事务代码，然后在菜单栏中选择"system→status"选项，找出程序名称。

（2）在命令栏中输入"SE80"命令，然后输入第 1 步中找到的程序名称。通过选择菜单"GOTO→Attributes"选项，找出 Package 名称。（注：也可以通过"SE93"命令查找这个程序所在的 Package）。

（3）通过"SE80"命令，选择"Repository Information System→Enhancements→Customer Exits→Enhancements"选项，然后输入第 2 步中找到的 Package 名称，执行，即可找到 Tcode 的所有用户出口。

问题 40　SAP 系统中在输入发票时提示货币代码不允许 ALE 通信？

通过后台配置，选择"一般设置→货币→检查货币代码"选项，然后将 RMB 设为主要的，将 CNY 设为非主要的即可，否则在输入发票时会提示货币 ALE 不允许。

问题 41　SAP 系统中换算率与汇率有什么区别？

换算率主要用于数量的折算，而汇率则主要用于货币的折算。

问题 42　创建采购订单时，费用是按内部订单号，而不是按成本中心来归集，那么应如何选择科目分配类别？

用 ME21 创建采购订单时，初始界面的科目分配类别应该选 F（订单），而不是选 K（成本中心），然后在"Item Details section"里面的"Account Assignment"选项卡中填写内部订单号即可。

问题 43　如何查看一个会计科目被哪些公司代码调用？

通过"SE11"命令查询 skb1 表即可。

问题 44　SAP 系统财务模块期初数据导入的顺序是什么？

（1）维护尚未存在的供应商/客户主数据，注意相同供应商/客户可统一使用同一个编号。

（2）固定资产、无形资产主数据及其明细导入，检查无误后过账到总账。

（3）应收/应付明细未清项目导入，要求进行账龄的划分。

（4）一般总账未清项和总账科目余额导入。

（5）财务对账，如果存在差异，财务手工调账。

(6)财务关账。

(7)数据导入结束后将期初导入的科目 9999999997、9999999998 和 9999999999 在公司代码下冻结。

注　意：未清项：指一个账户的项目可被该账户的其他项目结清或核销掉。在清账或核销过程中涉及的项目的合计金额必定为零，因此该账户的余额总是等于未清掉的项目的合计金额。

问题 45　SAP 系统提示存货数据的导入步骤是什么?

（1）在导入库存数量之前，必须先按 SD 提供的物料编码将标准价格导入系统，导入方式为 CATT 方式，维护会计视图中的标准价格、评估类及成本视图中的物料源。

（2）库存导入的数量是盘点的实物库存数量，由 SD 模块导入。产生的库存计价金额为：库存数量×标准价格。凭证分录为：

借：库存商品科目

贷：9999999998

（3）对于实物库存与财务库存的差异，应列明差异明细，并分类处理差异原因（例如系统上线前已收货未收发票及已收发票未收货的）。通过上线期初产成品未达科目记录差异值，待上线后逐步清理。

（4）对于标准成本与账面加权平均成本的价格差异，一般记入产成品成本差异科目，在后期的业务中逐步参与分摊。

（5）上线后的未达清理，应通知配置人员把相应的清理库存科目与清理移动类型配置连接。

问题 46　SAP 系统中使用 VK11 命令（物料定价）时没有维护存取顺序，如何维护?

通过后台配置，选择"SPRO→销售和分销→基本功能→定价→定价控制"选项，然后选择"定义条件表"、"定义条件类型"或者"定义存取顺序"选项。

定义存取顺序要点：先选择存取顺序，双击字段可以确定存取字段。

问题 47　财务模块中 F.13 和 F13E 命令的区别是什么?

（1）F.13 命令是按照被核销凭证所记的币种进行清账的。

（2）F13E 命令可选择清账币种实现跨币种核销，例如用 USD 的币种去清 EUR 记的凭证。

问题 48　外币评估如何自动记账?

执行 Tcode：FAGL_FC_VAL 即可进行外币评估。在执行的时候，需要把"创建过账"选项框勾选，然后按 F8 快捷键，系统就能自动生成凭证。

（1）如果有输入批输入会话编码，系统则创建批输入会话，不创建外币评估凭证，须执行"SM35"命令，执行生成的批输入会话来创建会计凭证。

（2）如果不输入批输入会话编码，系统则自动创建会计凭证。

（3）如果勾选"重设评估"，并输入类似于冲销原因的字段，系统则自动冲销关键日的外币评估凭证。

（4）未清项评估，默认下月冲回，可能是未清项属于未实现汇兑损益的缘故。而外币余额评估可通过冲销记账参数来控制是否生成冲销凭证。

问题 49　在使用 As02 命令修改资产数据时，在与时间相关页面中发现业务范围字段是灰色的不能修改，如何配置才可修改？

通过后台配置，选择"SPRO→财务会计→资产会计核算→主数据→定义资产主数据的屏幕格式"选项即可。

问题 50　如何查看用户的密码修改记录？

在命令栏中输入"S_BCE_68001439"命令，然后输入要查看的用户名，勾选"Password changes"选项，单击"⊕"按钮，即可查找出修改密码的用户名及修改时间，如图 15-37 所示。

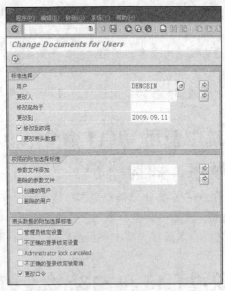

图 15-37　查看用户密码更改情况